复旦城市治理评论

Fudan Urban Governance Review

中国人文社会科学期刊AMI综合评价集刊入库期刊
中文社会科学引文索引来源集刊（CSSCI）

复旦城市治理评论　13
Fudan Urban Governance Review 13
中国人文社会科学期刊AMI综合评价集刊入库期刊
中文社会科学引文索引来源集刊（CSSCI）

主编
唐亚林　陈水生

副主编
李春成　孙小逸

编辑部主任
陈水生（兼）

编辑部副主任
孙小逸（兼）

编辑委员会（按姓氏音序排列）

陈水生	陈　醒	高恩新	高　翔	谷志军
韩志明	黄　瑾	李春成	李德国	李瑞昌
李文钊	刘建军	刘　鹏	罗梁波	马　亮
孟天广	庞明礼	容　志	尚虎平	锁利铭
孙小逸	谭海波	唐亚林	王佃利	吴晓林
线　实	肖建华	颜昌武	叶　林	叶　敏
易承志	余敏江	张海波	张乾友	朱旭峰

复旦城市治理评论（CSSCI来源集刊）

中等规模城市群治理

唐亚林　陈水生　主编

复旦大学出版社

内容提要

中国城市化进入高质量发展阶段，需要激发更多的城市参与产业经济一体化、社会一体化与公共服务城乡一体化的全新发展格局，这就需要构建以中等规模城市群为中心的组团式发展模式。

本辑聚焦中国中等规模城市群的发展与治理这一中国式城市化发展的独特现象，主要探讨中国不同区域的中等规模城市群发展与治理过程中的典型模式、实践创新、发展困境与未来路径。本辑是国内第一部中等规模城市群治理与城乡一体化的学术类出版物，意义深远。

目　录

｜研究论文｜

专题论文

中等规模城市群:一个关于城市治理新形态的文献综述

嵇江夏* 张筱慧**

[内容摘要] 城市群是促进区域经济增长的重要空间载体,也是推动新型城镇化建设的关键着力点。伴随着区域空间格局与发展水平的深刻变化,中等规模城市群作为一种城市治理的新形态,采取多中心治理的模式,在多层次的区域发展体系中发挥了承上启下的功能,促进了中国特色城市化发展目标的实现。在时空演化进程中,中等规模城市群在主体互联、产业布局、地方创新等方面都展现了独特的战略优势。目前,中等规模城市群的建设与发展已积累了有益的实践经验,与此同时,也在资源配置、空间承载、要素集聚、产业转型等方面面临多重挑战。为了突出中等规模城市群在城市治理与区域发展中承上启下的地位和城乡融合的作用,学界提出应通过构建城市群网络体系、合理规划空间功能、培育区域中心城市、健全政策体系等方式,为中等规模城市群的可持续发展提供优化路径,以进一步推动城乡融合发展和促进区域协调发展,走出中国特色城市发展道路。

[关键词] 中等规模城市群;城市治理;区域协调发展;新型城镇化;中国特色城市发展道路

---

* 嵇江夏,复旦大学国际关系与公共事务学院博士研究生。
** 张筱慧,复旦大学国际关系与公共事务学院博士研究生。

一、问题的提出

改革开放以来,我国经历了世界历史上规模最大、速度最快的城镇化进程,城镇化水平不断提高,城市的空间布局与功能分区持续优化,城市发展质量得到了显著提升。我国的城镇化率已从1949 年的 10.64% 提升到 2023 年的 66.16%[①],并预计于 2030 年左右接近 70%[②],届时,将进入城镇化的相对成熟阶段。

城市群作为新型城镇化进程中的主体形态,在我国的社会经济发展中发挥了战略性意义。"十三五"规划中明确提出,将加快建设发展 19 个城市群[③],发展以拉萨、喀什为中心的两个城市圈,形成大中小城市和小城镇合理分布、协调发展的城市化战略格局。[④] "十四五"规划强调,要进一步"形成多中心、多层级、多节点的网络型城市群"。[⑤] 2022 年,党的二十大报告提出,要"以城市群、都市圈为依托构建大中小城市协调发展格局"[⑥],这进一步明

---

① 《沧桑巨变换新颜 城市发展启新篇——新中国 75 年经济社会发展成就系列报告之十九》(2024 年 9 月 23 日),国家统计局网站,https://www.stats.gov.cn/sj/sjjd/202409/t20240923_1956628.html,最后浏览日期:2024 年 12 月 11 日。

② 《国务院关于印发〈深入实施以人为本的新型城镇化战略五年行动计划〉的通知》(2024 年 7 月 28 日),中国政府网,https://www.gov.cn/gongbao/2024/issue_11526/202408/content_6969191.html,最后浏览日期:2024 年 12 月 11 日。

③ 19 个城市群包括长三角城市群、珠三角城市群、京津冀城市群、成渝城市群、中原城市群、关中平原城市群、滇中城市群、黔中城市群、山东半岛城市群、辽中南城市群、海峡西岸城市群、哈长城市群、宁夏沿黄城市群、山西中部城市群、北部湾城市群、长江中游城市群、呼包鄂榆城市群、天山北坡城市群、兰州—西宁城市群。

④ 《中华人民共和国国民经济和社会发展第十三个五年规划纲要》,人民出版社2016 年版,第 80 页。

⑤ 《中华人民共和国国民经济和社会发展第十四个五年规划和 2035 年远景目标纲要》,人民出版社 2021 年版,第 64 页。

⑥ 习近平:《高举中国特色社会主义伟大旗帜 为全面建设社会主义现代化国家而团结奋斗——在中国共产党第二十次全国代表大会上的报告》,人民出版社 2022 年版,第 32 页。

确了城市群在新型城镇化与区域协调发展中的关键地位。

随着城市群的布局调整与功能优化,特大城市与超大城市成长为城市群内部的核心,中小城市与县城在吸纳中心城市的外溢资源、提升自身发展质量的过程中,逐渐形成了多层次、多中心、网络状的城市群运作体系。①

近年来,城市群及其中心城市的规模呈现持续扩张的态势,城市群在有限的技术条件下面临空间过度聚集、资源流动不畅、服务供给失衡等治理困境②,城市群内外部的不平衡现象普遍存在,制约了区域协调发展目标的实现。③

为了顺应城市群发展的现实要求,有必要合理调整城市群内部各类规模城市的发展位序,将中等规模城市及其城市群作为区域一体化治理的新引擎。中等规模城市群作为一种中观性质的城市治理新形态,以地级市为中心城市,依托彼此相连的几个中等城市及其与周边县域的交通、产业、空间等关系,在省域范围内或跨省域治理场景中,成为连接小城镇、中等城市、大城市、都市圈与城市群的空间纽带。

首先,中等规模城市可充分发挥连接大城市与小城市的比较优势,在形成规模经济效益的同时,促进社会效益与环境效益的协调统一④,进而缓解城市规模过大而引发的"城市病"问题。⑤

其次,信息通信技术与交通运输技术的快速发展,改变了以大

---

① 何一民:《新中国成立以来城市发展75年的成就与经验》,《华中师范大学学报》(人文社会科学版)2024年第5期。
② 倪鹏飞、徐海东:《面向2035年的中国城镇化》,《改革》2022年第8期。
③ 陆军:《中国城市群战略演进的内在逻辑与转型挑战》,《人民论坛》2021年第25期。
④ 黄惠莲、黄日东:《广东省——农村城市化道路研究报告》,载郭书田、刘纯彬等:《失衡的中国——城市化的过去、现在与未来》(第一部),河北人民出版社1990年版,第153—185页。
⑤ 李清娟:《产业发展与城市化》,复旦大学出版社2003年版,第296页。

城市为中心的城市群发展模式①,中等规模城市逐渐承担了调动资源、承接产业、激活县域等重要职能,强化了其与大城市、县级城市之间的主体关联,催化了中等规模城市群的形成与发展。

习近平总书记在 2015 年中央城市工作会议上提出了"走出一条中国特色城市发展道路"的重大命题。② 在加快实现新型城镇化、区域协调发展、乡村振兴等中国特色城市发展目标的背景下,推动建设中等规模城市群,具有关键的实践意义;研究中等规模城市群的结构特征与治理经验,将丰富城市治理领域的理论体系。本研究在系统梳理相关文献的基础上,从学理概念、演进逻辑、战略优势、实践经验、风险挑战与优化路径等方面出发,对中等规模城市群的研究成果进行总结评价与研究展望,为进一步提升中等规模城市群的治理能力提供理论基础与实践依据。

二、中等规模城市群的概念解析

针对中等规模城市群的概念③,当前学界尚未实现统一的界定。中等规模城市群将治理的发生场域聚焦到中观维度,开创了一种城市治理的新形态。中等规模城市群的相关研究涉及管理学、经济学、社会学等学科,研究主题覆盖经济治理、社会治理、空

---

① 国务院发展研究中心市场经济研究所课题组:《新一轮技术革命与中国城市化2020～2050——影响、前景与战略》,《管理世界》2022 年第 11 期。

② 《中央城市工作会议在北京举行》(2015 年 12 月 22 日),新华网,http://www.xinhuanet.com/politics/2015-12/22/c_1117545528.htm,最后浏览日期:2024 年 11 月 9 日。

③ 中等规模城市群的概念由复旦大学大都市治理研究中心主任唐亚林教授率先提出,并召开了相应的学术研讨会进行研讨。唐亚林教授将其界定为:中等规模城市群是指以地级市为中心城市,依托彼此毗邻、相互联通的具备同城化效应的几个中等城市及其周边县域间的交通、产业、空间、文化等关系网络,在省域范围内或跨省域治理场景中形成的连接广大小城镇与小城市、中等城市、大城市、都市圈与城市群的一种新型空间治理形态。

间治理、城市群发展等多元领域。具体而言，可从空间载体、治理形态、治理模式与治理目标四个维度对中等规模城市群进行概念解析，由此探究这一城市治理新形态的理论与实践全貌。

（一）中等规模城市：空间载体

为了适应城市数量增加、城区规模扩大等城镇化发展的新形势，国务院于 2014 年发布《关于调整城市规模划分标准的通知》，以城市常住人口为统计口径，将我国的城市划分为五类七档，中等规模城市被界定为"城区常住人口 50 万以上 100 万以下的城市"。[1] 第七次人口普查的数据及《2020 中国人口普查分县资料》显示，我国目前共有 135 个中等规模城市，分布于浙江省、河南省、山东省等 25 个省级行政单位。[2]

从战略定位来看，首先，中等规模城市以成为所在地区的政治、经济、文化中心为发展方向，逐步发挥区域增长极的带动作用，是解决东、中、西部地区发展不平衡问题的有力抓手。[3] 其次，中等规模城市在我国的城市等级体系中处于承上启下的生态位，既可面向大城市承接产业转移、吸纳资源要素，也对周边小城市起到辐射效应，成为推进城乡协调发展的关键纽带。[4]

纵观我国城市化发展的动力格局，中等规模城市的发展动力主要由人口与空间两大要素构成。在人口增长的驱动下，中等规模城市的总人口与净流入人口数量增长，城市人口规模持续扩张；在空间集聚的驱动下，各类生产要素流向中等规模城市，提高了城

---

① 《国务院关于调整城市规模划分标准的通知》(2014 年 10 月 29 日)，中国政府网，https://www.gov.cn/gongbao/content/2014/content_2779012.htm，最后浏览日期：2024 年 11 月 9 日。

② 参见国务院第七次全国人口普查领导小组办公室：《2020 中国人口普查分县资料》，中国统计出版社 2022 年版。

③ 陆仰渊：《论中国新型城镇化的路径选择》，《现代经济探讨》2015 年第 8 期。

④ 许汇文、黄汉权：《新时期中国战略腹地中等城市产业发展困境、机遇与对策》，《宏观经济研究》2019 年第 1 期。

市就业密度与企业密度,也为中等规模城市群的形成提供了产业支撑。[①]

(二) 中等规模城市群:治理形态

随着城镇化程度的不断加深,生产要素在城市间日益呈现出跨区域流动的特征,城市群逐渐成为城市治理的重要形态。[②] 在城市地域的概念体系中,都市圈与城市群属于关联性与差异性并存的一组概念。都市圈以辐射能力强的大城市、特大城市或超大城市为核心,核心城市的社会经济辐射半径决定了都市圈的实际规模。[③] 城市群在空间尺度上大于都市圈,一般由两个及以上功能不同但关联紧密的都市圈联结而成。[④] 具体而言,城市群是指在特定地域范围内,以超大城市、特大城市或两个及以上辐射带动能力强的大城市为核心,城市间呈现经济互联、功能互补、资源互通的协同发展格局,由此形成的高度一体化的城市集合体。[⑤]

在城市群的发展进程中,中等规模城市逐渐取代了小城市,成为中心城市辐射范围内的主导城市类型,使得城市群内部的空间分布呈现出"中部凸起"的特征[⑥],中等规模城市群由此成为城市发展的新趋势与新形态。

本研究将中等规模城市群的概念界定为,在特定的地理空间内,以具有较强辐射与带动能力的地级市作为中心城市,依托彼此

---

① 李茜、赵群毅、欧阳慧等:《未来新增城镇人口往哪里去?——一个城镇化动力识别基础上的多情景模拟研究》,《城市发展研究》2024 年第 9 期。
② 李丽霞、李培鑫、张学良:《城市群建设有利于推动数字经济发展吗?》,《上海经济研究》2024 年第 10 期。
③ 马燕坤、肖金成:《都市区、都市圈与城市群的概念界定及其比较分析》,《经济与管理》2020 年第 1 期。
④ 张学良:《以都市圈建设推动城市群的高质量发展》,《上海城市管理》2018 年第 5 期。
⑤ 方创琳:《中国城市群形成发育的新格局及新趋向》,《地理科学》2011 年第 9 期。
⑥ 唐健雄、何庆、刘雨婧:《长三角城市群城镇化质量与规模的时空错位及影响因素分析》,《华中师范大学学报》(自然科学版)2022 年第 4 期。

联通的几个中等城市及其与周边县域的交通、产业、空间、文化等关系,在省域范围内或跨省域治理场景中,形成资源共享、功能互补的城市协同分工体系,由此连接小城镇、中等城市、大城市、都市圈与城市群的一种新型空间治理形态。

中等规模城市以功能整合、节点重置等方式不断融入城市群发展,推动了中等规模城市群的形成。第一,行政区划调整作为一种纵向权力干预,重构了城市主体规模与权力的关系,为中等规模城市融入城市群提供重要动力;第二,跨域协作是中等规模城市融入城市群的主要路径,强化了城市群内部各个中等规模城市间的横向联系[1];第三,中等规模城市的县域在与中心城市的互动中逐渐突破纵向权力层级,构建多层次的协同发展机制[2],在跨域融合中形成了城市群发展的新节点。

(三) 多中心治理:治理模式

当资源在单个城市内部出现过度集聚时,城市将通过嵌入城市集群的方式,推动外部空间转变为更利于资源流通、利益共赢的多中心结构。[3] 有研究表明,多中心结构对中西部地区的城市群、中小规模城市的创新能力产生显著的正向影响。[4]

中等规模城市处于资源要素的快速汇集阶段,依托分工明确的多中心结构,逐渐融入具有网络外部性效应的城市群[5],从而超

---

① 姚尚建、黄林俊:《都市圈重构下中等城市的边界跨越——基于合肥都市圈建设的案例追踪》,《学术界》2024 年第 6 期。

② 陈文、陈设:《层级竞合:粤港澳大湾区城市群跨域合作与协同治理》,载唐亚林、陈水生主编:《大都市圈治理:战略协同与共荣发展》[《复旦城市治理评论》(第 10 辑)],复旦大学出版社 2023 年版,第 3~28 页。

③ Evert Meijers, Marloes Hoogerbrugge and Rodrigo Cardoso, "Beyond Polycentricity: Does Stronger Integration Between Cities in Polycentric Urban Regions Improve Performance?" *Tijdschrift Voor Economische En Sociale Geografie*, 2018, 109(1), pp. 1 21.

④ 邹炀、薛蕾、申云:《城市群空间结构与城市创新能力——基于中国十大国家级城市群的经验证据》,《科技进步与对策》2024 年第 20 期。

⑤ 张安伟、胡艳:《多中心空间结构与城市经济韧性》,《财经研究》2023 年第 9 期。

越单中心结构下的绩效水平,提升其在城市群中的枢纽地位。①

在多中心的空间结构下,各类规模的城市主体受到结构优化与制度创新的双重驱动,形成了中等规模城市群的多中心治理模式,进而塑造更高层次的跨域治理体制机制。

第一,优化多中心治理结构,提高中等规模城市群的知识溢出效应。多中心治理模式依托交通与信息基础设施,形成了多中心化的知识合作网络,推动中心城市的创新成果外溢,提升中等规模城市群的创新多样性与发展协调性。②

第二,创新多层次治理制度,塑造中等规模城市群的主体联结机制。首先,将城市主体的自主创新与顶层设计相结合,共创中等规模城市群的长效治理机制;其次,采用统管与分管融合的监督模式,构建跨区域、跨层级、跨部门的治理路径;最后,形成多层次利益共享机制,理顺多元主体间的权责关系。③

以多中心治理作为中等规模城市群的治理模式,将在中心城市、周边中等规模城市及所辖县域之间建立协同分工的发展体系,为城市群培育多级增长点,在资源吸纳、创新扩散的过程中提高区域发展的一体化程度。④

(四)中国特色城市化发展:治理目标

中等规模城市群以实现中国特色城市化发展为总体治理目标,为实现城乡融合发展、新型城镇化发展、区域协调发展、公共服

---

① 杨桐彬、朱英明、杜家禛:《中国城市群是否存在借用规模?》,《地理科学进展》2022年第7期。
② 姚常成、吴康:《多中心空间结构促进了城市群协调发展吗?——基于形态与知识多中心视角的再审视》,《经济地理》2020年第3期。
③ 汪彬:《多层次交互式制度创新:城市群一体化发展的新理路》,《中国行政管理》2023年第8期。
④ 姚常成、宋冬林:《中国城市群空间结构演化机制与优化路径问题研究——中国特色社会主义政治经济学的视角》,《教学与研究》2021年第10期。

务均衡化与可及化等具体目标创造了治理新形态。

1．城乡融合发展

中等规模城市群充分发挥了城乡之间的比较优势，进一步推动城乡高质量融合发展。首先，中等规模城市群产生了区域统筹效应，调动了中心城市的资源存量，激发了县城、农村的发展活力，成为城乡融合发展的新驱动。① 其次，中等规模城市群作为高度一体化的城乡集合体，在发展中逐步完善价值创造机制与韧性治理机制，推动构建城乡共同富裕的新格局。②

具体而言，中等规模城市群通过重塑空间结构、优化产业布局、贯通基础设施、保障要素流通等方式，构造了城乡融合发展的战略核心阵地。

其一，中等规模城市群强化了城乡要素的空间关联，促进了多元主体之间的功能协同；其二，中等规模城市群充分发挥了产业集群的规模经济效应，加大了城市群内部的城乡产品循环；其三，中等规模城市群通过架设高效贯通的交通系统，为区域内的各类城市搭建一体化、智慧化的基础设施网络；其四，中等规模城市群通过建立人才流动机制、土地管理机制与财政统筹机制，为城乡融合发展提供要素保障。③

2．新型城镇化发展

中等规模城市群作为人口要素与创新资源的聚集地，是促进新型城镇化发展的关键形态，在统筹多元主体利益、提升城镇化质量等方面具有较大潜力。④

---

① 中国宏观经济研究院国土开发与地区经济研究所课题组：《我国城镇化空间形态的演变特征与趋势研判》，《改革》2020 年第 9 期。
② 杨文圣、段苗苗：《城乡融合发展赋能共同富裕的路径探索》，《经济问题》2024 年第 10 期。
③ 张中华、李旭升：《城乡空间高质量融合发展路径研究——以关中平原城市群为例》，《技术经济与管理研究》2024 年第 1 期。
④ 王新涛、彭俊杰：《中原城市群新型城镇化发展质量时空演变及障碍因子诊断》，《河南大学学报》(社会科学版)2024 年第 6 期。

第一,中等规模城市群不断完善"以点带面"的区域协同机制,推动中心城市与周边市域、县域进行资源整合与人才互通,为新型城镇化发展培育高质量增长极;第二,中等规模城市群将区域实践与国家重大战略进行对接,加快推进城市群之间的创新扩散与产业转移,为新型城镇化发展搭建动力系统;第三,中等规模城市群着重激活中小城市的发展潜能,将大中小城市的协调发展作为优化新型城镇化格局的重要抓手,为实现共同富裕打造高质量发展环境。[①]

因此,新型城镇化既是中等规模城市群发展的核心目标,也成为推动城市群迈向共同富裕的关键动力。[②]

3. 区域协调发展

随着城市规模的扩张,城市分工体系从部门专业化逐步转向功能专业化。[③] 为了突破空间层面的功能分割,中等规模城市群持续推进区域分工体系的转型升级,促进了更深层次的产业协同与资源共享。

中等规模城市群积极创建区域协调领域的新型制度框架,一是在整合要素的基础上,将城际合作共建的板块扩展到产业发展、民生保障、科技创新等多元领域;二是建立全方位、多层次的区域协调机制,释放中等规模城市群的跨域治理合力;三是将大中小城市的合作主体数量与区域共建贡献度相结合,形成合理、高效的利益共享机制;四是构建立体化的政策体系,为城市群内外的合作交流提供制度保障。[④]

---

① 陆杰华、韦晓丹:《以人为核心的新型城镇化战略内涵、障碍与应对》,《北京社会科学》2023 年第 7 期。

② 龚闪、胡国建、郑林等:《长江中游城市群新型城镇化与共同富裕耦合协调度的时空演化特征及影响因素研究》,《江西师范大学学报》(自然科学版)2024 年第 3 期。

③ Gilles Duranton and Diego Puga, "From Sectoral to Functional Urban Specialisation", *Journal of Urban Economics*, 2005, 57(2), pp. 343-370.

④ 杨毅、许晨杨:《成渝地区双城经济圈区域协调发展的理论逻辑、实践创新与优化路径》,《西南大学学报》(社会科学版)2024 年第 3 期。

中等规模城市群在实现区域协调发展目标的过程中,依托地理优势与交通网络,将城市群的建设重心向中部与西部地区进行转移,进一步解决区域发展不平衡、不协调的问题。①

4. 公共服务均衡化与可及化

健全基本公共服务体系,增强公共服务的均衡性与可及性,是中等规模城市群治理的一个重要目标。

中等规模城市群内的城镇主体间具有较强的地缘关联,因此更易形成公共服务资源的跨域配置网络。② 为解决公共服务的区域供给不均衡、不充分问题,中等规模城市群打破了由户籍制度与行政区划构成的刚性壁垒,建立起跨区域、跨层级、跨部门、多主体的公共服务供给体系。③

具体而言,中等规模城市群通过合理布局公共资源,实现公共服务供给的区域均衡化;利用规模效应,促进公共服务的创新成果实现扩散,推动实现公共服务供给的人口可及化。④

中等规模城市群的发展目标在于持续拓展公共服务的受益边界,缩小公共服务供给水平的区域差距,进一步提升人民群众的获得感、幸福感、安全感。

三、中等规模城市群的演进逻辑与战略优势

受政策变迁、经济发展与社会转型等因素的综合影响,中等规

---

① 李庆雯、杨智晨:《中国城市群现代化发展的理论逻辑、时空特征与动态演进》,《经济问题探索》2024 年第 5 期。

② 陈朋亲、毛艳华、荣健欣:《城市群"双城"联动的理论逻辑与实践策略——以粤港澳大湾区广州、深圳为例》,《城市发展研究》2021 年第 12 期。

③ 欧定余、侯思瑶:《公共服务产品供给影响市域创新水平的空间效应》,《经济地理》2024 年第 8 期。

④ 张晓杰、王孝:《均衡性与可及性:城市群基本公共服务均等化——基于长三角城市群和成渝双城经济圈的比较分析》,《价格理论与实践》2024 年第 3 期。

模城市群的演进呈现出阶段性的时序逻辑与空间逻辑,其独特的区域空间结构、产业集聚效应与创新驱动能力,共同构成了这一城市治理新形态的战略优势。

(一)中等规模城市群的时空演进逻辑

1. 时序演进

伴随着经济形势与社会环境的发展,我国的中等规模城市群呈现出阶段性的时序演进特征。《中华人民共和国城市规划法》于1990年4月正式实施,该法提出了"严格控制大城市规模、合理发展中等城市和小城市"的发展方针。[①] "十一五"规划纲要首次提出"把城市群作为推进城镇化的主体形态"[②],推行大中小城市和小城镇协调发展的理念。党的十八大以来,城市群在中国特色城市发展道路中的战略地位进一步上升。习近平总书记指出:"我国经济发展的空间结构正在发生深刻变化,中心城市和城市群正在成为承载发展要素的主要空间形式。"[③]

随着城镇化程度的加深,区域经济的发展引擎不再局限于特大城市或超大城市,具备条件的中等规模城市也有机会成长为所在城市群的中心城市。[④] 得益于区域发展水平的提升,东部地区的一批小城市在2000年后发育升级,中等规模城市的总体数量在

---

① 《中华人民共和国城市规划法》(2007年4月24日),中国人大网,http://www. npc. gov. cn/zgrdw/npc/zt/2007-04/24/content_364537. htm,最后浏览日期:2024年11月15日。

② 《中华人民共和国国民经济和社会发展第十一个五年规划》(2006年3月14日),中国政府网,https://www. gov. cn/gongbao/content/2006/content_268766. htm,最后浏览日期:2024年11月15日。

③ 习近平:《推动形成优势互补高质量发展的区域经济布局》,《求是》2019年第24期。

④ 王庆华:《中国城市化道路的转折性变化》,《中共福建省委党校学报》2006年第1期。

此后实现快速增长,在城市群发展中的贡献度持续升高。① 与长三角、京津冀等进入成熟阶段的城市群相比,中等规模城市群的内部耦合度与韧性具有明显的后发优势,其增长率呈现出逐年上升的趋势。②

总体而言,中等规模城市群的发展受到国家发展规划与社会经济形势的阶段性影响,土地要素市场化改革、金融政策调整、户籍制度放宽等因素都形塑了中等规模城市群的演进路径③,其时序特征表现为:中等规模城市的数量逐年增加,日益成长为所在地区的重要增长极,带动了中等规模城市群的出现与区域一体化发展。

2. 空间演进

我国的城市群规划在空间格局上覆盖了东部、中部、西部、东北地区四大板块。④ 在快速城镇化时期,由于政策与资源向高等级城市与沿海地区倾斜,中西部地区的城市群一度出现了中等规模城市塌陷的问题⑤,中等规模城市无法与小城市、县域拉开层级差距,在城市群内的辐射带动功能不足。⑥

伴随着新一轮西部大开发、东北老工业基地振兴、中部崛起等区域协调发展战略的推进,原本基础薄弱的中等规模城市获得了经济增长力与政府调控力的双重驱动⑦,城市群空间结构的重心

---

① 刘浩、马琳:《新标准下中国城市的规模划分和时空演变》,《管理现代化》2019 年第 6 期。

② 张慧、易金彪:《经济高质量发展与城市韧性的耦合关系及时空演变分析——以中国十大城市群为例》,《西南民族大学学报》(人文社会科学版)2023 年第 10 期。

③ 姚常成、宋冬林:《中国城市群空间结构演化机制与优化路径问题研究——中国特色社会主义政治经济学的视角》,《教学与研究》2021 年第 10 期。

④ 马雪松、柏然:《优化国土空间发展格局视域下推进城市群一体化发展的空间逻辑》,《云南社会科学》2024 年第 1 期。

⑤ 魏守华、杨阳、陈珑隆:《城市等级、人口增长差异与城镇体系演变》,《中国工业经济》2020 年第 7 期。

⑥ 李晓江、郑德高:《人口城镇化特征与国家城镇体系构建》,《城市规划学刊》2017 年第 1 期。

⑦ 慈寅寅、陈晓键:《弱网络效应区域城市空间扩展机制——陕西三大区域中等城市空间扩展分析》,《国际城市规划》2014 年第 1 期。

开始由两极逐渐向中部转移。

具体而言,中等规模城市群的空间演变特征表现在以下三个方面:第一,城市群总体空间分布的"东—中—西"梯度逐渐变缓,处于成长早中期的中等规模城市群兴起;第二,全国城市群的现代化重心呈现出向西部、南部移动的趋势,中等规模城市群有效地带动了中西部地区的产业转型与经济增长;第三,中等规模城市群的空间集聚格局持续增强,将逐步转型为具备强空间关联性、高资源集聚度等特征的成熟型城市群。①

(二)承上启下:中等规模城市群的战略优势

1."小镇、中城、大圈与区群"的连接点

当代中国改革开放空间布局的形态,呈现出以都市圈与城市群建设为引领、大中小城市和小城镇协调发展的特征,基本上形成了新型"都带群区路"融合发展的战略体系。② 中等规模城市群在以"小镇、中(心)城(市)、大(都市)圈、区(域城市)群"为核心的特色城市化道路中,发挥着承上启下的连接点功能,是解决区域发展不平衡、不充分问题的重要空间载体。

首先,中等规模城市处于城市群辐射半径的中间位置,兼具吸收中心城市溢出功能、带动小城市与县域发展的区位优势。从短期来看,中等规模城市处在即将升级为大城市的特殊阶段,具备向上吸引中心城市资源、向下吸纳农村劳动力的功能。③ 从长期来看,中等规模城市及其城市群扩大了政府公共投资的乘数效应,在

---

① 谢宝剑、李庆雯、杨智晨:《中国城市群现代化的时空特征及分异机理》,《城市问题》2023 年第 12 期。
② 唐亚林:《构建新时代社会主义现代化国家的空间布局战略体系——基于城市化发展的考察》,《同济大学学报》(社会科学版)2021 年第 1 期。
③ 林星:《关于中国城市化道路的思考》,《中共福建省委党校学报》2005 年第 12 期。

城乡协调发展中持续发挥出经济效益与生态效益。①

其次,中等规模城市群在"小镇、中城、大圈、区群"的发展体系中,构造了以一体化公共服务为核心的联结纽带。具体而言,中等规模城市具有较强的公共服务竞争效应,弥补了小城市服务供给质量低、大城市服务供给不平衡等问题。② 中等规模城市群凭借资源集聚效应、人口虹吸效应、地区带动效应,有效地提升了城市群的公共服务竞争力。③

2. 产业合理布局的承接者

城市规模与空间距离是影响产业集聚效应的重要因素。对中等规模城市群而言,城市间的产业关系处于初级协调水平,城市群内部的空间关联性将会持续增强,进而促进区域产业集聚与结构升级。④

其一,中等规模城市群避免了城市规模过大而引发的拥挤问题,汇聚了周边小城市与县域的人口资源,为产业转移提供了较低的劳动力成本、廉价的土地资源与相对完备的基础设施,进而形成产业聚集格局与规模经济效应。⑤

其二,临近的地理位置为区域产业网络的形成提供了天然的空间载体。⑥ 中等规模城市与中心城市、周边小城市与下辖县域之间的地理距离较短,毗邻城市与产业原有聚集区之间可依托完

---

① 樊彩跃:《把加快中等城市发展作为扩大内需的着力点——防止经济"启而不动"》,《宏观经济管理》2009 年第 3 期。

② 杨晓军:《空间视角下中国城市人口增长的同群效应》,《人口与发展》2023 年第 5 期。

③ 贺建风、何韩吉:《中国基本公共服务发展水平的统计测度与时空效应》,《统计与信息论坛》2024 年第 4 期。

④ 乔小明、唐婷婷:《中国城市群产业集聚与经济高质量发展耦合协调度的动态演进及趋势预测》,《南昌大学学报》(人文社会科学版)2023 年第 3 期。

⑤ 石大千、张卫东:《城市规模是否提高了城市生产率》,《华东经济管理》2016 年第 9 期。

⑥ 周博、李海绒:《西部地区中等城市产业承接力培育研究》,《经济纵横》2015 年第 11 期。

善的交通设施,就近承接产业链的延伸,在产业链上下游形成互联互通、功能互补的城市分工体系。[1]

3. 地方政府创新的实践地

空间经济学理论认为,城市群在空间整合的过程中,产生了共享、分配与学习等创新机制,在降低生产成本的同时大幅提升了创新效率。[2] 在创新驱动区域发展的大背景下,中等规模城市群借助空间溢出效应,为各类规模的城镇主体培育了优质的创新环境。[3]

第一,中等规模城市群内的地理毗邻关系催生了创新要素的流动渠道。城市群的出现缩短了城市间的空间距离,抵消了知识传播的地理衰减效应,为来自不同地理单元的创新主体增加了交流互动的机会。[4]

第二,依托产业链上下游的经济关联,中等规模城市群的产业创新行为产生了显著的联动效应,进而诱发城市群内部的创新涌现[5],推动创新成果在不同层级的城市主体间进行跨域传播。[6]

第三,中等规模城市群的协同关系促进了城市分工体系的形成,有效地提升了区域整体的创新水平。[7] 以中等规模城市群为

① 王春凯、梁晓慧:《产业转移与区域共同富裕:区位选择、实现机制与可行路径》,《河南社会科学》2022年第10期。

② Gilles Duranton and Diego Puga, "From Sectoral to Functional Urban Specialisation", *Journal of Urban Economics*, 2005, 57(2), pp.343-370.

③ 王晶晶、杨奕晨、陈金丹:《数字服务业集聚对城市创新效率的影响:本地效应与空间溢出》,《科技进步与对策》2023年第20期。

④ Donald R. Davis and Jonathan I. Dingel, "A Spatial Knowledge Economy", *American Economic Review*, 2019, 109(1), pp.153-170.

⑤ 陈斌、何思思:《集聚视角下城市群与产业群技术创新联动、同群效应与创新涌现的关系研究》,《科技管理研究》2023年第16期。

⑥ 杨建坤、张学良、魏新月:《国家级城市群发展规划对省界毗邻县经济发展的影响研究》,《经济与管理研究》2023年第12期。

⑦ 汪锋、何京泽、史东杰等:《城市集群发展的创新效应——基于人口集聚与要素流动的视角》,《管理学刊》2024年第5期。

空间载体的协同创新,有利于在城市群内外提高创新网络的协同强度,实现区域间、城乡间的发展共赢。①

四、中等规模城市群治理的实践模式与有益经验

自"十三五"规划发布以来,国家为优化新型城镇化布局与形态,重点部署"19+2"城市群战略格局,并突出强调中小城市和小城镇在城市群发展体系中的关键地位。在顶层设计的引领下,各级地方政府积极探索中等规模城市群的发展道路。本研究选取黔中城市群、兰西城市群、北部湾城市群与淮海城市群作为中等规模城市群治理的典型案例。其中,省域内部型的黔中城市群以中心城市为核心能级,塑造多节点联动的协同发展模式;毗邻省域型的兰西城市群为西部地区提供了兼顾生态、生产与生活的城市群治理经验;北部湾城市群与淮海城市群涉及跨省域治理,前者形成了城市群间的一体化发展模式,后者以协调区域分工的方式促进城乡融合发展。本研究通过总结上述城市群的实践经验,为中等规模城市群的长远发展提供有益的借鉴。

(一)黔中城市群:"核心聚能—协同联动"的治理模式

黔中城市群位于贵州省中部地区,是国家重点规划建设的19个城市群之一。② 2016年年末,贵州省政府批准实施《黔中城

① 冯粲、韩霞、史冬梅等:《多维邻近性视角下城市群协同创新网络及影响因素分析》,《中国科技论坛》2023年第10期。
② 《省发展改革委关于印发〈黔中城市群高质量发展规划〉的通知》(2023年7月24日),贵州省人民政府网,https://www.guizhou.gov.cn/zwgk/zdlygk/jjgzlfz/ghjh/zxgh_5870292/202307/t20230724_81239127.html,最后浏览日期:2024年12月5日。

市群发展规划》,提出构建"一核、一圈、五心、四带"的空间结构①,形成"核心聚能—协同联动"的治理模式。

首先,黔中城市群以贵阳市中心城区和贵安新区的同城化效应为核心驱动力,通过打破省会城市和国家新区的地域壁垒,强化中心城市的聚合效应与引领功能②,提升"强省会"的核心发展能级。

其次,黔中城市群依托高效便捷的交通基础设施,形成各城市间的资源流通网络。具体而言,黔中城市群依托经济发展带,推动中心城市、核心城市、核心经济圈之间产生紧密联动,持续扩散核心增长极的经济影响力。

最后,作为拥有中国首个国家级大数据综合试验区的中等规模城市群,黔中城市群持续深化新一代技术的开发与应用,通过搭建区域联动的信息网络与数据平台,为推动贵州省高质量一体化发展提供科技动能。③

基于"核心聚能—协同联动"的治理模式,黔中城市群积极推动开放与创新,通过塑造城镇体系新架构、打造生态环境新亮点等方式,为区域发展注入了新活力,促进了区域经济实现新飞跃。

(二)兰西城市群:兼顾重点开发与均衡发展的"生态—生产—生活"治理模式

"兰州—西宁"城市群(以下简称兰西城市群)以甘肃省省会兰

---

① 《省人民政府关于黔中城市群发展规划的批复》(2016年12月6日),贵州省人民政府网,https://www.guizhou.gov.cn/zwgk/zfgb/gzszfgb/201612/t20161206_70522792.html,最后浏览日期:2024年12月5日。
② 田俊、李旭东、陈璇等:《黔中城市群新型城镇化与农业现代化耦合协调对城乡收入差距的影响》,《地理科学进展》2024年第7期。
③ 卢江、王晓楠:《因地制宜发展新质生产力的现实依据与实施路径——来自西部地区九大城市群的经验证据》,《重庆大学学报》(社会科学版)2024年第5期。

州市、青海省省会西宁市为中心,是国家重点培育的毗邻省域城市群之一。① 为克服底子薄、任务重的发展难题,兰西城市群从生态保护、产业分工和民生服务三个方面入手,构建了兼顾重点开发与均衡发展的西部中等规模城市群治理模式。

一是形成区域生态安全格局。为承担生态保护的重大责任,兰西城市群全面贯彻"山水林田湖草是生命共同体"②的发展理念,以产业转型、价值补偿、市场交易为重点③,形成城市群高效开发、大区域整体保护的治理格局。

二是构建产业分工协同体系。兰州市、西宁市依托当地的要素禀赋与配套条件,充分发挥市场主导、政策引领的双重驱动作用,通过建立跨区域协同的利益协调机制、政策制度体系,构建了分工明确的产业发展体系,进一步提高了区域经济一体化发展的水平。④

三是塑造一体化服务联盟。随着兰州、海东、西宁等城市之间交流互动的日益频繁,兰西城市群致力于打造公共服务一体化先行示范区⑤,推进政务服务跨域联盟的建设。该联盟通过全程网办、多地联办、异地代收代办等方式,打造兰西城市群智慧政务生态圈,让城市群内的企业与群众享受更多高效、便捷的跨域公共服务。

---

① 《国家发展改革委 住房城乡建设部关于印发〈兰州—西宁城市群发展规划〉的通知》(2018 年 3 月 13 日),https://www. ndrc. gov. cn/xxgk/zcfb/ghwb/201803/t20180319_962248. html,国家发展和改革委员会网站,最后浏览日期:2024 年 12 月 5 日。

② 习近平:《习近平谈治国理政》(第三卷),外文出版社 2020 年版,第 363 页。

③ 董亚宁:《城市群"三生空间"格局演变与优化——以兰西城市群为例》,《青海社会科学》2023 年第 1 期。

④ 林柯:《兰州—西宁工业产业分工协同体系构建——基于兰西城市群建设视角》,《甘肃社会科学》2021 年第 5 期。

⑤ 姜安印、王徽:《"黄河战略"背景下兰西城市群的战略价值审视》,《西北师大学报》(社会科学版)2022 年第 2 期。

（三）北部湾城市群:"产业升级—空间统筹—制度协同"的城市群协调发展模式

北部湾城市群地跨广西壮族自治区、广东省与海南省的11市4县①,毗邻粤港澳大湾区,是具有重要战略地位、独特地缘优势的跨省域城市群,其发展模式具有产业、空间、制度三重属性。

在产业升级方面,北部湾城市群充分发挥面向东盟和沿海沿边的区位优势,在与粤港澳大湾区的协同合作中,有针对性地集聚高端发展要素②,打造特色鲜明、布局合理、区域联动的现代产业基地。

在空间统筹方面,北部湾城市群充分发挥资源禀赋和比较优势,推进城市群结构与功能的双重转型。③ 北部湾城市群大力发展沿海经济带,加快建设区域性中心城市,激活海口市、湛江市两个增长极的产业集聚和区域辐射作用。

在制度协同方面,北部湾城市群推动建立跨省域、跨城市群的制度体系,突破原有的行政壁垒,形成层次清晰的统筹协调机制④,探索构建以市场体系一开放、公共服务共建共享、基础设施互联互通、生态环境联防联治等为重点的城市群协同治理模式。

总之,北部湾城市群通过产业优化升级、空间有序统筹、制度协同互动,从"前港后厂"的传统经济发展模式,向更加绿色、高效的"港区和物流园区一体化"模式过渡;通过与粤港澳大湾区共建

---

① 《国家发展改革委 住房城乡建设部关于印发〈北部湾城市群发展规划〉的通知》(2017年2月10日),中国政府网,https://www.gov.cn/xinwen/2017-02/16/content_5168454.htm,最后浏览日期:2024年12月5日。

② 孙启明、方和远、李垚:《湾区城市群空间经济网络与核心—边缘结构研究——粤港澳大湾区与北部湾比较分析》,《学习与探索》2021年第9期。

③ 张军民、荣城:《北部湾城镇群空间结构及其扩张规律研究》,《人文地理》2022年第5期。

④ 柏露露、刘昭、黄丹蕾等:《"产业—空间—制度"视角下城市群产业协调发展研究——以北部湾城市群为例》,《城市规划学刊》2022年第S1期。

协同分工体系,逐步释放湾区城市群间的一体化发展效益。

(四)淮海城市群:区域功能分工的城乡融合治理模式

淮海城市群处在"一带一路"交汇点的位置,伴随着淮海经济区的建设而发展,以徐州为中心城市,辐射苏北、鲁南、豫东和皖北4个省域的8个城市,在城乡融合发展、东中西部一体化进程中发挥重要的支点作用。①

为突破城乡发展不均衡、空间布局不合理等困境,淮海城市群构建了城乡协同的多中心网络结构②,将城市群划分为乡村转型滞后区、城市转型滞后区、城乡转型双滞后区与城乡转型同步区③,形成了区域功能分工的治理模式。

在乡村转型滞后区,淮海城市群通过在农业领域进行制度创新,有效地吸纳农村剩余劳动力,充分调动乡村的优势资源,提升农业生产的专业化水平,增强农业经营主体的区域竞争力。

在城市转型滞后区,淮海城市群以四条南北走向的城镇发展轴为渠道,与南北部的多个城市群实现对接,打通了产业承接、资源流通、服务互联的关系网络,强化产业集聚功能与空间承载功能。

在城乡转型滞后区,淮海城市群以中心城市、特色小镇、新型农村为发展核心,鼓励小城镇因地制宜地发展特色产业,形成多层次、梯度化的城乡双转型格局。

在城乡转型同步区,淮海城市群通过建立联席会议制度,形成

---

① 王浩、沈正平、李新春:《淮海城市群战略定位与协同发展途径及措施》,《经济地理》2017年第5期。

② 周佳宁、毕雪昊、邹伟:《"流空间"视域下淮海经济区城乡融合发展驱动机制》,《自然资源学报》2020年第8期。

③ 马晓冬、李鑫、顾晓波等:《城乡融合视角下淮海经济区城乡转型特征与路径》,《自然资源学报》2020年第8期。

了府际跨域协同的治理体系。① 同时，淮海城市群加快建立一体化的城乡要素市场，推动公共服务的覆盖范围向小城镇、乡村区域不断延伸。

通过塑造空间功能分工的治理模式，淮海城市群旨在实现生态优化的环境治理、因地制宜的经济发展、资源集聚的产业升级，持续推进城乡融合发展。

五、中等规模城市群治理的风险挑战与优化路径

中等规模城市群作为贯通小城镇、中等城市、大都市圈与区域城市群的中间级，目前正处于机遇与风险并存的探索阶段，其治理环境具有高度复杂性与不确定性。深入剖析中等规模城市群治理的风险挑战，探寻其优化路径与价值导向，对提升区域竞争力、推动一体化发展具有深远意义。

（一）中等规模城市群治理的风险挑战

受制于行政层级、经济水平、资源禀赋等因素的约束，中等规模城市群在资源配置、空间承载、要素集聚、产业转型等方面遭遇了诸多挑战；各类风险因素彼此交织，在中等规模城市群的进阶过程中构成了系统性障碍。相较于发展成熟的大城市群，中等规模城市群的公共资源相对不足，这直接削弱了城市群的空间承载力与要素集聚力；尚不成熟的体制机制阻碍了当地产业的转型发展，加剧了资源匮乏、创新滞后等问题，进一步制约了中等规模城市群的可持续发展能力。

---

① 王浩、李新春、沈正平：《城市群协同发展影响因素与动力机制研究——以淮海城市群为例》，《南京社会科学》2017 年第 5 期。

1. 公共资源配置的弱势地位

我国实行金字塔式的层级化行政管理体制,即按照省级、地级、县级等不同的行政等级对资源进行配置。[①] 中等规模城市属于地市级政府,在行政体系中处在中间位置,在公共资源配置中位于相对弱势的地位。

一是财政自主权不足。中等规模城市的自主财政权力较为有限,往往依照上级政府的政策和预算进行资源分配和使用,缺乏独立调度资金的能力。

二是上级政策支持倾斜。中等规模城市的财政收入通常依赖于上级政府的转移支付,而省级政府和中央政府的资金分配大多倾向于大城市和核心区域,导致中等规模城市群无法充分获取财政支持。

三是行政配置效率低下。中等规模城市群受到多级审批制度的制约,公共资源分配可能会出现延迟或扭曲,导致资源无法在政策执行过程中充分发挥作用。[②]

公共资源配置的不均衡现象,制约了中等规模城市群的经济发展与社会服务能力,使其无法最大程度地发挥跨域治理的有效性。

2. 城市承载能力的综合短板

城市承载力是城市发展的基础,直接关系到产业发展和人口增长。[③] 基础设施、产业配套、公共服务等维度的现实短板,直接削弱了中等规模城市群的空间承载能力。

首先,交通网络不畅是中等规模城市群面临的重要问题。相

---

① 王志锋、王优容、王云亭等:《城市行政等级与经济增长——基于开发区的视角》,《宏观经济研究》2017年第11期。

② 孙崇明、叶继红:《"等级制"下的城镇化治理风险与改革路径——基于"反梯度理论"的探讨》,《学习与实践》2018年第9期。

③ 陈金英、杨青山、马中华:《不同发展阶段的城市群综合承载能力评价研究》,《经济地理》2013年第8期。

较于发达的大规模城市群,中等规模城市群缺乏完善的交通基础设施,限制了高端人才和外来企业的引入。①

其次,中等规模城市群存在产业配套设施不充分的问题。虽然中等规模城市具备一定的产业基础,但由于在产、创、研方面存在行政壁垒,导致市场体系不健全,无法释放城市群在产业转型升级方面的潜力。②

最后,中等规模城市群还面临着提升城市宜居性的挑战。具体而言,在住房方面,中等规模城市群存在供给结构不平衡、居住条件不达标的双重问题;在社保方面,中等规模城市群的社会保障、失业救济、养老服务等项目的发展水平有待提升。③

3. 区域创新要素的集聚难题

创新是提升区域竞争力的核心动力。中等规模城市群在发展中面临创新要素的集聚难题,主要体现在创新要素不充分、创新生态系统不成熟、创新要素吸引力不足等方面。

第一,创新要素不充分。由于缺乏先进技术与高层次人才,中等规模城市群的创新规模和深度均受到了限制。同时,有限的市场规模与较低的资本密度,也导致中等规模城市群无法吸引足够的创新资源。④

第二,创新生态系统尚不成熟。完整的创新生态系统包括政府、科创企业以及其他科研机构。⑤ 中等规模城市虽已积累了一

---

① 王新涛、彭俊杰:《中原城市群新型城镇化发展质量时空演变及障碍因子诊断》,《河南大学学报》(社会科学版)2024年第6期。

② 刘波、邓玲:《双循环新格局下成渝贵城市群协同发展影响因素与实现路径研究》,《贵州社会科学》2021年第5期。

③ 吕光明、陈欣悦:《县域基本公共服务均等化的测度与结构解析》,《财政研究》2022年第4期。

④ 王薇、胡力中:《创新要素错配对中国城市群经济高质量发展的影响研究》,《管理学刊》2023年第5期。

⑤ José Rabelo Neto, Claudia Figueiredo, Barbara Coelho Gabriel and Robertt Valente, "Factors for Innovation Ecosystem Frameworks: Comprehensive Organizational Aspects for Evolution", *Technological Forecasting & Social Change*, 2024, 203, pp.1-15.

定数量的创新要素,但尚未形成跨域融合的创新生态系统,在现阶段难以实现创新资源的高效转化。

第三,创新要素聚集效应弱,对外部资源缺乏吸引力。中等规模城市由于自身资源有限、市场规模较小、产业结构单一,往往难以成为外部创新资源的集聚中心。

4. 产业转型升级的制度性约束

中等规模城市群作为城市治理的新形态,尚处于体制机制改革的早期阶段,制度性约束是其产业发展的关键障碍。[①]

一是体制改革滞后遏制市场潜力。在改革滞后的情况下,既有的产业政策体系难以适应快速变化的市场需求,引致资源配置不合理、产业发展后劲弱等问题。

二是地方保护主义带来市场壁垒。部分地方政府倾向于使用行政垄断手段支持本地产业,限制了外来企业参与良性竞争与合作创新,可能造成中等规模城市群内的产业结构固化、产业发展不均衡等问题。

三是产权制度薄弱降低了市场预期。部分中等规模城市群内存在产权制度改革不彻底的情况,出现产权模糊、法律保护不健全等问题,降低了区域资源的配置效率,直接影响全国统一要素市场的建设进程。[②]

(二)中等规模城市群治理的优化路径

聚焦中等规模城市群面临的诸多治理挑战,学界从组织架构、空间布局、发展动力、制度保障等角度切入,提出以下优化路径:一是完善城市治理网络体系,打破资源配置的结构性屏障;二是合理

---

① 白世贞、郑敏、魏胜:《我国中小企业成本、市场和制度障碍实证研究》,《中国软科学》2023 年第 2 期。

② 周亚、袁健红:《区域协调发展背景下全国统一要素市场布局及实践创新》,《青海社会科学》2022 年第 4 期。

规划区域功能,提高城市群的空间承载能力;三是积极培育中心城市,形成以点带面的创新发展格局;四是健全政策体系与体制机制,为区域一体化提供制度保障。由此,中等规模城市群在未来将进一步协调多元主体间的利益关系,化解潜在的矛盾风险,全方位提升区域高质量发展水平。

1. 构建层级嵌套和互联互通的城市治理网络体系

构建城市群网络体系是中等规模城市群治理的首要步骤。[①]中等规模城市群建设要坚持多中心发展战略,推动中等规模城市与中心城市、周边小城市、县城建立多级协同关系。

首先,实现中心城市与重要节点城市的高效互联。通过完善区域交通网络,构建多枢纽、多路径的联通体系,推进中心城市与重要节点城市在产业链、创新链、物流链上的深度协作。

其次,提升区域公共服务体系的均衡性与协同性。通过促进公共服务体系的标准化、均等化与法治化[②],加强多领域、多层次、多中心的资源共享和制度对接,缩小中等规模城市群内部的公共服务供给差距。

最后,通过构建层级分明、互联互通、协同高效的城市群发展网络体系,形成"中心城市引领、重要节点城市支撑、中小城市和特色县城协同"的发展格局,有效地提升中等规模城市群的区域竞争力和可持续发展能力。[③]

2. 合理规划中等规模城市群的空间功能

实现区域可持续性发展,需要协调空间生长与人口经济发展

① 锁利铭:《城市群地方政府协作治理网络:动机、约束与变迁》,《地方治理研究》2017年第2期。
② 赵吉、张文斌:《圈层协作:区域一体化战略与都市圈战略的体系优化——基于泛上海与泛广州的区域发展案例比较》,载唐亚林、陈水生主编:《大都市圈治理:战略协同与共荣发展》[《复旦城市治理评论》(第10辑)],复旦大学出版社2023年版,第29—56页。
③ 张安伟、胡艳:《多中心空间结构与城市经济韧性》,《财经研究》2023年第9期。

之间的关系,合理规划中等规模城市群的空间功能。未来,可以将中等规模城市群的空间布局划分为优化开发区域、重点开发区域、限制开发区域和禁止开发区域四类。[①]

一是打造优化开发区域,通过建强基础设施、优化公共服务,增强中心城市的竞争力和宜居性;二是聚焦重点开发区域,积极发展产业园区、经济开发区,塑造区域特色产业链;三是规划限制开发区域,将人口和产业引导至具备资源承载能力的区域;四是设立禁止开发区域,强制将经济活动集中到优化开发区域和重点开发区域。

通过优化空间布局,中等规模城市群将进一步理顺各区域承担的特殊功能,协调空间扩张、人口增长与经济发展间的关系,进而提升城市群自身的承载能力与治理效能。[②]

3. 积极培育城市群内部的区域中心城市

适时推进建制转换,积极培育中心城市,是缓解中等规模城市群发展能级不足问题的重要举措。[③] 建制转换指的是通过调整城市的行政区划或升级城市地位,赋予城市更多政策支持或管理权限。未来,应通过建制转换,让潜力丰富的中等规模城市上升为城市群中心城市,形成区域发展的新增长极。

具体而言,中等规模城市群可通过建设综合枢纽、升级产业集群和创新驱动发展等途径,进一步发挥中心城市的引领作用。[④]一是完善现代化交通枢纽,缩短与周边城市的时空距离,实现与全国其他中心城市的互联互通。二是加速创新要素聚集和创新生态

---

① 孙久文:《主体功能区战略下的地区发展新思维》,《人民论坛》2011 年第 20 期。

② 李迎成、钟笑寒、祁俊衡等:《基于建筑密度分布的中国城市空间生长特征及影响因素研究》,《国际城市规划》2024 年第 2 期。

③ 李晓江、郑德高:《人口城镇化特征与国家城镇体系构建》,《城市规划学刊》2017 年第 1 期。

④ 杨宏昌、戴宏伟:《"中心开花"需时日:空间结构对区域经济发展的影响——以我国 19 个城市群为例》,《科技进步与对策》2024 年第 3 期。

构建,通过完善配套政策体系,有效地汇聚人才、资本和技术等核心资源。三是大力引入高端制造业和现代服务业,使中心城市与城市群内的其他主体进行产业链联动与协同发展。

4. 健全城市群发展的政策体系与体制机制

中等规模城市群发展需要建立健全政策体系与体制机制,优化中等规模城市群的分类指导政策、区域差异政策①,推进城乡融合发展与区域协调发展。

在城乡要素流动与配置方面,中等规模城市群应创新土地资源配置政策、优化行业资本劳动力政策,大力推进就业技能培训,实现劳动力流动与权益保障,提升区域全要素生产率。②

在公共服务均等化方面,中等规模城市群应强化农村教育和医疗基础设施的建设,统筹城乡居民养老保险和医疗保险政策,健全城乡一体化的基本公共服务供给机制。③

在产业协同发展方面,中等规模城市群应出台产业配套政策,引导乡村因地制宜地打造特色农业产业品牌④;同时,城市群政策可推动产业升级与贸易开放,大幅提高城市韧性⑤,为城乡融合发展构建高效有序的产业格局。

通过健全政策体系与体制机制,中等规模城市群将实现城市主体间的优势互补与协同共赢,提升区域整体竞争力和可持续发展水平。

---

① 刘秉镰、袁博:《中国式现代化视域下城市群发展的理论逻辑与路径选择——学习习近平总书记关于城市工作的重要论述》,《城市问题》2023 年第 3 期。

② 王威、白羽萍、胡业翠等:《前沿生产理论视角下的土地配置扭曲及其效率损失——以中原城市群为例》,《统计与决策》2024 年第 22 期。

③ 周密、王威华:《构建大中小城市协调发展格局的逻辑框架和路径选择——基于新空间赋能视角》,《天津社会科学》2023 年第 5 期。

④ 肖莉、张艺航:《东北城市群农业高质量发展的时空特征及影响因素》,《华南农业大学学报》(社会科学版)2023 年第 6 期。

⑤ 李智超、叶艳婷、张迎新:《城市群政策何以提升城市韧性——基于我国地级市的实证分析》,载唐亚林、陈水生主编:《城市更新与空间治理》[《复旦城市治理评论》(第 11 辑)],复旦大学出版社 2023 年版,第 201—227 页。

六、简要评述与研究展望

通过对现有研究成果进行全面梳理与总结，本研究呈现了中等规模城市群的理论图景，并进一步展望中等规模城市群的研究方向与发展路径，以期丰富该领域的理论体系，推动实现区域一体化、城乡融合发展等治理目标。

（一）简要评述

当前学界对中等规模城市群的理论内涵展开了全方位的解释，认为中等规模城市群作为一种城市治理新形态，以中等规模城市及其县域为空间载体，采用多中心治理的模式，将推动城乡融合发展、新型城镇化、区域协调发展、公共服务均衡化与可及化等作为治理目标。

在时间维度上，中等规模城市群逐渐演变为我国城市治理的新形态，其演进路径呈现出阶段性发展的时序特征。在空间维度上，中等规模城市群的兴起缩小了东中西部城市群的空间梯度差异，其空间集聚效应与规模效应持续增强。

从战略优势来看，中等规模城市群依托其特殊的空间区位、承载能力与资源禀赋，在"小镇、中城、大圈、区群"的格局中起到承上启下的作用，成为产业合理布局的承接者与地方政府创新的实践地。因此，推进中等规模城市群的建设与发展，是走出中国特色城市发展道路的应然选择。

部分学者针对省域内部、毗邻省域、跨省域等不同类型的中等规模城市群，分别归纳了具有代表性的治理模式与实践经验。由于处于发展早期阶段，中等规模城市群在资源配置、空间承载、要素聚集、产业发展等方面依旧面临现实风险与治理挑战。未来，需要优化中等规模城市群的多中心治理结构,在合理规划空间功能的基础上,大力培育新中心城市,并通过完善政策体系与体制机制的方式,为中等规模城市群发展提供制度性保障。

总体而言,中等规模城市群的相关研究尚处于初步探索阶段,具有较大的研究拓展空间。第一,相较于成熟型的大规模城市群,学界围绕中等规模城市群展开的研究数量较少,对核心概念缺乏清晰统一的界定,尚未形成系统性的理论体系。第二,中等规模城市群的研究主题集中在人口学、宏观经济、交通运输等领域,公共管理、社会治理领域的研究相对不足。第三,当前研究以单案例居多,对中等规模城市群的治理经验缺乏模式化总结,且存在理论研究滞后于地方实践的情况。第四,中等规模城市群治理主题下的研究以理论演绎为主,相关结论缺乏数据支撑与模型论证。

中等规模城市群具有深远的实践价值与研究意义,未来,应在明晰核心概念的基础上,从公共管理、城市治理、应急管理等视角入手,深入挖掘中等规模城市群的治理结构、运行模式与创新机制;同时,综合多个中等规模城市群的实践案例,对治理经验进行共性提炼与比较分析,并对典型案例展开追踪考察,在充分获取经验数据的同时,从实证层面为该领域的研究补充有力论据。

(二)研究展望

新时代背景下,中等规模城市群作为城市治理的新形态,依托承上启下的中间生态位,获得了多维要素叠加带来的巨大发展机遇,同时也汇集了来自不同层级行政单元的复杂治理风险。

为了更好地推进中国特色城市发展道路,未来在中等规模城市群的建设过程中,其一,应强化中心城市的带动与辐射功能,以政策引导、财政支持、区划调整等方式,不断提升中等规模城市群在区域发展中的战略地位。其二,着力构建多中心化的中等规模城市群治理结构,形成跨区域、跨层级、多主体的协同共建机制与利益共享机制,激活发展轴带与核心圈层的治理合力。其三,应完善中等规模城市群的要素市场化配置机制,细分各类规模城镇主体的功能分工,通过加快建设交通网络、信息网络等基础设施,为各类要素提供高效无阻的流通渠道。其四,中等规模城市群可将大数据、人工智能等新型技术与治理需求相结合,推动城市群内外的技术互联与创新扩散,不断缩小区域发展中的数字鸿沟。

随着城市治理领域研究的不断进阶,中等规模城市群作为一种新型治理形态,日益显现出重要的理论研究价值。基于研究现状,未来可从以下四个方面展开深度探索。

一是丰富中等规模城市群的概念体系。在形成具有共识性的核心概念的基础上,可聚焦发展阶段、空间区位、治理模式等视角,对中等规模城市群进行类型学划分,从而扩展这一概念的理论范畴与实践内涵。同时,可将中等规模城市群与大规模城市群、中等规模都市圈、城乡融合发展实验区等概念进行比较研究,基于国内外案例提炼概念之间的属性差异与逻辑关联。

二是探寻中等规模城市群的空间尺度与演进机制。城市群的承载能力受到空间规模与资源禀赋的制约,若中等规模城市群的发展方向是拓宽边界、增大体量,则可能出现主体承载力与资源输入量不匹配的情况,极易引致规模治理难题。因此,未来应基于人口、土地、区位、资源等多重因素,研究有利于中等规模城市群发展的合理空间尺度,并在不同的时空条件下,探讨其治理结构与空间布局的动态演进机制。

三是研究中等规模城市群的协同治理机制。中等规模城市群治理涉及县城、小城市、中等规模城市、毗邻城市群等多元主体,覆盖来自政府、市场与社会领域的利益相关者,在多主体的交互过程中形成了错综复杂的关系网络。此外,伴随着发展质量与治理水平的提升,中等规模城市群内的部分城市主体迅速成长,逐渐需要向外寻求更高层次的合作关系,可能出现脱离所在城市群发展的情况,割裂了中等规模城市群的治理边界。可采用社会网络研究等方法,挖掘中等规模城市群内外部的协同关系形态,按治理场景对主体间的协同治理机制进行分类归纳;同时,可探索上述协同关系形态在特定条件下的影响因素,进而研究各类城市主体的集聚行为、权力格局与利益关系的变化机制。

四是在多种研究议题下评估中等规模城市群的治理成效。中等规模城市群是否在缩小区域发展差距、提升城乡融合程度、均衡供给公共服务等方面取得了实际成效?中等规模城市群以何种方式、在何种程度上推进了新型城镇化建设?中等规模城市群是否促进了区域内产业的升级转型,进而推动新质生产力的发展?为解答上述问题,可结合面板数据与案例信息,设计不同场景下的中等规模城市群治理成效的评价指标体系,为中等规模城市群的模式推广、效果评估与执行纠偏提供科学依据。

深入推进中等规模城市群的现实探索,完善相关领域的研究体系,将进一步促进大中小城市协调发展格局的形成,为推进中国特色城市发展道路提供来自理论与实践的双重支撑。

区域治理共同体建构的内生疏离
风险与均衡调适路径

——基于长江中游城市群的考察

杨丞娟* 冷雪忠** 锁利铭***

[**内容摘要**] 共同体以其多元主体和异质性特征,通过网络节点间的关系建构,能更加高效、更低成本地解决碎片化治理的难题。共同体与区域发展在结构和功能上高度耦合的同时,内生疏离风险也成为其存续的障碍。如何应对区域治理共同体的内生疏离风险,推进区域治理的可持续发展,已成为一个亟待研究的议题。本文在"求同存异"的"区域治理共同体"理论建构基础上,以长江中游城市群为例,梳理并总结其"决策—协调—执行"的区域治理共同体运行框架与实践成效,探讨由协作意愿不强、异质连接松散和制度保障乏力等因素诱发的长江中游城市群区域治理共同体建构的内生疏离风险。在此基础上,本文提出了差异化求同存异、组织化搭台赋能以及制度化秩序构建等长江中游城市群区域治理共同体建构的均衡调适路径。

[**关键词**] 区域治理共同体;内生疏离风险;长江中游城市群;均衡调适路径

---

* 杨丞娟,武汉轻工大学管理学院副教授、硕士生导师,南开大学周恩来政府管理学院访问学者。

** 冷雪忠,南开大学周恩来政府管理学院博士研究生。

*** 锁利铭,南开大学周恩来政府管理学院教授、博士生导师,中国政府发展联合研究中心研究员,计算社会科学实验室主任。

一、问题的提出

历经从平面化到立体化的空间演化过程,我国已进入融"都带群区路"等发展战略于一体的新时代中国特色社会主义现代化国家的空间布局格局。[①] 这里的"群"即指城市群,是由特定空间范围内城市间跨域联动形成的巨型城市区域构成的有机整体。城市间的关联打破了地域界限,催生了许多新的城际链接形式,进而形成了巨大城市带。[②] 在这样的巨型城市区域中,网络化空间关联推动了区域空间的重构与整合[③],在超越地理空间邻近性的同时,还催化了功能方面的相互关联,出现了产业交互[④]、要素流动[⑤]、市场联合[⑥]等区域一体化现象,促进了区域资源配置效率的提升,使得城市群逐渐成为推动区域协调发展的重要支点单元。大都市区和城市群等城市区域的成长及其优势地位的获得,已成为世界城镇化进程的基本特征和规律。[⑦] 培育并促进城市群高质量一体化发展,也是世界各国提升区域空间的整体生产效应和全球竞争力

---

① 唐亚林:《构建新时代社会主义现代化国家的空间布局战略体系——基于城市化发展的考察》,《同济大学学报》(社会科学版)2021 年第 1 期。

② Carbonell A., Yaro R., "American Spatial Development and the New Megalopolis", *Land Lines*, 2005, 17(2), pp.1-4.

③ Lang R., Knox P., "The New Metropolis: Rethinking Megalopolis", *Regional Studies*, 2009, 43(6), pp.789-802.

④ Mould O., "Moving Images: World Cities, Connections and Projects in Sydney's TV Production Industry", *Global Networks*, 2010, 8(4), pp.474-495.

⑤ Qubbaj M. R., Shutters S. T., Muneepeerakul R., "Living in a Network of Scaling Cities and Finite Resources", *Bulletin of Mathematical Biology: An International Journal*, 2015, 77 (2), pp.390-407.

⑥ Frost I., Podkorytova M., "Former Soviet Cities in Globalization: An Intraregional Perspective on Interurban Relations through Networks of Global Service Firms", *Eurasian Geography and Economics*, 2018, 59(1), pp.1-28.

⑦ 马学广:《全球城市区域的空间生产与跨界治理研究》,科学出版社 2016 年版,第 1 页。

的重要治理手段。① 党的二十大报告就指出,以城市群、都市圈为依托构建大中小城市区域协调发展的格局。

随着交通基础设施和新一代信息技术的迅猛发展,城市间跨域关联的外部性逐渐彰显②,基于资源禀赋和发展实情的城市群功能分工得到进一步加强。多个城市区域相互作用,最终形成多中心、多城市区域的发展格局。③ 然而,城市群的一体化建设并非一蹴而就,在由单一城市向城市间跨域关联的实践变迁中,城市群一体化又往往面临行政区划分割、社会文化壁垒、基础设施及公共服务提供等多方面的兼容协调问题。④ 推动区域一体化发展必然会面对不同空间板块、不同行政区域之间的协调问题,跨区域治理就成为一项天然任务。⑤ 学者们基于区域合作的理念,以整体性治理、网络治理、合作治理、政策过程等为代表的理论,从不同的视角提供了理解区域治理中多元合作的框架。⑥ 在科技创新⑦、区域产业发展布局⑧、基本公共服务供给⑨、交通运输基础设

---

① 周密、张心贝:《城市群引领区域协调发展的实现路径与治理机制——基于周期协调度的视角》,《财经科学》2023 年第 7 期。

② Copus A., "From Core-Periphery to Polycentric Development: Concepts of Spatial and Aspatial Peripherality", *European Planning Studies*, 2001, 9(4), pp.539—552.

③ Lambregts B., "Polycentrism: Boon or Barrier to Metropolitan Competitiveness? The Case of the Randstad Holland", *Built Environment*, 2006, 32(2), pp.114—123.

④ 罗湖平、龙兴海、朱有志:《基于复合行政理论的"3 + 5"城市群合作模式研究》,《经济地理》2011 年第 6 期;方创琳:《中国城市群研究取得的重要进展与未来发展方向》,《地理学报》2014 年第 8 期。

⑤ 焦永利、谭笔雨、刘斯琦等:《探索跨区域治理创新的中国方案:以长三角生态绿色一体化发展示范区为例》,载唐亚林、陈水生主编:《新城新区建设与特殊经济功能区治理》[《复旦城市治理评论》(第 9 辑)],复旦大学出版社 2023 年版,第 109—138 页。

⑥ Petridou E., "Theories of the Policy Process: Contemporary Scholarship and Future Directions", *Policy Studies Journal*, 2014, 42(S1), pp.S12-S32.

⑦ 龚勤林、郭帅新、龚剑:《基于协同创新的城市职能识别与优化研究——以长江中游城市群为例》,《经济体制改革》2017 年第 3 期。

⑧ 郑艳婷、王韶菲、戴荔珠等:《长江中游地区制造业企业时空演化格局》,《经济地理》2018 年第 5 期。

⑨ 李百灵:《长江中游城市群基本公共服务均等化水平测算与区域差异比较》,《统计与决策》2022 年第 1 期。

施①、经济发展②、府际关系③等多个维度对城市群的区域一体化进行了深入研究,分析其发展现状并识别阻碍因素,为推进区域一体化发展提供了多视角下的技术方案。

城市群内的各类主体或组织代表着不同的利益诉求和资源禀赋,要求我们在理解城市群一体化时充分考虑城市间在发展阶段、体制制度、尺度空间等维度的差异,而不是一味地追求均衡。④ 在城市群合作治理的实践中,治理主体往往更重视技术协同、结构嵌入、资源互补,这又导致城市群区域合作网络内部城市主体间出现高度同质化的"回音室"风险,即城市间局域抱团而整体松散的一体化发展现实。⑤ 城市群作为一种特殊的复杂社会系统,其内部不可避免地存在生成网络疏离风险的系统性倾向⑥,影响城市群一体化发展的稳定与可持续⑦,但这种影响尚未得到足够重视。既有研究多偏向"应然性协同"分析,并未过多地关注区域协调发展中主体差异性及疏离风险。以"差异化"为出发点对城市群一体化发展过程进行的研究十分有限⑧,有必要进一步探讨多元主体在整体性合作中差异性协调的区域治理模式。⑨

---

① 贺三维、张臻、祁子良等:《基于交通流和辐射模型的城市群网络结构及驱动因素分析——以长江中游城市群为例》,《地理科学》2023 年第 11 期。

② 彭翀、陈梦雨、王强等:《长短周期下长江中游城市群经济韧性时空演变及影响因素研究》,《长江流域资源与环境》2024 年第 1 期。

③ 孙沙沙、杨丞娟:《长江中游城市群府际协同治理的实践、现实与对策建议》,《长江技术经济》2022 年第 6 期。

④ 高国力、李天健、孙文迁:《改革开放四十年我国区域发展的成效、反思与展望》,《经济纵横》2018 年第 10 期。

⑤ 罗波阳:《城市群区域城镇协调发展:内涵、特征与路径》,《求索》2014 年第 8 期。

⑥ Baroni A., Ruggieri S., "Segregation Discovery in a Social Network of Companies", *Journal of Intelligent Information Systems*, 2017, 51(1), pp. 71-96.

⑦ Netto V. M., Pinheiro M. S., Paschoalino R., "Segregated Networks in the City", *International Journal of Urban and Regional Research*, 2015, 39(6), pp. 1084-1102.

⑧ 李雪松、齐晓旭:《长江中游城市群差异化协同发展的演化与分析》,《工业技术经济》2019 年第 12 期。

⑨ 陈子韬、章抒、吴建南:《区域治理的差序协同实践——基于珠三角大气污染联防联控的案例研究》,《公共行政评论》2022 年第 5 期。

　　基于此,本文选取长江中游城市群为研究案例,系统梳理长江中游城市群区域治理共同体的组织运行框架,详细探讨其发展实践中的内生疏离风险,探索"协同联动、共建共享""优势互补、区域协同"的长江中游城市群区域治理共同体建构均衡调适路径。选择长江中游城市群为研究对象,基于以下2点考量:(1)战略价值。长江中游城市群是中国面积最大的城市群,由武汉都市圈、环长株潭城市群、环鄱阳湖城市群等构成,总面积达到32.6万平方千米,占全国的3.4%,是长三角的1.5倍、珠三角的6倍;其常住人口、经济总量占全国的比重也均超过10%。随着发展体量与能级的快速提升,长江中游城市群的战略价值日益凸显,逐渐成为国家区域战略布局中的关键板块①,在推动长江经济带发展、促进中部地区崛起、巩固"两横三纵"城镇化格局等国家发展战略中承担重要使命,在区域乃至全国发展格局中占据重要地位。②(2)一体化实践。自2015年《长江中游城市群发展规划》获批实施以来,长江中游城市群的发展步伐加快,但仍存在省际协商协作机制不健全、一体化发展水平偏低、行政边界刚性约束、合作机制不健全、产业同质化、管理松散化、屏障脆弱等问题③,严重阻碍了城市群高质量一体化发展。2022年2月15日,国家发展改革委印发的《长江中游城市群发展"十四五"实施方案》明确提出"到2025年,长江中游城市群协同发展取得实质性进展,经济总量占全国比重进一步提升,支撑长江经济带发展、中部地区崛起乃至全国高质量发展能力显著增强"的一体化目标。

　　① 张建清、陈婷婷:《长江中游城市群创新发展深度解析》,《人民论坛·学术前沿》2015年第18期。

　　② 马勇、黄智洵:《长江中游城市群生态文明水平测度及时空演变》,《生态学报》2016年第23期。

　　③ 龚胜生、张涛、丁明磊等:《长江中游城市群合作机制研究》,《中国软科学》2014年第1期;吴志军:《长江中游城市群协调发展及合作路径》,《经济地理》2015年第3期;谷玉辉、吕霁航:《长江中游城市群协调发展存在的问题及对策探析》,《经济纵横》2017年第12期。

总体来看,长江中游城市群发展动能持续增强,综合实力显著提升,具备实现更高水平协同发展和发挥更大支撑带动作用的基础。推动长江中游城市群向更高质量的区域一体化发展迈进,是区域协调发展实践与理论研究共同关切的重要议题。本文从四个层面对上述内容与研究议题进行深入分析:首先,建构"求同存异"的"区域治理共同体"理论,包括从共同体到区域治理共同体的逻辑演绎,以及从偏向"求同"到兼重"存异"的共同体发展模式;其次,梳理总结长江中游城市群区域治理共同体的运行框架与实践成效;再次,探讨由协作意愿不强、异质连接松散和制度保障乏力等因素诱发的长江中游城市群区域治理共同体建构的内生疏离风险;最后,从差异化求同存异、组织化搭台赋能、制度化秩序构建三个方面提出长江中游城市群区域治理共同体建构的均衡调适路径。

二、求同存异:区域治理共同体的理论建构

区域差异大、发展不平衡是我国的基本国情,统筹区域协调发展始终是关乎党和国家事业发展全局的重大问题。《中共中央关于进一步全面深化改革 推进中国式现代化的决定》明确指出:"完善区域一体化发展机制,构建跨行政区合作发展新机制。"共同体理念所倡导的异质性多元主体协同与整体性公共价值追求,及其在克服碎片化治理障碍方面的功能,为区域协调发展提供了有益启发,并由此衍生出区域治理共同体发展新范式。面对现实发展差异与一体化目标之间的结构性矛盾,求同存异的差异化协同被认为是推动区域治理共同体均衡调适的有效路径。

（一）从共同体到区域治理共同体的逻辑演绎

1. 共同体的概念演进

作为备受哲学、社会学、经济学、政治学、公共管理等诸多社会科学领域长期关注的重要议题，共同体的概念应用广泛且历久弥新。早在古希腊，作为原始共同体形式的城邦共同体便强调通过共同体协作来调谐个体成员在天赋能力上的差异，将个体利益有机地统一，以实现"共善"的城邦主义。[①] 伴随着技术进步，社会结构逐步从"有机"转变为"机械"，原始共同体所具有的天然确定性、归属感、信仰源及团结力逐步被瓦解。为恢复天然共同体的有机联结形式，重建基于原初集体经验的现代社会交往理性，滕尼斯（Tönnies）将共同体从社会概念中独立出来，正式提出现代社会的共同体理论框架。滕尼斯认为，作为一种人类"自然的联合体"，共同体是拥有共同事物的特质和相同身份特点的感觉的群体关系，基本形式包括亲缘共同体、地缘共同体和精神共同体。[②] 同一时期，法国社会学家涂尔干（Durkheim）提出，随着社会分工的深化，越来越多的个体从自发性质的封闭集体中走出来，通过高度异质的劳动分配加入一个个职业群体之中，传统的共同体被有助于维系社会团结和道德整合的职业共同体取代。[③] 之后，杜威（Dewey）又从共同体的本质机制角度对滕尼斯的原始共同体和涂尔干的职业共同体进行了升华，认为共同体不代表毫无差异的一致性，而是包容多样性与异质性基础上的合作性，进而形成了现代意义上的共同体概念。历经从原始共同体到现代共同体的发展，

---

① 徐烨：《滕尼斯、涂尔干、杜威的共同体观：溯源与启示》，《贵州社会科学》2022年第4期。

② ［德］滕尼斯：《共同体与社会——纯粹社会学的基本概念》，林荣远译，商务印书馆1999年版，第52—54页。

③ ［法］涂尔干：《社会分工论》，渠敬东译，生活·读书·新知三联书店2017年版，第184页。

共同体的概念被不断拓展和深化,形式日益多样,性质更加多元复杂,衍生出一个联动的有机整体。①

2. 治理共同体的协作特性

党的十九大以来,"共同体"一词高频地出现在国家治理和地方政策语境中,并与"协同共治"等表述紧密相连。共同体具有主体多元和异质性特征,能够通过协同网络节点间的关系,以更加融合高效且低成本、低风险的方式解决协作障碍,摆脱碎片化治理困境,在结构上实现多个网络及其功能的耦合。② 在公共治理领域,共同体指个体、组织等基于相似的价值认同、目标追求,自觉形成的相互关联、相互促进且关系稳定的群体。③ 共同体之所以会成为一种治理愿景,是因为它具有整体加总大于并异于内部各主体功能的整体涌现特征。④ 而治理这一概念被全球治理委员会定义为:各种公共和私人机构管理其共同事务的诸多方式的总和,它是一个使相互冲突或不同的利益得以调和,并且采取联合行动使之得以持续的过程。⑤ 由此,共同体的复杂属性与治理的系统特征之间存在深层关联的内在基础,这种关联的基础正是上文提到的"合作性"。治理网络即将协作性公共产品和服务提供与集体决策相结合的实体。⑥ 治理共同体是指政府、社会组织、公众等基于互

---

① 张巍卓:《共同体的伦理意蕴:滕尼斯对黑格尔与马克思"社会-国家观"的综合》,《学术月刊》2021 年第 5 期。

② 赵新峰、高凡:《公共价值共创视角下区域共同体的运行机制与建构方略》,《天津社会科学》2023 年第 1 期。

③ 郁建兴:《社会治理共同体及其建设路径》,《公共管理评论》2019 年第 3 期。

④ 锁利铭:《作为复杂系统的共同体:生成逻辑、疏离风险与长期治理》,《天津社会科学》2023 年第 1 期。

⑤ The Commission on Global Governance. *Our Global Neighborhood: The Report of the Commission on Global Governance*, Oxford University Press, 1995, p.2.

⑥ Skelcher C., "The Dynamics of Multi-Organizational Partnerships: An Analysis of Changing Modes of Governance", *Public Administration*, 2010, 76(2), pp.313-333; Isett K., Mergel I., Leroux K., et al., "Networks in Public Administration Scholarship: Understanding Where We Are and Where We Need to Go", *Journal of Public Administration Research & Theory*, 2011, 21(S1), pp.i157-i153.

动协商、权责对等的原则,共同解决社会问题、回应治理需求,其基本元素为合作和共识①,通过多元利益的协调共生、制度的规范运行和价值的共识凝聚实现共建共治共享。②

3. 区域治理共同体的现实图景

随着跨域治理实践的纵深发展,传统属地管理下"谁负责、谁治理"的模式难以解决各类复杂的治理议题,这些议题在空间关联、功能分布、收益匹配等多个维度存在集体行动困境。③ 为此,学者们提出区域合作治理的概念,强调以地方政府为核心的多元参与主体,突破传统思维局限,克服交易成本和背叛风险等多重障碍,通过多种合作方式构建相互依赖的可持续治理网络。④ 一些学者综合国内外的研究成果,描绘出区域治理从政治调控到多元主体共同参与的机制转型框架图景,从区域治理的阶段性、层次性、多领域性出发,达成区域性发展共识,形成区域共同体意识。⑤ 共同体协作详尽描述了公共性内外场景的空间完整性,体现了行政、社会和政治的整体格局,也是技术、价值和形式复合理性体系的写照。⑥ 实践中,一种以治理统合发展、服务与秩序,打造集高质量发展、高效能治理、高品质生活于一体的,可以称之为区域治

---

① 锁利铭:《面向共同体的治理:功能机制与网络结构》,《天津社会科学》2020 年第 6 期。

② 石路、程俊霖:《社会治理共同体演进的三重逻辑》,《中共福建省委党校》(福建行政学院学报)2020 年第 5 期。

③ 锁利铭、李雪:《从"单一边界"到"多重边界"的区域公共事务治理——基于对长三角大气污染防治合作的观察》,《中国行政管理》2021 年第 2 期;叶超、赵江南、张清源等:《跨界治理的理论重构——以长江三角洲地区为例》,《地理科学》2022 年第 3 期;夏志强、唐纪航:《边界的治理与治理的边界——跨省流域科层治理反思》,《社会科学研究》2024 年第 2 期。

④ 锁利铭、杨峰、刘俊:《跨界政策网络与区域治理:我国地方政府合作实践分析》,《中国行政管理》2013 年第 1 期;马学广、贾岩:《欧盟区域间跨界合作(INTERREG)的尺度类型与逻辑解释》,《经济地理》2021 年第 9 期;赵斌、王琰:《我国区域合作治理机制的研究进展》,《经济体制改革》2022 年第 1 期。

⑤ 柳建文:《中国区域协同发展的机制转型——基于国家三大区域发展战略的分析》,《天津社会科学》2017 年第 5 期。

⑥ 罗梁波:《公共性的本质:共同体协作》,《政治学研究》2022 年第 1 期。

理共同体的区域治理形态新图景正在成为现实。①

(二) 从偏向"求同"到兼重"存异"的共同体发展模式

1. 共同体的复杂内生属性

尽管共同体通常被作为整体赋能区域治理,也往往被贴上"整体大于部分"的标签,但其基本属性是不同个体的"共同"组合。作为复杂系统的共同体,其内部组成部分之间并非线性关系,也不是各单元与相互关系的简单叠加,许多行为的结果往往难以预料。② 复杂系统的研究将集体、系统层面的行为作为基本研究对象,重点关注系统元素之间的关系如何产生集体行为,系统和环境之间如何进行相互作用等问题。③ 共同体的复杂系统属性既涵盖了同质、异质、多元等原始生态属性,也包括分工、利益、冲突等后天发展属性。因而,共同体的整合属性和效果取决于内部不同组成单元之间相互依赖和相互作用的复杂系统属性。并且,在这个系统中,整体的多样性优于局部的多样性,存在典型的内生疏离特质。基于此,区域治理共同体的复杂系统属性可以用公式表示为:$y = f(x_1, x_2, x_3, \cdots, x_n, X)$,其中,$y$ 为区域治理共同体整体属性,$x_1, x_2, x_3, \cdots, x_n$ 为区域治理共同体各组成单元($1, 2, 3 \cdots, n$)的个体特质,X 为各个组成单元之间的各种复杂关系。④ 无论是多重的、相互作用的场所和制度机制构成的区域治理,还是适应性社会生态系统、政策机制、政策子系统,抑或嵌入每个系统的学

① 唐亚林、郝文强:《从协同到共同:区域治理共同体的制度演进与机制安排》,《天津社会科学》2023 年第 1 期。

② 周干峙:《城市及其区域——一个典型的开放的复杂巨系统》,《城市规划》2002 年第 2 期;范如国:《复杂网络结构范型下的社会治理协同创新》,《中国社会科学》2014 年第 4 期。

③ Chu D., Strand R., Fjelland R., "Theories of Complexity", *Complexity*, 2003, 8 (3), pp. 19-30.

④ Robert A., Michael M. G., "Big Questions in Public Network Management Research", *Journal of Public Administration Research & Theory*, 2001, 11(3), pp. 295-326.

习过程,都被视作复杂的决策系统。① 因此,区域治理共同体的集聚赋能依赖共同体的复杂系统属性,取决于共同体内部分工协作、功能互补的社会生态关系网络。

2. 共同体的疏离结构模型

疏离是一种可以在网络中显示出的结构化顺序,系统整合是不同主体之间关系的有秩序安排。② 共同体作为复杂系统涌现的网络,通过不同属性的节点与节点间的连接构成,根据已有研究,在节点数量保持不变的前提下,共同体疏离程度可以用特定主体关联中同色节点连接占全部两两连接的比例来衡量③;共同体的疏离结构也非一成不变,而是一个动态演化的过程(图1)。

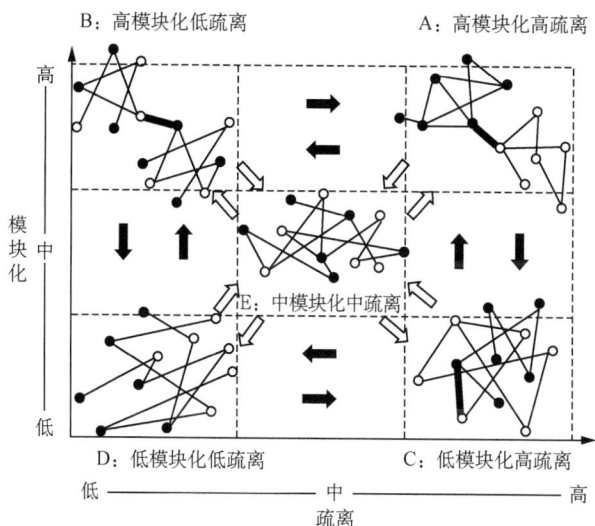

图1 共同体的网络结构及其演化路径

资料来源:依据锁利铭《作为复杂系统的共同体:生成逻辑、疏离风险与长期治理》,《天津社会科学》2023年第1期绘制。

---

① Schlager E., Weible C. M., "New Theories of the Policy Process", *Policy Studies Journal*, 2013, 41(3), pp.389-396.

② Freeman L. C., "Segregation in Social Networks", *Sociological Methods & Research*, 1978, 6(4), pp.411-429.

③ Henry A. D., Pralat P., Zhang C. Q., "Emergence of Segregation in Evolving Social Networks", *Proceedings of the National Academy of Sciences*, 2011, 108(21), pp.8605-8610.

在共同体网络结构模型中,同色节点连接占比越高,表明共同体内部不同主体间的关联程度越弱,共同体疏离程度越高;同色节点连接占比越低,则意味着共同体内部不同主体间的关联程度越强,共同体疏离程度越低。在图1中,A属于高模块化下的高度疏离,其中,两个不同颜色的点线结构分别代表两种具有不同同质性属性的相对封闭的团体、社群等小型共同体模块,这两个模块之间只有一组连接(粗黑线段),一旦该连接断开,两个模块之间的联系将不复存在。B属于高模块下的低度疏离,其中,两个模块均由异质性节点组成,如果连接(粗黑线段)断开,虽然不会影响两个模块各自已经建立的协作关系,但是会对不同模块之间的关系产生一定的消极影响。C属于低模块化下的高度疏离,其中,仅有一个大型共同体模块,内部只有一对异质性节点(粗黑线段)维系着共同体的联系,一旦节点连接断开,共同体脆弱的联系将被切断,且存在退化为相对封闭的小型共同体模块的风险。D属于低模块化下的低度疏离,其中,仅有一个大型共同体模块,内部全部由异质性节点构成,形成一种相对紧密的共同体结构,由于异质性节点连接较多,即使存在疏离风险,重新连接的可能性也相对较大。E属于中等模块化和中等疏离度的状态,同色节点连接和异色节点连接的比例大体相当,存在一定的疏离风险,但相对较小且可控。从动态演化的角度来看,图1展示的任何一种共同体疏离结构都不是固定不变的,它们之间存在相互转化的可能。

3. 共同体发展的"求同"与"存异"

总体而言,既有研究大多聚焦区域治理共同体的"共同"属性,认为区域治理共同体应该具有共同的发展愿景、行动步调、规则体系、联通平台以至共同的组织结构,认为只有具备这些条件,区域治理共同体才能有效地应对环境的复杂性和不确定性、减轻碎片化治理的负面影响,进而实现区域治理一体化协调发展的目标。然而,这种将复杂要素和多元主体简单糅合在一起的"化约式"研究方法,在强调区域治理共同体一致性的同时,往往有意或无意地忽视了作为独立"个体"的多样性和异质性,并未充分考虑不同发展阶段内区域治理主体承担角色的差异。① 在实践中,区域治理共同体"貌合神离"的形式主义倾向也恰恰反映了过于强调"求同"而忽略"存异"的现实问题。因此,本文在共同体理念的指导下,提出城市群区域一体化发展过程中应采取的"求同存异"策略,如图2所示。

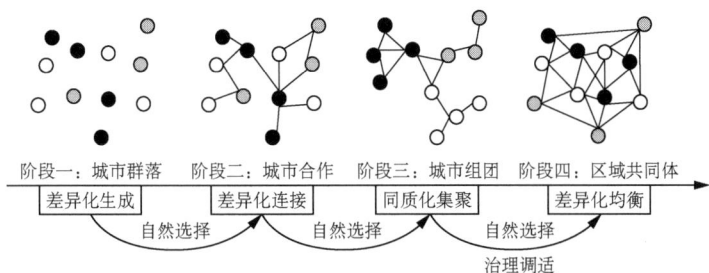

图 2 偏向"求同"到兼重"存异"的思维过程

在城市发展的初期,不同城市基于自身的资源禀赋形成了各自的特性,产生了内生的差异化属性。随着城市发展水平的不断进步,分散的城市群落开始面临资源要素流动的空间体量压力。为拓展发展空间、增强空间承载能力,城市间基于各自的需求展开了多样化合作,促成了城市间合作的早期架构格局。然而,异质化特性使城市间的互动并非总是畅通无阻,沟通协调成本、收益分配不均、协议不执行风险及外部性等因素天然存在,导致城市间的自然选择倾向于同类组团的发展格局,一旦关键城市间的链接断开,城市群间的合作将趋于溃散。由此,需要融合城市自然选择倾向与治理调适功能,发展区域治理共同体,重视对不同利益主体和不同利益方面间关系的合理调适,以建立一种和谐有序、良性互动的

① 张衔春、唐承辉、许顺才等:《中国城市群空间规划的历史演化与空间逻辑——基于新国家空间视角》,《城市规划》2021 年第 5 期。

共识型价值体系①,引导多元主体联动发展,而非仅限于传统区域发展中的同类抱团与模块分离,提升城市群区域一体化发展的结构韧性与功能匹配度,促进可持续的城市间区域合作。基于这种理念认知,本文在分析长江中游城市群区域治理共同体由个体多样性和异质性引发的疏离风险基础上,探索区域治理共同体通过"求同存异"实现一体化治理目标的均衡调适路径。

三、长江中游城市群区域治理共同体的实践探索

以全面对接和深度合作为典型特征的区域治理在新发展阶段呈现出鲜明的"一体化"发展态势。这种"一体化"涵盖基础设施互联互通、市场体系开发开放、公共服务深度融合、政策规划对接对联、生态治理协同共治等多角度全方位协作发展。② 2023 年 10 月12 日,习近平总书记在南昌召开的进一步推动长江经济带高质量发展座谈会上强调:"要坚持把强化区域协同融通作为着力点,沿江省市要坚持省际共商、生态共治、全域共建、发展共享,增强区域交通互联性、政策统一性、规则一致性、执行协同性,稳步推进生态共同体和利益共同体建设,促进区域协调发展。"这为长江经济带及沿江城市群的发展提供了协同融通的共同体实践指引。

(一)长江中游城市群区域治理共同体的运行框架

经过多年实践摸索,长江中游城市群逐步构建起一个以省会城市会商会、省会城市合作协调会及城市合作秘书处为主体的区

---

① 刘文、郑大俊:《价值多元化趋势与如何求同存异》,《青海社会科学》2017 年第 2 期。
② 唐亚林、于迎:《主动对接式区域合作:长三角区域治理新模式的复合动力与机制创新》,《理论探讨》2018 年第 1 期。

域治理共同体组织运行框架。通过定期召开会议、签署合作协议等形式,初步形成了省际部门间、省会城市间以及地级市间的合作协调机制。①

1. 长江中游城市群省会城市会商会

省会城市会商会是长江中游城市群推动区域一体化发展的主要实践探索,以各省省会城市为主导,引领区域内符合条件的城市,共同搭建长江中游城市群区域一体化发展的领导决策平台。通过该平台的决策功能,突破各自为政的属地限制,针对发展中的痛点与堵点,制定有针对性的发展规划,以促进资源的充分流动。2012 年 2 月,长江中游城市集群(长江中游城市群早期名称)三省会商会议在武汉举行,湖南、湖北和江西三省负责人签署《加快构建长江中游城市集群战略合作框架协议》,提出以武汉城市圈、长株潭城市群和环鄱阳湖城市群为依托,在综合交通枢纽、产业分工协作、农业、水利等九个领域开展全方位合作,共筑"中三角",打造中国新的经济增长极。2013 年 2 月 23 日,长江中游城市群省会城市首届会商会(以下简称"会商会")在武汉市举行并达成《武汉共识》,提出联手推动长江中游城市群成为中国经济增长"第四极",武汉市、长沙市、合肥市、南昌市"抱团"发展由此发端。② 此后一般每年一届,由四省的省会城市轮流承办,自 2017 年起,每年四个省会城市各邀请一个省内地级市作为观察员城市参会,截至 2023 年,长江中游城市群四省会城市会商会已成功举办九届(表 1)。

_____

① 谷玉辉、吕霄航:《长江中游城市群协调发展存在的问题及对策探析》,《经济纵横》2017 年第 12 期。

② 早在 2006 年,国家开始实施中部地区崛起战略时,安徽省与湖南、湖北、江西、河南和山西 6 省被列入中部地区,经济获得了持续稳定发展。2010 年,合肥市正式加入长三角,成为长三角 22 个会员城市之一。2013 年,随着长江中游城市群省会城市首届会商会在湖北省武汉市召开,合肥市又向西加入"中四角"(因此又被称为"插班牛"),与武汉市、长沙市、南昌市共建长江中游城市群。2014 年 9 月,国务院出台关于推动长江经济带发展的指导意见,明确将合肥都市圈划入长三角城市群。实践中,合肥市则被认为具有双重身份,既是长江中游城市群的成员,也是长三角的成员。

表 1　长江中游城市群省会城市会商会（2013—2023 年）

时间	地点	成果
2013 年 2 月	武汉市	《武汉共识》
2014 年 2 月	长沙市	《长沙宣言》
2015 年 2 月	合肥市	《合肥纲要》
2016 年 3 月	南昌市	《南昌行动》
2017 年 4 月	武汉市	《长江中游城市群省会城市合作行动计划（2017—2020 年）》
2018 年 9 月	长沙市	《长江中游城市群建设近期合作重点事项》
2019 年 12 月	合肥市	《长江中游城市群省会城市高质量协同发展行动方案》
2020 年 12 月	南昌市	《长江中游城市群建设 2021 年合作重点事项》《长江中游城市群省会城市与观察员城市 2021 年合作重点事项》等
2023 年 2 月	线上	《长江中游城市群省会城市合作行动计划（2023—2025 年）》《长江中游城市群 2023 年重点合作事项》等

2. 长江中游城市群省会城市合作协调会

城市合作协调会是长江中游城市群促进区域一体化发展的重要机制,以各省的省会城市为关键节点,初步搭建了长江中游城市群共商、共建、共治、共享的区域发展平台。通过这一协调平台,实现了区域发展资源的整合,并引导城市群内各城市基于区域发展需求建立合作项目,推动区域一体化发展目标的共同追求。2013 年,《武汉共识》明确了武汉、长沙、合肥、南昌 4 个省会城市建立市际联席会议制度;2015 年,《合肥纲要》提出"建立长江中游城市群四省会城市合作协调会"的构想。2015 年 6 月 16 日,长江中游城市群省会城市首届合作协调会通过的《长江中游城市群省会城市合作协调会制度》标志着长江中游城市群省会城市合作协调会制度的正式建立。长江中游城市群四省会城市合作协调会有效地配合并落实了长江中游城市群省会城市会商会确定的工作和任务(表2)。

表2　长江中游城市群省会城市合作协调会(2015—2023 年)

时间	地点	成果
2015 年 6 月	武汉市	《长江中游城市群城市合作协调会制度》
2016 年 8 月	武汉市	审议表决新一届秘书处组成人员名单,讨论并通过《南昌行动》责任分解方案、2017 年中心城市会商周方案、新一轮合作行动计划编制方案、专家委员会组建方案
2017 年 1 月	长沙市	讨论并通过长江中游城市群省会城市第五次会商会新一轮合作行动计划、专家委员会专家名单
2018 年 6 月	合肥市	《长江中游城市群省会城市武汉、长沙、合肥、南昌外事侨务部门合作框架协议》
2019 年 4 月	南昌市	《长江中游城市群省会城市第七届会商会总体方案(讨论稿)》 《长江中游城市群省会城市合作协调会制度(修订稿)》
2020 年 8 月	南昌市	《长江中游城市群省会城市合作下阶段重点工作》 《长江中游城市群省会城市第八届会商会总体方案(讨论稿)》 《长江中游城市群省会城市会商会观察员城市工作章程(讨论稿)》
2023 年 12 月	长沙市	《长江中游城市群 2024 年重点合作事项(讨论稿)》 《长江中游城市群省会城市第十届会商会总体方案(讨论稿)》

3. 长江中游城市群城市合作秘书处

城市合作秘书处是长江中游城市群促进区域一体化发展工作的执行推进平台,通过该平台落实由会商会和合作协调会制定的各类工作方案,有效促进了区域整体性发展在不同城市间的联动式分解。2015 年 2 月,长江中游城市群省会城市合肥会商会提出组建长江中游城市群城市合作秘书处的基本构想,并决定在武汉市设立城市合作秘书处。2015 年 4 月 17 日,武汉市委常委会研究并原则上同意了武汉市发改委关于组建城市合作秘书处的基本构想和《长江中游城市群城市合作秘书处组建方案》,明确了秘书处的工作职责、人员构成、运行机制、经费保障等关键要素。之后,长江中游城市群城市合作秘书处(以下简称"秘书处")在武汉市设立并揭牌,秘书处依托武汉市长江中游城市群合作与发展办公室,在会商会、协调会授权下开展相关工作,主要负责省会城市合作事宜的协调、推进和督办工作,成为省会城市会商会、协调会的日常执行机构。至此,长江中游城市群四省会城市初步形成了"决策—协调—执行"的区域治理共同体组织运行框架(图 3),为长江中游城市群一体化发展和探索区域协调合作、实现互利共赢提供了坚实平台和有力保障。

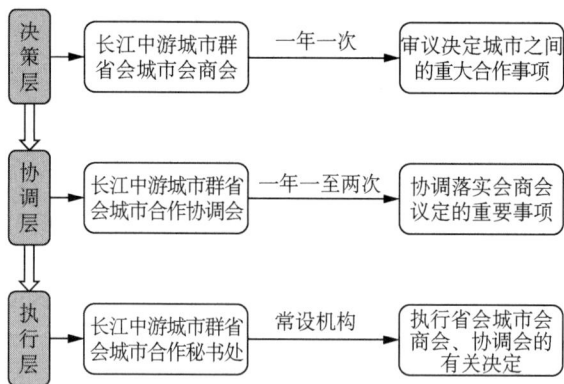

图 3　长江中游城市群区域治理共同体的运行框架

(二)长江中游城市群区域治理共同体的实践成效

在各方的共同努力下,长江中游城市群区域治理共同体在重要交通通道互联互通、共抓长江大保护、市场一体化、产业协同发展、工伤保险互认、共建诚信城市、基本医疗保险异地就医即时结算、警用信息资源共享、文化交流等经济社会发展方面都取得了不少成绩。

1. 基础设施互联互通

基础设施互联互通是加强区域间沟通衔接和经济社会有效融合的关键,也是区域治理共同体发展过程中最容易进行任务识别和达成共识的领域。《长江中游城市群发展"十四五"实施方案》提出"以提升互联互通效率为重点,统筹完善传统基础设施,加快建设新型基础设施,构建高效实用、安全可靠、智慧绿色的现代化基础设施体系"(表3)。在交通基础设施互联互通方面,长江中游四省会城市根据共同签署的《长江中游城市群省会城市交通运输合作框架协议》积极推动区域内"断头路"打通、省际公路互联、水路跨省联运、城际铁路建设等项目。在新型基础设施建设方面,从2014年到2023年,武汉市、南昌市、长沙市和合肥市国家级互联网骨干直连点相继开通,为区域乃至全国的网间通信流量的汇聚与疏导提供了有力支持。

表3　长江中游城市群区域治理共同体基础设施建设任务

任务类型	任务内容(顶层设计)
交通基础设施	铁路/公路/航道/机场
能源保障和水利建设	电网建设/油气输送/水资源配置/大中型灌区建设改造
新型基础设施	推动武汉市、南昌市国家级互联网骨干直联点建设/升级国家超级计算长沙中心/完善武汉市工业互联网标识解析国家顶级节点功能/加快传统基础设施数字化改造/增强信息基础设施安全防护能力

资料来源:《国家发展改革委关于印发长江中游城市群发展"十四五"实施方案的通知(发改规划〔2022〕266号)》。

2. 公共服务共建共享

在经济全球化和人口快速流动的背景下,实现有效的跨域公共服务供给,确保人民群众的社会福祉,已成为城市及区域治理面临的重要挑战。公共服务跨域传递是一个由政府部门、专业机构、社会组织等多主体共同参与的复杂系统工程。长江中游城市群各城市在省会城市的带头引领下，通过教育联盟、产业布局、考试制度、结对交流等手段，促进区域优质教育资源跨域流动；通过共建旅游线路、共保文化遗产、共举文化活动等措施，推进长江中游城市群文化共同体建设；通过医疗平台搭建、异地就医对接等方式，促进医疗卫生资源在城市群内合理流动；通过制度优化，打破城市间住房公积金使用壁垒(表4)。

表4 长江中游城市群区域治理共同体公共服务共建共享任务(部分)

任务类型	任务内容(顶层设计)	任务落实
教育	推动成立长江中游城市群高校联盟；统筹职业教育布局和专业设置；探索建立以流入地学籍和连续受教育年限为依据的中考报考制度	召开第四届长江中游四省会城市教研协作体年会；第五届长江流域六省省会城市(武汉、长沙、南昌、合肥、南京、贵阳)地理教研协作体地理学科核心素养提升暨高考备考策略高端研讨培训会；四省会城市优质义务教育学校组建结对学校、开展校际合作交流
文化	共保文化遗产；共建旅游线路	开展"四城有戏"文化交流活动，汉剧《优孟衣冠》、湖南省花鼓戏《凤冠梦》、安徽省庐剧《梁山伯与祝英台》和南昌市采茶戏为代表的地方剧种交流演出联动频繁
医疗	优质医疗资源下沉共享；完善二级以上医疗机构医学检验结果互认和双向转诊合作机制；建设全民健康信息平台；深化中医药创新协作	签署《长江中游城市群省会城市血液安全合作框架》和四地医药卫生学会合作共建框架协议书；制定《长江中游城市群急救联盟章程》；成立长江中游城市群公共卫生协作研究中心；建设长江中游城市群疾病预防控制体系和重大区域性疾病的联防联控机制；签署《长江中游城市群医疗保障部门省际协商合作备忘录》；推动建立医保协同联动机制；促进区域医保服务一体化、均等化

（续表）

任务类型	任务内容（顶层设计）	任务落实
住房	将符合条件的常住人口纳入城镇公租房保障范围；推动住房公积金异地互认互贷和转移接续	在全国率先打破公积金贷款管理的城市壁垒；开展省际住房公积金异地互认互贷

在科技创新服务方面，根据 2018 年 9 月长江中游城市群省会城市第六届科技合作联席会共同签署的《长江中游城市群省会城市共建科技服务资源共享平台合作协议》，四省会城市立足各自现有的资源优势，借助云计算、大数据、移动互联网等新一代信息技术，搭建了一个互联互通的跨区域共享合作平台。目前，该平台已发展成为一个数据库、一个总平台（主门户网站）、四个子平台以及 N 个应用系统的综合体系（图 4）。此外，长江中游城市群在智慧城市标准化建设方面也取得突破，四省会城市的数据资源中心已统一接入国家数据共享交换平台，实现了跨地域、跨层级、跨部门、跨行业的数据互联互通。

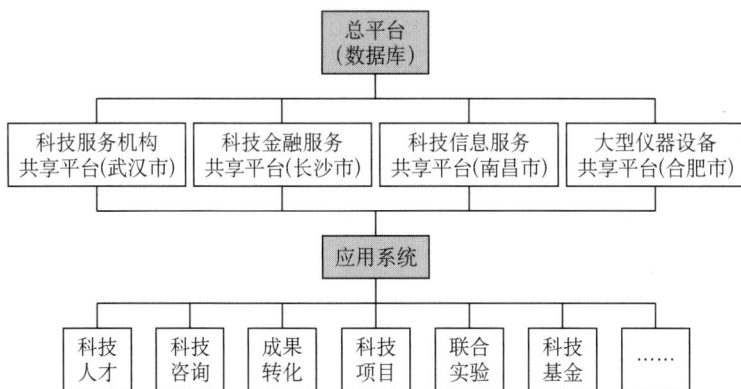

图 4　长江中游城市群区域治理共同体科技合作体系

3. 生态环境同护同治

环境污染问题的典型特征是跨域性，而生态环境资源的使用者往往是追求自身利益最大化的独立个体。同时,由于生态环境污染治理具有公共产品属性,其外部性和产权难以明确界定,导致人人都有使用权,但过度使用带来的成本却需要区域内所有城市共同承担。在这种成本共担、效益共享而个体利己的条件约束下,建立区域环境治理共同体显得尤为关键。自 2012 年年初确立战略合作框架协议以来,长江中游省会城市就积极开展了一系列区域环境治理的合作项目,签署《武汉共识》《长沙宣言》等区域环境共治协议,确定了加强江湖综合治理与保护,共同推进以长江及其主要支流、鄱阳湖、洞庭湖为重点的大江大湖综合治理等环境重点合作领域,不断构建跨区域生态环境保护联防联控体系。此外,长江中游省会城市还多次召开长江中游城市群生态环境合作会,特别是 2019 年 8 月联合签署的《长江中游城市生态环境合作协议书(2019—2020)》,就健全完善生态环境合作协商机制、推动构建生态环境风险防范体系、加强污染天气预警预报协作与防治技术交流等方面的合作达成共识。与此同时,各城市加快完善环保立法、强化污染治理,大力整治环境安全隐患,坚决查处环境违法行为,积极防范突发环境事件和污染纠纷,并签订了应急资源共享协议,实现应急资源的共享。

四、长江中游城市群区域治理共同体的疏离结构

区域治理共同体理念强调不同主体之间通过充分协作实现一体化的发展目标。但在实践中,传统行政区划导致的属地管理模式以及由此引发的疏离风险成为区域治理共同体发展的主要障碍。尤其对于长江中游城市群这样的巨大复合型区域来说,如何将其内部存在的主体高度异质性转化为可持续协同性,是一个亟待破解的难题。从区域治理共同体的内生疏离视角来看,组成长

江中游城市群的武汉城市圈、长株潭城市群和环鄱阳湖城市群三大子城市群可以看作长江中游城市群区域治理共同体中的不同模块，其内部各由多个不同属性的节点构成。长江中游城市群区域治理共同体的疏离结构不仅取决于不同模块内部不同属性节点之间的关系，也取决于连接不同模块之间不同属性节点之间的关联情况。这些模块内外部节点之间的关系和连接状态会受到区域治理共同体内部不同主体间的协作意愿、异质连接和制度保障等因素的影响。

（一）协作意愿不强引发的"高模块化高疏离"

城市群差异化协同发展的相关理论强调，各个城市都应该也需要有推动自身发展的意愿，要从整体出发，把自身发展放到协同发展的大局之中，实现错位发展、协调发展、有机融合，形成多元发展路径的整体合力，多点支撑区域协同。[①] 然而，作为长江中游城市群的三大子城市群的武汉城市圈、长株潭城市群和环鄱阳湖城市群相互之间的协作意愿并不强。一方面，就自身发展来看，三大子城市群分别都有近 20 年的发展积淀，制定了不同的发展规划和执行策略，并且都是围绕各自的中心城市展开，形成了典型的"高模块化高疏离"结构。另一方面，31 个城市的经济发展存在严重的不平衡情况，也容易对长江中游城市群区域治理共同体内部成员的共同体意识产生消极影响。以 2023 年长江中游城市群各市（州）GDP 总量为例，最高的武汉市（20 011.65 亿元）是最低的天门市（712.2 亿元）的 28 倍多，分别作为三大子城市群中心城市的武汉、长沙（14 331.98 亿元）和南昌（7 324.46 亿元）也存在巨大的差距。总的来看，武汉市、长沙市和南昌市仍处于"虹吸效应"阶段，

---

① 马楠、姚瑶、沈体雁：《长江经济带城市经济协同发展的差异化路径》，《经济地理》2023 年第 11 期。

对周边的辐射能力有限,这与长江中游城市群其他城市发展的迫切需求形成了尖锐矛盾,甚至可能导致区域发展异质性差距扩大。目前,长江中游城市群区域治理共同体的主要载体仍是核心城市,其他城市则以加入三大子城市群为目标,对于融入长江中游城市群的共同体意识并不强。因此,三大子城市群彼此之间如果没有强烈的互联意愿,无论是将其置于长江中游城市群、长江经济带还是中部崛起哪一级战略中,都可能产生因协作意愿不强引发的疏离风险。这种"高模块化高疏离"的共同体网络结构连接非常脆弱,一旦断开,就很容易退化为相对封闭的系统。

(二)异质连接松散造成的"高模块化低疏离"

长江中游城市群治理共同体虽然在形式上已具雏形,但其结构相对松散,实质上各主体仍归属地方政府,存在因异质连接松散造成的疏离风险。这种连接在形式上表现为"高模块化低疏离"结构。在这一结构中,虽然三大子城市群内部可以通过异质节点构建起相对稳定的共同体结构,但当将其分别作为一个整体来看时,原有的低度疏离结构会很容易演变成"一致对外"的高疏离结构。从实践来看,一方面,在"强政府"的大环境下,长江中游城市群的发展仍然依赖政府的牵线搭桥和政策助推。这种行政体制有利于在短期内实现区域治理共同体的显性目标,其背后的隐患则是由行政分割导致的市场分割,这种分割阻碍了市场要素的自由流动和统一配置,不利于长江中游城市群区域性统一市场的形成。另一方面,长期形成的以 GDP 为核心指标的考核制度,极易滋生地方保护主义和过度竞争。同时,在经济利益最大化目标的驱使下,地方政府也会忽视教育、医疗、环境等具有强外溢属性和短期收益不明显的公共产品,对于需要跨行政区域提供的基础设施建设、公共交通网络、环境污染治理、流行病防治等区域公共产品,则又很容易出现"搭便车"现象。所有这些都使得长江中游城市群区域治理共同体的异质性连接较弱,容易形成局域紧密抱团而整体松散分布的疏离风险。

(三)制度保障乏力导致的"低模块化高疏离"

长江中游城市群区域治理共同体的可持续发展还受制于内部协同发展因制度保障乏力导致的疏离风险。这种风险在形式上表现为"低模块化高疏离"结构,在这一结构中,三大子城市群基于共同的利益诉求建立局部的异质连接,形成一个大型的区域治理共同体。但是,这种仅仅依靠异质连接建立起来的关系如果没有一定的制度保障,就很容易断链并退回到"高模块化高疏离"状态,而且一旦退化形成,重新构建将极为困难。具体而言,疏离风险主要表现在两个方面:一是利益协调机制不健全导致的疏离风险。利益驱动是区域治理共同体的核心黏合剂,目前,长江中游城市群的利益协调机制主要通过各种会议、发展论坛、城市联合会、领导联席会等集体磋商形式展开,依赖宣言、计划等无刚性约束力的文件进行引导和规范。这种形式的凝聚力和粘合力有限,缺乏统一的跨地区和行政区划的专门协调机构,加之协调权限不足,导致很多工作流于形式,无法形成有效的分工与共赢的发展格局。二是保障约束机制不健全导致的疏离风险。尽管国家在顶层设计方面为区域发展出台了多项发展规划和指导方针,但并没有像纵向上通过宪法和组织法规去规范不同层级政府之间的关系那样,从横向上对地方政府间的关系进行法律法规层面的规范。长江中游城市群区域治理共同体同样缺乏这样的横向协调法律法规,共同体内部不同主体之间的关系较为松散,尤其是当出现利益冲突时,很容易退回到相对封闭甚至对立的疏离结构。

五、长江中游城市群区域治理共同体建构的均衡调适路径

区域治理共同体的核心在于通过多元主体间的异质连接创造整体价值。"求同存异"的理念强调多元主体间的联动,而非简单的抱团、集聚。然而,区域发展中存在的协作意愿、异质连接以及制度保障等方面的疏离风险,使得多元主体普遍存在偏向"求同"而忽视"存异"的倾向。因此,促进区域治理共同体的整体性进化的关键在于,在承认、重视并采取措施消解多元主体之间存在疏离风险的基础上,通过引导异质性主体突破行政壁垒、实现边界跨越,通过平台搭建赋能组织协同以及利用制度优势促进权力、责任和利益关系的聚合等均衡调适路径,实现区域治理共同体的整体目标。

(一)差异化均衡调适:边界跨越

长江中游城市群区域治理共同体内部的多元主体之间存在原生性差异,这些差异表现在历史文化、自然条件、要素禀赋、发展阶段、发展规划、政策制度等多个方面,因此,盲目要求各主体为了区域发展的公共目标而牺牲自身利益是不现实的。相反,需要首先承认并适当保护这些差异和各成员之间的"边界"。这里的"边界"是指共同体内部不同属性主体之间由差异性带来的限制性,限制异质性主体的自由进入与合作,这种"边界"限制通常表现为不同的专业领域、有区别的组织设置、已形成的行政区划、现实存在的政治要素或出发点各异的政策议题等。而且,今天所谓的跨界治理中的"界"已经延伸为制度、产业、社会与文化等多种属性的叠

加,并呈现出动态性与多尺度等特征。① 因此,区域治理主体需要通过相互学习来实现不同认知和知识在不同主体之间的迁移、转化以至融通。② 具体而言,在长江中游城市群发展规划层面,引导多区域主体跨越边界障碍,基于现有省会城市会商会工作机制,推动省级政府、中心城市和周边城市、重点相邻地区的下级政府在上下协同、充分协商、交流学习的基础上达成共识和订立一体化发展契约,构建合作协商、利益协调、政策协同、多元协作的体制机制,形成长江中游城市群区域一体化发展的利益共同体。③ 在尊重并充分考量区域主体在发展阶段、资源禀赋、协同机制等方面差异的基础上追求区域整体效益提升,促进区域内多样化、多组态的城市间跨边界合作链接,逐步实现长江中游城市群治理边界与发展边界的适度扩展、彼此交融。

(二) 组织化均衡调适:平台赋能

组织是职能的载体,健全的组织体系能够为目标落实提供良好的运行平台。长江中游城市群区域治理共同体的疏离风险,部分原因在于其相对松散的组织架构。尽管已经形成以"省会城市会商会—省会城市合作协调会—城市合作秘书处"为主体的"决策—协调—执行"组织架构,但这种组织架构在运行中以首位度高的省会城市为核心,对周边的辐射力度不强,缺乏权威约束力与合法性,存在极易"一拍多散"的疏离风险。因此,为实现区域治理共同体的系统效应,需要从两个方面着手:在纵向上,进行层级节制

---

① 李宁、姚尚建:《跨界治理中的注意力分配与地方行动选择——以南京都市圈两个毗邻乡镇合作停滞为例》,载唐亚林、陈水生主编:《大都市圈治理:战略协同与共荣发展》[《复旦城市治理评论》(第 10 辑)],复旦大学出版社 2023 年版,第 76—95 页。

② Carlile P. R., "Transferring, Translating, and Transforming: An Integrative Framework for Managing Knowledge Across Boundaries", *Organization Science*, 2004, 15 (5), pp.555-568.

③ 卢庆强、龙茂乾、欧阳鹏等:《区域协同治理与契约协同型规划——都市圈治理体系重构与规划理念变革》,《城市规划》2024 年第 2 期。

的权力体系设计,可以由国务院或国家发展改革委牵头,成立专门的长江中游城市群发展管理机构,统筹推进长江中游城市群区域发展规划实施,协调区域事务管理,分配专项发展资金,组织跨省城干部人事交流,调解跨行政区域矛盾纠纷,强化区域协同治理效能。在横向上,要在现有"决策—协调—执行"组织架构的基础上,通过制度化保障提升决策的权威性、协调的中立性以及执行的有效性。推进长江中游城市群一体化发展,可以将其整体纳入中央区域协调发展领导小组统管单元,通过中央区域协调发展平台为其发展赋予权威势能。借助"中央主导、地方协同"[①]的上级组织均衡调适路径,推动构建政务环境、经济环境、生态环境和信息环境为基础平台的领导型网络合作治理模式。[②] 在长江中游城市群当前缺乏具有普遍约束制度和机构管辖的发展实践下,还需要重视从制度设计的角度来制约区域政府的毁约和不合作行为,借助上级区域治理平台的势能[③],推进长江中游城市群地方政府间以"法规、监督、激励"为制约制度,突破区域主体非对称关系的合作屏障,保障各类合作项目的实施。[④]

(三)制度化均衡调适:秩序构建

长江中游城市群区域治理共同体的长期发展依赖各种制度化规范的保障。一方面,需要将现行的发展规划从政策层面提升至

---

① 赵吉、张文斌:《圈层协作:区域一体化战略与都市圈战略的体系优化——基于泛上海与泛广州的区域发展案例比较》,载唐亚林、陈水生主编:《大都市圈治理:战略协同与共荣发展》[《复旦城市治理评论》(第10辑)],复旦大学出版社2023年版,第29—56页。

② 傅永超、徐晓林:《府际管理理论与长株潭城市群政府合作机制》,《公共管理学报》2007年第2期。

③ 杨志军、高小平:《探寻国家治理奇迹的密码——基于中央"统"—区域"合"—地方"分"的纵向治理结构分析》,《江海学刊》2023年第4期。

④ 赵渺希、黎智枫、钟烨等:《中国城市群多中心网络的拓扑结构》,《地理科学进展》2016年第3期。

法律层面,国家应制定城市群区域发展方面的法律法规,以规范共同体内部不同主体之间的权利、责任和利益关系,尤其是在涉及跨域公共事务合作与共同治理方面。目前,长江中游城市群主要依靠各种非强制性的会议宣言和协议为治理纽带,但这种连接缺乏足够的稳定性与约束力。例如,在处理具有强溢出效应的生态保护这一公共事务时,虽然生态补偿制度正在逐步实施,但补偿政策和进度存在明显差异,补偿主体和客体的界定、补偿标准的计算以及补偿方式的选择也各不相同,尚未形成整体的区域性生态补偿机制。因此,迫切需要充分发挥长江中游城市群政府、市场和社会等多元主体的作用,探索区域生态补偿核定制度型标准,参照国家和地方规定的强制性环境质量标准以及区域内的环境协议标准,为平衡环境效益贡献地区与受益地区的利益关系提供稳定的整体性区域规范,搭建区域内公共利益共享的科学化秩序。① 另一方面,在交通互联互通、一般公共服务共享等多个领域,由于传统行政体制的障碍和思想观念的落后,数字技术在助力长江中游城市群区域治理共同体发展方面的作用有限且进展缓慢。因此,有必要通过相关制度规定,加速推进各类信息化新技术在区域治理共同体打破壁垒、协调发展中的应用。探索长江中游城市群区域一体化发展政府服务在线接口,借助信息化技术带动制度资源整合,从政府信息融合出发建立长江中游城市群一体化发展的数据支点②,从数据生产、加工、传输、共享、安全等多维度制定区域一体化发展的数据标准,从而助力长江中游城市群区域治理共同体的

① 王玉明、王沛雯:《城市群横向生态补偿机制的构建》,《哈尔滨工业大学学报》(社会科学版)2017年第1期;彭文英、王瑞娟、刘丹丹:《城市群区际生态贡献与生态补偿研究》,《地理科学》2020年第6期。

② 陈小卉、钟睿:《跨界协调规划:区域治理的新探索——基于江苏的实证》,《城市规划》2017年第9期;锁利铭:《数据何以跨越治理边界 城市数字化下的区域一体化新格局》,《人民论坛》2021年第1期;方锦程、刘颖、高昊宇等:《公共数据开放能否促进区域协调发展?——来自政府数据平台上线的准自然实验》,《管理世界》2023年第9期。

秩序构建。

六、结论与展望

作为长江经济带的"龙腰"与国家中部崛起的"脊梁",长江中游城市群一体化的重要性不言而喻,然而,现实中长江中游城市群的存在感不强、凝聚力不够,对其高质量发展提出了重重挑战。本文借助"求同存异"的共同体发展理念,对长江中游城市群的区域治理共同体逻辑进行了理论深挖与实践解析,研究揭示其可能存在的疏离风险。本文的研究表明:(1)长江中游城市群区域治理共同体建构初具成效,以"省会城市会商会—省会城市合作协调会—城市合作秘书处"为一体的多维共同体组织运行框架,促进了长江中游城市群在领导决策、协商议事、任务执行层面的有序协调,推动了基础设施、公共服务、生态环境等多领域的一体化发展。(2)出于城市间经济社会发展水平差异巨大、行政壁垒阻滞、利益协调与合作约束机制缺失等多重因素影响,长江中游城市群区域治理共同体存在多重疏离风险,这些风险导致区域治理共同体结构韧性较弱,容易走向合作再分化的局面。(3)为推进城市群区域治理共同体优化重塑,首先,要创造、保护并协调城市差异,追求区域效率整体提升以及城市间合作链接的丰富度;其次,要构建并对接具备权威势能的区域协调发展平台,突破区域主体非对称合作关系下的行政层级壁垒,利用平台力量提高区域共同体目标的融合度;最后,要将规范性法规工作与技术型信息工作进行双向融合,为区域治理共同体可持续发展提供制度与技术保障。

本文尝试从区域治理共同体的视角探析长江中游城市群一体化进程中的内生疏离风险与均衡调适路径,但限于篇幅和现有研究能力,后续研究将进一步聚焦以下议题:一是对长江中游城市群或其他城市群区域治理过程中各城市政府间的协议进行系统的量化分析,探索区域协调发展中地方政府在规划维度的领域偏好、工具组合与主体关系,从更细致的多重异质性视角出发,探寻城市群区域治理共同体在差异中走向均衡协调发展的顶层设计路径;二是进一步对长江中游城市群或其他城市群区域的城市网络进行刻画分析,从大度节点、网络韧性、网络传导等维度对城市群网络进行差异化的梯队布局,识别更为均衡、更可持续的区域发展态势;三是对区域一体化发展过程中的不同区域、不同类型的治理体系进行横向与纵向结合的对比分析,识别中国区域治理共同体的动态发展特征,结合实践情景,提炼出更为科学、更具针对性的城市群区域治理共同体理念,总结更为一般化的区域治理共同体发展模式。

〔本文系国家社会科学基金重大项目"中国式现代化进程中的区域协调发展路径优化研究"(项目批准号:23&ZD035)的阶段性研究成果〕

纵向共演:区域一体化制度创新的政治机制

——基于长三角一体化示范区环境治理实践的考察分析

方熠威 *

[内容摘要]　区域协调发展与区域一体化已然成为推进中国式现代化的重要战略选择。迥异于西方多中心特征的新区域主义,中国更依托于政府治理体系内纵向层级互动,以促成横向区域合作。作为"区域一体化制度创新的试验田",长三角一体化示范区环境治理实践为探索这一模式的"治理密码"提供了一个鲜活样本。国家战略的空间聚集赋予地方行动者突破路径依赖的内驱动力,而治理架构的迭代更新则为纾解信息透明、激励相容以及效能产出等难题提供组织基础。借由二者的复合作用,示范区主体得以将一体化发展目标贯穿环境治理的全过程,推动制度优势向治理效能转化。在理性选择制度主义视域下,这实为多元行动者"纵向共演"的行为过程,其间,"赋能—动员—桥接"的策略性行为选择勾连起一套国家战略与地方政策同频共振的政治机制。此种区域一体化制度创新模式有效地回应了多元治理内涵的反身性难题,形成了中国特色的区域治理经验。

[关键词]　区域协调发展;长三角一体化示范区;区域一体化制度创新;跨域环境治理

---

* 方熠威,同济大学政治与国际关系学院博士研究生。

一、问题的提出

党的二十大报告强调,"深入实施区域协调发展战略、区域重大战略、主体功能区战略、新型城镇化战略,优化重大生产力布局,构建优势互补、高质量发展的区域经济布局和国土空间体系"。① 作为区域协调发展的高级形态,区域一体化要求在治理层面打破行政壁垒,实现共商共建共管共享共赢。长期以来,行政区经济增长逻辑所塑造的思维模式和行为结构,致使区域治理的分割化和碎片化弊病始终难以革除。就此而言,推动区域一体化,实施区域协调发展须完成一个有效打破发展"瓶颈"的制度变迁过程,形成一种建立在协作基础上的制度供给。但考虑到地方发展主义的锁定效应、体制惯性及路径依赖影响,实现区域治理模式从碎片化到一体化的转变需克服不小的阻碍。

作为长三角一体化战略的先手棋和突破口,长三角生态绿色一体化发展示范区(以下简称"示范区")建设正立基于此,旨在从项目协同走向区域一体化制度创新。2023 年 11 月,习近平总书记在深入推进长三角一体化发展座谈会上再次强调:"要加快长三角生态绿色一体化发展示范区建设,完善示范区国土空间规划体系,加强规划、土地、项目建设的跨区域协同和有机衔接,加快从区域项目协同走向区域一体化制度创新。"② 自 2019 年 12 月设立以来,2 413 平方千米的示范区在国家战略框架下进行了一系列"地

---

① 习近平:《高举中国特色主义伟大旗帜 为全面建设社会主义现代化国家而团结奋斗——在中国共产党第二十次全国代表大会上的报告》,人民出版社 2022 年版,第 31 页。

② 《习近平主持召开深入推进长三角一体化发展座谈会强调 推动长三角一体化发展取得新的重大突破 在中国式现代化中更好发挥引领示范作用 李强蔡奇出席》,《人民日报》2023 年 12 月 1 日,第 001 版。

理破圈、资源破界、制度求变"的治理举措,至 2024 年年底累计形成 154 项制度创新成果,其中的 48 项已向全国复制推广。这不仅为区域一体化制度创新提供了可借鉴可扩散的参照样本,也为区域治理的理论与实践形成了一些经验反思。国家战略与地方政策是如何在区域治理场域内实现同频共振的?科学稳定的合作机制和协调一致的政策供给模式又是如何形成的?此种模式呈现出一种怎样的行为结构与特质?为了系统性地回应上述问题,有必要细致剖析示范区环境治理的演化过程,尝试挖掘中国区域一体化制度创新的政治机制。

二、文献回顾与分析框架

区域治理的路径选择从未有统一的标准答案。当前,大多数经济合作与发展组织(Organization for Economic Co-operation and Development, OECD)国家的治理实践体现出新区域主义特性,即政府治理结构更为松散,甚至强调进一步弱化政府的角色。其所衍生的反身性难题却始终存在:多中心的治理结构能够有效地聚合居民偏好,有助于区域(城市)实现有效治理[①],但中心过多会导致治理的碎片化,后者又与公共绩效生产之间呈现负相关关系。[②]因此,厘定合适的治理主体数量似乎成为关键,这也与集体行动的规模议题逻辑一致。从多个区域的协调发展上升为国家战略可以看出,中国当前的区域治理实践鲜明地体现出"中央政府主导,地

---

① Vincent Ostrom, Charles M. Tiebout and R. Warren, "The Organization of Government in Metropolitan Areas: A Theoretical Inquiry", *The American Political Science Review*, 1961(4), pp.831-842.

② David Bartolini, "Administrative Fragmentation and Economic Performance of OECD TL2 Regions", *OECD Journal: Economic Studies*, 2016(1), pp.109-130.

方政府主推"的特点。此种"迥异"的制度模式背后是一种怎样的
政治逻辑在运转?

(一) 文献回顾:央地关系与区域治理

中央与地方关系一直被学界认为是理解各层面(特别是具有
跨域性特点)治理问题的关键,其源头可追溯到财政分权理论。[①]
在此基础上,蒙蒂诺拉(Montinola)、钱颖一和温加斯特(Weingast)
等学者进行了批判性总结,并提出具有市场保护特征的财政联邦
主义,打开了解释中国发展成就和治理模式的思路。[②] 然而,联邦
主义与单一制国家间的适用性问题始终存在[③],集权与分权阶段
性复现。[④] 一系列文献发现,地方政府竞争与经济增长之间存在
"千丝万缕"的关系,形成了"为增长而竞争""锦标赛"等理论。[⑤]
郁建兴、高翔曾解释指出,这或许源于发展中国家的地方政府存在
绩效合法性导向的行为逻辑。[⑥]

经济理性内含的竞争倾向易促使地方治理碎片化,引致区域
的分裂和隔膜。对此,麦金尼斯(Michael Mcginnis)提到,"通过把

① Charles M. Tiebout, "A Pure Theory of Local Expenditures", *Journal of Political Economy*, 1956(5), pp. 416-424. Wallace E. Oates, "The Effects of Property Taxes and Local Public Spending on Property Values: An Empirical Study of Tax Capitalization and the Tiebout Hypothesis", *Journal of Political Economy*, 1969(6), pp. 957-971.

② Montinola, G. R. et al., "Federalism, Chinese Style: The Political Basis for Economic Success in China", *World Politics*, 1995(1), pp. 50-81. Yingyi Qian and B. R. Weingast, "China's Transition to Markets: Market Preserving Federalism, Chinese Style", *The Journal of Policy Reform*, 1996(2), pp. 149-185.

③ Xu CG, "The Fundamental Institutions of China's Reform and Development", *Journal of Economic Literature*, 2011(4), pp. 1076-1151.

④ 周雪光:《中国国家治理的制度逻辑:一个组织学研究》,生活・读书・新知三联书店 2017 年版,第 12—17 页。

⑤ 张军、高远:《官员任期、异地交流与经济增长——来自省级经验的证据》,《经济研究》2007 年第 11 期。周黎安:《中国地方官员的晋升锦标赛模式研究》,《经济研究》2007 年第 7 期。

⑥ 郁建兴、高翔:《地方发展型政府的行为逻辑及制度基础》,《中国社会科学》2012 年第 5 期。

各个地方自治单位重组进更大的行政单位——巨人政府中,可以使整个区域在一个行政主体的管理下实现良序发展"。① 依循这一思路,姚尚建等学者提出了"区域政府"方案②,主张建立一种在纵横权力框架之后的矩阵组织结构。但"集体行动困境"的存在相应地推高了政治和经济市场的交易成本。奥斯特罗姆夫妇(Vincent and Elino Ostrom)认为,破局的关键是建立多中心(元)治理制度。③ 在此逻辑线索下,费奥克(Richard Feiock)、锁利铭等学者强调地方政府形成自组织网络以达至非正式政策、权力的整合。④ "新区域主义"⑤的兴起引导学界认识到:区域一体化进程不仅要求政府间建立伙伴关系,还需要公私部门之间、政府与非营利组织之间以及政府与公民之间的互助合作,形成区域治理共同体。⑥ 然而,无论是"多中心"还是"去中心化"的治理理论都难以深刻地揭示中国区域治理实践中权力组织关系的纵向互动过程。近年来,相继有学者归纳提出"纵向干预推进横向协作"⑦"多层次

① [美]迈克尔·麦金尼斯:《多中心体制与地方公共经济》,毛寿龙、李梅译,上海三联书店 2000 年版,第 41—67 页。

② 姚尚建:《流动的公共性——我国区域政府研究的困境与超越》,《江苏行政学院学报》2009 年第 4 期。

③ [美]文森特·奥斯特罗姆、罗伯特·比什、埃莉诺·奥斯特罗姆:《美国地方政府》,井敏译,北京大学出版社 2004 年版,第 80—102 页。

④ Richard C. Feiock, "The Institutional Collective Action Framework", *Policy Studies Journal*, 2013(3), pp.397-425. 锁利铭、李雪、阚艳秋等:《"意愿-风险"模型下地方政府间合作倾向研究——以泛珠三角为例》,《公共行政评论》2018 年第 5 期。

⑤ Gordon Macleod, "New Regionalism Reconsidered: Globalization and the Remaking of Political Economic Space", *International Journal of Urban and Regional Research*, 2001(4), pp.804-828.

⑥ Kirk Emerson et al., "An Integrative Framework for Collaborative Governance", *Journal of Public Administration Research and Theory*, 2011(3), pp.1-29. 余敏江:《区域生态环境协同治理的逻辑——基于社群主义视角的分析》,《社会科学》2015 年第 1 期。唐亚林、郝文强:《从协同到共同:区域治理共同体的制度演进与机制安排》,《天津社会科学》2023 年第 1 期。

⑦ 周凌一:《纵向干预何以推动地方协作治理？——以长三角区域环境协作治理为例》,《公共行政评论》2020 年第 4 期。

交互"①"圈层协作"②等分析框架,但目前尚未厘清的是:制度化干预方式与可持续性协作之间的深层逻辑关系,特别是国家(中央)推动区域一体化所体现的战略逻辑。

就中国而言,"中央政府在区域治理中扮演着至关重要的角色"似乎是共识性认知,但这种结构性样态实际存在时间和空间两方面的特异性。例如,1982 年,国务院发文宣布成立上海经济区,但仅仅 6 年后便宣布撤销,而在当前的区域事务治理中,"国家"为何"再入场",并且所呈现的效果截然不同? 申言之,国家战略对于地方政府而言并非外部制度安排,而应视为一个内生性行为。其原因在于,单一制国家的权力配置体系较联邦制国家而言更为紧凑。自中央到地方各级政府处于同一个制度框架下,即便将各层级治理视为不同的制度场域,彼此之间的关系也不可简单地描述为"内外部制度变量"③,而更像是一个多层嵌套的同心圆式制度模型。从历史经验来看,中国各级地方政府的发展战略都习惯于并受惠于国家战略的调整。因此,讨论的焦点应该是:如何在一个制度框架下理解国家和地方行为变化引致制度创新与变迁?

(二)分析框架:理性选择制度主义视域下的行动者行为与制度创新机制

"制度至关重要"(Institution Matter)是社会科学研究的经典议题。20 世纪 70 年代以来,新制度主义在调适改进传统制度主

---

① 汪彬:《多层次交互式制度创新:城市群一体化发展的新理路》,《中国行政管理》2023 年第 8 期。

② 赵吉、张文斌:《圈层协作:区域一体化战略与都市圈战略的体系优化——基于泛上海与泛广州的区域发展案例比较》,载唐亚林、陈水生主编:《大都市圈治理:战略协同与共荣发展》[《复旦城市治理评论》(第 10 辑)],复旦大学出版社 2023 年版,第 29—56 页。

③ 文宏、林彬:《国家战略嵌入地方发展:对竞争型府际合作的解释》,《公共行政评论》2020 年第 2 期。

义与行为主义的基础上兴起,而后逐渐衍生理性选择制度主义、社会学制度主义、历史制度主义三大流派。其中,理性选择制度主义以"有限理性"为核心命题,致力于为理性行动者的策略行为提供组织背景和结构性要素。相较而言,理性选择制度主义更聚焦微观个体,认为理性人假设是行动者身份塑造的基础,而制度是用以解决集体行动问题的策略以及由此衍生的、促使理性行动者合作的有力工具。可以说,理性选择制度主义为理解制度创新与变迁提供了一种丰满的理论思路(表1)。

表1　理性选择制度主义的基本理论要件

基础假设	逻辑起点	核心行为逻辑	侧重点
有限理性	偏好	成本—收益比较	策略行为均衡
制度变迁的分析路径			
路径依赖	驱动力	制度重组	制度转化

资料来源:根据相关文献归纳整理。

　　偏好一般被认为是社会科学行为研究的逻辑起点。在理性选择制度主义理论的视野中,偏好分为固定偏好和内生偏好,前者指的是优先于制度的个人偏好,即通常所说的个人利益、效用的最大化追求;后者则指个人在具体情境中的动机变化,表现为一种对情境的分析意识。行为逻辑是偏好的内部构成,又可分为工具性逻辑和恰当性逻辑,前者是指行动者基于成本—收益的分析作出符合个体利益最大化的选择,后者是指行动者受集体身份框架的驱动以一种自认为正当或合法的方式来推进制度变迁。一般而言,理性选择制度主义侧重于工具性逻辑,但在不同的场景下,又会呈现出不同的配比。在这种复合化逻辑的主导下,角色差序成为普遍且合理的制度安排。例如,就区域治理而言,一个区域类似于一个集体,不同行动者有其各自的政治经济地位,并且多重制度逻辑的组合安排和触发行为的先后顺序也略有不同,因而扮演着不同的角色,呈现角色差序。

在解释制度变迁议题时,新制度主义集中于从制度的内部因素切入探讨影响制度变迁的行动者动因,将个体效用追求和成本收益比较视为制度变迁的根本动因,交易成本则是核心驱动力量,并将制度创新与重组视作解释制度如何摆脱路径依赖并发生渐进式变迁的表征。在这一过程中,原本作为历史制度主义"专有物"的路径依赖概念已成为新制度主义各流派解释制度变迁的核心概念。① 理性选择制度主义将制度视为行为者对其现状满意的一种均衡状态,以行动者的策略选择来解释制度如何基于成本—收益的比较,实现从非均衡状态到均衡状态的变迁。

在理性选择制度主义者看来,制度创新不是单向性活动,而是双向性的。易言之,行动者并非存在于真空中,而是存在于制度环境之中,为了自身的长期发展,需要形成一种制度化的行为模式,但外部环境的不断变化又会改变既有的成本—收益函数,这又要求行动者能够随机应变,及时调整自身的行为选择并制定新的策略。如朗德斯(Wayne Lowndes)所说,"(政治)制度是用来解决集体行动问题——从合作中得到最大利益——的人类建筑。当制度不再服务于行为者的利益时,制度就可以被取消"。② 理性选择制度主义强调从制度重组到制度转化过程中的主体因素和创新性行动者的能动作用,当行动者认为创新的收益大于成本时,制度创新就会出现;否则,不会为之承担风险。③

从中微观的视角来看,制度创新是人作为主体的行为过程,各主体的主观动力以及对合作收益、交易风险和交易成本的理解与

① 吴勇锋:《从分歧到整合:制度变迁解释性研究的演进》,《东南学术》2019 年第 5 期。

② [美]维恩·朗德斯:《制度主义》,载[英]大卫·马什、格里·斯托克主编:《政治科学的理论与方法》,景跃进、张小劲、欧阳景根译,中国人民大学出版社 2006 年版,第 103 页。

③ 杨光斌:《新制度主义政治学在中国的发展》,《教学与研究》2005 年第 1 期。

认知会出现变化与差异。机制作为治理制度变迁的串联过程,能够驱动变化或阻止变化。区域治理是一个庞大的政治系统,各主体之间蕴含着差异化的利益与责任分配。在政治系统中,政治机制联结政治行为,是中介与扭结。① 相较于常规化、程式化的行政机制,政治机制具有增加治理灵活性进而使组织或个人权威得以跨级跨界绕过既定规则设计而产生影响力的能力。② 换言之,政治机制促使多元政治主体发挥角色功能形成政治合力,具体又可以按照作用向度分为"政党—国家—社会"的横向整合以及府际(中央与地方)间的纵向互动。中国的中央与地方关系充满了博弈与共赢:中央通过试点并赋予地方一定的权力来促进地方—区域发展,后者又为中央带来了超预期的反馈,落实并完成中央战略任务。因此,相较于"政府(国家)—市场(社会)"的互嵌互促,纵向维度的机制路径无疑为区域一体化的治理变迁提供了一种更有力的解释。

本研究旨在识别与挖掘央地互动促成区域一体化制度创新的发生机制,为此,研究设计参照科尔曼之舟(Coleman's Boat)范式,以探索"原因发挥影响,造成结果的过程"(图 1)。它启示研究者,要打开因果过程的"黑匣子",必须深入中观乃至微观层次,通过理解情境、行动和转化机制,挖掘宏观现象内部的变化过程及其机理样态。③ 这就需要对事件的因果过程进行经验追踪,将宏观现象与微观基础连接起来,将事件作为集合进行分析,考察行动者的行为策略。考虑到本研究主要是对已知的特定结果作出最低限度的充分解释且以个案为中心,因此,在确定时序时,依据理论框架所

① 中国大百科全书总编辑委员会:《中国大百科全书:政治学》,中国大百科全书出版社 2002 年版,第 492 页。
② 周鲁耀:《"统合治理":地方政府经营行为的一种理论解释》,《浙江大学学报》(人文社会科学版)2015 年第 6 期。
③ [美]詹姆斯·科尔曼:《社会理论的基础》(上),邓方译,社会科学文献出版社2008 年版,第 4—23 页。

厘定的考察重点(路径依赖—驱动力—制度重组—制度转化),将结束点落在感兴趣的结果出现时或之后不久,且视之为考察的重心,同时,在叙事逻辑上采用时序分区策略,以期展示行为与情境之间的潜在关系。

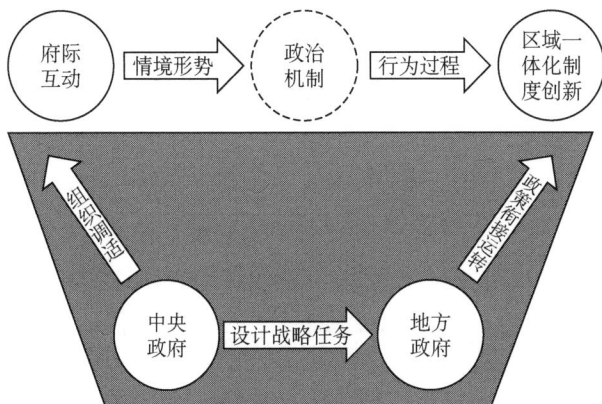

图 1 央地互动与区域一体化制度创新的分析框架

三、碎化与整合:长三角一体化示范区环境治理实践的 经验呈现

党的二十大报告提出健全现代环境治理体系的战略部署,其中,纾解跨域生态环境问题是关键点与难点。区域内的生态环境是一个整体,单边政府的行政权力运作却有边界限制,难以有效地应对流动性愈趋增强的跨界环境问题。作为我国首个跨省建立的示范区,长三角一体化示范包括上海市青浦区、江苏省苏州市吴江区、浙江省嘉兴市嘉善县,牵涉"三级八方"政府主体,且各地之间的行政级别和经济结构又存在差异,理论上实现合作的难度较大。在实践中,示范区推动区域环境治理一体化向纵深推进,先后

形成了环评制度改革、生态环境"三统一"、联合河湖长制、监测网络一体化、第三方治理服务平台等创新,突出了区域环境治理效能的集中度和显示度。

(一)路径依赖:"碎片化"的协作网络

很长时间以来,长三角环境治理按照"三级运作、统分结合"的原则形成自组织网络及其协作运行机制,这种软治理模式更多是"皆大欢喜"式的协商,在实际运行中既没有健全的监督机制,也没有明确的监督责任人,难以对政府主体形成有效约束,因而合作大多流于地区领导人之间的一种承诺,表征性特点大于实质性。在这种模式下,政策的推行、治理主体的适应仍面临着不小的行政成本,衍生出绿色转型空间不平衡、生态绿色政策衔接不畅、生态绿色治理模式单一等"梗阻"症结。

究其实质,此种治理模式的微观机制是通过"加强协调"来实现的,并且多以行政文本协调替代实践性的协调能力建构来解决问题。例如,2014年,沪苏浙皖四地就大气污染防治问题出台协同行动方案;2018年,青浦区、吴江区、昆山市、嘉善县签署《环淀山湖战略协同区一体化发展合作备忘录》等政策文本。诚然,行政协议在保障政府间权责明确、精准实施、实现合作模式等方面起到重要作用,但在环境治理的合作协议签订过程中,地方政府的自主性不可避免地携带利益考量。这就使得围绕环境治理展开的府际合作易变成关于利益的隐性博弈,并出现"囚徒困境"——行政区政府在不确定自己利益能否得到保障时,往往秉持不合作或是消极合作的态度,采取对自身有利的行为。这些困境在"青浦—嘉善—吴江"等省际交界地最为明显。

"青浦—嘉善—吴江"地区河网密布,水环境复杂(表2)。其中,吴江区位于太浦河上游,工业集聚,岸线占用率比较高,对太浦河的需求主要是泄洪与航运通道。这在多个层面上影响太浦河的

水质:(1)纺织、印染企业数量多、密度大,对污水的处理长期不达
标;(2)航运运输内容包括有害化学物品、沙石、建材等,且航运本
身也存在油类污染;(3)农业分布分散,农业面源污染难以控制。
嘉善县和青浦区在太浦河的下游,主要需求是取水用水。为此,嘉
善县自2010年起开展了一系列整治太浦河水环境的举动,退渔还
河,严格限制渔业养殖产业和两岸开发。上海段更是将太浦河定
位为黄浦江上游水源涵养保护区,并在沿线设有防护林,特别是在
金泽水库建成后,对太浦河水质的需求进一步加强。两地需要上
游的吴江区对太浦河的开发进行有效管控。但对吴江区而言,改
善太浦河的水质面临着纺织产业发展受限、治理难度高、经济投入
大、居民就业和发展机会缩减等问题。因此,三地之间水环境治理
的目标协同长期"梗阻",特别典型的是沪苏边界的雪落漾成为"三
不管地带",滋生了60多亩(合4万多平方米)的水面违法建筑和
长度超过1 200米的围网。

表2 "青浦—嘉善—吴江"水环境交界情况

区域交界面	河道及湖泊名称
青浦—嘉善—吴江	河道1条:太浦河
青浦—嘉善	河道19条:红旗塘、俞汇塘、张文荡、谷家浜、环场河、环库河、横江、四甲圩江、下甲圩江、封家圩江、西泾港、丰家圩江、重树圩江、大曲圩界河、小曲港、腰泾界河、盛丰江、泾花新开河、王家圩江; 湖泊1个:上白荡
青浦—吴江	河道6条:东成港、华士江、南新北厅港+南新北厅港浜、道田江、杉木浜、文堂港; 湖泊5个:元荡、诸曹漾、雪落漾、吴天贞荡、涨水盂
嘉善—吴江	河道7条:芦墟塘、尤家港、九曲港、北胜港、地元港、鸦鹊村界河、西厅港; 湖泊7个:汾湖、张青荡、小白漾、西浒荡、菜花漾、黄荡、邝上荡

（二）驱动力：国家战略的"空间聚焦"

随着生态环境等区域性公共事务难题的日渐凸显，中央政府意识到重新调整治理模式的重要性，为此，须站在国家空间战略布局的高度，缓解资源配置优先级不同所引起的内部积累危机。2018 年 11 月，习近平总书记在首届中国国际进口博览会上宣布，支持长江三角洲区域一体化发展并上升为国家战略。次月，中共中央、国务院发布《关于建立更加有效的区域协调发展新机制的意见》。国家空间战略的出台，大规模的增量治理资源在区域层面登陆，长三角范围内治理需求与供给的结构重新调整，匹配更高维度的空间形态。

2019 年 11 月 3 日，习近平总书记在上海调研时提到："在青浦、嘉善、吴江建设长三角生态绿色一体化发展示范区，这是一体化制度创新的试验田，党中央支持你们大胆试、大胆闯、自主改。"2019 年 12 月 1 日，《长三角区域一体化发展规划纲要》(以下简称《规划纲要》)公布，专章列明"高水平建设长三角生态绿色一体化发展示范区""打造一体化治理体制机制的试验田"。① 随着国家战略的主体结构安排以及战略的核心要义明确，此种自上而下的政治过程逐渐向深层次发展。2021 年 5 月，长三角一体化示范区执委会，江苏省、浙江省、上海市两省一市发展改革部门，以及苏州市、嘉兴市人民政府共同发布《长三角生态绿色一体化发展示范区重大建设项目三年行动计划(2021—2023 年)》，并于 2024 年 1 月更新发布《行动计划(2024—2016)》。跨省级行政区本没有隶属关系，建立多个平行主体的项目一体化行动框架为探索制度创新提供了应用场景，也为示范区明确了任务书和时间表，有助于发挥生

---

① 《中共中央 国务院印发〈长江三角洲区域一体化发展规划纲要〉》(2019 年 12 月 1 日)，中国政府网，https://www.gov.cn/zhengce/2019-12/01/content_5457442.htm?eqid=a1829ced000675f900000004645f1e4b，最后浏览日期：2024 年 6 月 7 日。

态环境优势,把好山好水好风光融入大都市圈。

(三)制度重组:组织架构的迭代更新

跨域的本质是联结关系建构,涉及多个主体和领域,更体现为多层次间节点与网络关系的彼此嵌入。为贯彻执行国家战略要求,《规划纲要》特别宣布,成立推动长三角一体化发展领导小组,后在中央层面升级为区域协调发展领导小组,并由上海市牵头,由三省一市共同组建长三角区域合作办公室(以下简称"长三办")。在领导小组的推动和"长三办"的联络下,长三角一体化示范区以责任为边界,以价值共识、关系互信、能力共促为基础,构建起"理事会—执委会—开发者联盟"三层次主体架构,形成了"机构法定、业界共治、市场运作"的新型治理模式。这种管理幅度减少、层次结构趋"尖"的组织模式,透视出鲜明的矩阵式、统合型、扁平化等特点,有助于提升区域公共事务治理"上令下达、下情上传"的有效性和贯通性,也为基层跨界协调提供了具有一定管理权限的对话平台,为消解区域环境治理规范阙如或冲突叠加等隐忧打下了组织基础。

其中,理事会包含两省一市发改、司法、行政等职能部门以及苏州市、嘉兴市、青浦区政府,负责研究确定一体化示范区建设的发展工作。开发者联盟吸纳海内外知名企业家、国际机构有相关经验的领导人、卓越科研机构、智库等参与其中,现由三批次共计64家成员单位组成,承担生态和谐与可持续发展的社会服务责任。执委会是理事会的执行机构,管理示范区的开发建设工作,进行日常的发展规划、制度设计、项目运行和政策配套,是具有组织纽带性质的协同枢纽。迥异于"强协调、强审批"及"弱协调、弱审批"的运作模式,示范区通过"强协调、弱审批"来实现"不破行政隶属、打破行政边界"的目标。理事会的决策平台作用以及执委会的牵头作用所形成的结构性合力,激活并驱动了社会内生性力量,规避了跨域治理中"各扫门前雪""九龙治水""有组织不负责任"等异化现象。

总而观之,长三角一体化示范区多层次跨区域的组织治理体系/机制初步形成,呈现出从中央到地方、从纵向到横向的"1+3+N"结构。此种囊括正式组织与非正式组织的治理体系,介于柔性合作和刚性管理之间,巧妙地平衡了软性治理与硬性治理的张力,为执行层落实决策层形成的决议和政策提供了新的制度基础和活力空间。

(四)制度转化:"一体化"目标贯穿治理全过程

示范区设立并运行以来,治理制度设计与安排进一步更新,政策协作中的"梗阻"逐渐清除,形成长三角区域生态治理的"新蓝图"。示范区在既有体制框架内对微观治理机制作出适度调整,"一体化"贯穿环境治理的全过程全周期全链条,设立五年以来,地表水优Ⅲ类断面比例从75%上升到98.1%,AQI(Air Quality Index,空气质量指数)优良率从78.4%上升到84.1%。

一是标准一体化。标准是政策对齐与衔接的基础,标准的不一致易使多主体的政策过程滋生"治理堕距",影响治理有效性。2020年,"两省一市三级八方"共同制定了《长三角生态绿色一体化发展示范区生态环境管理"三统一"制度建设行动方案》(以下简称《方案》),明确以"一套标准"规范生态环境管理。2020年5月,两省一市生态环境部门共同明确示范区第一批6个生态环境标准统一项目清单,相继形成了技术文本,并持续协同对接推进立项、审查。2021年3月,两省一市市场监管部门联合发布示范区3项生态环境统一标准并与示范区执委会联合出台《长三角生态绿色一体化发展示范区标准管理办法》,在国内首创跨省域标准"统一立项、统一编制、统一审查、统一发布"的"四统一"工作机制。截至2024年,《方案》明确的56项具体工作清单全面完成,其中的6项转为常态化运行。长三角一体化示范区环境治理初步形成了一套统一的"绿色"标尺，并配以区域生态环境保护协作新机制，保证政策的有效落实以及衔接周密。

二是监测一体化。监测是对社会事实的掌握、判断与认知，"联保共治"机制的形成须建立在一致性的监测结果之上。为此，青吴嘉三地环境监测部门按照"统一断面、统一指标、统一时间、统一频率、统一方法"的原则，先后在太浦河汾湖大桥、嘉善饮用水水源取水口、金泽水源湖等地开展了4次联合监测，并在太浦河干流及主要支流合理新增5个在线预警监测断面，增设11个小型简易式实时监测设备系统(微型站)，在淀山湖布设10个浮标站对示范区内的跨界重点河流水质进行同步测定，每月联合检测2次苏州塘及主要支流的6个断面，为联合监测采样断面及指标用于数据分析，并实时互联共享监测数据。至此，示范区的水环境监测已覆盖两区一县出入境断面、重点河流湖泊、饮用水源地等。在两区一县的主要高速公路沿线，示范区建设3座交通环境空气监测站和3座颗粒物传输通道监控站。2022年8月，执委会会同两省一市生态环境部门联合印发《长三角生态绿色一体化发展示范区生态监测实施方案》，标志着区域统一的生态监测网络正式形成。

三是执法一体化。执法是治理过程的重要环节，政策能否得到有效落实有赖于执法的有力程度和有效程度。示范区设立后，两区一县共同成立生态环境统一执法工作协调联络组，抽调骨干人员组建相对稳定的生态环境综合执法队伍。2020年以来，综合执法队先后开展5次跨界联合执法检查，共计检查重点企业41家，发现并查处环境问题32个，共同严厉打击各类违法行为。2020年5月，两区一县印发《环境执法跨界现场检查互认工作方案》，明确了执法人员和执法范围的2张清单，推动示范区生态环境执法检查授权互认。针对区级以上边界河道制定"一河一策"，明晰作战图和时间表，以全面剿灭劣Ⅴ类水。针对重点工业企业守法情况、治污设施运转情况等采取不定时间、不打招呼的方式开展联合执法巡查行动,每季不少于一次。在重点跨界水体联合监管方面,示范区以太浦河为重点,兼顾其他重点跨界水体、水乡客厅等重点流域、区域以及水资源调度、污染源监管等重点领域,通过统一监管范围、监管标准、监管规则,健全跨界水体联合监管机制。示范区借助在线监控、卫星遥感、VOCs(Volatile Organic Compounds,挥发性有机化合物)走航、无人机监测等新技术,持续强化环境问题发现能力,在此基础上实施分级分类监管,建立了一体化、多层次、常态化的执法协作体系,将跨域突发事件联合应对的短时"权宜之计"转化为"平战结合"的长效协同制度。

四是评估一体化。评估是政治系统中的反馈环节,也是政策过程实现闭环并开启下一阶段的关键。为科学准确地评估示范区的环境监管效能,探索属地化管理与一体化集成的新思路,2021 年 10 月,示范区执委会与两省一市生态环境厅(局)联合发布《关于深化长三角生态绿色一体化发展示范区环评制度改革的指导意见(试行)》。改革以来,示范区降低环评文件等级项目数量361 个,完成 3 例环评和排污许可"两证合一"行政审批。目前,示范区已统一实现环评审批全程网办,网上申报率、审批率均实现100%。改革后,示范区进一步统一环评正面清单,扩大豁免范围,创新"绿岛"项目,试点"打捆"审批。至 2023 年年底,示范区共实施环评豁免项目 112 个、"打捆环评"小微企业 26 家、危废"绿岛"项目 8 个,对环评失信实施惩戒,建设项目环境违法行为持续下降。建立跨域生态治理的市场化评价平台是《示范区总体方案》规定的重点任务。为此,沪苏浙生态环境部门和示范区执委会共同研究制定《服务平台建设实施方案》,对服务平台近、中、远期建设的总体安排,服务平台运营管理作了具体规定,形成了"一个平台、一套机制",制度集成的改革红利得到持续释放,为支撑跨域开展生态环境第三方治理提供借鉴,也对培育生态环境治理的"统一市场"进行了有益探索。

(五) 小结

长三角一体化示范区环境治理的实践经验昭示:以国家主导、地方主推为基本结构特征的制度安排形塑了一种"垂直指导、横向协作、紧密联系"的治理模式。这种新的模式在以下三个层面贡献制度更新的边际意义。首先,解决了区域治理制度框架下的公开透明问题。一个层级政府很难处理好各类复杂的跨属地事务,多个管辖权层面上的政府行为体进行持续互动可以促使权力向上转移并二次分配,这就使得区域治理的目标、任务、重点、措施等重要事项的信息模糊性大大减弱,并通过新协作网络将信息精准及时地输送到需求点。其次,解决了区域治理制度框架下的激励相容问题。同一层级的两个制度行为体彼此之间不施加明确的权力会使得他们能够灵活地处理核心议题,并在上级政府的监督下协商决定利益、责任、风险的配比。这实际上意味着区域治理的利益与风险"打包",分担于各方治理主体,将相关主体从复杂动态的博弈状态中解放出来,协调兼顾长远利益与短期利益、整体利益与局部利益并确保行为方式一致,进而实现制度优化,激发协同活力。最后,解决了区域治理制度框架下的效能产出问题。治理效能即治理的"有效性"产出,是由制度、政策、机制共同型构的治理体系多维复合运转的结果。公众生态满意度是衡量环境治理有效性的重要标准。然而,"单边"政府的组织资源与内部治理能力毕竟是有限的,远不足以满足公众细致入微的多样化利益诉求,也始终无法实质性地提升公众的生态满意度。对此,需要嵌合治理资源的分散性,建立个体政治行动紧密接入区域治理的关联机制,示范区探索治理层级与治理网络共同构成"复合结构",使治理主体、治理手段在合力的作用下,协同推进治理效能产出的目标实现。

四、纵向共演:区域一体化制度创新的政治机制过程 分析

制度是行动者长期演化博弈均衡的结果。在理性选择制度主义视域下,个体政治人在一个具有内在约束的政治空间中追逐个体效用最大化,其行为选择发轫并成长于主体间的互动之中。在长三角一体化示范区环境治理实践中,中央与地方的多元行动者勾连纵向科层关系继而推动形成横向协作关系的策略选择,产生了彼此之间相互影响、相互适应的行为过程,悄然构建起一个契合制度环境的政治机制,具有"纵向共演"的理论特点。"纵向共演"源于管理学的"共演理论",后被倪星等人在政治学领域所拓展,用于解释中央与地方(上下级政府)在经济、政治和社会领域正向反馈和双向强化的机制路径。① 作为政治系统作用环节的连续谱,政治机制的发挥本就依赖于政治系统各主体的配位关系及相互作用,在纵向上即各层次主体之间围绕权力运作所展开的决策、执行以及偏好(通过信息、压力等)传导。与之相对的,"战略、组织、政策"构成了府际间"纵向共演"机制的过程性节点。其中,战略是宏观政治目标及策略的设计与重构,组织是因应战略指向的中观传导路径,政策是政治议题落实的微观执行。就区域治理而言,中央政府基于情境形势设计区域性战略任务,自上而下地传递"遵从导向"的政治要求,并对治理体系进行组织调适,地方政府则对应地采用更灵活和更具复杂性的行为结构来匹配落实,并注入政治逻辑以维持政策衔接与运转。

---

① 倪星、郑崇明、原超:《中国之治的深圳样本:一个纵向共演的理论框架》,《政治学研究》2020 年第 4 期。

(一)战略赋能

在制度变迁的机制分析中,制度环境是一个极为重要的考虑因素,通过特定的物质体系和符号体系规范组织的政治行为。同时,制度的有序发展和有效作为也须适应和容纳开放变迁的外部环境。国家各层级治理的制度安排涉及国家自上而下各类组织的功能定位、基本结构、运行规则、操作机制与策略。[①] 对于地方政府(下级政府)来说,其所面对的制度环境主要是国家治理和地方治理的相关制度,其中最主要的特点仍然是"地方各级政府拥有一定的灵活性和自主权,但中央和上级政府在权力分布中占据着重要的优势地位"。可以说,中央政府作为主要行为体,在既定的政治脉络与既存制度结构中的策略行为,以及由此展开的与其他主体的互动行为,决定了制度变迁的方式与方向,开启了渐进演化的过程与机制。

行为主体作出合适的战略选择须首先明确并剖析自身的境况及价值目标,而战略行为选择的基础环节是对形势的判断以及思考和部署制度发展任务、目标与进程。当前,经济全球化促进了区域的崛起,显著地扩大了治理资源流动的空间范围,并且不断地、快速地向超国家地域和次国家地域蔓延。全球范围内的主体不停地拓展、开发、甚至"制造"次国家空间结构,以应对国际战略竞争。易言之,国家须通过将经济社会资产和公共资源配置到特定的地域组织,形成最具集聚效应和竞争力的增长极。[②] 就当前而言,这一增长极即区域的城市化及城市群效应。长三角拥有全国最大的城市群,且从区域发展规律来看,正处于从"高水平不平衡"向"高

---

① 薛澜:《顶层设计与泥泞前行:中国国家治理现代化之路》,《公共管理学报》2014 年第 4 期。
② 李晓飞:《西方空间政治学前沿理论的整体性及其中国应用》,《行政论坛》2021 年第 5 期。

水平平衡"的逐优转变过程中,因此,在其间打造区域一体化的治理样板是符合逻辑规定性的战略选择。

战略行为的选择也是一个政治策略重构的过程,需要调整或改变均衡状态的制度能力,动态地保持其内在有效性。中央统辖权与地方治理权之间的内在张力衍生了中央和地方职能管理系统在跨域事项上的治理空白。在委托—代理的视角下,区域事务大都属于中央政府和地方政府未明确厘定的事务范畴,其实质是上下级政府间"发包—承包"关系中不完全契约衍生的剩余控制权问题。控制权的分配与运作决定了制度激励及其行为的有效性。在中国的央地关系中,剩余控制权的归属者一般是发包方,即中央政府拥有对跨界公共问题的解释权和规制权。安排或推动地方政府(委托方)来解决区域问题是正当行使这一权利的要求。当上级政府严格控制政策实施过程并迫使下级政府密切关注和执行政策指令时,各层级之间实然呈现出一种高度关联的互动关系。

行动者开展战略行为还需考虑既有制度框架下运作战略政策的能力以及战略实施的路径。[1] 政治势能是中国政治逻辑及其制度安排所赋予政策领域的内在特征[2],为中央政府开启区域治理的战略升级提供了基础。2023 年 9 月,中央决定将京津冀协同发展、长三角一体化、长江经济带、黄河流域生态保护和高质量发展、粤港澳大湾区建设等领导小组合并为中央区域协调发展领导小组,主要职能是研究重大战略的有关重大部署、重大规划、重要政策、重点项目以及年度工作安排等。优化战略领导机构意味着中央政府关于区域协调发展的顶层设计进一步加强,从更高层面、从战略、从全局上进行区域谋划,集中力量推动战略的顺利实施。

① [美]W.理查德·斯科特、杰拉尔德·F.戴维斯:《组织理论——理性、自然与开放系统的视角》,高俊山译,中国人民大学出版社 2011 年版,第 23 页。
② 贺东航、孔繁斌:《中国公共政策执行中的政治势能——基于近 20 年农村林改政策的分析》,《中国社会科学》2019 年第 4 期。

86

中央区域协调发展领导小组的成立,无疑将进一步提高中央统筹各种利益关系和破解发展难题的能力,而如何调动地方积极性、形成政治合力是推进区域治理制度创新的关键。稳定的政治权威及其自上而下的政治影响力使得政治势能可应对情势作出策略性的快速调整。国家战略是中国发展历程中最强的政治信号。当中央政府制定国家战略的行为完成后,地方政府及其官员基于理性特征与制度惯性及时察觉和识别,触发他们的政治意识并发挥其积极性,继而开启一种动而不可止的压力传导机制。这是战略赋能,其内在机理由以下两个方面构成:首先,战略指示是上级政府特别是中央政府发展导向的重要表达,压力型体制的特征确保了中央政府把战略目标分解给地方政府的有效性;其次,兑现目标承诺、取得更高的相对业绩是地方政府向中央政府传递的"能力信号",也是地方官员赢得横向晋升竞争的主要标尺。战略所赋的"政治势能"以科层制的组织碎片化和程序僵化为靶向,化解公共政策多属性和层级性的矛盾,以达成合作网络的积累与优化。

（二）组织动员

新制度主义的一个基础命题是对科层组织的协调与控制,发展出一种确保所有成员遵循主要行动者意愿的制度格局,这也是中国政治发展的中轴原理——政治有效性的焦点所在。[1] 区域治理的本质要求是一种建立在集体行动基础上的区域协作。在理性选择制度主义视域下,个体间互利互惠的协调活动常常位于结构性制度和非结构性制度的接壤地带或者真空地带。因而需要设计或选择一种机制,使得区域和地方治理的代理人克服信息不对称和理性固化的藩篱,确保剩余控制权所产生的"政治势能"能够消解这

---

① 林尚立:《有效政治与大国成长——对中国三十年政治发展的反思》,《公共行政评论》2008 年第 1 期。

一对张力,实现"结构诱致均衡"(structure-induced equilibrium)。一直以来,中国政治制度框架下的治理实践处于常规科层式治理和非常规运动式治理交错运行的"组合拳"模式之中。具有跨域特征的区域事务是属地化管理(发包)契约条陈之外的事务,在单一制国家尚未成熟的制度框架中仍处于非常规事务范畴。动员作为常规向非常规治理模式转换的标志,也是渐进性制度变迁下的一种高效政策工具选择,能够与政治势能贯通、配套以对其有效应对。

动员是物力、财力和人力的集中过程,也是"发动""鼓动"去影响和改变具有能动性的行为主体行为的过程。① 一般而言,制度的使命即创造能够产生集体行动结果的手段或机制。科层体系长期面对的一个基本运行问题,就是如何确保行动者不逃避或采用一致的观点来对待政策。其症结在于结构性权力,一般被理解为塑造个体认知现实的能力,通常存在于会导致政策偏差并使政治团体在寻求自身所偏好的政策实施时。动员的靶向即对结构性权力的重新整合,具体通过引导个体理性行动的组织协调模式来实现。这恰恰是制度结构有效运行的关键部分。前已述及,长三角传统的区域环境治理组织形式以会议对话为主,面临低效且权威性弱的困境。如果从纵向高度关联的目标出发,上下级政府在推动任务实施过程中围绕控制权所形成的协调、监管任务的特定组织形式,或许更有硬度,更适合破解制度性难题。

战略及其组织的设计者是委托方,可以从顶层设计层面预判和把握某项任务在不同治理模式下的组织成本,并据此选择最优的组织机制,以确保任务目标的实现。区域战略出台后,中央层面先后成立了长三角领导小组和中央区域协调发展领导小组,相关的省市(区)也对照区域战略任务成立相应的区域发展领导小组。

---

① 汪卫华:《群众动员与动员式治理——理解中国国家治理风格的新视角》,《上海交通大学学报》(哲学社会科学版)2014年第5期。

这实际上是在组织层面开启了一种自上而下的"领导小组"机制,具体通过非常规化的资源分布、问题指向型的结构调整和信息浓缩后的块状流动三个方面来实现组织成本削减和组织效能优化之间的平衡。以"领导小组"为代表的非常规式组织机制,其特殊的结构和运作方式较为灵活地应对治理资源有限性和治理任务复杂性这组根本性治理矛盾。"应接不暇"的常规事务和"层出不穷"的非常规事务让地方政府"焦头烂额",而动员式的非常规组织机制能够解套并激活僵化的政治体制,使制度保持弹性,避免和克服因部门主义和官僚主义所带来的有效性难题。非常规事务的应对手段以及"领导小组"的功能变化则取决于不同时期的制度外部环境,体现为为制度发展或变迁而完成的积极组织调适。

区域治理层面的战略赋能与组织动员之间的衔接主要是通过信息流通、人员安排和部门协调来实现。一般而言,制度是一种信息浓缩的集合。跨域事务治理理应长效地进行信息交流,并能够保持对利益分配等关键性议题开展对话,但科层体系的信息流通在合作治理过程中一般会呈倒 U 型,信息失真风险成为一种制度事实。当信息以集中动员的方式供给,以特殊性组织机制传导时,自然也给承接者一种高政治性的印象。"政治势能"和组织动员通过权威性消解了模糊性,提高了制度客体的心理预期性与行为预期性。动员具有高位推动的特征,其决定性因素在于"位"有多高。区域协调发展领导小组依托中央高层的组织实施体系来协调区域合作中的事权,充分反映了中央政府的战略意图,省市(区)设立的长三角领导小组也通过人员的高配纵向传递"高度重视"的政治信号,将横向协调关系转化为纵向"命令—执行"关系,以此为力解决跨部门协同问题。就层级职能设置而言,非常规组织的矩阵式结构取代层级节制、分工明确的直线式结构,以强激励强约束破除科层制的资源藩篱、功能交叉、权责不明等梗阻性因素,合力调节治理对象的行为,提高政策协调和协同执行的有效性。

（三）政策桥接

在广义的制度范围内,组织体系居于核心地位,政策执行体系则是营运效力的显性系统。前已述及,包括政策在内的制度体系是相关行为者有意识地设计、创造或者制定出来的,但在实际运行中,符合制定者主观期望的情况非常少见。特别是就区域治理而言,政策层面的耦合与协作是制度更新与运行的重点与难点,如果这一瓶颈无法突破,既有基础就形同虚设。在学理意义上,政策行为的过程始终是以问题函数的形式呈现的,高昂的交易成本是理性选择视角下"个体不采取合作行为,而保持竞争博弈"的关键变量。具体来说,在协商、执行和维系合作关系的集体行动中,对方偷懒或背叛产生的潜在威胁,将会累加已投入资源、精力和时间成本的风险。寻求合适的监督伙伴也十分困难且成本高昂,但考虑到"跨域性行政行为的绩效结果往往难以衡量""合作对象的真实意图往往不可预期""合作利益往往难以公平分配"等问题始终存在,监督方又不可或缺。在区域一体化的进程中,跨域公共事务的重要性越来越强,并且中央政府对区域事务的关注程度不断提高,意味着区域治理的制度环境发生了较为明显的变化。各地方政府须采取行为加以调整,以应对新的要求。

宏观层面(战略赋能)和中观层面(组织动员)的行为调整从三个方面影响了地方主体的策略选择。一是关于竞争力的策略调整。当战略赋能和组织动员完成时,更高层级的参与者(中央政府)就会出现,给其他利益相关者提供一种新的激励和约束安排,推动建立合作关系,包括但不限于"减少同协议相关的意外情况""对承诺的监管和强制执行""对违反协议情况的处理"等。在各个行动者看来,这种约束调整同样制约着他们的竞争对手,即认为后者在面临相同的情境时,会以相同的方式作出反应。这就略去了地方合作惯常存在的一个讨价还价过程,可能出现帕累托改进。

二是基于领导力的策略调整。战略赋能也意味着一个具有领导性质的上级权威出现,组织动员则进一步建立了领导力的传导机制。各级政府的合作本质上是一种权威性权力的分配过程,在一个基础制度框架下,权威性的来源及供给将会转化为领导力,分配各种选择性的受益机会,从而吸引其他主体实现合作目标并牵引整个集体向帕累托曲面方向移动。① 三是基于注意力的策略调整。上级政府对下级政府的偏好选择的关键原则往往是对方忠诚与否,拥有信息优势的地方政府总是倾向于有选择性地发出对自己有利的信号——以注意力作为投入成本的中介变量成为考核者和被考核者之间的"心照不宣"。② 其实,上级政府的注意力同样有限,政治势能的策略性支持作用帮助地方调节这种潜在的注意力配置机制朝着规范、可控、有序的方向演进。

对前序环节进行回应并将有关议题"落实"有赖于政策的重新设计与制定。随着地方政府与其他参与者之间形成一种彼此依赖的合作关系结构及风险共担机制,政策行为层面的"缺口"(A Gap in Governance)③被跨越,这个过程就是政策桥接。作为一种新的政策行为形式,它的特性在于:(1)多样化的外部网络和关系媒介在起作用;(2)附着组织外部网络结构中的资源;(3)跨边界的连接。由此,一个无空间区别的公共政策框架体系逐渐搭建。政策桥接所形成的制度关系源于"一系列分散和碎片化的利益在制度上聚合成预期一致和统一行动的过程"。④ 其中,信任是合作建构

---

① [美]肯尼斯·谢普斯勒、马雪松:《理性选择制度主义:制度、结构及局限》,《学习与探索》2017 年第 1 期。

② 李宁、姚尚建:《跨界治理中的注意力分配与地方行动选择——以南京都市圈两个毗邻乡镇合作停滞为例》,载唐亚林、陈水生主编:《大都市圈治理:战略协同与共荣发展》[《复旦城市治理评论》(第 10 辑)],复旦大学出版社 2023 年版,第 76—95 页。

③ Matthew J. McKinney and Johnson Shawn, "Working Across Boundaries: People, Nature and Regions", *Lincoln Institute of Land Policy*, 2009, pp. 117-178.

④ Carlos M. Brito, "Towards an Institutional Theory of the Dynamics of Industrial Networks", *Journal of Business and Industrial Marketing*, 2001, 16(3), pp. 150-166.

的内核,包括对于伙伴的信任,但更多的是对于上级政府的被动信任——服从和忠诚。一般而言,上级政府的介入通常会促使某个议题突然被关注,并为其注入行政权威,然后迫使府际合作事务提上日程。

战略行为和组织行为牵引政策行为勾勒出"纵向共演"的理论图景。其逻辑在于:在给定上级高度重视的前提下,若下级政府不重视彼此之间信任声誉机制的构建,或者不重视合作双方共识的达成,内生的追求自身利益最大化的策略选择将逐渐偏离制度框架;若形成共识,将会带来双方政治和经济互惠,并且在政策桥接的动力机制之上具有可持续的特性。一方面,上级政府基于社会价值整体性利益确立合作目标,编制合作方案和下达合作任务,谋划好地方政府合作的全景;另一方面,地方政府有时会"主动请缨",关注上级政府的一举一动,遵循上级政府的命令指示,顺应上级政府的任务安排,表现出"政治顺从"的行为倾向,以希望在上级政府分配后续资源的过程中争取到更多。① 这便是这种可观收益所衍生出的新的制度安排。

总体而言,中央与各级地方政府在长三角一体化示范区环境治理场域中呈现出"战略赋能—组织动员—政策桥接"的纵向政治过程(图2),其间交织着权力不断下放与增量绩效反馈的政治逻辑。这一模式利用并超越了传统的"权威—依附"型或"命令—服从"型的纵向互动关系,且进一步囊括了"民主—平等"型或"协商—对话"型的横向合作关系,探索出一条新的区域治理制度创新机制路径——由权力下放与绩效反馈的良性互动演绎形成"正向反馈、双向强化",即"纵向共演"。

---

① 赵远跃:《把机制"桥接"起来:一个府际合作的新解释框架——基于 X 区和 W 区政府共同治水的案例研究》,《甘肃行政学院学报》2021 年第 2 期。

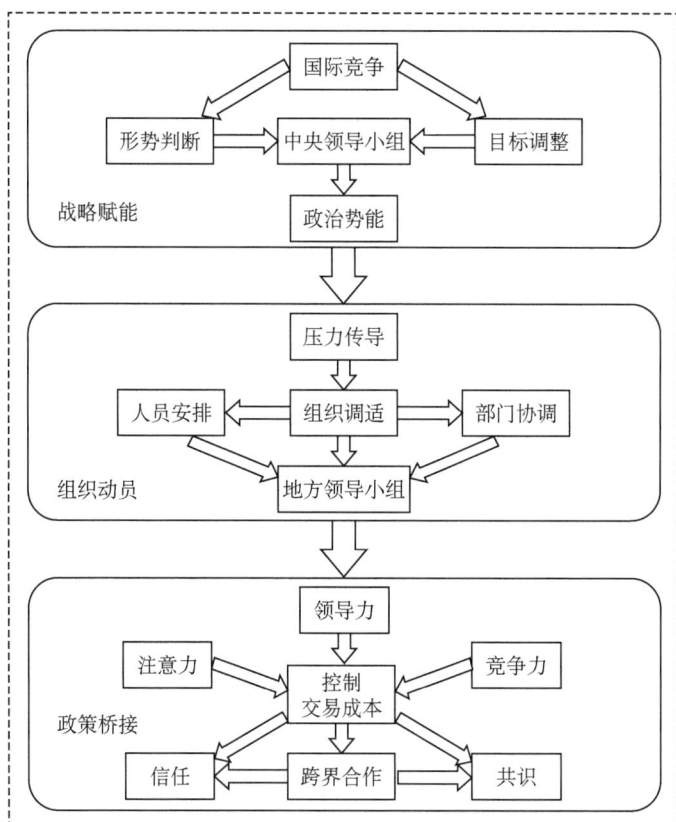

图2 区域一体化制度创新的"纵向共演"政治机制

五、结语

我国区域发展分化和治理碎片化的问题长期存在。要破解此难题,需要核心行动者——中央政府和地方政府——转变自身的策略选择,以一个更为合适的行为模式参与制度创新与变迁过程。长三角一体化示范区环境治理的变迁过程既有效地回应了区域与城市治理中的多中心难题，也形成了具有中国特色的区域治理经验。新区域主义等西方区域理论向来排斥政府在区域治理中发挥主导作用，而示范区的环境治理实践生动地诠释了：在中国的制度背景下，形成由多层级政府互动合作的治理框架是切实可行的，并且能够产出蔚为可观的且具有可持续性的治理效能。

本文基于理性选择制度主义的分析视角研究发现，长三角一体化示范区的治理体系逐渐体现出层级协同、部门协调与地方协作的立体化特点。这种制度安排是中央政府和多层级地方政府基于制度逻辑衍生的战略行为(赋能)、组织行为(动员)以及政策行为(桥接)共同作用——"纵向共演"的结果。"纵向共演"政治机制反身性地重塑主体间关系，为推动区域治理制度优势转化为治理效能奠定了基础、畅通了渠道。也正是在这一机制的作用下，长三角一体化示范区的制度创新得以从环境治理领域扩散，促成上海市"一网通办"、江苏省"不见面审批"、浙江省"最多跑一次"等地方性治理创新经验在示范区内系统集成，实现了在一个制度框架下让各层级治理资源充分发挥作用进而推动区域及其内部地区增益化发展的战略目标。

区域治理现代化仍是"未尽的实验"。如何形成稳固、可靠且持续的制度性合作是今后区域治理理论和实践探索的主要目标，对此，本文提出以下三点政策性建议。一是着力培育以合作共享为核心价值的区域文化。制度主义学派历来主张关注对共识的规约性塑造①，对此，需要在既有的共识和信任基础上凝结合作共享的核心价值。地方政府应注重在理念学习上创造有益的合作机会，以巩固来之不易的成果。二是进一步加强区域内的干部交流。地方官员一直是治理实践的核心行动者，主政干部的思维方式和

---

① [美]沃尔特·W.鲍威尔、保罗·J.迪马吉奥：《组织分析的新制度主义》，姚伟译，上海人民出版社2008年版，第5页。

行事风格会在很大程度上影响地方的发展政策导向。在中央顶层战略部署下,长三角区域的干部流动趋势已经显著增强,对战略执行和落实起到正向作用,接下来,应进一步延续并扩大这一举措,促成常态化的干部交流机制。三是加快形成区域立法综合体。2024 年 5 月 1 日,《促进长三角生态绿色一体化发展示范区高质量发展条例》正式施行,成为《中华人民共和国立法法》修订以来国内首个综合性、跨省域、创制性的立法项目。然而,各地之间的法律衔接目前仍存在"梗阻"现象,遗留制度一体化的潜在隐患。区域治理现代化建设的基础就是要建立健全以法律为核心的规范性要素网络,对此,各省以及有立法权的地方应进一步探索立法深度合作机制,齐心协力地规制失范失序风险。

[本文系国家社会科学基金重大项目"基于'制度—效能'转化的现代环境治理体系健全研究"(项目编号:23ZDA108)、国家社会科学基金重点项目"党的十八大以来党领导生态文明建设'制度—效能'转化的经验与启示"(项目编号:22AZD091)的阶段性成果]

尺度重组与地域重构视角下的城市空间生产

——以杭州市行政区划改革为例

巢　飞* 吴金群**

[内容摘要]　行政区划改革是连续性空间生产过程中的关键节点,对城市空间生产有重要推动作用。基于尺度重组与地域重构理论,可构建城市空间生产分析框架,用以解释城市空间生产中社会空间(尺度)与物理空间(地域)的动态耦合过程。1990年以来,杭州城市空间生产可分为完全尺度拓展、不完全尺度优化及完全尺度优化三种类型。通过案例分析发现,城市空间生产是一个尺度重组与地域重构循环互构的动态过程。当城市行政区划不能适配其发展目标时,城市政府就通过调整空间单元的地域规模,触发新的尺度建构过程,适应新的空间关系。城市行政区划改革在纵向上聚焦省—市—县三级尺度关系的重组,在横向上注重城市内部资本积累单元的重构,推动城市空间生产从外部扩张走向内部优化,最终达到尺度体系与地域规模的适配,提升城市综合竞争力。基于尺度重组与地域重构视角考察行政区划改革推动城市空间生产的机理与过程,对城市政府选择恰当的时机与策略调整区划具有重要参考价值。

[关键词]　行政区划;空间生产;尺度重组;地域重构

* 巢飞,南京财经大学公共管理学院讲师、浙江大学地方政府创新研究中心助理研究员。
** 吴金群,浙江大学公共管理学院教授、博士生导师。

一、问题的提出

城市空间生产是一个连续性过程,指资本、权力和利益等要素和力量对空间的重新塑造,并将物理空间作为底板、介质或产物,形成城市空间的社会化结构和社会的空间性关系的过程①,不仅包含物理空间的形态变化,还蕴藏着社会空间的系统重塑。城市行政区划调整可被理解为这一连续性过程中的一个又一个关键节点。区划调整的对象是地,是城市的物理空间。依托于物理空间,社会空间得以生成。社会空间的主体是人,是由人与人建立起来的错综复杂的社会关系和制度结构。城市行政区划改革通过优化政府权力、公共服务及资源要素的空间配置,推动城市空间的生产与城市治理结构的重塑。②

行政区划是资源配置的重要手段。习近平总书记指出:"行政区划本身也是一种重要资源,用得好就是推动区域协同发展的更大优势,用不好也可能成为掣肘。"③在实践中,有些地区的行政区划改革表现出良好的绩效,有些却不尽如人意,出现行政区经济、新老城区融合困难、中心城市吸血被撤县(市)、公共服务不平衡等一系列问题。这就要求城市政府在考虑行政区划调整时,慎重选择时机和策略,用好这一重要资源。

对城市政府来说,如何把握行政区划调整的时机与策略,不仅需要"看上面"——把握中央关于城市发展的大政方针,探知行政

---

① 郭文:《空间的生产内涵、逻辑体系及对中国新型城镇化实践的思考》,《经济地理》2014 年第 6 期。

② 吴金群、巢飞:《空间生产视角下我国城市行政区划调整的三元互动逻辑》,《人文地理》2022 年第 3 期。

③ 习近平:《立足优势 深化改革 勇于开拓 在建设首善之区上不断取得新成绩》,《人民日报》2014 年 2 月 27 日,第 001 版。

区划调整的程序与原则,"看他人"——熟知全国范围内区划调整的一般规律,借鉴吸收其他地区的经验和教训,还需要"看自己"——准确地把握自身城市空间生产的进程,有针对性地选择在关键时间节点进行区划调整。对于"看上面",中央会在重要文件中释放关于城市发展大政方针的明确信号,2019 年专门出台了《行政区划管理条例》,规定了区划调整的程序和原则;至于"看他人",此前学术界从类型划分、动力机制和空间影响等方面对行政区划改革进行了研究和总结①,在现象层面总结了我国城市行政区划调整的一般性过程,即:先通过撤县(市)设区等方式进行空间扩容,再通过区界重组等方式优化内部结构。② 然而,对城市行政区划调整如何影响城市空间生产、其背后蕴藏的逻辑却鲜少有人关注,此类研究的缺失有可能导致城市政府在行政区划调整的时机和策略选择上陷入一种"当局者迷"的陷阱。

综上,本文聚焦的问题就在于:城市行政区划改革推动城市空间生产的内在逻辑和机理是什么? 显而易见,行政区划调整变更了城市各个空间单元的行政边界,这种人为划定的地理边界对城市空间中的社会关系会造成什么影响? 进一步地,为什么城市政府隔一段时间就需要调整区划? 在这些频繁的城市行政区划改革现象层面之下,蕴藏着什么样的逻辑? 中心城市作为国家与区域发展的主要增长极,其内部空间结构优化有利于形成高质量的区域发展格局。考察城市行政区划调整影响城市空间生产的机理与过程,对未来城市行政区划调整的时机把握与策略选择具有重要的参考价值,对促进更高质量的城市空间发展具有重要意义。

---

① 杨沁杰、庄汝龙:《近二十年行政区划研究知识图谱——基于 CSSCI 数据库的 Cite Space Ⅲ 分析》,《世界地理研究》2018 年第 1 期;王丰龙、刘云刚:《中国行政区划调整的尺度政治》,《地理学报》2019 年第 10 期;王佃利、于棋:《国家空间的结构调试:中国行政区划 70 年的变迁与功能转型》,《行政论坛》2019 年第 4 期。

② 罗震东、汪鑫、耿磊:《中国都市区行政区划调整——城镇化加速期以来的阶段与特征》,《城市规划》2015 年第 2 期。

二、尺度重组与地域重构理论回顾与分析框架

（一）尺度重组与地域重构理论的内涵

尺度的概念来自地理学。在全球化大背景下,地理空间越来越表现出"流动空间"的特点,即流动性和可塑性①,在这种情况下,泰勒(Taylor)和史密斯(Smith)等学者将传统的尺度概念从静态的客观存在发展成为动态的"尺度化"过程②,指行动主体运用尺度工具进行权力或资源争夺,通过对尺度施加一定程度的转换或改变来确定地理分异,使得某一地理空间区别于其他空间的过程。尺度不是天然就有的,而是被生产出来的。③ 在这个意义上,尺度并非一成不变的、静止的"容器",尺度理论关注权力和控制力在不同地理尺度之间的移动,以及制度的重新安排和治理的变迁④,对尺度的转换就称之为尺度重组——具有等级、规模、关系和权力等尺度特性的组织方式发生变化和转移的过程,涉及权力结构、制度安排、政策制定或治理模式的再尺度化。⑤

地域也是地理学的传统概念,指被特定主体占领的空间。资

① See Manuel Castells, *The Informational City*, Cambridge. MA: Blackwell, 1992; Manuel Castells, *The Rise of the Network Society*, Cambridge. MA: Blackwell, 2000, pp. 99-102.

② Neil Smith, "Contours of a Specialized Politics: Homeless Vehicles and the Production of Geographical Scale", *Social Text*, 1992, 33, pp. 54-81.

③ 殷洁、罗小龙:《尺度重组与地域重构:城市与区域重构的政治经济学分析》,《人文地理》2013年第2期。

④ Jones and Martin, "The Rise of the Regional State in Economic Governance: 'Partnerships for Prosperity' or New Scales of State Power?" *Environment & Planning A*, 2008, 33(7), pp. 1185-1211.

⑤ 张践祚、李贵才、王超:《尺度重构视角下行政区划演变的动力机制——以广东省为例》,《人文地理》2016年第2期。

本必须附着于一定的空间之上①,地域化就是资本在某个有界的空间地域组织上固着的过程。城市是一种地域组织,是资本积聚、流转的具体物理时空构型。资本的积累参与、影响乃至决定了城市的空间生产。资本的地域化不是一劳永逸的,而是要不断地重复去地域化和再地域化来消解资本主义的固有矛盾。地域化、去地域化、再地域化统称为地域重构。② 去地域化是指随着"流的空间"(信息、资本和商品等)的产生,社会经济关系与地域相剥离,行政界限变得模糊甚至消亡,即地域性的消失;再地域化是指资本离开原来附着的社会地域结构,在新的政治、社会和经济空间重新构建新的地域的过程。③ 地域重构是一个始于资本的地域化,在资本的去地域化与再地域化之间不断循环往复的一个过程。

(二) 城市空间生产的理论分析框架

1. 尺度重组与地域重构视角下的城市行政区划改革

尺度重组和地域重构理论是近年来研究城市空间生产和行政区划改革的一个独特视角。④ 概括地看,尺度重组在区划调整中表现为权力在不同层级、不同规模的地域组织上的转移、融合或分化,通过等级尺度、权力尺度、关系尺度及规模尺度的重组产生新的政治制度空间与治理尺度,即治理结构的重组。⑤ 地域重构在

---

① Neil Smith and Ward Dennis, "The Restructuring of Geographical Scale: Coalescence and Fragmentation of the Northern Core Region", *Economic Geography*, 2016, 63(2), pp. 159-182.

② Neil Brenner, "Globalization as Re-Territorialisation: The Re-Scaling of Urban Governance in the European Union", *Urban Studies*, 1999, 36(3), pp. 431-451.

③ 殷洁:《大都市区行政区划调整:地域重组与尺度重构》,中国建筑工业出版社2017年版,第59、92页。

④ 左言庆、陈秀山:《基于尺度理论视角的中国城市行政区划调整研究》,《天津行政学院学报》2014年第3期。

⑤ Shen Jianfa, "Scale, State and the City: Urban Transformation in Post-Reform China", *Habitat International*, 2007, 31(9), pp. 303-316.

区划调整中表现为信息、资本、商品等资源在不同地域空间上的附着、剥离和重新附着,通过撤地设市与地市合并、县(市)升格、切块设市、县(市)改区、区县(市)合并、切块设市、区界重组、撤县设市、县(市)边界重组等模式产生新的社会经济空间与地域组织,即物理空间的重构。[①] 在尺度理论的视角中,地理空间的行政等级可以被理解为一种特殊的尺度类型。进一步地,城市行政区划调整可被视为在多重的、叠加的地理空间尺度上,重构政治—制度空间和社会—经济空间的过程。

2. 城市行政区划改革与城市空间生产

在我国,城市空间生产的具体策略主要包括城市行政区划改革、城市规划、城市更新、新城开发、都市圈规划、区域一体化、设立功能区等方式。城市政府采取种种策略,促使多元主体在城市空间中发生互动,并以城市物理空间为底板,构建出特定的城市空间结构和空间关系。

改革开放以来,中国受到经济全球化的影响,城市空间生产也日益表现出受到资本、权力等政治经济力量调控和塑造的特点。在特定的政治经济背景下,我国的城市空间生产过程比资本主义国家更为复杂且更具特点,是政府主导下的资本、社会与空间多重因素交织作用的产物[②],资本的运作轨迹并不局限于不断自我累积和增值,同时还必须服务于不同的政治经济目标。资本循环所产生的经济社会联系是城市与区域空间重构的基础。为了建立和维系这些联系,必须建构起相应的控制和协调生产网络的权力关系。[③] 城市行政区划改革涉及政治、经济、社会、文化等方方面面

---

① Li Xun and Du Zhiwei, "The Transformation of Regional Governance in China: The Rescaling of Statehood", *Progress in Planning*, 2012, 78(2), pp.55-99.

② 冀福俊、宋立:《资本的空间生产与中国城镇化的内在逻辑——基于新马克思主义空间生产理论的视角》,《上海经济研究》2017年第10期。

③ 殷洁:《大都市区行政区划调整:地域重组与尺度重构》,中国建筑工业出版社2017年版,第91页。

的调整,恰好兼具调整和维系这些经济社会关系的功能,成为改革开放后我国地方政府常用的行政性工具,也是推动城市空间生产最有力的策略工具。

综上,本文所讨论的城市空间生产,主要着眼于城市政府通过行政区划改革这一政策工具,动态调整城市空间中的尺度关系和地域规模,有意识、有计划、有策略地对城市空间结构和空间关系进行系统性重塑的过程,其核心目的是打造一个更具竞争力的城市综合博弈体。

3. 城市行政区划改革推动城市空间生产的理论分析框架

基于尺度重组与地域重构理论,可构建城市行政区划改革与城市空间生产的分析框架(图1)。行政区划改革既是城市既有权力格局和多元主体间博弈的结果,也会改变城市空间中的权力结构和政治经济格局。

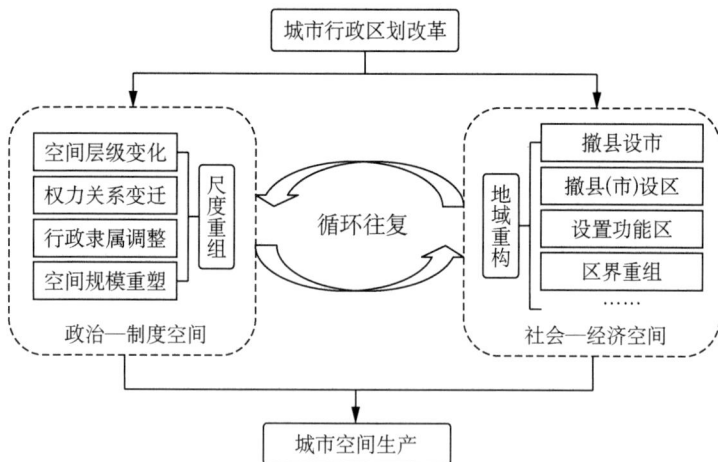

图1　尺度重组与地域重构视角中城市空间生产的分析框架

"地理尺度是一种关系建构",从自上而下的视角看,国家通过行政区划调整对城市地理空间进行重组,重塑城市社会空间关系,调整城市政府的治理体系、权力范围和资源投入边界,使之与国家宏观战略和区域发展目标相适应。"社会关系是一种尺度建构"①,从自下而上的视角看,当前我国的城市化已经从"空间中(物品)的生产"走向"空间本身的生产"。② 城市在自身空间生产中不断形成新的社会经济关系,并反过来推动治理体系、治理结构和地域空间的重塑。

城市行政区划改革中的尺度重组与地域重构是一个循环往复的动态过程,两者互为因果。当一座城市的行政区划不能适配其发展目标时,城市政府就通过调整辖区内空间单元的地域规模,触发新的尺度建构过程,适应新的空间关系,最终达到尺度体系与地域规模适配的状态。

三、1990 年以来杭州城市行政区划改革的历程及类型划分

杭州是一座历史悠久、文化底蕴深厚的古都名城,地处浙江省北部钱塘江流域,是浙江省省会、副省级城市、长三角南翼中心城市,下辖十区(上城、拱墅、西湖、滨江、萧山、余杭、临平、钱塘、富阳、临安)两县(桐庐、淳安)一市(建德),总面积为 16 853.57 平方千米,其中,市区面积为 8 000 平方千米,常住人口有 1 193.60万。③ 近年来,全市 GDP 稳定在全国城市前十的水平。1990 年以来,杭州城市行政区划调整的方式包括撤县(市)设区、区界重组、

---

① Derek Gregory, et al, *The Dictionary of Human Geography*, Oxford: Blackwell Publishers, 1983, pp.823-824, 833-835.

② 叶超、柴彦威、张小林:《"空间的生产"理论、研究进展及其对中国城市研究的启示》,《经济地理》2011 年第 3 期;荆锐、陈江龙、袁丰:《上海浦东新区空间生产过程与机理》,《中国科学院大学学报》2016 年第 6 期;王勇、李广斌、施雯:《苏州城市空间生产特征与机制——兼论苏州城市空间结构演化》,《现代城市研究》2015 年第 11 期。

③ 参见 2020 年第七次全国人口普查统计公报。

功能区升级成行政区等,涵盖了中心城市区划调整常用的若干形式。此外,钱塘新区成功升级成钱塘区,完成功能区向行政区的转型,将节点性的城市行政区划调整有机整合成连续性的城市空间生产,为考察城市行政区划改革、影响城市空间生产提供了完整而丰富的资料。

(一)1990 以来杭州的城市行政区划改革历程

自 1996 年起,杭州市共实施了五次重大行政区划调整,城区面积从 430 平方千米扩展到 8 000 平方千米。① 1996 年,原属萧山市的西兴、长河、浦沿三镇和原属余杭市的三墩镇划入西湖区,原属余杭市的九堡镇、下沙乡划入江干区,随后,西兴、长河、浦沿三镇组建滨江区;2001 年,萧山、余杭撤县(市)设区;2014 年,富阳撤县(市)设区;2017 年,临安撤县(市)设区。前四次行政区划调整以撤县(市)设区为主要方式,拓展城市空间,为协调杭州市域城镇体系格局、增强城市集聚和辐射功能、提升城市综合竞争力奠定了空间基础。经过前四轮区划调整,杭州城市结构、功能分区和经济发展程度都发生了很大变化,但内部的行政区划没有大的改变,出现了城市内部微观尺度与地域规模不相适应的情况。2021 年,杭州市实施了第五次行政区划调整:中心城区四并二,合理拆分原余杭区,跨江设立钱塘区。具体来说,撤销原上城区、江干区,组建新的上城区,撤销原下城区、拱墅区,组建新的拱墅区;以运河为界拆分原余杭区,组建新的余杭区与临平区;将钱塘新区正式升级为一级行政区,成为钱塘区,所辖地域包括原江干区的下沙地区及原萧山区的大江东地区。

1990 年以来,杭州城市空间整体上呈现出空间拓展与空间优

---

① 杭州市政协文史委员会:《一江春水向东流——杭州市市区行政区划调整史料(1996—2017)》,杭州出版社 2018 年版,第 2、4、10—12 页。

化交织演进的变化趋势。前四次行政区划调整(1996、2001、2014、2017 年)的主要目的是拓展城市空间,第五次区划调整(2021 年)的主要目的则是优化城市空间。城市行政区划调整在杭州市空间生产过程中扮演着举足轻重的角色。

(二)杭州城市行政区划改革的类型划分

1990 年以来,杭州城市空间在拓展与优化的交织演进中不断发展变迁,其内部空间也随着区划调整发生等级、规模、关系和权力等尺度特性上的变化。如图 2 所示,杭州城市空间生产可分成物理空间拓展、不完全尺度空间优化、完全尺度空间优化三种类型。首先,以是否有超出杭州城区范围的调整为标准,将杭州城市空间生产分为外部空间拓展和内部空间优化,其中,外部空间拓展指将原非杭州城区范围的地域划入城区范围,也可称之为物理空间拓展,内部空间优化指杭州城区内部空间结构调整。其次,以行政区划调整结果是否设置整建制的行政区为标准,内部空间优化可被细分为完全尺度优化和不完全尺度优化。完全尺度优化包括将内部城区拆分成若干整建制的行政区、融合成一个整建制的行政区、切块重组成整建制的行政区等,主要特征是当次调整之后形成一级行政区,而非过渡状态的功能区。不完全尺度优化主要指设置经济开发区、高新技术产业园、未来城市试验区等功能区,主要特征是调整之后没有形成完全尺度的行政区。

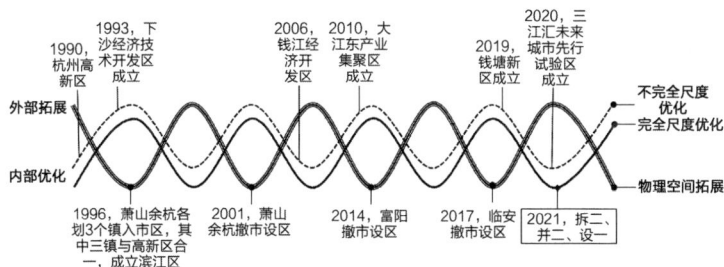

图 2　杭州城市空间生产历程图

1. 物理空间拓展：粗放式调整尺度关系与地域空间

自 20 世纪 90 年代开始,我国城市化进入快速发展阶段。长期以来抑制大城市发展、控制大城市规模的城市方针导致中心城市发展和空间治理矛盾重重。这一时期,对外开放程度进一步扩大,外向型经济发展迅速,与此同时,分税制的实施激发了地方政府土地财政和企业化倾向。在多种因素的综合作用下,中心城市迫切寻求城市空间的扩张。在中心城市扩张冲动相对不强烈或者扩张难度较大的情况下,可采取较为缓和的小范围区界重组的方式,如 1996 年杭州市分别从萧山和余杭划出三个镇,初步扩展空间,为杭州城市发展松绑。此后,城市化进一步发展引发中心城市强烈的扩张冲动,杭州市分三次将萧山、余杭、富阳、临安撤并为市辖区。

在物理空间拓展时期,地域规模扩张是中心城市的第一诉求,这一空间生产方式对城市尺度关系与地域空间的调整是粗放式的。在物理空间扩展的过程中,地域空间的规模迅速扩张,但尺度关系的调整较为粗放,仅在大都市区范围内,初步将广域型政区转变为城市型政区。对杭州市来说,大范围空间扩张对尺度关系的调整主要聚焦于将省管县体制下的市县竞争关系转变成市与市辖区的行政隶属关系。然而,由于"过渡期"的设置,物理空间拓展对尺度关系的调整仍然是一种临时的、不稳定的状态。

2. 不完全尺度优化：柔性微调尺度关系与地域空间

在快速城市化进程中,中心城市还存在设立功能区这一空间生产方式。从本质上看,城市政府谋求物理空间扩张并不仅限于简单"吞并"更多的地盘,真正的意义在于在城市空间生产过程中,通过地域空间与尺度关系的重组,生产出新的城市空间结构和空间关系,谋求都市区的进一步发展。这就必然要求在物理空间拓展的粗放式调整后,对城市空间进行更加精细的调整。

我国县级及以上的行政区划改革,都需要经过复杂的流程,逐级报国务院审批,正式行政区划改革的难度较大。因此,在历次大的行政区划调整中间,城市政府为实现其政策目标,保持自身在区域竞争中的优势地位,会设置一些功能区,一定程度上突破行政区划边界的刚性约束,对城市空间尺度关系和地域规模进行微调。杭州市在数次空间扩张间隙,设立了杭州高新区、大江东产业园、钱塘新区等功能区。有学者将功能区定义为"准行政区",认为功能区本质上是向一级行政区演变的过渡状态。① 在城市化进程中,功能区不仅体现了宏观发展战略的空间选择,还承担着为刚性行政边界约束下的城市发展提供弹性空间的任务。② 从尺度重组与地域重构的视角看,功能区本身虽不是正式行政区划,但在原有区划架构的基础上已然发生了剧烈的尺度重组与地域重构过程。③ 在完整的城市空间生产研究中,将功能区设置、发展、变化纳入研究范畴是必不可少的一环。

3. 完全尺度优化:系统性调整尺度关系与地域空间

在实践中,许多城市通过撤县(市)设区等改革,虽然扩张了物理空间,城市内部治理结构却出现一系列不相适应的情况,例如,产生城市空间发展质量不高、公共服务能力欠佳、城市病蔓延等一系列问题。即便城市政府通过设立功能区等方式在一定程度上对城市空间尺度关系与地域规模进行了微调,也难以很好地解决城市空间中尺度关系与地域规模的失调,并且在功能区的发展过程中,也开始出现功能区体制与正式行政体制的摩擦。因此,必须采取新的空间生产方式,对大都市区空间地域规模进行结构性调整,重组空间尺度关系。

---

① 王丰龙、刘云刚:《中国行政区划调整的尺度政治》,《地理学报》2019 年第 10 期。
② 倪泽睿、诸格慧明、任远:《新城新区和经济功能区建设及发展治理研究综述》,载唐亚林、陈水生主编:《新城新区建设与特殊经济功能区治理》[《复旦城市治理评论》(第 9 辑)],复旦大学出版社 2023 年版,第 3—27 页。
③ 吴金群、廖超超:《尺度重组与地域重构:中国城市行政区划调整 40 年》,上海交通大学出版社 2018 年版,第 344 页。

在物理空间拓展与不完全尺度优化交织进行到一定阶段后，采用区界重组方式进一步优化调整空间尺度关系和地域规模，是许多城市解决现实问题的务实选择。2021年，杭州市通过区界重组的方式，撤销市中心面积较小的下城区和江干区，分别与拱墅区和上城区进行合并重组，拆分外围较大的余杭区，把钱塘新区从功能区升级成行政区，再一次对城市内部空间进行了结构性优化，对尺度关系和地域规模进行了系统性调整。

四、杭州城市空间生产中的尺度重组与地域重构

中国的城市空间是一种分等级、有层次的"差序空间"。[①] 中央政府以等级为尺度，自上而下地赋予不同的城市不同的行政级别，对不同的城市进行功能定位、生产分工、资源分配和行政赋权。国家宏观战略影响着城市的功能定位，使得城市的尺度安排兼具政治性和功能性。行政区划是国家权力在空间中的投影。[②] 城市行政区划改革动态化地运用尺度策略，引导资本在特定城市空间单元内实现再地域化，提高城市竞争力，实现城市治理模式的转型。

我国的行政管理体制主要表现为中央政府自上而下任命、授权与代理关系。[③] 城市行政区划改革在纵向上主要聚焦省—市—县三级尺度关系的变迁，在横向上注重城市内部资本积累单元的重构。对杭州市来说，城市政府对上需要协调与浙江省政府之间

---

① 何艳玲、赵俊源：《差序空间：政府塑造的中国城市空间及其属性》，《学海》2019年第5期。

② 周振鹤：《中国历史政治地理讲义》，上海人民出版社2022年版，第35页。

③ 王垚：《中国城市行政管理体制改革的方向与路径探讨》，《当代经济管理》2022年第3期。

的关系,对下需要协调杭州大都市区范围内市辖区、代管的县或县级市之间的关系。下文将从三种空间生产类型出发,分别从纵向及横向两个层面剖析其空间生产逻辑。

(一)物理空间拓展中的空间生产逻辑

1990 年以前,杭州市辖上城、下城、江干、拱墅、西湖 5 个区,实际可用于开发利用的面积只有 280 多平方千米。老城区以西湖为核心,人口过于稠密,区域交通拥堵不堪。迫于无奈,杭州市只得向原萧山、余杭两市借地开发,又引发了资源分配不均、体制机制不顺等问题。① 1996—2017 年,杭州市陆续分四次将萧山、余杭、富阳、临安纳入城区范围。这一持续性的物理空间扩张,并非简单地在杭州大市范围内进行空间拆并,而是一场深刻的空间尺度重组,推动了地域空间的大规模重构。

1. 纵向层面,撤县(市)设区初步理顺省—市—县的空间尺度关系

1982 年,中央广泛推行市管县体制。浙江省县域经济发达,为充分发挥县域经济的优势,浙江省仍然选择继续坚持财政省管县;1983 年,开始实行人事省管县,即省直管各县(市)党政一把手;1992 年,继续进行强县扩权改革,形成省管县与市管县交叉的混合体制。②

在这一体制下,浙江省中心城市与周边县(市)的竞争博弈愈演愈烈,做大做强中心城市与强县扩权两大战略之间的摩擦不断加剧。③ 与此同时,随着中心城市的不断发展,城市边缘不断向外拓展,中心城市普遍面临发展空间捉襟见肘的问题,杭州市也不例

① 杭州市政协文史委员会:《一江春水向东流——杭州市市区行政区划调整史料(1996—2017)》,杭州出版社 2018 年版,第 2、4、10—12 页。
② 郁建兴、李琳:《当代中国地方政府间关系的重构——基于浙江省县乡两级政府扩权改革的研究》,《学术月刊》2016 年第 1 期。
③ 吴金群、廖超超:《嵌入、脱嵌与引领:浙江的省市县府际关系改革及理论贡献——改革开放 40 年的回顾与反思》,《浙江社会科学》2018 年第 11 期。

外。为此,杭州市于1996年分别从原萧山市、余杭市各划出三个乡镇,组建滨江区,充实了江干区,此举也为2001—2017年顺利地将萧山、余杭、富阳、临安撤县(市)设区做足了铺垫。在这个过程中,杭州市将原混合体制下市县之间的竞争关系和行政隶属的交叉关系,转变为市与市辖区之间的领导与被领导关系(表1)。

2. 横向层面,撤县(市)设区助推资本突破行政壁垒

在城市空间生产中,行政区划调整和城市总体规划密切相关,两者相辅相成、互相依存。① 区划是规划的前提,规划在区划的基础上进一步规训城市空间,并为下一次行政区划调整蓄势。在资本循环的过程中,实现经济利益最大化的目标催生了生产要素跨行政区配置的需求。②

萧山、余杭、富阳、临安成为杭州市辖区后,城市地域空间规模空前扩张,与周边县市资本循环流通空间的壁垒得以打通。城市社会中资本循环的触角得以畅通无阻地向四面八方延伸出去,城市的经济、社会等资源要素所触及的地域空间不断蔓延、跳跃和扩大。人口随着规划和建设不断地在新的产业中心和公共中心集聚。原本拥挤的市中心因主城功能疏散焕发出新的生机,萧条的城北、沿江等区域因工业和新城呈现出新的面貌③,城市空间的物理景观发生巨大的变化。物理空间拓展时期的地域重构为杭州的城市空间形态从单中心走向多中心奠定了基础。

在物理空间拓展中,杭州市采取尺度政治手段,通过撤县(市)设区将县级市的部分权力上移至市级层面,获得对周边县、市发展的控制权,理顺了杭州大都市区范围内的行政隶属和行政权力关

---

① 刘君德:《城市规划·行政区划·社区建设》,《城市规划》2002年第2期。
② [英]大卫·哈维:《新帝国主义》,初立忠、沈晓雷译,社会科学文献出版社2009年版,第72—110页。
③ 马智慧、王艳侠:《从单核型到多中心:大都市中心变迁的历史与未来——以杭州为例》,《浙江学刊》2021年第2期。

表 1 物理空间拓展中杭州城市行政区划调整的尺度重组

时间	行政区 调整前	行政区 调整后	行政层级	行政权力	行政隶属	空间规模
1996	萧山市	萧山市(剥离三个镇)	不变,调整前后均为正处级市	不变,依旧为财政省管县	不变,依旧为市代管	变小
	余杭市	余杭市(剥离三个乡镇)				
	—	滨江区	升高(增加一个副厅级市辖区)	变大,拥有市辖区一级权力	三个镇隶属关系先从萧山市转移到西湖区,再划出成立滨江区,滨江区为杭州市辖区[1]	变大
	江干区	江干区(增加三个乡镇)	不变,调整前后均为副厅级市辖区	不变,依旧为市辖区权限	三个乡镇的隶属关系从余杭市转移到杭州市江干区	
2001	萧山市	萧山区	升高,由正处级县级市变成副厅级市辖区	先不变(区划变更时约定了过渡期"三不变"[2])再变小(杭州市通过设立功能区等方式逐渐削弱撤销县级市级别的行政权力)	由省管县,市代管变成杭州市辖区	不变
	余杭市	余杭区				
2014	富阳市	富阳区				
2017	临安市	临安区				

资料来源:综合政府官网,实地访谈,地方年鉴等相关资料整理而成。

注[1]:1996年5月,西兴,长河,浦沿三镇从原萧山市先划入西湖区。同年12月,三镇从西湖区划出,成立滨江区。

注[2]:"三不变"具体指财政体制不变,管理权限不变,区划面积不变。

系,打通了资源流通的行政壁垒。但单纯的物理空间拓展也暗藏隐忧。为保证撤县(市)设区的平稳过渡,杭州市与被撤(县级)市达成协议,特别是萧山与余杭,在被撤并之后仍然保持原有的财政省管县体制不变,其他如规划、公安、教育、医疗等方面的权限也予以一定时期的保留。过渡期的设置为改革提供了缓冲期,有效地避免了撤县(市)设区中的激烈冲突,但从长远来看,为市县融合埋下了较大的隐患。

(二) 不完全尺度优化中的空间生产逻辑

功能区是指依靠相关资源的空间聚集,有效地发挥某种特定功能的一种城市地域空间。[①] 在国家宏观战略的影响下,城市政府为实现其政策目标,通过圈定相应的地域空间,匹配一定的优惠政策,将优质资源汇聚到某一特定空间或尺度,从而带动城市乃至区域整体竞争力的提升。[②] 我国城市的各类功能区不仅在出口贸易、吸引外资、经济增长和解决就业等方面发挥了重要作用,其设置和演变在我国城市空间生产的连续性过程中也扮演了十分特殊的角色。

在城市空间生产的过程中,行政区划调整是瞬时性的动作,功能区则承担了将其串联成连续性过程的重要任务。设置功能区作为一种独特的区域建构策略,通过改变正式行政边界所框定的尺度关系和地域边界,促进了附着其上的诸多社会关系与地域空间的重组。钱塘新区是杭州市设立较早的功能区,是原杭州经济技术开发区和大江东产业集聚区的优化重组,2021 年正式升级成为

---

① 张胜武、石培基:《主体功能区研究进展与述评》,《开发研究》2012 年第 3 期。

② Krisztina Varro, "Re-Politicising the Analysis of New State Spaces in Hungary and Beyond: Towards an Effective Engagement with Actually Existing Neoliberalism", *Antipode*, 2010, 42(5), pp. 1253-1278;殷洁、罗小龙、肖菲:《国家级新区的空间生产与治理尺度建构》,《人文地理》2018 年第 3 期。

钱塘区,它的尺度重构与地域重组完整地呈现了某一地理空间单元从功能区演变到行政区的过程。由于功能区在尺度关系上的不完全属性,其尺度重组过程要比一般行政区划调整更为特殊。

1. 纵向层面,设置功能区是省—市—县关系刚性框架中的柔性调整

省—市—县关系内嵌于国家五级行政管理体制中,属于相对刚性的关系框架。功能区因其体制机制上的灵活性,成为城市政府在省—市—县刚性关系框架下一种务实的空间生产策略。

有学者按照政府介入功能区管理的程度,将我国的功能区管理体制分为政府治理型、政企合作型、企业治理型三大类①,其中,政府治理型占主导地位。② 1990 年设立的钱江外商台商投资区③,只是一个功能单一的经济开发区。杭州市成立领导小组,下设具体工作班子协调开发区的具体工作。其后,随着杭州出口加工区、杭州综合保税区、临江高新技术产业开发区等多块牌子的成功报批,钱塘新区的产业经济职能越来越丰富,地域规模也不断扩张,其管理模式也相应地转型为管委会主治型。

作为地方政府多元化探索的产物,功能区经常涉及不止一个行政区,在行政隶属关系上呈现交叉状态,其管理主体与上级政府及其职能部门、属地政府、周边地方政府和功能区其他治理主体间形成了复杂的关系网络。④ 钱塘新区地跨钱塘江两岸,在行政区划上分别隶属原江干区与萧山区,虽由杭州市政府直接管辖,但一直没有专属的行政区划代码。行政隶属关系的复杂,导致很多行

① 吴金群:《网络抑或统合:开发区管委会体制下的府际关系研究》,《政治学研究》2019 年第 5 期。

② 赵晓冬、吕爱国、李兴国:《国家级经济开发区的三维关联性》,《开放导报》2016 年第 4 期。

③ 钱江外商台商投资区为杭州经济技术开发区的前身,2019 年并入钱塘新区。

④ Neil Smith, *Uneven Development: Nature, Capital, and the Production of Space*, Georgia: University of Georgia Press, 2008, pp. 103-202.

政事务仍然要分别归口到原属地政府。新区管委会需要同时处理好与杭州市级部门、两个市辖区以及被托管乡镇街道的关系。为此,杭州市选派正厅级领导担任新区党工委书记、管委会主任,发挥高位协调职能,帮助其打破行政壁垒的约束,更好地保障相关职能的发挥。总的来说,伴随着功能区的发展演变,其尺度重组相应地呈现出过渡性、多样化、灵活性的特点。

2. 横向层面,设置功能区是资本积累单元刚性边界的柔性变迁

作为吸引投资的重要载体,功能区可为资本循环提供特殊的、优越的运行环境,这让它本身也成为一个与外界不同的特殊地域空间。一般地,功能区地域重构的历程大致如下:城市政府基于一定的发展目标,通过行政力量圈定功能区的地域范围。此刻,功能区更多只是政府文件中的"虚拟区域"。要使跨越刚性区划边界的功能区成为真正一体化的区域实体,必须经过一系列尺度重组,赋予"虚拟区域"以实体尺度。具体来说,政府通过赋予圈定区域一定的行政级别和发展资源,突破由省、市、区(县)、街道(乡镇)等正式行政等级所决定的尺度关系和地域边界,谋求附着该区域的诸多政治社会关系与地域空间的重组,使得区域内的经济联系越来越密切,逐渐形成一个一体化的经济—社会空间。这个新的地域空间跨越了原有的行政边界,以跨界的区域、拓展的都市区等空间形态表现出来。[①]

起初,钱塘新区只是杭州市政府划定的一个经济开发区,杭州市通过组建管委会、高配领导等方式重构这一空间地理单元的尺度关系,构建了一个内连外畅的资源要素流通网络,为地域重组提供了相应的制度结构与制度基础,将杭州市多组团式的空间布局串成一个有机联动的整体性地域空间。钱塘新区的崛起一方面疏

---

① 张京祥、耿磊、殷洁等:《基于区域空间生产视角的区域合作治理——以江阴经济开发区靖江园区为例》,《人文地理》2011 年第 1 期。

散了老城人口,减轻了市中心的交通及生态压力;另一方面引导资源流向沿江地区,推动城市向东、向南拓展,对整个城市的空间布局产生了深远影响。

随着社会管理、文化建设、生态保护等一系列非经济职能衍生出来,钱塘新区最终完成转型,升级成为一级行政区。此前,国内已有诸多功能区升级的案例,如上海市浦东新区、天津市滨海新区、沈阳市沈北新区、无锡市新吴区等。总结钱塘新区升级转型过程中的尺度重组与地域重构,可以在理论层面上加深对功能区升级为行政区这一现象的理解,也可为其他各类功能区的发展演变提供方向上的指导与参考。

(三)完全尺度优化中的空间生产逻辑

内部区界重组是当前部分中心城市优化城市空间、重塑治理结构的重要方式。经过前四轮调整,杭州的城市空间得到极大地拓展。部分功能区发展也日趋向行政区过渡靠拢。2021 年,杭州市对内部空间进行了完全尺度的优化,其尺度重组情况如表 2 所示。本次行政区划调整后,杭州市城区面积不变、市辖区数量不变;除钱塘区外,各个市辖区的行政层级和行政隶属均未发生明显变化。

1. 纵向层面,区界重组进一步理顺了省—市—县的空间尺度关系

本次尺度重组最鲜明的变化体现在萧山、余杭、富阳、临安四区的行政权力变迁上。在早年物理空间拓展中,四区行政层级和行政隶属伴随着撤县(市)设区的瞬时调整一步到位,但由于过渡期的设置,财政、人事、规划等权力关系和权力边界没有及时转移至杭州市这一等级尺度,造成部分市辖区权力的尺度错位,影响了萧山、余杭等市辖区与主城的融合。

政治地理学科在研究政治斗争和政治冲突的过程中提出,可以运用尺度策略来实现一定的政治主张和要求,其中的一个重要

表2 完全尺度优化中杭州市行政区划调整中的尺度重组①

| 行政区 | | 行政层级 | 行政权力 | 行政隶属 | 空间规模（平方千米） | | |
调整前	调整后				调整前	调整后	变化
上城区	上城区	不变，均为副厅级	不变，依旧为市辖区权限	不变，均为杭州市辖区	18	122	变大
江干区	上城区				210		
下城区	拱墅区				31	119	
拱墅区	拱墅区				88		
西湖区	西湖区				263	—	不变
滨江区	滨江区				73	—	
萧山区	萧山区	升高，升级为副厅级	先不变再变小，从财政省管县、增量市县向"存量省管，增量市县分成"过渡		1 163	931	变小
钱塘区	钱塘区	升高，升级为副厅级	变大，升级为市辖区权限		—	338	不变

① 钱塘区所辖地区包括原属萧山区的大江东地区和原属江干区的下沙地区。因江干区此次也被撤销，表格中不额外呈现原江干区被切块给钱塘区的区域。调整前后空间规模的数据根据实际情况摘录。

（续表）

行政区		行政层级	行政权力	行政隶属	空间规模（平方千米）		
调整前	调整后				调整前	调整后	变化
余杭区	余杭区	不变，均为副厅级	先不变再变小，从财政省管县向"存量省管县，增量市县向'存量'过渡分成"过渡	不变，均为杭州市辖区	1 222	940	变小
	临平区					282	
富阳区	富阳区				1 808	—	不变
临安区	临安区				3 124	—	

资料来源：综合政府官网、浙江省财政厅、杭州市财政局、余杭区及萧山区财政局工作人员的访谈记录，地方年鉴等相关资料整理而成。

117

理论就是"尺度跳跃":指在一个地域空间上建立相应的权力体系,然后扩展至其他区域,以达到自身目的。[1] 杭州市在优化内部空间结构中,借由余杭区的拆分部分实现了过渡期的权力上收。具体地说,杭州市将原余杭区拆分成新余杭区和临平区,抹掉了原余杭区这一地理空间,那么,过渡期所依托的地理空间也就随之消失了。与此同时,杭州市又将新的尺度分别赋予新余杭区与新临平区两个地域空间,得到两个全新的市辖区,逐步从财政"省管县"向"存量省管县、增量市分成"过渡。进而再运用"尺度跳跃"手段,将这一新的尺度体系外推至萧山,一并对撤县(市)设区以来的过渡期体制进行了改良,更进一步加强对这些外围市辖区的控制权,对大都市区范围内两县一市产生良好的示范效应,为后续城市空间生产做好铺垫。

2. 横向层面,区界重组矫正城市内部资本积累单元的非均衡性

发展不平衡是资本积累的固有矛盾,是物理空间的固定使用价值和资本市场的不定交换价值之间的矛盾投射到地域空间中的表现。[2] 社会主义市场经济制度下的私有资本,也如同资本主义制度下的资本一般,呈现出剥夺性积累的特征。与资本主义国家不同的是,政府行为处处渗透我国城市空间生产,强大的行政权力一定程度上矫正了地域空间中的发展不平衡。

经历物理空间拓展和不完全尺度优化的地域重构之后,杭州城市空间生产呈现出某种不平衡发展的现象,具体表现为各市辖区的空间规模悬殊、经济发展差异过大、地域规模与经济体量不适配、外围城区与主城融合困难等情况。区界重组后的杭州市同样

① Neil Smith, "Contours of a Spatialized Politics: Homeless Vehicles and the Production of Geographical Scale", *Social Text*, 1992, 33, pp. 54-81.

② Neil Smith, *Uneven Development: Nature, Capital, and the Production of Space*, Athens, Georgia: University of Georgia Press, 2008, pp. 103-202.

辖十个区,但在市、区两个层级上都产生了新的地域组织——新的杭州市和若干新的市辖区。

一方面,对新的杭州市来说,其地域规模没有变化,但内部结构发生了巨大变化。区界重组在整体上缓解了各个市辖区规模差异悬殊的问题,便于杭州市统筹规划城市空间结构,疏解老城区的人口压力,均衡产业要素分配。另一方面,对六个新的市辖区而言,"尺度跳跃"手段一定程度上解决了过渡期政策的历史遗留问题,对城市空间地域重组产生了深刻影响。

1990年以来,杭州城市空间形态表现出显著的多中心趋势,出现大量的新产业区、新生活区和新消费区等地域空间。首先,杭州市通过撤县(市)设区扩大了城市地域规模,打破资本循环的行政壁垒,为城市发展从单中心过渡到多中心奠定了空间基础。其次,通过设置功能区大力开发新城,建设城市副中心,在空间中形成多组团格局,并通过修建跨江隧道、地铁、市内高速路等为资本循环建立流通空间,将多组团的新城有机地整合为一个完整的网络化生产空间,引导资本在更加广阔的空间中循环流动。最后,借助区界重组重构各市辖区的地域规模,对多组团、网络化的生产关系进行局部调整,以行政力量矫正城市内部地域空间中发展不平衡的问题,推动城市从单中心向多中心转变,为加快构建"一核九星、双网融合、三江绿楔"的新型特大城市空间格局奠定良好的基础。

五、总结与展望

本文将时空并重的视角带入城市空间生产研究,将尺度重组与地域重构的循环互构纳入城市空间生产的分析框架,既注意到共时性层面中城市的社会空间与物理空间的互动,也兼顾历时性层面上城市空间生产的连续性。这一分析框架完整地呈现了中心城市通过行政区划改革动态调整治理尺度(尺度重组)与地理尺度(地域重构)并使之耦合的过程。与现有研究相比,本文还将功能区作为"准行政区"纳入分析框架,从整体性视角考察城市行政区划调整如何影响城市空间生产,从而将节点性的城市行政区划调整串联成连续性的城市空间生产过程,拓展了理论框架的解释力。同时,在案例研究中尝试一种新的空间分析范式,依据尺度理论的内涵将杭州城市空间生产分成物理空间拓展、完全尺度优化和不完全尺度优化三种类型。从 20 世纪 90 年代以来的杭州这一典型城市空间单元可以看出,中心城市正是通过行政区划改革调整治理尺度(尺度重组)与地理尺度(地域重构)的动态耦合来推动城市空间生产。

1978 年以来,实现经济增长成为城市最重要的功能之一。①作为城市空间生产的一种重要方式,行政区划改革与城市空间中尺度关系与地域规模的适配关系密切相关,对城市地域空间、权力结构、管理体制、行政隶属等方面均产生深远的影响。城市行政区划推动城市空间生产的三种不同类型,一方面反映了我国快速城市化进程中区域中心城市空间生产的阶段性特征,另一方面体现了行政区划改革在改善中心城市治理结构、提升竞争力等方面的适用性。城市行政区划改革在理顺城市管理体制、推动人口和产业向城市地区集中、优化资源配置、提升生产效率等方面发挥了巨大作用,为改革开放以来的经济高速增长作出了巨大贡献。在尺度重组和地域重构视角中,城市行政区划改革就是中心城市空间生产的一种尺度策略。城市政府通过城市行政区划改革推动尺度关系的重组和地域规模的重构,在纵向上聚焦省—市—县三级尺度关系的重组,在横向上注重城市内部资本积累单元的重构,其根本目的在于使中心城市在国家宏观战略规划下具有更大的竞争力。

---

① Logan, John R., *The New Chinese City*, Blackwell Publishers, 2002, pp. 8-9.

通过案例分析发现,在我国城市化从高速增长走向高质量发展的过程中,杭州城市行政区划调整实质上就是城市政府为了增强区域竞争力而发起的一系列尺度建构过程。① 当城市社会正式的政治制度空间和社会经济空间建构起来的时候,也就是尺度重组和地域重构完成、得到一个全新的、更具竞争力的地域组织的时刻。

行政区划改革不是一劳永逸的。在城市化大发展时期,城市行政区划改革是区域中心城市推动空间生产的重要工具。2023 年,我国的城市化率已经达到 66.16%。② 可以预见的是,未来我国的城市化率增速将会放缓。在这样的大背景下,《2022 年新型城镇化和城乡融合发展重点任务》提出:"慎重从严把握撤县(市)设区"③;《2022 年政府工作报告》提出:"提升新型城镇化质量,严控撤县建市设区"④;2022 年,习近平总书记主持召开中央全面深化改革委员会第二十六次会议时强调:"坚持行政区划保持总体稳定,做到非必要的不调、拿不准的不动、时机不成熟的不改。"⑤ 从"慎重把握"到"严格控制",再到"非必要不动",国家对城市规模扩张的收紧力度是显而易见的。在城市转向高质量发展的阶段,柔性生产将会成为未来中心城市空间生产的主要方式,从尺度重组与地域重构视角出发考察城市空间柔性生产,可以更好地探索如何推进更高质量、更有温度的城市空间生产。

[本文系 2024 年度国家社会科学基金青年项目"城乡融合发展视角下基层行政区划调整研究"(项目编号:24CZZ044)的阶段性研究成果]

---

① 刘筱、黄芩镭:《市域治理视角下的空间生产与城市增长——以深圳市为例》,载唐亚林、陈水生主编:《市域社会治理现代化与智慧治理》[《复旦城市治理评论》(第 8 辑)],复旦大学出版社 2022 年版,第 89—123 页。

② 参见《中华人民共和国 2023 年国民经济和社会发展统计公报》。

③ 参见《2022 年新型城镇化和城乡融合发展重点任务》第四节第二十二条。

④ 参见《2022 年政府工作报告》第三部分第五条。

⑤ 习近平:《加快构建数据基础制度 加强和改进行政区划工作》,《人民日报》2022 年 6 月 23 日,第 001 版。

跨域协作治理中的共识、协调与磨合

——基于 T 湖流域生态保护补偿的案例研究

刘瀚斌* 王昕彤** 陈诗一***

[内容摘要] 随着经济活动跨地域的日益紧密,政府治理逐步从属地化治理拓展到跨域协作治理。如何理解跨域协作治理机制,继而更好地提升治理效能,成为亟须探索的重要理论和实践问题。本文以 T 湖流域生态保护补偿为例,探讨跨域协作治理模式的演化过程与动因,剖析了其实现背后各层级政府主体产生"共识"、不断"协调"与反复"磨合"的运行方式,并进一步讨论了阻碍跨域协作治理有效形成的关键因素,即治理对象的流动外溢、治理主体的权责错位以及治理过程的信息耗散。分析表明,有效的跨域协作治理需要政府、市场、社会的多元参与,以及参与时机与责任划分的充分匹配。本研究为理解跨域共治的推进过程及其症结,以及何以建构成本共担、合作共治、效益共享的现代化跨域协作治理模式,提供了一种可能的方式。

[关键词] 跨域协作治理;生态保护;补偿机制;中国式现代化

---

* 刘瀚斌,复旦大学经济学院环境经济研究中心研究员,环境管理学博士。
** 王昕彤,复旦大学经济学院博士研究生。
*** 陈诗一,复旦大学特聘教授,复旦大学绿色金融研究中心主任。

一、问题的提出

生态环境是关乎国计民生的重大问题。推进美丽中国建设的根本保障,在于坚持党的领导、加强制度建设、加快制度创新。面对以流域环境治理为代表的跨区域属性日趋增强的复杂公共事务,属地化管理的原则已无法满足现实治理需求,不同层级、区域政府间以及更多主体参与的跨域协作治理,应成为国家治理体系和治理能力现代化的重要取向。党的二十大报告所提出的"健全共建共治共享的社会治理制度,提升社会治理效能""深入实施区域协调发展战略,推进长三角一体化发展"等表述,为实现跨域协作治理提供了根本遵循。中国的生态保护补偿制度正是中国式现代化进程中生态文明建设的重要制度创新、协作治理推进的生动案例。

党的二十大报告提出,应健全现代环境治理体系,完善生态保护补偿制度。那么,如何基于生态保护补偿的实施,认识跨域协作治理的内在机理与实现路径?对这一问题的回应,有助于更准确地把握我国通过多方协作解决复杂跨域治理难题的效度所在,进而系统地认识我国生态环境治理的独特制度优势、科学地理解国家治理体系与治理能力现代化的本质要求。

流域生态环境治理现已取得显著成效,但也不可避免地面临一些偏离政策预设的曲折和考验[1],暴露了流域治理进程中跨域协作困境与治理手段的局限。[2] 现有的流域污染协作治理手段主

---

[1] Zhao Chen, Matthew E. Kahn, Yu Liu, and Zhi Wang, "The Consequences of Spatially Differentiated Water Pollution Regulation in China", *Journal of Environmental Economics and Management*, 2018, 88, pp. 468−485.

[2] 操小娟、龙新梅:《从地方分治到协同共治:流域治理的经验及思考——以湘渝黔交界地区清水江水污染治理为例》,《广西社会科学》2019 年第 12 期。

要包括环境规制和生态补偿两类。前者主要通过行政手段介入促成治理①,但此类手段难以触及核心利益,往往治标不治本,协作也难以真正有效达成。后者基于行政或市场机制,通过协商确定的客观标准(断面水质等)界定各方应支付或接受的补偿额度,具有缓解跨域污染外部性的重要经济学含义②;其背后"松散关联式"的协作机制③,赋予了各级政府和行动主体在补偿过程中扮演的不同角色,为补偿实现提供动力源泉。④ 当然,生态产品的产权界定不明势必带来外部性问题治理中的"搭便车"现象,在"政治势能"(上级政府的政策、补贴)、经济差异(各区域经济发展状况、产业结构、资源禀赋的差异)等前提难以满足的情况下,补偿动力或被削弱。⑤

在已有研究的基础上,本文从生态保护补偿制度的实施出发,关注尚未被充分挖掘的生态保护补偿背后跨域协作治理的本质,探讨竞争性地方政府背景下的跨域协作治理实现,主要回应几个未被充分回答的问题:在上述背景下,跨域协作治理的形式是什么? 又该如何实现? 涉及的各方经济发展水平相近且较高时,跨域协作治理为何难以充分达成? 欲达成协作,处于各治理层级的政府以及政府之外的更多主体应承担怎样不同的角色、发挥怎样不同的作用? 特别是在现有文献普遍关注横向或纵向协作的现象及框架构建时,更应结合中国"纵横交错"的网状治理结构探讨跨

---

① Matthew E. Kahn, Pei Li, and Daxuan Zhao, "Water Pollution Progress at Borders: The Role of Changes in China's Political Promotion Incentives", *American Economic Journal: Economic Policy*, 2015, 7(4), pp.223-242.

② Shiyi Chen, Joshua S. G. Zivin, Huanhuan Wang, and Jiaxin Xiong, "Combating Cross-Border Externalities", 2022, NBER Working Paper 30233.

③ 崔晶:《中国情境下政策执行中的"松散关联式"协作——基于 S 河流域治理政策的案例研究》,《管理世界》2022 年第 6 期。

④ 周凌一:《地方政府协同治理研究:概念、模式与动因》,载唐亚林、陈水生主编:《市域社会治理现代化与智慧治理》[《复旦城市治理评论》(第 8 辑)],复旦大学出版社2022 年版,第 243—275 页。

⑤ 朱仁显、李佩姿:《跨区流域生态补偿如何实现横向协同?——基于 13 个流域生态补偿案例的定性比较分析》,《公共行政评论》2021 年第 1 期。

域高效治理的过程、影响因素与机理。

本文以纵贯 J 省、Z 省、S 市三地的 T 湖流域典型水体 D 河为案例,分析该水体生态保护补偿制度试点这一典型个案,基于深度访谈、非参与式观察和公开资料,构建诠释纵横交错治理网络的"三层金字塔"模型,分析不同层级政府间形成的共识、协调与磨合表现,归纳提炼阻碍治理有效形成的关键因素及其底层逻辑。

二、文献综述与分析框架

(一) 文献回顾:跨域治理难题与协作解决模式

伴随全球化、经济一体化、环境生态和现代社会的高度流动性等趋势,公共需求日益多元,公共问题也日趋复杂,原本局限于本土的治理问题日趋扩大为域间问题。在此背景下,行政部门仅靠整合自身内部资源难以有效地应对复杂公共问题的外溢性与无界性——环境保护、突发公共危机与灾害的处置、地方基础设施建设等超越体制性地理界限的跨域事务要求政府从碎片化的属地管理走向协作治理,其日渐成为政府治理的新方式,也随之成为新难点,构建部门间协作的理论体系与实践机制成为学界讨论的重要话题。

在此背景下,政府间协作理论应运而生。美国政治学家丹尼尔·J.伊拉扎(Daniel J. Elazer)最早指出,联邦制度这一稳定的"美国式伙伴关系"(American Partnership)使得几乎所有的政府行为都是政府间协作的结果。① 此后,一系列文献对美国的府际关系

① See Daniel J. Elazer, *The American Partnership: Intergovernmental Co-Operation in the Nineteenth-Century United States*, Chicago: The University of Chicago Press, 1962.

展开研究,政策网络①、协同治理②等理论相继形成并用于解释协作的模式。这类西方式的协作理论强调,各部门间通过合作或契约形成协作治理网络,以推进共同公共目标实现,并将这种府际与部门乃至非政府组织、民众间日益紧密的合作关系视作 21 世纪公共行政的重要特点。③ 进一步地,从政府间协作的方式看,学界普遍认同政府间存在信息交换、共同学习、联合规划、联合行动、联合开发、联合筹措财源、相互审查与评论等机制④;从政府间协作的建立进程看,共同利益与互信的形成,沟通、谈判、决策程序的建立,正式伙伴关系组织框架的形成,行动计划的实施,未来规划的建立等步骤必不可少。⑤ 上述政府间协作理论可映照于中国的治理实践中。然而,上述理论主要基于通过横向契约形式自发形成协作且层级特征性不明显的美国联邦体制,当运用之审视上级政府主导下的、以"摸着石头过河"贯穿始终的中国式政府间协作与政策执行的具体过程时,其解释语境和应用范围均存在限度。

立足中国式政府治理与协作,"M 型层级制"最早被用来描述

① Kenneth J. Benson, "A Framework for Policy Analysis", in David L. Rogers, and David Whetten, eds., *Interorganizational Coordination: Theory Research and Implementation*, Ames, IA: Iowa State University Press, 1982, pp. 137-176.

② See John D. Donahue, *On Collaborative Governance*, Cambridge, MA: Harvard University Press, 2004.

③ David H. Rosenbloom, "Administrative Reformers in A Global World: Diagnosis, Prescription, and the Limits of Transferability", in Jong S. Jun, ed., *Rethinking Administrative Theory: The Challenge of the New Century. Westport*, CT: Praeger, 2002, pp. 217-231; Terry L. Cooper, Thomas A. Bryer, and Jack W. Meek, "Citizen-Centered Collaborative Public Management", *Public Administration Review*, 2006, 66(S1), pp. 76-88; Naim Kapucu, "Public-Nonprofit Partnerships for Collection Action in Dynamic Contexts of Emergencies", *Public Administration*, 2006, 84(1), pp. 205-220.

④ See Karen S. Christensen, *Cities and Complexity: Making Intergovernmental Decisions*, London: Stage, 1999.

⑤ OECD, *Local Partnerships for Better Governance*, 2001.

中国的政府治理结构。① 周黎安的系列研究则进一步勾勒出其全貌:从中央到地方的纵向关系表现为"行政发包",上级政府将大多数公共事务"包"给下级政府,"层层转包"直至县乡基层政府②;横向关系则体现"锦标赛"的竞争特色③,对于属地承包人,在晋升的激励下,须较竞争对手更出色地完成上级发包的任务。"纵横交错"的相互作用塑造了中国政府治理的基本形态,形成两大基本特征。首先,治理的层级属性明显。上级政府(中央政府、省市级政府)在复杂公共政策的制定过程中更多地扮演协调者与沟通者的角色,政府间协作主要在上级政府特别是中央政府的纵向协调和推动下进行④;以县(区)为代表的基层政府则是实际执行者,其直接面对可能出现的矛盾与冲突,也直接关系到政策能否实现。⑤角色的差异催生了政府行为的异质性。⑥ 其次,地方政府(基层政府)间横向联系的脆弱性突出。行政分权改革和"锦标赛"模式在提高地方自主发展积极性的同时,不可避免地扩大了跨域公共事务协调与治理的难度⑦,在基层横向合作的制度性诱因缺乏、信息不对称、地区发展程度有别的背景下⑧,过度竞争、行为扭曲等现象屡见不鲜,影响协作的实现与政策的执行。⑨ 本研究则在此基

---

① Yingyi Qian, and Chenggang Xu, "Why China's Economic Reforms Differ: The M-Form Hierarchy and Entry/Expansion of the Non-State Sector", *Economics of Transition*, 1993, 1(2), pp.135-170.

② 周黎安:《行政发包制与中国特色的国家能力》,《开放时代》2022年第4期。

③ 周黎安:《中国地方官员的晋升锦标赛模式研究》,《经济研究》2007年第7期。

④ 周雪光、练宏:《中国政府的治理模式:一个"控制权"理论》,《社会学研究》2012年第5期。

⑤ 刘亚平、刘琳琳:《中国区域政府合作的困境与展望》,《学术研究》2010年第12期。

⑥ 周振鹤:《中央地方关系史的一个侧面(上)——两千年地方政府层级变迁的分析》,《复旦学报》(社会科学版)1995年第3期。

⑦ 严强:《公共行政的府际关系研究》,《江海学刊》2008年第5期。

⑧ 胡佳:《迈向整体性治理:政府改革的整体性策略及在中国的适用性》,《南京社会科学》2010年第5期。

⑨ 锁利铭、杨峰、刘俊:《跨界政策网络与区域治理:我国地方政府合作实践分析》,《中国行政管理》2013年第1期。

础上提炼跨域协作治理的分析框架,并据此提出治理的提质增效路径,给出跨域协作治理达成的可能方式。

(二)分析框架:共识、协调与磨合的"三层金字塔"模型

中国的跨域协作治理运行方式具有鲜明的特色。本文基于"M型组织"将之进一步凝练为具有纵向和横向两个维度的"金字塔"结构:纵向为国家—省市—基层(区县和乡镇)的层级制治理结构;横向为同一层级内不同部门间的互动关系。具体地,国家各部委以政策、制度文本等正式形式确立治理的总目标和总框架,相应的正式文本和高级别会议是治理过程中各主体的共识来源所在。各省级、市级行政主体在共识下展开治理部署;由于涉及各地对同一治理对象的定位不同、面临的突出问题不同,在治理共识与差异化的地方利益共同驱动下,府际间通过协商这一半正式形式缓释异议,共同磨合探索协作治理模式。在治理行为实际发生的基层,情况更为复杂:涉及各方在"事无巨细"中接触与摩擦,面对上级政府难以通过正式与半正式制度涉足的具体事项,基层政府与行政人员试图基于种种非正式沟通方式在"块块"间破除"孤岛现象",达成上级下达的治理目标;面对权责不清的管理真空,其不得不在坚持与妥协中不断磨合。也即,共识、协调与磨合可被视作这一"金字塔"的主要特征。此外,本文将已有关于政府治理的文献较少关注的信息视角纳入分析框架:在治理链条的另一端,同时蕴涵治理信息流向的"倒金字塔":政策的实际执行者掌握最丰富详实的信息,而在逐级上报的过程中,信息发生耗散、内容逐步虚化,结果是政策制定因信息不对称出现务虚性。因而,以共识、协调、磨合为主要特征的"金字塔"既代表治理指令的正式向非正式演进,也隐含信息的由实向虚传导。这一政策下达与信息上报的错位是跨域协作治理运行的普遍症结,其充分解释了在"动力"充分具备

后,跨域协作治理为何仍无法有效达成。

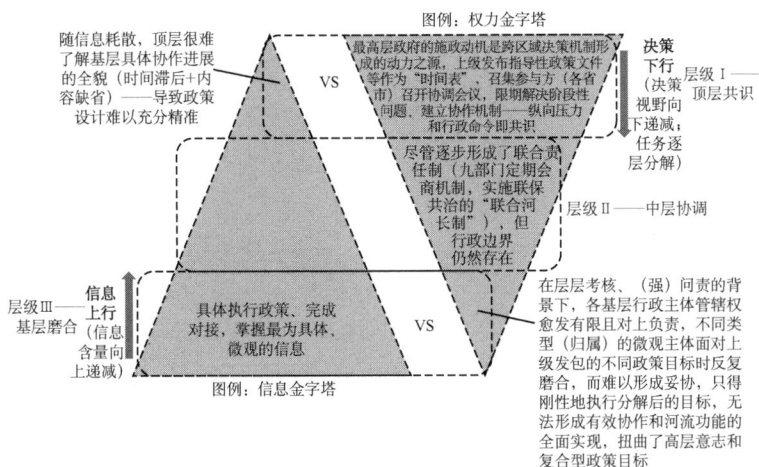

图1　跨域协作治理的"三层金字塔"模型

三、跨域协作治理何以形成:以 T 湖流域生态保护补偿为案例

　　本部分以某地区 T 湖流域 D 河的流域生态保护补偿制度制定与政策执行为案例,展现跨域协作治理的过程与机制。D 河贯穿某区域,流经 J 省、Z 省、S 市(自 J 省 A 区至 Z 省 B 区和 S 市 C 区),上承 T 湖,下接 H 江,是某平原河网地区典型的人工河道。2023 年,上游 A 区的 GDP 为 2 377.28 亿元,人均 GDP 约 15.2 万元;下游 B 区的 GDP 为 908.11 亿元,人均 GDP 约 13.7 万元;下游 C 区的 GDP 为 1 440.1 亿元,人均 GDP 约 11.4 万元①,各地经济发达,发展水平较为均等。涉及的案例之所以复杂,在于多个层

──────────

　　①　资料来源:A 区、B 区、C 区《2023 年国民经济和社会发展统计公报》。

级、多种类型的政府主体以"纵横交错"的形式组成了网状的治理结构。下文通过对高层共识、中层协调、基层磨合三个部分的阐释，将 D 河生态保护补偿制度设计与政策执行进程中"金字塔"内的各层级协作达成的方式与过程逐级展开。

（一）正式制度确立的高层共识

2007 年 5 月暴发的 T 湖水危机引起了中央的高度重视和社会各界的广泛关注。按照国务院的要求，为保障人民群众的饮水安全，改善 T 湖水的环境质量，各地各部委协同采取一系列治理 T 湖流域水环境的举措。在顶层意志的推动下，相关各方的目标与行动借由各类文件、制度、会议统一到同一轨道，高层共识由此确立。水危机发生后，《T 湖流域水环境综合治理总体方案》（以下简称《总体方案》）由国家发改委会同有关部门和地方编制完成，于 2008 年 5 月正式实施。其后，《T 湖流域管理条例》由国务院于 2011 年颁布并施行，作为我国首部流域综合性行政法规，其明确了 T 湖流域饮用水安全、水资源保护、水污染防治等事宜的管理要求，建立了区域间的生态效益补偿机制和全面的目标责任考核制度。伴随水环境治理的不断推进，《总体方案》于 2013 年和 2022 年两度修订，涉及部委增多，达成的共识也在扩大范围的同时得到细化，明确了上下游各行政单位的治理责任和目标。例如，就生态补偿问题，《总体方案（2021—2035 年）》相较于前一版本作出更为详尽的部署，提出："加快建立 D 河生态补偿机制。健全市场化、多元化生态保护补偿长效机制，探索建立资金、技术、人才、产业等相结合的补偿模式，促进生态环境保护的市场化机制，规范运用政府和社会资本合作模式。"国家发布的政策是对 T 湖流域水环境治理和生态补偿实施的顶层设计，其本质是各职能部委关于治理思路的共同筹划和多治理目标的统筹调度，体现高层达成的共识。从共识的演进趋势看，参与主体多元化程度加强，由政府绝对控制向政府主导推演,市场化程度随时间进展逐步提升。然而,以上文本涉足资金这一核心问题的篇幅较少,对资金来源与投向的界定不足。

共识的载体还涉及各类治理目标的顶层沟通机制和组织。2019年,某发展示范区(以下简称示范区)及执委会成立①,作为重要的跨域治理统筹与管理机构,T湖流域的跨域水环境治理及生态补偿的实施是其关键任务。伴随《总体方案》的编制,T湖流域水环境综合治理省部际联席会议(以下简称联席会议)制度也自2008年起确立,该联席会议由国家发改委牵头,自然资源部、生态环境部、住房城乡建设部、水利部、农业农村部等部门和J省、Z省、S市参加,是解决T湖治理问题的重要抓手,至今已召开七次。此外,在联席会议制度框架下,水利部牵头,生态环境部、国家发改委、住建部、交通部、农业农村部、中国气象局和J省、Z省、S市共同参与设立T湖流域调度协调组②,由其统筹供水、防洪、生态、环境等部门,强化协同调度,协调上下游流域治理。

国家通过以政策、会议、机构为代表的正式制度(图2和表1)统筹治理目标,针对T湖流域,形成完整的全面治理路线图:一方面,逐步引入生态补偿机制,愈发重视市场力量在水环境治理中的作用;另一方面,针对治理目标的多元、复杂性,建立跨部门的协作机制与协调机构,更有效地确立高层共识。在此基础上,政策设计者与制定者将这一"共识"下达属地加以落实。

---

① 缪晓琴:《某示范区四周年:高质量协同发展风采卓然》(2023年10月20日),中国发展网,http://jjdf.chinadevelopment.com.cn/xw/2023/10/1863947.shtml,最后浏览日期:2024年2月28日。

② 王浩、林歆瑶:《7部门3省市携手,T湖流域调度协调加强》(2021年9月30日),人民网,https://mp.pdnews.cn/Pc/ArtInfoApi/article?id=23804758,最后浏览日期:2024年2月28日。

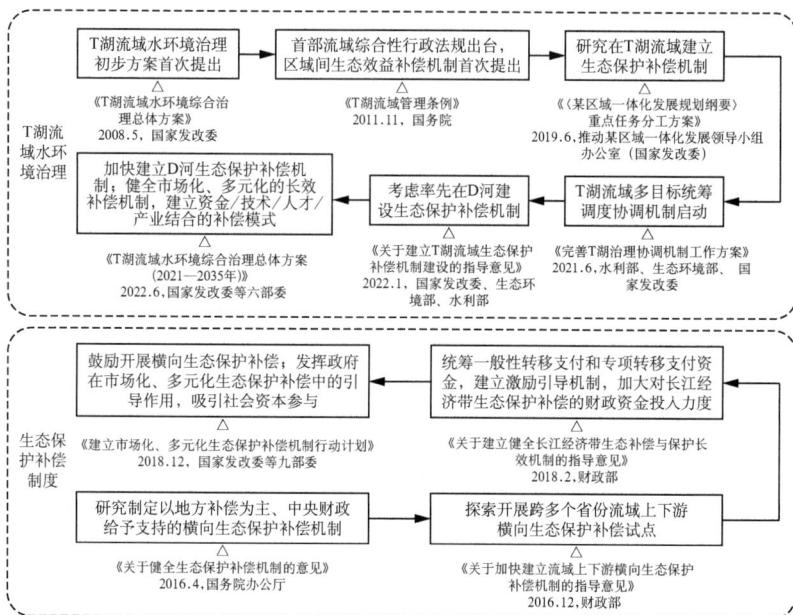

图 2　国家部委层面的政策文本内容

表 1　国家部委层面的协作组织方式

行政层级	名称	情况概述
国家	T 湖流域水环境综合治理省部际联席会议	2008 年,由国家发改委牵头发起,至今已召开八次,最近一次联席会议于 2024 年 7 月 13 日召开
	某发展示范区及执委会	2019 年,由国务院批复正式成立,范围包括 S、Z、J 两省一市的三个区(县),面积约 2 300 平方千米
	T 湖流域调度协调组	2021 年,由水利部牵头成立

以上共识的达成有助于解决存在巨大外部性的环境事件的跨省协调问题;但此外,各部委对基层事务信息获取不完备,其更多地将具体责任转交地方的做法,导致相应的政策难以充分回应地

方与基层治理的实际诉求。在地方政府财权与事权不相匹配、不同层级政府关切要点不一致的背景下,顶层政策提出了治理要求,但对治理的具体执行手段则较少着笔,自上而下的精细度不对称。比如,国家基于三省市的经济发展水平,认为涉及的生态补偿资金应由三方自行解决,客观上增大了地方特别是基层政府的环境治理压力和经济发展的机会成本。

(二)地方利益驱动下通过半正式府际关系形成的中层协调

国家层面的政策共识下达至省级落实执行前,需被进一步细化讨论。面对 T 湖流域跨域环境治理问题,各省市不同的定位与需求带来了不同的利益考量,分歧由此出现。

D 河自 1998 年建成以来,发挥了良好的航运行洪作用和工农业供水功能,为上游带来显著的经济效益。而下游 S 市于 2002 年提出在 D 河建设泵站以改善取水口水质的动议获批,D 河由此成为 S 市和 Z 省的饮用水水源地。自此,上游更多地体现发展诉求,下游更多地体现保护诉求。近年来,应国家和下游省市的要求,J 省投入大量资金治污,确保饮用水安全和不发生大面积湖泛,并对产业准入进行了管控①,但收效不及预期。尽管如此,由于同上游经济发展水平相近,下游缺乏提供生态补偿和治理基金的动力。这样的利益冲突的本质是激励相容问题②,治理质量同治理成本难以通过完全的府际间合约加以规范。

不同的利益诉求导致上下游省际和部门间存在一定的矛盾,

① 顾名篪:《J 省不惜重金治理太湖 每年投 20 亿专项资金》(2017 年 12 月 26 日),中国新闻网,https://www.chinanews.com/sh/2017/12-26/8409216.shtml,最后浏览日期:2024 年 2 月 28 日。

② Oliver Hart, Andrei Shleifer, and Robert R. Vishny, "The Proper Scope of Government: Theory and an Application to Prisons", *Quarterly Journal of Economics*, 1997, 112(4), pp.1127-1161.

最大的分歧在于沿岸的治理目标和保护管控范围。① 管理机构的分异即能折射出治理目标和考量的不同:部分省份由生态环境厅主导,另一些则主要由发展改革委负责;专业部门与综合协调部门的差异则致使上下游对生态补偿的看法不同、具体指标要求不同。部分省份提出建立基于水量、水质和投入为基础的流域生态补偿机制,而另一些省份提出建立以水质为基础的流域生态补偿机制,除对常规水质因子的改善或恶化实施"奖惩式"双向补偿外,还应将特殊因子污染造成的流域环境损失纳入补偿,并提出按照"成本共担、效益共享"的原则,以两省一市政府财政资金、中央财政资金、相关企业等共同出资设立生态补偿专项基金。上下游省份在治理考量和目标上存在差异。

一系列制度安排对相应问题加以细化与讨论,以促成省级层面的协作,响应国家政策的要求(图3)。

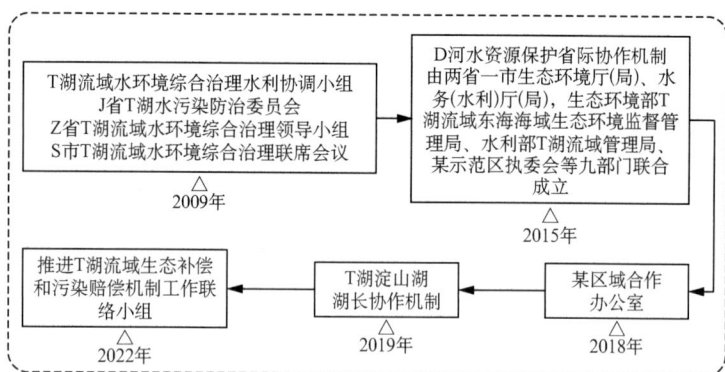

图3 地方(省级)层面的协作组织机制

在组织架构层面,为改善治理质效,水利部和生态环境部分别就 T 湖流域水环境治理问题辖有水利部 T 湖流域管理局和生态

---

① 王林弟:《D 河是怎样炼成的!》(2020 年 6 月 15 日),澎湃新闻,https://www.thepaper.cn/newsDetail_forward_7717781?ivk_sa = 1023197a,最后浏览日期:2023 年 10 月 18 日。

环境部 T 湖流域东海海域生态环境监督管理局两派出机构（后者由原归属前者的单列机构 T 湖流域水资源保护局转隶形成），二者各承担保障流域水资源合理开发利用、参编生态保护补偿方案等工作，并共同负责污染物排放限制和总量管理等事务。2018 年，某区域合作办公室挂牌成立，负责研究地区间协同发展的战略规划，协调推进区域合作中的重要事项和重大项目，统筹管理生态补偿等相关事宜的合作基金。①水污染跨域治理是该机构的重要职责之一，推动协作治理的"元网络"形成。

此外，省级层面也形成了一系列协作与沟通机制。2015 年，为落实联席会议精神，水利部 T 湖流域管理局牵头，两省一市生态环境局(厅)、水务(水利)局(厅)，生态环境部 T 湖流域东海海域生态环境监督管理局参与的 D 河水资源保护省际协作机制正式建立(此后，某发展示范区执委会也加入其中)。数个部门面对存在的异议，围坐桌前，探讨联保共治模式。②2018 年，T 湖流域管理局联合 J 省、Z 省河长办牵头建立了国内首个跨省湖泊高层次协商协作平台——T 湖湖长协商协作机制③；2019 年，两省一市又将之拓展为 T 湖淀山湖湖长协作机制，协同推进 T 湖、淀山湖等重要跨界水体管理保护工作；建成 T 湖流域水环境综合治理信息共享平台，对 T 湖流域水质、水文、污染源等信息实现实时共享，共同

---

① 韩声江、张赛男：《某区域合作办公室如何协同办公？三年行动计划初稿将成形》(2018 年 3 月 18 日)，澎湃新闻，https://www.thepaper.cn/newsDetail_forward_2032851，最后浏览日期：2024 年 2 月 28 日。

② 芦炳炎：《D 河水资源保护省际协作机制第二次会议在 S 市 C 区召开》(2017 年 11 月 21 日)，中国水利网，http://www.chinawater.com.cn/newscenter/ly/th/201711/t20171121_494967.html，最后浏览日期：2024 年 2 月 28 日。

③ 刘宇轩：《T 湖推出湖长制"升级版"：建立国内首个跨省湖长协商协作机制》(2018 年 11 月 14 日)，新华网，http://www.xinhuanet.com/politics/2018-11/14/c_1123714084.htm，最后浏览日期：2024 年 2 月 28 日。

推进 D 河、淀山湖等重要跨界河道联保专项治理方案①;2022 年,两省一市成立推进 T 湖流域生态补偿和污染赔偿机制工作联络小组。上述机制的建立使中层各方得以有效地协同 T 湖,特别是 D 河及支流水环境治理、水资源保护与预警、信息共享、生态补偿等事项开展的方式,使顶层共识更好地落地。

相应举措带来了切实进展。2022 年,S 市和 Z 省分别批复 D 河两岸的饮用水水源保护区划,实现了 S、Z 跨界水源地的协同划分②,为构建流域跨省生态补偿机制夯实了基础。

(三)具体执行过程中的基层非正式接触与磨合

经顶层的共识达成与中层的协作共商,治理意图沿"金字塔"传导至作为政策直接执行者的基层环节。相较国家与省级层面的协作实现,复杂跨域治理问题在基层面临更多波折。基层在政策执行的过程中往往事无巨细,事务无法被上级较为务虚的政策文件或责任下达一一囊括,磨合不可避免地产生。

上级政策下达前的征求意见阶段往往是磨合与冲突的集中爆发阶段。上下游对 D 河的功能定位意见不统一,其间,不同的利益诉求和矛盾十分复杂,更对基层的工作推进带来巨大的困难,使之不得不进行拉锯式讨论。例如,《某发展示范区重点跨界水体联保专项方案》印发前夕,各单位就一些具体问题形成了分歧。A 区某工作人员提到,该方案第一稿于 2020 年 1 月下达后,其至少参加了 5 场相关的讨论会。

---

① 刘一荻:《某区域一体化迎发展新举措 T 湖淀山湖湖长协作机制正式建立》(2019 年 12 月 17 日),央广网,https://news.cnr.cn/dj/20191217/t20191217_524901630.shtml,最后浏览日期:2024 年 2 月 28 日。

② S 市人民政府《关于同意〈H 江上游饮用水水源保护区划(2022 版)〉的批复》;Z 省发改委《关于印发〈某发展示范区 B 片区发展规划〉的通知》。

一开始,大家的意见分歧确实很大,经常吵得脸红脖子粗。最大的分歧点就在于 D 河沿岸的治理和保护管控范围,大家都站在各自的角度来考虑。……比如,下游提出,D 河沿岸应执行更严格的保护要求,甚至提出沿岸企业应全部腾退,但我们 A 区认为,域内 D 河沿岸的生产企业有 1 166 家,全部腾退不具可操作性。①

各基层单位就此僵持不下,阻滞了上层政策共识的落地。而在此之前,关于 M 水库的功能问题,三方已出现一定程度的分歧。2013 年,S 市正式批复同意《H 江上游水源地规划》,M 水库项目正式启动;2016 年 12 月,工程正式投用。② 然而,A 区和 B 区的反响不甚强烈,其两岸产业发达,航运繁忙,不可避免地带来了藻类聚集、应急泄洪水质波动、航运流动源污染等安全隐患,成为饮用水水源地的潜在风险。2018 年以来,因上游环境污染造成的 M 水库取水口停止取水的环境风险事件多次出现。

就政策具体执行而言,各方同样面对诸多苦恼。因权限有限,基层难以对超出权责范围的事宜进行有效处置,确定的各项目标任务难以尽善尽美完成。但凡涉及辖区边界的管理问题,只能通过上级主管部门或两地政府间协调解决。例如,对于诸多确权不明问题的处理方式是:上级政府专门调查,明确管理责任单位,专门发文才有效。但是,上级无法及时获悉在政策执行过程中的具体信息并作出反应,基层或会陷入反复的磨合之中,形成治理失效甚至"管理真空"的僵局。在 M 流域某生态风貌区域的治理问题上,A、B、C 区遇到了以上难题。

---

① 对 D 河上游 A 区某工作人员的访谈,2020 年 9 月 9 日。

② 傅闻捷:《M 水库今早投用　S 市实现原水全部水库集中取水》(2016 年 12 月 29 日),央广网,https://news. cnr. cn/native/city/20161229/t20161229_523413812. shtml,最后浏览日期:2023 年 10 月 18 日。

水葫芦的生长速度超乎想象,而且蔓延趋势也极难控制,只要 D 河上游 A 段水葫芦一爆发,没拦截住,我们下游太浦河支系河湖内就很快会布满大片的水葫芦。①

C 区某工作人员的手机相册里留着一张 2017 年 M 流域水面布满水葫芦的照片。

那年是近十年来水葫芦爆发最严重的一年,光我们 C 区就打捞了 15 万吨的水葫芦。②

回想那场水葫芦大爆发,A 区某工作人员直呼不堪回首,所有打捞船夜以继日地打捞,依旧杯水车薪。

那个时候 D 河三分之二的水面上都布满层层叠叠的水葫芦,打捞资金就用掉了两千多万元。③

上游无法拦截,下游的 C 区只能被动地疲于应付打捞,而且收效甚微。原因在于:

原来三段 D 河都有各自的河长,各自的河长只在各自的管辖区域内巡河检查。④

另外,在供水等其他重要议题上,类似情形同样有所体现。A 区某工作人员介绍:

---

① 对 D 河下游 C 区某工作人员的访谈,2019 年 10 月 23 日。
② 同上。
③ 对 D 河上游 A 区某工作人员的访谈,2019 年 10 月 16 日。
④ 对 D 河下游 C 区某工作人员的访谈,2019 年 10 月 23 日。

D河闸在可能长时间关闭或自流无法满足下游供水要求的情况下,需要及时启动 D 河泵站供水,加大 T 湖清水对 D 河水源地的清水功效。启动泵站需要层层审批,总要好几天。①

由此可见,因具体信息向上传达的迟滞甚至缺失,政策制定具有务虚性,目标的设定仅是轮廓的勾勒而无法触及和回应政策执行中矛盾和冲突的本源。就责任落实作出的制度安排难以改变基层治理中各部门反复磨合的状态。

问题的解决需要多方齐力。三地全面建立河长制并率先试行联合河长制,三地河长定期联合巡河。② A 区某工作人员指出:

试行联合河长制后,三位河长可以进行交互式的巡查,比如,C 区的河长可以来我们 A 区巡河,一旦发现问题,一个电话,一条微信就能和我们 A 区的河长对接,快速地处理问题。这就打破了行政区域壁垒,解决问题的效率提高了不少。……我们有个河长群,群里刚有人反映,A 段接水域有片水葫芦漂浮水面,有图片,标明方位,我们这边随即交代负责这段河道的保洁公司前去打捞了。③

三地以水葫芦联动治理为突破口,签订水域保洁一体化协作框架协议。当上游 A 区因水葫芦量过大,无法及时打捞,C 区即可派保洁船直接跨省支援,协助 A 区水务部门共同处理。C 区 2017 年打捞

---

① 对 D 河上游 A 区某工作人员的访谈,2019 年 10 月 15 日。
② 柳文:《S 市 J 省、Z 省协同治水——奏响某区域"绿色协奏曲"》(2023 年 8 月 28 日),中国经济网,http://www.ce.cn/xwzx/gnsz/gdxw/202308/28/t20230828_38688876.shtml,最后浏览日期:2024 年 2 月 28 日。
③ 对 D 河上游 A 区某工作人员的访谈,2019 年 10 月 16 日。

15 万吨水葫芦,2018 年打捞 11 万吨,2019 年仅打捞 2 万余吨。[1]

三地联合治水的创新实践,为某发展示范区的打造给出了生动的范例。

此外,A、B、C 区建立了"小长三办",针对 D 河综合治理等棘手问题实体化办公[2],形成了包括县(区)级环保、水务部门以及乡镇级负责机构、流域专门协调机构等在内的共同体式协作,共同推动横向政府间利益分配、协调、补偿、让渡等协作关系的构建。

以联合河长制、湖长制和"小长三办"为代表的基层协作组织机制(表 2)面向基层实践中的具体问题,打破了政策实际执行者之间的行动"藩篱",使上层协调机制得以进一步延展、细化。

表 2　基层的协作组织方式

行政层级	名称	情况概述
基层	市、区、街镇、村居四级联合河长制、湖长制体系	明确各层级的责任
	"小长三办"	2019 年启动,A、B、C 区已实现了实体化办公

四、跨域协作治理的运作困境分析

"纵横交错"既是对 T 湖流域水环境特征的客观描述,也是对

---

① 赵菊玲:《"联合河长制"治水,跨界河湖水葫芦告别"野蛮生长"》(2020 年 10 月 16 日),新民晚报,https://paper. xinmin. cn/html/xmwb/2020-10-16/4/83388. html,最后浏览日期:2024 年 2 月 28 日。

② 祝越:《用"生态绿色 + 一体化"诠释高质量发展》(2019 年 8 月 8 日),文汇报,https://wenhui. whb. cn/third/baidu/201908/08/281911. html,最后浏览日期:2023 年 10 月 20 日。

背后复杂网状治理结构的抽象概括。不难发现,在"纵横交错"的背景下,生态保护补偿的政策实践存在诸多难解问题。下文基于"三层金字塔"分析框架,从治理对象、治理主体、治理过程三个维度分析跨域协作治理的困境。

(一)治理对象:流域治理的外部性转移

水环境治理问题因其天然具备的流动、跨界的强外部属性成为最典型、严峻的环境治理难题之一。随着水的流动,污染物播撒扩散至流域各处,治理对象涉及的水域范围越广,需要参与其中的治理主体将会越多,对应的治理过程也将越发复杂,这也是"三层金字塔"形成的逻辑起点。水环境问题的外部性是协作治理得以形成的基础;在协作治理形成后,协作成本会随水域范围的扩大、参与部门的增多、治理过程复杂性的提升而提高,继而引致协作治理的困局。案例研究的 T 湖流域河网密布、湖泊众多,水域面积为 6 134 平方千米,水面率达 17%,对其的治理不仅涉及重点流域干流和国控断面支流,还涉及众多次级支流和中小河流、湖荡:涉及河道总长度为 12 万千米,平原地区河道密度达 3.2 千米/平方千米,面积在 0.5 平方千米以上的湖泊达 189 个;D 河自发源到汇入 H 江交汇数条河流,穿过 20 余片湖荡。水域之间的相互外溢程度以及由此引致的治理难度,均属较高水平。跨域协作治理是促进该流域生态保护补偿实现的唯一途径,也因水域的复杂性极易遇阻。

此外,水环境问题的流动、跨界属性意味着整个水域生态系统具有整体性,该特性进一步推升了达成有效协作的难度。2021 年 12 月,国家发改委发布《"十四五"重点流域水环境综合治理规划》,提出以水环境、水资源、水生态"三水"统筹的水生态环境保护框架。这一保护思路揭示,治理水环境的同时需统筹考虑水资源和水生态,三者相互联系、相互支撑、不可偏废①:如果不具备以充足的水量和良好的水动力为代表的水资源条件,污染物的降解和迁出则会遇阻,不利于水环境的治理和改善;欠佳的水环境将阻碍水资源利用价值的提升和配置空间的拓展;结构稳定、物种多样的水生态可增加水环境的容量,涵养水源,调节径流,促进水环境治理和水资源保护。以"三水"统筹协调为导向的水生态环境保护修复对跨域协作治理提出了更多、更细致的要求,对于 T 湖和 D 河这类本就兼具多重功能定位的水域治理则更甚。比如,如何更好地推进水质、水量和水生态的同步监测,如何统筹工业源、农业源、生活源、交通源等多个维度的排污水平、用水需求,如何划定流域的重要生态空间、实现水源涵养修复等。此类重要且复杂的"附加题"迫切需要更多部门主体加入协作进程之中,也因任务目标的多元、涉及事务的繁杂,进一步提高了各主体之间权责分配的难度和信息传达的有效性,推升了协作成本,增加了跨域协作治理有效实现的挑战性,引致协作难以达成的困局。

(二)治理主体:条块交杂中的权责错位

不同层级政府的属性与决策动机存在差异,最高决策层纵向往下施加压力,政府层级下探伴随磨合的明显加强和基层行政主体的权力受限,协作达成的难度大大提升,治理失效和"管理真空"出现。该现象折射出的问题则是政策制定和实行过程中的扭曲和内耗,即权责错位。掌握政策设计和制定权限的部委远离一线,难以对具体问题形成通盘认识,导致治理目标设置的虚化性;身处一线,直面具体事务及其背后具象化矛盾冲突的基层部门,则因权限不足、权责不清而难以对问题作出及时有效的处理,将本应刚性执

---

① 徐敏、秦顺兴、马乐宽等:《水生态环境保护回顾与展望:从污染防治到三水统筹》,《中国环境管理》2021 年第 5 期。

行的政策以弹性方式处置,致使政策执行失真。此外,尽管基层可将问题向上反映,通过上级干预应对"块块"中出现的"管理真空",然而,如此难以体现及时行政的要求,更存在信息的耗散——信息沿塔基向塔尖逆向流动的过程正是信息大幅耗散的过程,有限的信息加剧了顶层设计的局限和虚化性,形成恶性循环。总体而言,在"金字塔"结构中,权力逐级上收、矛盾逐层下递、压力逐层加大、信息逐层耗散,致使治理困局凸显。上述问题的本质正是精细、有效的现代化治理的缺失,究其原因,则是缺乏在诸多政策文件中有所体现的社会力量作用的发挥,信息、诉求反映不明,资源配置低效。

从纵向"金字塔"结构看,产生治理失效的重要原因在于层级性治理框架中的各参与层级主体权责不对等。位于"金字塔"底端的基层政府一方面承担直接的治理责任,是属地利益的代表者;另一方面又具体地执行和落实政策,是上级政府的代理人,其因此需对上下两方负责。然而,在现行层级体系下,其缺乏与重大责任相匹配的规制与决策权限,被发包的事务超出了基层的治理能力。身处此类矛盾"漩涡"之中的基层政府不得不在两种角色中反复跳跃、相机抉择,在高层追求的整体利益和地方追求的局部利益中权衡,可能引致政策失真的后果。[①] 更进一步地,横向分析"金字塔"的塔基则容易发现,基层政府机构间的职能与利益无法充分整合、权责界定不清,致使原已有限的权力受到进一步削弱。正如水葫芦爆发时显现的,面对跨域治理问题的复杂属性,基层政府难以就一些突发问题作出超出权限范围的决策,这一方面是由于基层在层级体系内难于"擅自拍板",宁可不作为,也不愿被指乱作为;另一方面是由于"各司其职"的各主管单位只注重自身的"一亩三分地",在跨域问题中形成了实质上的分割。从而,"管理真空"和沿

---

① 贺东航、孔繁斌:《公共政策执行的中国经验》,《中国社会科学》2011 年第 5 期。

理失效的局面出现并愈演愈烈。尽管就基层的权责问题作出了一系列制度安排,例如,落实市、区、街镇、村居四级河长体系,强化治理目标责任制、政绩考核制、领导问责制和责任追究制,以纵向上的"高位推动"克服单一部门执行的限度,促使一级抓一级、层层抓落实的工作格局的形成,在现有河湖长制的基础上明确断面水质达标职责,将主要水体各控制片区的污染源总量管理目标作为管理职责,通过统一的监测、管理和考核平台进行水环境质量的跟踪评估和绩效问责,推动各部门密切配合,加强实施情况的跟踪、监督、检查,确保按时完成方案确定的各项目标任务。尽管这一推动中蕴涵的高层行政意志增强了各基层单位积极履职的动机,由于水环境的外部性和污染源的流动性,责任推诿和"搭便车"现象在D河治理问题中并未得到根除,污染问题频现,未较河长制推行前发生显著改善。

(三)治理过程:纵向干预下的信息耗散

"金字塔"顶端的中央政府统筹擘画政策的路线图,是政策的设计者和引领者,其行政意志和施政动机是跨区域决策机制形成的动力之源。公共政策最初发端于中央政府,反映了中央的社会、政治、经济以及民生理念。为实现这一理念,中央政府通过制度性的安排施加纵向压力并将政策信息沿"条块"关系传导:"金字塔"顶端发布指导性政策文件等作为"时间表",直接要求下级召开协调会议,限期解决阶段性问题、建立协作机制;上级制定目标方案的"计划书",以量化指标分解控制干预横向协作过程——行政指令、指标任务等为代表的此类纵向压力裹挟着"一竿子插到底"的行政意志,沿正向"金字塔"逐层分解。对于"金字塔"中端的政府机构而言,在政策执行过程中,其主要作用在于承上启下地传导信息,通过召开多次会议展开中层协调,动员各级干部认真领会党中央和国务院的指示精神,保证省级政策精神与中央保持统一,实现政策信息流转的畅达有效。

　　"金字塔"底端的各基层"条块"机构是政策的直接执行者,也是各项事务的直接接触者。作为国家与社会的联结处、自上而下的意志贯彻与自下而上的诉求表达的聚焦点,基层包含了数量最多的执行者,代表着最高的信息容量——除了上级下达的政策信息,还有实际行政过程中的事务信息。然而,正如前所述,如果从"金字塔"的横向审视,则能发现信息流动的阻滞所在。面对繁复冗杂、事无巨细的各类问题,基层机构覆盖自身"条条"或"块块"中职责范围内的事务,充分获取"一亩三分地"内的全部信息,例如,区(县)政府了解本区(县)工作的开展情况,环保部门了解辖区内流域水质情况等。但面对跨域多目标政策的制定与执行,这一多头治理的基层行政体系则会遇到阻力。基层执行者在面对超出本级权责范围、需通过协作完成的事务时,会陷入磨合与停滞中。在协作机制不健全的情况下,各基层机构"各自为政",横向信息共享与互通不足,有效的交流沟通机制欠缺:下游无法获悉上游的治理情况,水务部门无法获悉环境部门的治理现状,从而导致各方分而治之,上级制定的政策被迫"碎片化"执行,上级下达的政策信息也由此肢解。为了解决问题,基层执行机构只得将问题在纵向层面向直属上级报告,寄望于上级从中斡旋,促成协作的达成。但在这一过程中,囿于各种因素,下级无法将所掌握的全部信息均上报,上级也无法立即收到并处理有关信息,且同样难以实现横向共享。从而,伴随执行情况的逐级上报传导,正如"金字塔"逐步收窄,事务性信息含量逐层递减。作为政策制定者的顶层部门下达的政策信息被扭曲,同时也仅能汇总经由层层上报耗散的事务信息,难以及时、全面地掌握跨域协作治理问题在各地、各目标下的执行情况,致使路线图的制定和共识的达成出现一定程度的偏误,难以精准有力地指向问题所在,进一步导致基层的治理失效。

五、结论与讨论

本文以 T 湖流域生态保护补偿制度的构建与实施为案例,探究了跨域协作治理的运行机理。研究发现,跨域协作治理的背后是政府间形成"共识"、不断"协调"与前后"磨合"的过程。在各层级政府主体构成的"纵横交错"式治理结构中,治理对象流动跨界、治理主体权责错位、治理过程信息耗散三重困境是阻碍协作治理有效实现的核心症结。

本文可能的理论贡献在于:首先,弥补了生态保护补偿内在机理与逻辑链条的解释缺陷,丰富了生态环境治理制度创新的理论阐释与案例研究。既有关于生态补偿的研究多着眼"应然"的视角,关注生态保护补偿制度的构建思路[①]、标准测算[②]、完善措施[③]等,在"实然"方面着笔较少。本文深入剖析大江大湖区域内的典型生态保护补偿案例,基于跨域协作治理推进的实际情况建构模型刻画运行的内在逻辑,补充了生态保护补偿制度实施机理的理论解释,对推行生态保护补偿、发展独具中国特色的环境治理方案具有一定的理论意义。其次,本文提炼揭示了中国特有的"纵横交错"式政府治理网络,通过简练的框架对其加以刻画,进一步充实了有别于西方"伙伴式"协作范式的中国式跨域协作治理理论。已有关于中国的研究集中于西方语境下的委托—代理视角,探讨央

---

① 王金南、万军、张惠远:《关于我国生态补偿机制与政策的几点认识》,《环境保护》2006 年第 19 期。
② 李虹、熊振兴:《生态占用、绿色发展与环境税改革》,《经济研究》2017 年第 7 期。
③ 欧阳志云、郑华、岳平:《建立我国生态补偿机制的思路与措施》,《生态学报》2013 年第 3 期。

地间不同行动逻辑和目标动机带来的治理效果与困境①,并着重从纵向视角剖析下级政府在上级政府的压力之下的政策执行与协作情况。② 本文通过剖析"纵横交错"式治理网络,从理论上对照和延伸了既有研究,为更好地理解政策执行与协作开展的实际情况提供解释,也为更好地发挥协作治理效能、提升现代化治理水平、形成具有中国话语意义的理论思考提供参考。

本文认为,为推动跨域协作治理的有效实现,需要政府、市场、社会平衡、统一各自的核心诉求,在适宜的时机以合理创新的方式介入治理的不同环节,充分匹配参与时机与责任划分,形成科学的动力机制与顺畅的运行机制,共同形成"成本共担、合作共治、效益共享"的良性状态。

首先,政府在信任与整合中发挥引导联动作用。科斯定理揭示,作为具有强外部性的公共事业,生态治理需要政府发挥作用。然而,政府发挥什么作用、怎样发挥作用,需要从治理困境中寻得更好的解答。"金字塔"中的三层政府机构都发挥各自独有的功能,但在"纵横交错"的复杂结构下,权责错位与信息耗散导致行政效能散失与政策治理失效,这一困局在以水环境治理和生态保护补偿为代表的复杂治理问题中体现得尤为明显。

结合生态补偿的市场化属性,政府在水环境治理中的职能应有转变,由"大包大揽"的执行者和裁判员转变为政策推行的启动者,为市场主体和社会参与者提供更好的基础环境与发展空间。这一"让位"的先决条件是政府部门理顺职责。从"金字塔"纵向

---

① 唐啸、周绍杰、赵鑫蕊等:《回应性外溢与央地关系:基于中国民众环境满意度的实证研究》,《管理世界》2020 年第 6 期。

② 姜雅婷、杜焱强:《中央生态环保督察如何生成地方生态环境治理成效? ——基于岱海湖治理的长时段过程追踪》,《管理世界》2023 年第 11 期;陈醒、李睿:《目标设定的边界效应:省级政府设定经济与环境目标的策略性行为研究》,载唐亚林、陈水生主编:《未来城市与数智治理》[《复旦城市治理评论》(第 12 辑)],复旦大学出版社 2024 年版,第 330—354 页。

看,避免治理失效的关键在于建立信任机制,上级政府不再对每个下级协作参与者设置严格的指标和时限,而是更注重分权和授权,为分割的"金字塔"设置共同目标,并以具有弹性的"弱问责"方式间接监督下级政府的协作过程。从"金字塔"横向看,"块块"间割裂的局面应当被有效整合,其关键在于,发挥政治体制的框架优势,以较高层级的专项机构破除部委、部门间的藩篱。可尝试构建介于不同层级间(国家部委和省市)的专项中层机构,如"××领导小组",该机构不仅发挥上传下达的作用,还应具备以裁量权、资金调配权等为代表的决策权,并通过整合一系列综合性派出机构下沉发挥作用。从引导方面看,该机构可适度下沉,避免对基层信息获取不足的问题,同时,保有对各级地方政府的约束力。以此机构作为跨域治理的启动方,可在一定程度上保证各项顶层设计和初始政策的有效性和针对性。此外,上级工作的决策与部署须立足现实,具备可操作性,这要求在决策前应大兴调查研究之风,走进基层、深入基层,使信息更为聚焦,推动科学决策。

其次,市场以"无形之手"提高资源配置的效能。市场主体的目标是获取经济净收益。以绿色金融为代表的市场机制通过改变资源配置的激励形式为改善环境提供可行之策。因此,在跨域治理中,应合理引导市场主体参与,进入政府职能难以充分覆盖的各个领域,以价格机制和经济效益引导自发、有效地配置资金、环境资源(如排污权、用水权、用能权等)、人力资本等各种资源,完善生态产品价值实现机制,充分回应生态补偿的内生要求,发挥有效市场对社会治理的推动性作用,促进生态与经济协同增长。特别地,绿色金融体系提供了包括绿色信贷、绿色保险、绿色基金等一系列金融工具,能更好地适应于跨流域环境治理复杂性的特征,提升整体治理效率。

最后,社会发挥缓冲、共享、监督和评价作用。社会力量享有知情权与建议权,其在跨域治理中需承担的关键任务是信息传递,避免其在层层下达中的不断耗散,提升施政的有效性。专业性民间力量可通过各种形式建言献策,把政府声音向下传递、把基层声音向上反映,同时,加强对政府和市场机构的监督力度与成效评价。

事实上,在 T 湖流域生态保护补偿制度实践的发展过程中,关于跨流域水环境治理的政策要求,已逐步由"发挥政府的主导作用,调动社会公众参与的积极性和主动性",变为"发挥政府的引导作用,吸引社会资本参与"。政策内容表述的演变折射出 T 湖流域治理及 D 河生态补偿机制构建中的经验与教训,也勾勒出多主体共治这一应对跨流域水环境治理问题的可行模式。考虑到水污染治理问题因流动、跨界的强外部属性成为一类最典型的公共管理问题,这一模式或许也可以推广至包括以洪涝为代表的自然灾害治理和修复、以雾霾为代表的大气污染治理等在内的各类公共事务之中,它们体现出的波及范围广、影响强度大、所需支持资金量高等特征,都要求多元主体以有效有序的方式共同参与治理,而非仅依靠政府部门单方面的力量。

党的二十大报告提出,"健全现代环境治理体系,完善生态保护补偿制度","健全共建共治共享的社会治理制度"。治理与发展是现代化进程中不可偏废的两面。在发展中求治理,在治理中谋发展,并维持"推动"与"制动"的平衡,方可保证协作治理动力机制的科学与运行机制的顺畅。回应并破解 T 湖流域水环境治理难题,以此为契机促进区域一体化的推进,拉动区域经济实现更高质量的发展,并将其中蕴涵的可行模式面向更广阔的公共事务治理场域推广,恰恰是中国式现代化彰显勃勃生机的写照,也是中国治理"富矿"中应对以生态环境治理为代表的复杂系统治理工程所呈现出的独特方法、理论与思想。① 一种"发展型治理"模式,需要政府、市场、社会三大主体各自成为"精密机器"中的不同部件,实现

---

① 盛昭瀚、陶莎、曾恩钰等:《T 湖环境治理工程系统思维演进与复杂系统范式转移》,《管理世界》2023 年第 2 期。

共建、共治、共享,互相增益,以行之有效的治理的规约使经济社会处于稳中求进的有序发展状态。① 而其蕴涵的现代化的治理体系和治理能力恰恰是推进全体人民共同富裕的、人与自然和谐共生的中国式现代化实现的重要保障。

〔本文系国家自然科学基金创新研究群体项目"中国经济发展规律与治理机制研究"(基金号:72121002)的阶段性研究成果〕

---

① 竺乾威:《公共管理模式的变迁轨迹与共存逻辑:基于目标与手段的分析》,载唐亚林、陈水生主编:《城市更新与空间治理》〔《复旦城市治理评论》(第 11 辑)〕,复旦大学出版社 2023 年版,第 3—20 页。

治理是否有效？东西部协作的县域产业结构升级效应研究

史　婵*　王小林**

[内容摘要]　东西部协作是中国通过先富带动后富促进欠发达地区发展的一项重要制度安排。本文从治理的角度出发,探讨了结对关系下沉至县的东西部协作与县域产业结构升级之间的理论联系,以 2017 年确定的东西部协作县域结对关系为准自然实验,利用 2015—2020 年非平衡县域数据,采用双重差分方法评估了东西部协作对县域产业结构升级的影响效应及机制。研究发现,东西部协作显著促进了结对县域的产业结构升级,在经过系列稳健性检验与内生性检验后结论依然成立。机制分析表明,东西部协作通过增加农业固定资产投资和缓解金融约束促进县域产业结构升级;异质性分析发现,东西部协作切实发挥了良好的"扶弱"效应,其可以显著促进一类革命老区及创新水平较低等相对欠发达的县域产业结构升级。本文为进一步优化东西部协作制度提供了重要参考。

[关键词]　东西部协作;县域产业结构;县域治理;区域协调发展

＊　史婵,西北大学经济管理学院博士研究生。
＊＊　王小林,复旦大学六次产业研究院、国际关系与公共事务学院教授,博士生导师。

151

一、问题的提出

在经济社会的发展进程中,区域发展不平衡的问题普遍存在,中国东西部地区之间在经济增长、社会保障、人民生活水平等方面同样存在着不容忽视的发展差距。东部发达地区的竞争优势可能持续积累,仅仅依靠市场机制引导的区域协调发展过程可能非常缓慢,如何通过有效治理缓解区域差距和促进区域协调发展? 起源于 1996 年的东西部协作,是通过地方政府间建立"对口"关系以缓解区域发展不平衡的有益探索。[①] 作为具有中国特色的治理制度,东西部协作在产业协作、资金支持、劳务协作与人才支援等方面开展了深度的跨区域经济社会协作,为缓解西部地区的温饱问题、助力西部地区消除绝对贫困和缩小区域发展差距发挥了重要作用。从发展实践来看,东西部协作已经基本完善了责任制与激励约束机制,形成了覆盖政府、市场与社会主体的协作网络,并广泛动员政府、市场与社会等多种资源参与协作。[②] 与京津冀协同发展、粤港澳大湾区建设[③]、长三角一体化发展[④]等区域协调发展战略相比,东西部协作最为显著的特征是其并非基于地理空间毗邻的区域协作。作为横跨东西部的区域协调发展制度,东西部协作的有效性对促进区域协调发展、逐步实现共同富裕都是值得深

---

① 李瑞昌:《地方政府间"对口关系"的保障机制》,《学海》2017 年第 4 期。

② 王小林、谢妮芸:《东西部协作和对口支援:从贫困治理走向共同富裕》,《探索与争鸣》2022 年第 3 期。

③ 陈文、陈设:《层级竞合:粤港澳大湾区城市群跨域合作与协同治理》,载唐亚林、陈水生主编:《大都市圈治理:战略协同与共荣发展》[《复旦城市治理评论》(第 10 辑)],复旦大学出版社 2023 年版,第 3—28 页。

④ 焦永利、谭笔雨、刘斯琦等:《探索跨区域治理创新的中国方案:以长三角生态绿色一体化发展示范区为例》,载唐亚林、陈水生主编:《新城新区建设与特殊经济功能区治理》[《复旦城市治理评论》(第 9 辑)],复旦大学出版社 2023 年版,第 109—138 页。

入研究的重要课题。

与此同时,中国城乡二元结构长期存在,以加快推动工业化为目的的城乡二元体制进一步固化了城乡二元结构①,城乡差距是中国发展进程中亟待解决的又一关键问题。尽管为此付出诸多努力,但城乡二元体制依然未能完全消除,在"新四化"同步发展中农业现代化仍是突出短板。在区域差距与城乡差距的双重背景中,县域既是缩小城乡差距、促进城乡融合发展的重要场域,也是缓解区域差距、促进区域协调发展的基本单元。在上下分治的治理体制中,县级政府在落实具体政策与任务时拥有一定程度的决策权与治理权。与上级省市和下级乡镇等各级政府相比而言,县级政府更具稳定性与可执行性。② 因此,优化县域治理进而促进县域发展,是逐步缓解区域差距和城乡差距的重要路径。在脱贫攻坚期间,为助力西部贫困地区全面消除绝对贫困,中国于 2016 年强化了东西部协作的制度安排,并于 2017 年实施县域结对,这为本文基于县域视角探讨东西部协作的有效性奠定了良好的基础。

进一步地,受地理位置、资源禀赋等自然条件与历史因素影响,东西部产业发展自改革开放以来便始终存在较大的差距,产业结构差异是形成区域经济差距的主要原因③,促进西部地区产业发展历来是东西部协作的重要目标。2016 年,中共中央办公厅、国务院办公厅印发的《关于进一步加强东西部扶贫协作工作的指导意见》指出,产业合作需注重带动贫困人口持续增收,东西部协作成效考核方案明确要求,协作资金投至产业发展的比例需达到一半以上。在巩固拓展脱贫攻坚成果同乡村振兴有效衔接期间,

①　国务院发展研究中心农村部课题组:《从城乡二元到城乡一体——我国城乡二元体制的突出矛盾与未来走向》,《管理世界》2014 年第 9 期。
②　折晓叶:《县域政府治理模式的新变化》,《中国社会科学》2014 年第 1 期。
③　张平:《论中国三大区域产业结构的差异》,《经济评论》2007 年第 5 期。

部分地区产业协作资金占全部协作资金的比例高达 70% 左右。①
2023 年，"中央一号"文件《中共中央、国务院关于做好 2023 年全
面推进乡村振兴重点工作的意见》明确提出，应"深化东西部协作，
组织东部地区经济较发达县(市、区)与脱贫县开展携手促振兴行
动，带动脱贫县更多承接和发展劳动密集型产业"。② 这标志着，
脱贫攻坚期间的东西部协作"携手奔小康"县域结对，正转变为乡
村振兴的"携手促振兴"县域结对行动。

那么，脱贫攻坚期间东西部协作是否促进了县域产业发展？
实践调研可以发现，部分地区在政府引导下实现了良好的产业转
移，西部地区劳动力、土地等资源优势与基础设施为产业梯度转移
提供了可能性。以企业为载体的产业协作对扩大就业岗位、提升
低收入人口的就业技能水平、促进产业链延伸等发挥一定的积极
作用。然而，产业协作的问题与不足同样普遍：产业协作高度聚焦
脱贫需求，较少考虑协作地区间的资源优势互补；在硬性考核约束
与隐性晋升博弈的背景下，县级政府官员可能基于自身利益考量
而相对独立地发展可以吸纳更多劳动力的产业，进而导致县域间
产业同质化现象较为突出③，产业可持续发展面临一定的挑战。
从成效评价来看，已有研究多关注精准扶贫系列政策和对口支援
的影响效应，部分学者评估了东西部协作对县域整体发展所产生
的影响效应④，但针对县域视角下东西部协作与产业发展的专项

---

① 数据来源于作者的实地调研。
② 《中共中央 国务院关于做好 2023 年全面推进乡村振兴重点工作的意见》(2023
年 1 月 2 日)，农业农村部门户网站，http://www.moa.gov.cn/ztzl/2023yhwj/2023
nzyyhwj/202302/t20230214_6420529.htm，最后浏览日期：2024 年 12 月 30 日。
③ 周黎安：《晋升博弈中政府官员的激励与合作——兼论我国地方保护主义和重
复建设问题长期存在的原因》，《经济研究》2004 年第 6 期。
④ 邹璠、周力：《均衡视角下东西部协作与县域经济高质量发展——以脱贫攻坚时
期结对帮扶为例》，《南京农业大学学报》(社会科学版)2023 年第 11 期；张可云、冯晟、席
强敏：《东西部协作政策效应评估——基于要素流动的视角》，《中国工业经济》2023 年
第 12 期。

研究明显匮乏。

东西部协作是否有效地促进西部县域产业发展有待考量,本文重点探讨结对关系下沉至县的东西部协作对县域产业发展的影响效应。与已有研究相比,本文可能的贡献在于:一是进一步丰富与拓展了东西部协作研究,已有研究多将东西部协作归纳为对口支援的阶段做法,但二者在治理内涵、协作领域、模式与事务等多方面均存在明显差异,有必要针对东西部协作进行专项研究;二是尝试从治理的角度探讨结对关系下沉至县的东西部协作与县域产业发展之间的理论联系,已有研究多基于东西部协作的要素投入展开经济效应分析,对东西部协作本身结对关系下沉至县的治理体系变化及由此引致的经济效应关注不足;三是基于县域数据评估了脱贫攻坚期间东西部协作对产业结构的影响效应,并对可能的机制进行分析,为新发展阶段建立东中西部跨行政区域合作新机制提供了实证参考。

二、理论分析与研究假说

充分发挥使命型政党—有为政府—有效市场—有情社会的合力作用,是中国特色的政治制度优势。① 东西部协作是中国通过先富带动后富促进欠发达地区发展的重要政治制度安排,促进形成政府主导、市场和社会参与的良好格局,是实现有效治理的题中应有之义。1996 年,国务院扶贫开发领导小组在《关于组织经济较发达地区与经济欠发达地区开展扶贫协作的报告》中明确规定 13 个东部支援省市与 10 个西部受援省区之间的结对关

---

① 唐亚林:《党和国家制度体系的现代化构建问题:基于政党—国家—社会关系的考察》,《中国行政管理》2023 年第 10 期。

系①,此为第一次东西部协作省际结对;2013 年,《国务院办公厅关于开展对口帮扶贵州工作的指导意见》明确 6 个省(直辖市)中的8 个城市与贵州省 8 个市(州)之间的结对关系②,此为第二次东西部协作市际结对;2016 年年底,中央政府进一步优化结对关系,以实现对民族自治州与贫困程度较深的市(州)全覆盖。但是,上述文件均仅是明确规定了地级市及以上行政区域的结对关系。2017年,国务院扶贫办发布的《携手奔小康行动结对帮扶名单》在先前结对关系的基础上,明确规定了东部地区 267 个县(市、区)与 390个西部地区县域的结对关系。③ 早期的省市际结对覆盖了行政辖区内的所有县域,东西部协作力度也由于地方政府的治理偏好而存在较为明显的选择性差异。习近平总书记主持召开东西部扶贫协作银川座谈会(以下简称银川座谈会)后,结对关系进一步巩固④,协作力度持续加强,例如,全国东西部协作财政资金投入从 2015 年的 14.5 亿元上升至 2020 年的 270.8 亿元。⑤

晋升锦标赛作为兼具行政权力集中与强激励机制的官员治理模式之一⑥,可以有效地促进不同层级的协作行为优化。银川座谈会后,在中央政府强烈的贫困治理行政意志背景中,竞赛标准由

---

① 《国务院办公厅转发国务院扶贫开发领导小组关于组织经济较发达地区与经济欠发达地区开展扶贫协作报告的通知》(1996 年 7 月 6 日),贵州省人民政府网,https://www.guizhou.gov.cn/zwgk/zfgb/gzszfgb/199607/t19960706_70521156.html,最后浏览日期:2024 年 8 月 20 日。
② 《国务院办公厅关于开展对口帮扶贵州工作的指导意见》(2013 年 2 月 4 日),中国政府网,https://www.gov.cn/gongbao/content/2013/content_2339521.htm,最后浏览日期:2024 年 8 月 20 日。
③ 《携手奔小康行动结对帮扶名单》(2017 年 1 月 6 日),中国政府网,https://www.gov.cn/xinwen/2017-01/06/content_5157037.htm,最后浏览日期:2024 年 8 月 20 日。
④ 为了进一步发挥东西部协作的制度优势,中国于 2016 年在宁夏回族自治区银川市召开东西部扶贫协作座谈会,会议提出持续优化制度体系的思路与要求,并在会后极大地强化了东西部协作的考核评价力度。
⑤ 王小林、吴振磊、冯宇坤:《中国脱贫攻坚的区域协作——东西部扶贫协作》,北京人民出版社 2023 版,第 14—15 页。
⑥ 周黎安:《中国地方官员的晋升锦标赛模式研究》,《经济研究》2007 年第 7 期。

国务院扶贫开发领导小组办公室制定发布,并层层分包给各级政府。一方面,对西部地区的县级党政官员来说,拔高上级政府制定的竞赛标准并取得隐性晋升机会,构成了积极落实结对协作政策的强激励机制;另一方面,党政一把手全权负责东西部协作的责任清晰化与一体化,很可能导致党政官员由于达不到竞赛标准而在同级竞争中丧失一定的隐性晋升机会,这就在很大程度上完善了督促党政干部务必积极推进协作的约束机制,并与强激励机制共同构成东西部协作的晋升锦标赛官员选拔模式。在完善问责机制与加强考核力度的动态过程中,结对关系下沉至县的东西部协作很可能演化为县域治理的长期性中心工作之一①,通过高度动员并集中资源以便在规定的时间内取得协作成效。② 事实上,经过脱贫攻坚,东西部协作形成了数量化的任务分解机制,东西部地方政府、市场和社会共同参与的问题解决机制,加之第三方评估机制,共同构成了一种督办责任体制。督办责任体制既是中国进入全面深化改革新时期的一种有效政府运作模式,又是一种可以在理论上取代并超越压力型体制的新型理论解释模式。③

产业升级和结构转型是经济增长的动力之源④,对加快发展中国家经济增长发挥积极影响⑤,这同样适用于欠发达地区。晋升锦标赛官员选拔模式,以及日趋完善的督办责任体制,共同促成东西部协作在脱贫攻坚期间演化为一项常规工作。产业结构升级

---

① 田先红:《中国基层治理:体制与机制——条块关系的分析视角》,《公共管理与政策评论》2022 年第 1 期。

② 仇叶:《行政权集中化配置与基层治理转型困境——以县域"多中心工作"模式为分析基础》,《政治学研究》2021 年第 1 期。

③ 陈水生:《从压力型体制到督办责任体制:中国国家现代化导向下政府运作模式的转型与机制创新》,《行政论坛》2017 年第 5 期。

④ Young, A., "The Tyranny of Numbers: Confronting the Statistical Realities of the East Asian Growth Experience", *The Quarterly Journal of Economics*, 1995(3), pp.641-680.

⑤ Hollis, C., Robinson, S. and Syrquin, M., *Industrialization and Growth: A Comparative Study*, Oxford: Oxford University Press, 1986, pp.46-48.

对促进西部欠发达地区经济增长与居民收入提升的重要性不言而喻,因而,其也是达成消除绝对贫困这一协作目标的关键抓手,在协作成效考核中具有较高的权重,晋升锦标赛官员选拔模式可能导致县级党政官员将协调各项资源加强产业投资、促进县域产业结构升级作为常规工作的重心。此外,各级党政官员的能力与治理水平对地区经济增长与产业结构变迁的影响同样不容忽视。县级政府及官员在县域经济社会发展和治理中扮演重要的角色①,县级党政官员的工作履历和教育背景对县域经济增长发挥明显作用。② 协作成效与受援区自我治理能力密切相关③,作为跨域治理的东西部协作,要求地方政府间协同治理④,各地区政府间的干部互派挂职行为可能提升县域治理能力,督办责任体制可能加强县域治理力度,进而通过提升县级党政官员的治理能力与县域治理水平间接地促进县域产业结构升级。在晋升锦标赛官员选拔模式和督办责任体制的共同作用下,东西部协作形成县级政府推动产业投资的强烈意愿,并通过政府、市场和社会的协作平台提升政府协调各方资源进行产业投资的能力。实地调研发现,东西部县域间进行了广泛的产业转移与产业协作,这可能助力西部地区产业结构升级。综上,本文提出假说1。

假说1:东西部协作可能对促进县域产业结构升级具有正向影响。

地方保护主义和市场分割对生产要素跨区域流动产生不利影

① 杨华、袁松:《行政包干制:县域治理的逻辑与机制——基于华中某省D县的考察》,《开放时代》2017年第5期。

② 文雁兵、郭瑞、史晋川:《用贤则理:治理能力与经济增长——来自中国百强县和贫困县的经验证据》,《经济研究》2020年第3期。

③ 赵晖、谭书先:《对口支援与区域均衡:政策、效果及解释——基于8对支援关系1996—2017年数据的考察》,《治理研究》2020年第1期。

④ 周凌一:《地方政府协同治理研究:概念、模式与动因》,载唐亚林、陈水生主编:《市域社会治理现代化与智慧治理》[《复旦城市治理评论》(第8辑)],复旦大学出版社2022年版,第243—275页。

响。分税制导致税收构成地方政府限制企业迁移的强烈动机,在保护地方税收基础之外,地方政府会基于政权基础、政商关系及私人利益等考虑保护本地企业尽力免受跨区企业竞争威胁。① 地方保护主义加剧的市场分割进一步抑制生产要素流动,制度因素在市场跨区整合中具有重要作用。② 此外,即使不考虑地方保护主义和市场分割,生产要素可能自发持续地集聚在发达地区,促进该地区经济增长的同时对其他地区产生一定的"虹吸效应",进而持续巩固大城市、中等城市、小城市和小城镇的城市等级体系。欠发达地区的县域往往处于城市等级体系的末端,企业迁移、人口流出等进一步加速生产要素向城市等级更高的地区流动。如何促进生产要素在区域间流动,特别是促进生产要素流向欠发达地区的县域,是通过治理促进地区可持续发展的关键所在。东西部协作搭建了覆盖政府、市场与社会等多种主体的协作平台,可以有效地促进信息、知识和技术的跨区定向溢出。其一,结对关系规定与成效考核监督有效地破解地方保护主义和市场分割问题,地方政府更有意愿促进生产要素定向流动;其二,结对关系下沉至县有效地保障生产要素向结对县域定向流动。

传统的生产要素包括土地、劳动力和资本,与东西部协作紧密相关的生产要素是东部地区的资本和技术以及西部地区的劳动力和土地。东西部协作的劳动力生产要素流动主要体现在两方面:一是东部地区政府依托企业进行跨区招工,动员东部地区企业在西部地区实施劳务协作,创造就业岗位;二是地方政府委托企业或社会机构针对个人进行技能培训并实现就近就业。从劳动力生产要素流动引致的人力资本提升来看,其具有长期性和滞后性,短期

---

① 白重恩、杜颖娟、陶志刚等:《地方保护主义及产业地区集中度的决定因素和变动趋势》,《经济研究》2004 年第 4 期。

② 张皓辰、郭研、吴群锋:《省际边界效应、区域市场分割与地方保护——基于货物运输数据的估计》,《经济学》(季刊)2024 年第 3 期。

内可能对产业结构升级产生影响但较为有限。资本要素流动通过东西部协作的财政资金投入、企业投资和金融支持共同实现。财政资金投入体现为东部地区对西部地区的横向转移支付，主要包括公共物品供给和产业发展，如基础设施建设、产业项目投资等。企业是东西部协作中动员市场资源的重要主体，通过跨区企业定向迁移和产业园区共建，促进资本要素在结对区域间的流动融合。金融支持既有利于降低西部地区企业及个人的信贷成本，又通过探索跨区金融合作机制创新金融服务和产品，进一步加速资本要素流动。

固定资产投资对经济增长具有促进作用[1]，既可以通过影响当期需求与后期供应[2]，又可以引起就业从第一、二产业向第三产业流动，进而对产业结构变迁发挥积极影响。[3] 东西部协作中横向转移支付广泛存在，并被要求将大量资金投至县域产业发展。除直接的横向转移支付外，东西部地区政府联合制定各项优惠政策，如优惠甚至免费使用建设用地、税收减免等吸引东部结对地区的企业前往西部县域投资兴业。第二产业、第三产业发展更好的地区往往代表更高的经济发展水平，农业经济是当前绝大多数中西部地区县域经济的重要构成部分。[4] 东西部协作结对县域作为曾经的贫困地区，经济发展水平相对更低，产业结构相较其他地区而言更加倚重第一产业。因此，财政资金投入和企业投资引致的资本要素主要流向农业固定资产投资，不仅可以提升农业全要素生产率，而且可以释放劳动力流向非农产业，通过农业转型升级进一步促进县域产业结构升级。

---

[1] 丁志国、赵宣凯、苏治：《中国经济增长的核心动力——基于资源配置效率的产业升级方向与路径选择》，《中国工业经济》2012年第9期。

[2] Funke M. and Strulik H., "On Endogenous Growth with Physical Capital, Human Capital and Product Variety", *European Economic Review*, 2000(3), pp.491-515.

[3] 耿修林：《固定资产投资对产业结构变动的影响分析》，《数理统计与管理》2010年第6期。

[4] 仇叶：《中西部县城经营的悖论及其解释——基于城市等级结构的分析视角》，《中国农村经济》2024年第7期。

受经济社会发展水平的影响,县域相较规模更大的城市而言可能面临更强的金融约束,进而不利于县域产业发展。[①] 金融发展对行业发展与经济增长产生重要影响[②],其既可以直接对县域产业结构升级发挥正向促进作用[③],又可以间接地通过技术创新的水平效应与结构效应促进产业结构转型加速。[④] 东西部地方政府联合制定并出台多项金融政策以持续缓解金融约束和促进金融发展,如东部企业可以在西部地区根据政策申请低息或无息贷款、企业和农户进行抵押贷款时更具灵活性等,一定程度上缓解了涉农企业和农户在信用体系不完善、有效抵押物不足和信息不对称等方面的困境。同时,金融资源配置过程中往往伴随着其他生产要素逐渐从低附加值产业向高附加值产业变迁。据此,本文提出假说2。

假说2a:东西部协作通过增加农业固定资产投资,从而促进县域产业结构升级。

假说2b:东西部协作通过缓解金融约束,从而促进县域产业结构升级。

三、数据说明与研究设计

（一）数据来源

本文数据来源于《中国县域统计年鉴》(2016—2021年)、《中

---

① 刘冲、刘晨冉、孙腾:《交通基础设施、金融约束与县域产业发展——基于"国道主干线系统"自然实验的证据》,《管理世界》2019年第7期。

② Rajan, R. G. and Zingales, L., "Financial Dependence and Growth", *American Economic Review*, 1998(3), pp.559–586.

③ 张林:《县域财政金融服务与产业结构升级——基于1772个县域数据的比较研究》,《中南财经政法大学学报》2018年第1期。

④ 易信、刘凤良:《金融发展、技术创新与产业结构转型——多部门内生增长理论分析框架》,《管理世界》2015年第10期。

国县城建设统计年鉴》(2015—2020 年)、国家统计局历年发布的专利申请县域数据(2015—2020 年)、各市县政府统计公告以及根据不同文件所进行的县域性质标识,总体有效样本达 7 038 个。其中,《中国县域统计年鉴》反映前一年的县域基本情况;《中国县城建设统计年鉴》从 2015 年开始发布,反映县域当年的实际情况。在县域性质标识方面,东西部协作结对县、国家乡村振兴重点帮扶县根据相应的文件进行逐一标识;革命老区振兴规划覆盖县标识依据源于《陕甘宁革命老区振兴规划》《赣闽粤原中央苏区振兴发展规划》《左右江革命老区振兴规划》《大别山革命老区振兴发展规划》以及《川陕革命老区振兴发展规划》五项规划。

(二)变量选取与描述性统计

1. 主要解释变量

是否参与东西部协作。根据 2017 年发布的《携手奔小康行动结对帮扶名单》对东西部协作县域结对关系的规定,本文对县域是否属于 390 个西部县域进行标识。当县域属于 390 个西部县域时赋值为 1,否则为 0。

2. 被解释变量

县域产业结构升级。产业结构升级强调产业结构从低级向高级的动态演进过程。结合县域发展、县域数据可得性与已有研究,本文选择产业结构升级系数来衡量被解释变量[①],计算公式为:

$$Cid = \sum_{i=1}^{3} X_i \times i \tag{1}$$

[①] 徐敏、姜勇:《中国产业结构升级能缩小城乡消费差距吗?》,《数量经济技术经济研究》2015 年第 3 期;蔡海亚、徐盈之:《贸易开放是否影响了中国产业结构升级?》,《数量经济技术经济研究》2017 年第 10 期;王维国、张逸君、邱德馨:《人口老龄化、财政支出效率与产业结构升级——理论机制与经验证据》,《统计研究》2024 年第 7 期。

(1)式中,Cid 为产业结构升级系数,X_i 是第 i 产业增加值与当年县域生产总值的比值。选取该产业结构升级系数刻画县域产业结构水平主要基于以下两点考虑:一是多数东西部协作西部县域产业发展仍以第一产业为主,若选取第二产业增加值占 GDP 的比重[①]、第三产业与第二产业的增加值比值等其他方法难以全面反映县域产业结构水平;二是该系数既包含三次产业的结构信息,又可以反映产业结构升级的动态过程,产业结构升级系数值越大,表示县域产业结构水平越高。

3. 控制变量

(1)县域户籍人口密度:县域内户籍人口总数与行政区域土地面积之比;(2)县域经济发展水平:人均县域生产总值、居民人均储蓄存款余额与人均社会消费品零售总额;(3)县域政府财政能力:县域财政一般预算收入与县域生产总值之比,县域财政一般预算收入既包括该行政辖区内的税收收入,也包括来自中央的纵向财政转移支付与来自地方政府间的横向财政转移支付收入;(4)县域人力资本水平:普通中学在校学生数与县域户籍人口数之比[②];(5)县域公共服务供给:县域每千人的医疗卫生机构床位数;(6)县域基础设施建设:县城供水普及率;(7)县域信息化水平:固定电话用户占县域总人口的比重。[③] 主要变量及其定义详见表1。

表1　主要变量及其定义

变量	名称	变量定义
县域产业结构	Cid	县域产业结构升级系数

---

① 张尔升、胡国柳:《地方官员的个人特征与区域产业结构高级化——基于中国省委书记、省长的分析视角》,《中国软科学》2013 年第 6 期。

② 张国强、温军、汤向俊:《中国人力资本、人力资本结构与产业结构升级》,《中国人口·资源与环境》2011 年第 10 期。

③ 黄祖辉、宋文豪、叶春辉等:《政府支持农民工返乡创业的县域经济增长效应——基于返乡创业试点政策的考察》,《中国农村经济》2022 年第 1 期。

（续表）

变量	名称	变量定义
东西部协作	*EWC*	是否为东西部协作结对县域(是 = 1;否则为 0)
县域人口密度	*Pops*	县域内户籍人口总数与行政区域土地面积之比(人/平方千米)
县域经济发展水平	*Egdp*	人均县域生产总值(万元/人)
	Hs	人均居民住户储蓄存款余额(万元/人)
	Econsum	人均社会消费品零售额(万元/人)
县域政府财政能力	*Pgos*	县域财政一般预算收入与县域生产总值之比(%)
县域人力资本水平	*Hp*	普通中学在校学生数与县域户籍人口数之比(%)
县域公共服务供给	*Ps*	县域每千人的医疗卫生机构床位数(床/千人)
县域基础设施建设	*Midws*	县城供水普及率(%)
县域信息化水平	*Ci*	固定电话用户数占县域户籍人口数的比重(%)

考虑到东西部协作依托于精准扶贫中的户籍管理,且以年末总人口数进行相关计算的结果并无实质差别,故本文基于县域户籍人口数进行各指标的计算。[①] 主要变量均剔除缺失值并进行了线性插值处理,各变量的描述性统计结果及 t 检验详见表 2。

表 2　主要变量描述性统计结果及 t 检验

变量	样本量	平均值	标准差	最小值	最大值	t 检验
Cid	7 038	2.208	0.138	1.534	2.803	0.010**

---

① 样本期间,针对贫困地区与建档立卡户的各项帮扶措施均依托于户籍管理。2017 年实施的东西部协作县域结对,属于脱贫攻坚大背景下针对西部贫困地区与建档立卡户的区域协作。因此,本文采用县域户籍人口数。

（续表）

变量	样本量	平均值	标准差	最小值	最大值	t 检验
EWC	7 038	0.198	0.398	0	1	
Pops	7 038	284.381	264.077	0.135	1 503.382	195.199***
Egdp	7 038	3.569	3.066	0.497	39.430	1.717***
Hs	7 038	2.613	1.459	0.073	17.714	0.987***
Econsum	7 038	1.107	0.740	0.066	8.028	0.596***
Pgos	7 038	0.061	0.035	0.005	0.858	−0.003***
Hp	7 038	0.044	0.013	0.004	0.183	−0.003***
Ps	7 038	4.132	1.379	0.466	14.613	0.051
Midws	7 038	93.346	10.104	13.660	100	1.702***
Ci	7 038	0.076	0.064	0.001	0.694	0.021***

注：t 检验是东西部协作结对县域与非东西部协作结对县域差值的显著性，**和***分别代表在 5%和 1%水平上的显著。

本文基于(1)式计算得出的产业结构升级系数与已有研究的计算结果基本上保持一致。t 检验发现东西部协作结对县域与非东西部协作结对县域的各变量间确实存在明显的组间差异，这为本文后续的实证分析提供了较好的数据基础。进一步地，本文基于东西部协作结对县域、非东西部协作结对县域和全国县域平均水平三类对县域产业结构升级系数进行事实刻画。

由图 1 可以看出，非东西部协作结对县域和全国县域的产业结构在样本期间的变化趋势基本一致，东西部协作结对县域产业结构升级系数从 2015 年的 2.154 提高至 2020 年的 2.253，并且在 2018 年之后呈现出较为明显的提升趋势，这表明东西部协作可能有效地促进了结对县域产业结构升级。在实证分析中，本文将进一步探讨东西部协作的结对县域产业结构升级效应及机制。

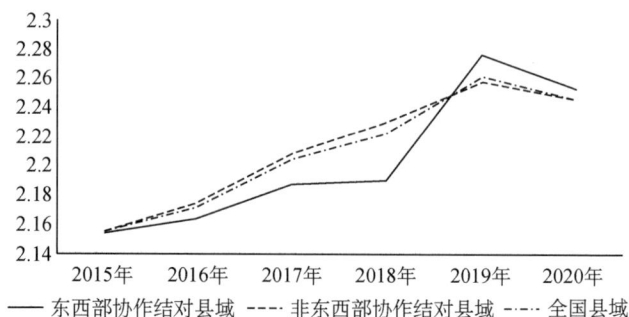

图 1 县域产业结构分类统计图

资料来源:中国县域统计年鉴。

(三)研究方法

2017 年,在全国 832 个国家级贫困县中,中国筛选出部分西部贫困县实施东西部协作县域结对,这可被近似地视为一项准自然实验。与非协作结对县域相比,协作结对县域形成与东部发达地区的"对口"关系,并形成覆盖产业发展、资金支持、人才交流等配套支持政策体系。本文使用双重差分法(DID)估计东西部协作对县域产业结构升级的影响效应,将规定结对关系的县作为处理组,其他非结对县作为对照组,设定如下形式的基准回归模型:

$$Cid_{i,t} = \beta_0 + \beta_1 DID_{i,t} + \sum \beta_n Control_{i,t-1} + \mu_i + \delta_t + \varepsilon_{i,t}$$

$$(2)$$

$$DID_{i,t} = treat_i \times post_t \qquad (3)$$

(2)式中,$Cid_{i,t}$ 为被解释变量,即第 t 年 i 县的产业结构升级系数,用来衡量县域产业结构水平。主要解释变量为东西部协作政策交互项 $DID_{i,t}$。(3)式中,$treat_i$ 为 i 县是否参与县域结对的虚拟变量,若是,则 $treat_i = 1$,否则 $treat_i = 0$; $post_t$ 为时间虚拟变量,在 2017 年之前 $post_t = 0$,在 2017 年及之后 $post_t = 1$。

$Control_{i,t-1}$ 表示影响县域产业结构水平的滞后一期控制变量集合,选择将控制变量滞后一期可以有效地缓解控制过度的问题。μ_i 表示县域固定效应,δ_t 表示年份固定效应,$\varepsilon_{i,t}$ 表示随机干扰项。$DID_{i,t}$ 的估计系数 β_1 反映东西部协作的县域产业结构升级效应,是本文的关注重点。

四、实证结果、机制讨论与异质性分析

(一)基准回归结果

本文采用双重差分法评估东西部协作对县域产业结构升级的影响效应,基准回归结果见表3第(1)列。在固定个体效应与时间效应、并加入所有控制变量后,东西部协作在5%的显著性水平上对县域产业结构升级系数产生正向影响,表明东西部协作有效地促进了结对县域产业结构升级,假说1得到验证。

表3 基于双重差分法的基准回归结果与部分稳健性检验

变量	名称	县域产业结构(Cid)			
		基准回归	考虑市际结对	考虑重点县政策影响	考虑革命老区政策影响
		(1)	(2)	(3)	(4)
东西部协作	Did	0.009 5** (0.005)	0.013 1** (0.006)	0.010 1* (0.006)	0.011 9** (0.005)
人口密度	$Pops$	0.000 0 (0.000)	0.000 0 (0.000)	− 0.000 0 (0.000)	− 0.000 0 (0.000)
经济发展	$Egdp$	0.002 4 (0.002)	0.002 4 (0.002)	0.002 3 (0.002)	0.003 7** (0.002)

（续表）

变量	名称	县域产业结构（*Cid*）			
		基准回归	考虑市际结对	考虑重点县政策影响	考虑革命老区政策影响
		(1)	**(2)**	**(3)**	**(4)**
经济发展	*Hs*	-0.0076^* (0.004)	-0.0074^* (0.004)	-0.0045 (0.005)	-0.0096^{**} (0.005)
	Econsum	0.0349^{***} (0.005)	0.0350^{***} (0.005)	0.0350^{***} (0.005)	0.0335^{***} (0.006)
政府财政	*Pgos*	-0.1287^{***} (0.047)	-0.1329^{***} (0.048)	-0.1257^{***} (0.047)	-0.1458^{***} (0.048)
人力资本	*Hp*	0.7764^{***} (0.219)	0.7849^{***} (0.223)	0.6878^{***} (0.222)	0.8730^{***} (0.223)
公共服务	*Ps*	0.0001 (0.002)	0.0002 (0.002)	-0.0006 (0.002)	0.0002 (0.002)
基础设施	*Midws*	0.0001 (0.000)	0.0001 (0.000)	0.0001 (0.000)	-0.0000 (0.000)
信息化水平	*Ci*	0.0879^{**} (0.043)	0.0876^{**} (0.044)	0.0745^* (0.044)	0.0686 (0.043)
常数项	*Cons*	2.1532^{***} (0.034)	2.1503^{***} (0.034)	2.1490^{***} (0.036)	2.1677^{***} (0.035)
调整后的 R^2	*Adj R²*	0.845 8	0.846 2	0.852 0	0.846 1
样本量	*N*	5 712	5 594	5 168	5 146

注:括号内的数值为经过县域层面聚类调整后的稳健标准误，*** $p<0.01$，** $p<0.05$，* $p<0.1$（下同）。

（二）平行趋势与安慰剂检验

使用双重差分法的前提应满足平行趋势假定，即处理组和控制组在政策冲击前具有相同的变化趋势。换言之，若处理组未接受东西部协作的政策冲击，其应具有与控制组基本一致的变化趋势。为检验处理组和控制组是否满足平行趋势假定，本文构造了政策生效前后年份的虚拟变量，具体模型见式(4)：

$$Cid_{i,t} = \alpha_0 + \sum \alpha_k Policy_{k,i,t} + \sum \alpha_n Control_{i,t} + \mu_i + \delta_t + \varepsilon_{i,t}$$

$$(4)$$

(4)式中，α_k 反映 2017 年前后处理组与控制组之间的差异，$Policy_{k,i,t}$ 是政策生效前后年份的虚拟变量，k 的取值为 -2、-1、0、1、2、3。平行趋势检验结果见图 2。可以发现，将政策冲击前一年作为参照组后，东西部协作县域结对实施前处理组与控制组的县域产业结构水平并不存在显著差异。不过，在实施当年及之后一年，县域产业结构仍未发生显著变化，这也与图 1 中关于产业结构升级系数的分类统计结果相吻合。东西部协作对县域产业结构升级的影响具有滞后性。在东西部协作县域结对实施之后的第二年与第三年，处理组与控制组的县域产业结构产生显著差异，第三年的政策影响程度相较第二年而言有所降低。

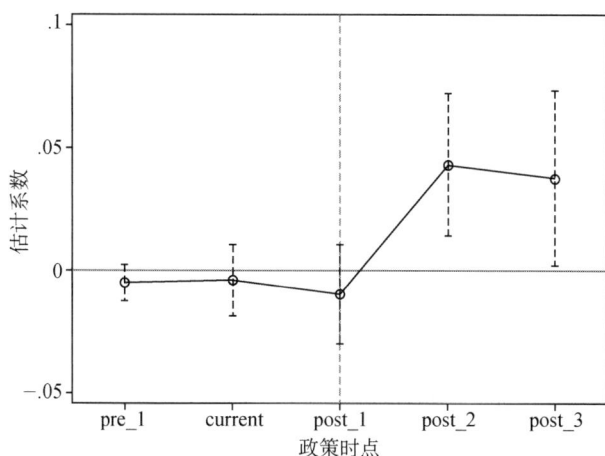

图 2 平行趋势检验结果

尽管通过平行趋势检验,但遗漏变量与偶然因素仍可能导致估计结果有偏,本文通过随机构建虚拟处理组进行安慰剂检验。因此,在样本中随机挑选一批虚拟东西部协作结对县域作为"伪实验组"后,本文将其余样本作为控制组,并由此生成虚拟政策变量。理论上,虚拟政策变量对县域产业结构升级的影响系数应为 0。图 3 表明①,在 500 次随机构建虚拟处理组后,虚拟政策变量对县域产业结构升级的估计系数集中于 0 附近,且与基准回归相比明显属于异常值。安慰剂检验进一步剔除了不可观测因素对县域产业结构升级的影响。

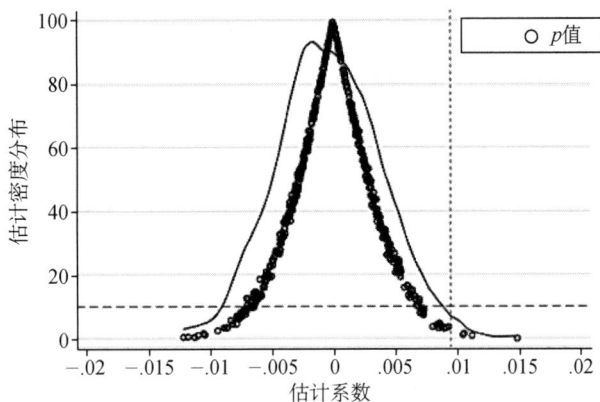

图 3　安慰剂检验结果

(三) 其他稳健性检验

为进一步检验东西部协作与县域产业结构间估计结果的稳健性,本文在基准回归的基础上进行了多种类型的稳健性检验,所有回归均固定个体效应与时间效应。

第一,考虑第二次市际结对产生的可能影响。第二次东西部

---

① 图 3 中的垂直虚线代表基准回归估计系数值,水平虚线代表数值为 10 的估计系数 P 值(将估计系数 P 值进行乘以百倍处理)。

协作结对是考虑到贵州省贫困状况突出的实际情况,仅针对贵州省 8 个市(州)进行市际结对,这可能带来与其他地区相比更强的治理力度,进而对整体回归结果产生一定的影响。本文剔除第二次市际结对的县域样本后进行估计,表 3 第(2)列的结果表明东西部协作可以有效地促进县域产业结构升级。

第二,考虑其他重要政策的可能影响。政策可被大致归纳为发展类政策与帮扶类政策,发展类政策主要瞄准具有一定发展基础的地区并给予政策支持,帮扶类政策更多地侧重扶持欠发达地区的发展。样本期间,东西部协作旨在助力欠发达地区脱贫增收,本文对其他政策的考虑同样聚焦针对欠发达地区的帮扶类政策。首先,2021 年,国家基于西部 10 省区各类收入及返贫风险等综合因素,明确 160 个乡村振兴重点帮扶县名单。国家乡村振兴重点帮扶县曾经属于经济社会发展水平相对更低的地区,在样本期间内存在东西部协作治理力度更强的可能性。本文剔除国家乡村振兴重点帮扶县样本后进行回归,表 3 第(3)列的估计结果进一步验证了东西部协作确实有利于促进县域产业结构升级。其次,中国在对西部结对县域进行持续帮扶的基础上,又单独针对特殊类型地区中的革命老区进行了差异化帮扶,于 2012 年至 2016 年陆续出台了五项革命老区发展规划①,规划见效可能处于本文研究样本期间内,进而对东西部协作的成效评估产生影响。因此,本文在全国县域样本中剔除五项革命老区发展规划所涉及的县域,表 3 第(4)列的估计结果再次验证了本文结论的稳健性,东西部协作有效地促进县域产业结构升级。

第三,PSM-DID 估计。本文同样可能存在由于选择性偏差而引发的内生性问题,故进行 PSM-DID 估计以尽可能地缓解。在

---

① 史婵、奚哲伟、王小林:《革命老区振兴发展实践与基本公共服务短板分析》,《中国农村经济》2023 年第 7 期。

选择县域特征、经济发展水平、政府财政能力、人力资本水平、公共
服务供给水平、基础设施建设与信息化水平等变量作为匹配变量
后,本文基于1∶4的卡尺匹配原则进行有放回匹配以构建对照
组。表4第(1)列的回归结果表明,东西部协作仍然可以在5%的
显著性水平上促进县域产业结构升级。

表4　其余稳健性检验结果

变量	县域产业结构(Cid)			
	PSM-DID	替换被解释变量	平衡面板数据	当期控制变量
	(1)	(2)	(3)	(4)
东西部协作	0.009 5** (0.005)	0.067 0*** (0.015)	0.010 6* (0.006)	0.008 3* (0.005)
常数项	2.153 2*** (0.034)	0.743 7*** (0.135)	2.156 7*** (0.035)	2.086 1*** (0.030)
控制变量	是	是	是	是
县域固定效应	是	是	是	是
时间固定效应	是	是	是	是
调整后的 R^2	0.845 8	0.789 3	0.846 9	0.853 0
样本量	5 712	5 712	5 065	7 035

第四,替换被解释变量。本文采用县域产业结构升级系数衡
量县域产业结构,被解释变量的计算方法可能导致估计结果存在
偶然性。为进一步验证本文结论的可靠度,本文重新选择第三产
业增加值与第一产业、第二产业增加值之和的比值作为县域产业
结构的代理变量。表4第(2)列的回归结果表明,在替换被解释变
量后,东西部协作依然对县域产业结构升级具有显著的促进作用。

第五,生成平衡面板数据。为尽可能地保留数据信息,上述实
证结果均基于2015—2020年的非平衡面板数据。平衡面板数据

相较非平衡面板数据而言,可以更为有效地控制个体效应与时间效应。本文将非平衡面板数据调整为平衡面板数据后再次进行回归,表4第(3)列的回归结果发现,东西部协作对县域产业结构升级发挥积极的影响。

第六,控制当期控制变量。在基准回归模型设定时,本文将所有控制变量滞后一期。在选择控制当期控制变量后,表4第(4)列的回归结果表明,东西部协作仍然可以显著地促进县域产业结构升级。

(四) 内生性检验

一方面,东西部协作可以有效地促进县域产业结构升级;另一方面,西部县域可能由于产业结构水平较低、经济社会发展较差从而迈入贫困县序列,并在国家级贫困县的基础上与东部地区建立结对关系。因此,东西部协作与县域产业结构可能互为因果并导致内生性问题,本文拟引入工具变量以缓解内生性问题。根据工具变量需与东西部协作高度相关但与县域产业结构无关的必要条件,本文选取县域乡镇个数作为工具变量。东西部协作在县域结对的基础上,进一步下沉结对关系至镇镇结对与村村结对。县域乡镇个数越多,东西部协作的力度可能越大,县域治理的强度可能越高。但是,县域乡镇个数难以直接对县域产业结构产生影响。

表5发现,基于工具变量的估计结果检验值较为理想。第一阶段的回归F值为12.32;第二阶段的回归Kleibergen-Paap rk LM检验值为7.57,并在1%的统计水平上显著,说明不存在识别不足问题。Kleibergen-Paap rk Wald F statistic的检验值为5.41,Cragg-Donald Wald的F检验值为14.33,同时,县域乡镇个数工具变量在1%的水平上显著,说明不存在"弱工具变量"问题。从第二阶段的回归结果来看,在缓解内生性问题后,东西部协作依然显著地促进县域产业结构升级。

表5 基于工具变量的内生性检验

变量	第一阶段 东西部协作(Did)	第二阶段 县域产业结构(Cid)
县域乡镇个数(Iv)	0.003 0** (0.001)	
东西部协作(DID)		0.360 1** (0.160)
常数项	0.514 3*** (0.095)	
控制变量	是	是
县域固定效应	是	是
时间固定效应	是	是
Kleibergen-Paap rk LM statistic Kleibergen-Paap Wald rk F statistic Cragg-Donald Wald F statistic	7.57($P<0.01$) 5.41 14.33	
调整后的 R^2	0.760 9	−1.873 3
样本量	4 849	4 849

（五）机制分析

东西部协作通过何种机制促进县域产业结构升级？前文提出东西部协作可能通过增加农业固定资产投资和缓解金融约束从而促进县域产业结构升级的研究假说，本部分将对此进行实证检视。受限于县域数据的可得性，本文借鉴已有做法，选取农业机械总动力(万千瓦特)的对数值衡量农业固定资产投资①，采用人均年末金融机构各项贷款余额(万元/人)作为缓解金融约束的代理变量。在分析方法上，本文借鉴江艇的研究，采取东西部协作对机制变量

---

① 王跃梅、姚先国、周明海：《农村劳动力外流、区域差异与粮食生产》，《管理世界》2013年第11期。

的回归以验证可能机制。① 此外,为尽可能地保留更多数据,机制分析基于原有数据库分别独立进行了两次回归(表6)。

表6　机制分析

变量	增加农业固定资产投资	缓解金融约束
东西部协作	0.063 5*** (0.018)	0.101 2** (0.041)
常数项	3.320 0*** (0.104)	−1.441 9 (0.964)
控制变量	是	是
县域固定效应	是	是
时间固定效应	是	是
调整后的 R^2	0.962 4	0.946 2
样本量	5 079	5 712

由表6可以发现,东西部协作对增加农业固定资产投资和缓解金融约束发挥显著的促进作用,假说2得到验证。提升农业机械化水平对促进农业发展具有重要影响②,农业机械化水平提升可以提高农业生产率,并强化规模效应,其释放出的劳动力既可以通过农产品精细加工、农业电商等促进第一与第二、第三产业的融合,从而实现农业产业结构升级,也可以通过劳动力逐渐向非农部门转移带动工农业联动发展③,最终促进产业结构升级。首先,东西部协作通过涉农企业、合作社与新型农村经营主体等载体提供专业化、市场化的农机服务,有效提升了县域的农业机械化水平。其次,东西部协作通

---

① 江艇:《因果推断经验研究中的中介效应与调节效应》,《中国工业经济》2022年第5期。
② 孔祥智、张琛、张效榕:《要素禀赋变化与农业资本有机构成提高——对1978年以来中国农业发展路径的解释》,《管理世界》2018年第10期。
③ 徐建国、张勋:《农业生产率进步、劳动力转移与工农业联动发展》,《管理世界》2016年第7期。

过政府搭建平台引导企业至西部结对地区投资兴业,在以发展第一产业为主的地区进行农业固定资产投资,可以进一步提升农业生产的效率,提高农产品的附加值,促进产业融合与产业结构升级。

金融发展可以发挥优化资源配置的作用,引导其他生产要素进一步流向第二、第三产业,直接促进产业结构升级。同时,金融发展可以通过促进技术进步、研发创新等间接促进产业结构升级。① 欠发达地区特别是县域地区普遍存在企业规模小而分散、农户种植养殖规模小而分散的特征,企业发展与农户种植养殖等相关特征导致其往往面临信贷"难题",如缺乏抵押物。东西部协作联合制定出台优惠政策并强化县域金融服务支持,既可以为企业生产经营研发提供资金,又可以满足农户个体的生产性资金需求,有效地缓解金融约束,促进生产要素逐步流向第二、第三产业,进而带动产业结构升级。此外,数字普惠金融发展是促进农业机械化的重要路径,数字普惠金融可通过农民收入和固定资产投资间接提升农业机械化水平。② 未来,促进数字金融普惠发展或许是东西部协作中进一步缓解县域金融约束、优化金融服务的一项重要内容。

(六)异质性分析

革命老区多位于偏远山区,普遍面临产业结构升级受限、经济社会发展水平滞后的问题。首先,革命老区与非革命老区的经济基础和产业结构可能存在差异,革命老区受限于较低的技术水平,传统产业可能以资源型产业或初级产品加工为主,非革命老区的产业结构可能更加多元化。其次,革命老区普遍经历较长时间的革命战争,经济发展滞后可能使其得到更多的政策倾斜和财政支持。最后,革命老区可能面临较为薄弱的社会资本和人力资本不

---

① 钱水土、周永涛:《金融发展、技术进步与产业升级》,《统计研究》2011 年第 1 期。
② 孙学涛、于婷、于法稳:《数字普惠金融对农业机械化的影响——来自中国 1 869 个县域的证据》,《中国农村经济》2022 年第 2 期。

足问题,东部地区技术和管理经验的转化过程可能更加复杂。东西部协作对产业结构升级的影响,可能因革命老区和非革命老区的历史因素、资源禀赋、政策倾斜等而存在异质性。根据中国老区建设促进会撰写的《中国革命老区》中对一类革命老区县的定义,当县域内老区乡镇数量占全县乡镇总数的比例达到90%以上时,则属于一类革命老区县。结合中国老区网对一类革命老区县名单的划分,本文对是否属于一类革命老区县进行标识。

由表7第(1)和(2)列可知,东西部协作显著促进一类革命老区县域产业结构升级,对非一类革命老区县域的促进作用不显著。这可能是由于一类革命老区县多分布于偏远欠发达地区,经济社会发展存在一定的差距,产业结构水平相对较低,东西部协作的力度可能更强,通过更多资本要素流动和政策倾斜推动其产业结构升级。非一类革命老区县域可能已经具备一定的经济基础和多元化产业结构,东西部协作促进产业结构升级的作用有限。2022年,《革命老区重点城市对口合作工作方案》明确部分东部地区与20个革命老区重点城市的对口合作结对关系,强调革命老区应积极承接产业转移,加强科技创新与产业合作,促进产业结构转型升级。[1] 因此,可进一步发挥东西部协作与对口合作的制度优势,助力革命老区振兴发展。

表7　异质性分析

变量	县域产业结构(Cid)			
	一类革命老区县	非一类革命老区县	创新水平较低县	创新水平较高县
	(1)	(2)	(3)	(4)
东西部协作	0.023 8** (0.011)	0.008 5 (0.006)	0.017 1** (0.007)	0.000 4 (0.005)

---

① 《国家发展改革委关于印发〈革命老区重点城市对口合作工作方案〉的通知》(2022年5月19日),中国政府网,https://www.gov.cn/zhengce/zhengceku/2022-06/08/content_5694557.htm?ivk_sa=1023197a,最后浏览日期:2024年8月19日。

（续表）

变量	县域产业结构（Cid）			
	一类革命老区县	非一类革命老区县	创新水平较低县	创新水平较高县
	(1)	(2)	(3)	(4)
常数项	2.242 0 *** (0.082)	2.146 1 *** (0.039)	2.230 9 *** (0.043)	2.190 6 *** (0.052)
控制变量	是	是	是	是
县域固定效应	是	是	是	是
时间固定效应	是	是	是	是
调整后的 R^2	0.868 1	0.835 2	0.845 1	0.856 9
样本量	1 024	4 107	2 674	2 805

创新对推动产业结构升级具有重要作用。[1] 创新可通过技术进步提升全要素生产率、优化资源配置,并加速新兴产业发展。创新水平较低县域的技术创新和产业结构相对滞后,更加依赖于技术转移和知识共享。在政策支持方面,创新水平较低的县域可能更侧重于引进外部创新资源,如技术引进、产学研合作等。创新水平较高的县域可能已经具备一定的技术水平,并通过市场机制和自主创新推动产业结构升级。东西部协作对产业结构升级的影响,可能因不同县域创新水平的基础、自主创新能力和政策支持等而存在异质性。

本文以县域发明公开专利数对数的中位数作为划分依据,将全样本分为县域创新水平较低与县域创新水平较高两个子样本。由表7第(3)与(4)列可以发现,东西部协作显著促进创新水平较低的县域产业结构升级,但对创新水平较高县域的促进作用不显著。这

---

① 付宏、毛蕴诗、宋来胜:《创新对产业结构高级化影响的实证研究——基于2000—2011年的省际面板数据》,《中国工业经济》2013年第9期。

可能是由于东西部协作可以为创新水平较低的县域提供外部创新资源，进而推动产业结构升级。这一结论与针对一类革命老区的异质性分析具有一致性，东西部协作发挥了良好的"扶弱"效应。对发展较差的县域而言，东西部协作可以有效地促进产业结构升级。

五、研究结论与政策启示

本文结合已有理论基础与中国的东西部协作实践，尝试从治理有效的角度探讨了结对关系下沉至县的东西部协作与县域产业结构升级之间的理论联系，并提出相应的研究假说。在实证分析方面，本文利用2015—2020年的非平衡县域数据，构建了双重差分模型，评估了东西部协作对县域产业结构升级的影响效应。研究发现：结对关系下沉至县的东西部协作有效地促进了县域产业结构升级，平行趋势检验、安慰剂检验、其他稳健性检验与内生性检验等均验证了这一结论的可靠性；从作用机制来看，东西部协作通过增加农业固定资产投资和缓解金融约束从而促进县域产业结构升级；在异质性分析中，本文发现东西部协作切实发挥了良好的"扶弱"效应，对一类革命老区及创新水平较低等发展相对不足的县域而言，东西部协作可以显著促进此类县域产业结构升级。

促进县域高质量发展是缩小区域差距与城乡差距的主要抓手，也是逐步实现共同富裕的战略要求。产业结构升级对促进县域高质量发展至关重要，东西部协作对如何推动县域产业结构升级作出了有效应答。治理和制度是促进可持续发展的重要因素①，随着欠发达地区迈入乡村振兴、城乡融合发展等新阶段，进一步发挥东西

---

① Asadullah, M. N. and Savoia, A., "Poverty Reduction During 1990-2013: Did Millennium Development Goals Adoption and State Capacity Matter?", *World Development*, 2018, 105, pp. 70-82.

部协作制度优势并助力持续缩小发展差距具有重要的实践意义。结合研究结论与实践发现,本文提出政策启示如下。

第一,持续强化协作体系与网络,有效提升东西部协作的县域治理能力。鉴于东西部协作对县域产业结构良好的"扶弱"效应,适当地拓展地区协作的范围。在继续将产业合作作为东西部协作重头戏的基础上,还应注重产业布局的整体规划和产业政策的优化,有效地改善县域间产业同质化发展的现状。特别是要以县城为重要载体,通过东西部协作促进城乡融合发展。

第二,精准支持欠发达地区城乡产业融合发展与数字普惠金融发展。针对产业结构以第一产业为主的欠发达地区,在促进农业规模化发展的同时,可通过广泛动员东部协作地区企业、高校、科研机构等主体参与欠发达地区城乡产业融合发展,特别是加强生产性服务业的数字化转型升级,例如,完善农业科技社会化服务体系,加强农产品现代物流体系建设,加强物流冷链运输。在"东数西算"工程的背景下,发挥东部地区数字技术、数据要素、数字平台等优势,助力西部地区数字普惠金融发展,为西部欠发达地区城乡产业融合发展提供良好的金融服务。

第三,不断加强东西部地区间的技术合作与创新。技术合作与科技创新构成欠发达地区持续发展的内生动力,可在数字化转型中强化东西部地区间的协同创新。基于东部地区对西部地区优质"土特产"的消费需求,加强西部地区农产品生产标准化、品牌创意化、质量可追溯,以发达的市场需求牵引西部地区"土特产"挖掘乡土资源、培育区域特色,形成产业规模。例如,依托西部地区丰厚的民族、生态、乡土文化资源与历史底蕴,通过东西部地区的数字创意、数字平台技术,促进欠发达地区的数字文化旅游产业融合发展。

[感谢国家社科基金重大项目"基于多维视角的 2020 年以后我国相对贫困问题研究"(19ZDA051)对本文的资助]

研究论文

基层治理的执行韧性何以实现

——基于 S 市 G 区社区工作站的过程追踪

黄雨阳*　　张乾友**

[内容摘要]　　基层政策执行中的弹性空间是弥合政策刚性和多元情境的重要载体。本文对以往研究中纵向层级博弈、横向政策联结等视角进行整合,引入时间维度,构建执行韧性这一概念,借由"压力传导——社会情境——政策联结"的分析框架,呈现基层政府发挥执行韧性实现政策调试的运行机制。通过对 S 市 G 区社区工作站试点的过程追踪发现,基层政府在应对上级部门的执行压力时,能够根据政策周期表现为对纵向压力传导的服从、基于社会情境的调试以及通过政策联结向上输出回应的连续性过程。在政策场域中,基层治理主体的执行韧性不局限于以往视角中向上变通和横向动员的即时反应,更表现为调试的后置性和积累性。通过将调试行为后置于政策周期,基层政府在不同政策的流变中辗转腾挪,构建边界灵活的政策联结,从而在规避与纵向压力产生冲突的前提下达成对过往执行结果的调试。同时,借由联结将已有的政策基础整合进新政策当中,以实现政策效益的积累和放大,并争取进一步的弹性空间。

[关键词]　　执行韧性;基层治理;政策执行;政策联结;调试

＊　黄雨阳,南京大学政府管理学院博士研究生。

＊＊　张乾友,南京大学政府管理学院教授、博士生导师。

一、问题的提出

超大规模国家的国情,使得公共政策落地时常常面临政策情境差异化以及目标群体间的相互冲突。基层治理主体既承受着自上而下的压力传导,也根植于在地社会情境中,这决定了它们在从政策设计到政策结果的链条中承担着特殊角色。基层政府既可能主动弥合政策与社会情境间的矛盾,实现适应性再生产,也可能选择避责和变通,从而造成政策执行中的偏差。

对于政策执行中并存的两面性,以往研究认为来源于政府层级间的博弈,是上级政府压力机制与地方自由裁量相互作用后的结果。由此,可以将其分解为自上而下和自下而上的两种经典解释。一种是自上而下的结构性解释,强调通过政治化机制有选择地推行重要政策,借由高位推动的政治势能①和责任包保②强化从上到下的控制权,形成了行政发包③、项目分级运作④、示范推广⑤等常规手段和运动式治理⑥集中加强的综合集成。另一种则是自下而上的策略性解释,强调地方政府在执行中的自由裁量权,其来自政策执行必须根据具体情境和目标群体作出调整和适应,从而结构化为下级政府在制度层面的相对独立和利益层面的偏好

① 贺东航、孔繁斌:《中国公共政策执行中的政治势能——基于近 20 年农村林改政策的分析》,《中国社会科学》2019 年第 4 期。

② 冯定星:《政策执行中的"包保责任制"——以 Q 市创建国家卫生城市工作为例》,《社会发展研究》2014 年第 3 期。

③ 周黎安:《行政发包制》,《社会》2014 年第 6 期。

④ 折晓叶、陈婴婴:《项目制的分级运作机制和治理逻辑——对"项目进村"案例的社会学分析》,《中国社会科学》2011 年第 4 期。

⑤ 叶敏、熊万胜:《"示范":中国式政策执行的一种核心机制——以 XZ 区的新农村建设过程为例》,《公共管理学报》2013 年第 4 期。

⑥ 周雪光:《运动型治理机制:中国国家治理的制度逻辑再思考》,《开放时代》2012 年第 9 期。

自主。①

这两者在逻辑上都可以被归总为纵向视角,强调的是上下层级间的博弈。近年来,一些研究则突破了"命令—抵抗"的行政控制体系,着眼于执行者与目标群体间的联结关系,其核心是围绕政策任务突破常规科层边界来构建权威关系和资源配置渠道。这类讨论兴起的根本原因是对政策执行中制约因素的重新理解,政策执行并非只由上下层级博弈所驱动,更涉及复杂、多元的政策对象间的互动。它们围绕任务所形成的联结,对政策执行起到了至关重要的作用,指向政策落地时的"调试"过程。相较于纵向的层级博弈,它提供了政策执行的横向视角,关注政策场域中的共同行动主体如何将不确定性转换为适应性再生产。

然而,以上两者所根植的现实背景正在变化,以往与压力型体制适配的"硬指标",正在从经济、税收、维稳向民生、环境、扶贫等领域扩散,"硬指标"在"软性"任务中的泛化②,以及党的十八大以来的问责高压,一方面使得层级关系间讨价还价的博弈空间不断收缩,另一方面也带来了基层治理中多任务并存的现实,地方无论是向上议价、变通的空间,还是依靠运动式治理来动员力量的余地,都在被挤压。

针对这一新的现实发展,通过对经验材料的梳理,本研究发现,在新的政策背景下,地方政府除了向上变通和横向动员,还可以依靠在不同时期的政策之间辗转腾挪,构建新的执行自主性空间。这表明,基层治理中的执行并不是"一锤子买卖",它在单一政策的即时反应更多是由当时的压力传导、资源配置与结构性因素所决定的,但基层政府能够巧妙地运用政策周期更替以及多任务

---

① 彭海东、尹稚:《政府的价值取向与行为动机分析——我国地方政府与城市规划制定》,《城市规划》2008 年第 4 期。

② 李利文:《软性公共行政任务的硬性操作——基层治理中痕迹主义兴起的一个解释框架》,《中国行政管理》2019 年第 11 期。

的特性,通过后置而非即时的调试来实现政策再定义。

基于此,本研究关注的问题是,在多任务并存以及议价空间逐步收紧的情况下,受到限制的基层政府能否依靠衔接、组合和调试不同时期的政策,间接地恢复执行自主性,实现政策设计与社会情境间的弥合,从而有效地实现政策适应性的再生产。

二、执行韧性的概念确立与分析框架

韧性(Resilience)概念源于生态学,与应对能力紧密相连,强调组织通过减少不确定性和恢复平衡的措施来应对外界变化。① 公共议题中的韧性常用于两种情境:一种是与公共空间(城市、社区)相联系,强调公共治理主体面对不确定性特别是重大危机时的应对能力②;另一种则是从治理路径出发,强调公共权力在下沉过程中所面临的复杂性,论证基层保持弹性的合理性③,执行中的韧性是确保基层在政策压力和执行能力间维系平衡的动态机制④,依靠制度韧性来回应压力、适应环境和创新。⑤ 梳理发现,前者强调以适应性为目标整合不同主体的资源,后者则否定了压力与执行间的线性关系预设,构建韧性的制度空间来肯定应势而为的策略

① Trenton A. Williams, Daniel A. Gruber, Kathleen M. Sutcliffe, et al., "Organizational Response to Adversity: Fusing Crisis Management and Resilience Research Streams", *Academy of Management Annals*, 2017, 11(2), pp.733-769.

② 方敏、张华、唐斌:《韧性治理:城市社区应急响应的行动逻辑与效应》,载唐亚林、陈水生主编:《大都市圈治理:战略协同与共荣发展》[《复旦城市治理评论》(第10辑)],复旦大学出版社2023年版,第187—214页。

③ 唐皇凤、王豪:《可控的韧性治理:新时代基层治理现代化的模式选择》,《探索与争鸣》2019年第12期。

④ 张翔:《压力与容纳:基层政策变通的制度韧性与机制演化——以A市食品安全"全覆盖监管"政策的执行情况为例》,《中国行政管理》2021年第6期。

⑤ 张贤明、张力伟:《国家纵向治理体系现代化:结构、过程与功能》,《政治学研究》2021年第6期。

行动。同时,韧性在两种讨论中都依赖于空间或制度的特定属性,然而,韧性可以突破空间与结构的局限,更为准确地适配于政策执行,无论是对单一执行反应的考量,还是对策略行动综合集的整体审视,都需要构建执行层面的韧性概念。

有鉴于此,本研究吸收韧性的不同理论意涵,构建执行韧性概念来解释基层治理中政策执行的适应性调试。由于韧性发轫于生态学中系统在危机前后的应对,使其天然地具有时序性特征,既展现了系统在应对压力时的相对性和多元化,又从时间维度体现了系统在冲击下失衡、调试和重组的序列。因此,相较于适应性执行、变通执行、政策细化等研究,执行韧性最能够容纳政策执行在时间上的变化,同时体现基层治理中多样态的执行策略和调试行为。本研究将政策执行放置于包含纵向层级博弈、横向动员联结以及在时间上随势而动的政策场域中,建立它们之间相互作用的动态张力关系,综合性地考量基层政府的行为变化,构建执行韧性的循环机制(图1)。

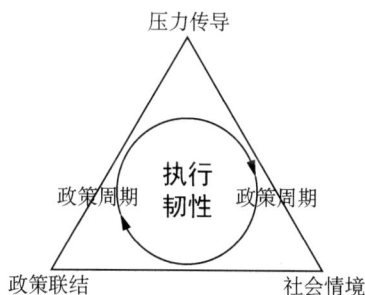

图1 执行韧性的分析框架

(一)政策压力传导

压力传导对执行韧性构成最直接的影响,政策自上而下的运转并非完全由科层制的规则导向所驱动,更多的是压力型体制下的层级结构协调。压力型体制有效运转的关键是激励和控制的一体两面。一方面,压力型体制形成了一种以晋升激励和财税激励为主的强激励,为下级政府构建执行与收益间的正向预期;另一方面,上级政府通过考核与问责来避免执行偏离,在制度设计上依靠目标考核和一票否决等机制来加大违约成本,同时,在技术治理上加强预算管理、监督考核等压力手段,并通过政治任务化的压力来保证重点政策的执行。这两者构成正向激励与负向问责的综合预期,从而有效地传导政策执行压力,也是层层加码的制度性来源。

(二)社会情境

执行韧性还根植于社会情境。政策主体在执行中的适应性再生产会因政策所处的社会情境而产出相应的特征,根据本地实际进行政策内容的解读和转换,以实现硬性政策要求在具体治理情境中的软着陆,产出清晰明确的政策行动。影响执行韧性的社会情境因素需要从相对广泛的意义上来理解,包括政策执行所面对的经济社会发展水平、政府资源配置①和执行能力配置②,也包含政策目标群体的社会关系和接受程度等所有社会因素的总和。

(三)政策联结

执行韧性的另一来源是围绕政策任务所形成的目标群体的联结,政策落地为不同群体的互动提供有效渠道和兼容体系。这种联结既可以是整合资源的相互协作,也可能是基于某种政策利益

---

① Joshua M. Jansa, Eric R. Hansen, and Virginia H. Gray, "Copy and Paste Lawmaking: Legislative Professionalism and Policy Reinvention in the States", *American Politics Research*, 2018, 47, pp.739-767.

② 刘河庆、梁玉成:《政策内容再生产的影响机制——基于涉农政策文本的研究》,《社会学研究》2021年第1期。

所形成的"合谋"。① 从表现形式来看,政策联结可能表现为以政策目标为核心、跨越科层部门限制的任务网络,包括在执行中的工作组、领导小组、部门牵头等形式②,也可以表现为基于非正式制度的松散联盟,包括与市场主体、公众、社会组织等系统之间的合作交往。

(四)执行韧性的动态机制

除了对执行韧性的要素分析,还需要从时间维度衡量它们在政策场域中所构成的紧张关系,由此形成三组动态变化的张力关系,即压力传导与政策情境间的博弈、社会情境与政策联结间的弥合,以及政策联结向上形成整体输出以回应压力,在动态变化的过程中,时间维度以政策周期更替的形式影响着执行韧性的发展。

具体来说,当政策压力传导通过"政治任务化""硬指标"等形式强势下派时,执行主体会在一段时间内呈现出对政策指标的回应与服从。当压力传导随着政策流变而削弱,基层政府可以通过构建联结在新政策中实现自主解读,从而对以往政策执行结果进行调试。政策设计与社会情境通过政策周期更替实现适应性再生产,执行主体基于新的政策过程进一步形成跨项目、跨部门的政策联结,统筹并放大基于联结的政策效果,实现对上级政府的政绩输出,从而在未来的政策博弈中获取更大的执行空间。

由此,执行韧性实现了政策执行视角的连续性构建,这里的连续性不仅仅是指针对同一领域、同一对象的政策流变,更是指在不同时期的政策周期更替中,基层治理通过对多任务情境下政策间的整合,在结果上呈现出连续性调试。

---

① Jean Tirole, "Hierarchies and Bureaucracies: On the Role of Collusion in Organizations", *Journal of Law Economics & Organization*, 1986, 2, pp. 181-214.

② 丁远朋:《弹性化治理:"工作组"机制的运行及治理逻辑探究》,《社会主义研究》2018 年第 1 期。

三、执行韧性:基层治理情境中的多重策略选择

为了更好地刻画基层治理中的政策执行弹性空间,研究选取
S市G区社工站项目进行过程追踪(2017—2023年)。S市地处华
东地区,经济发达,城镇化水平高。S市G区在20世纪90年代正
式开发,经济水平和城镇化建设都经历了飞跃式发展,G区地区的
生产总值、公共预算收入、规上工业总产值等指标均位S市前列,
根据第七次人口普查(以下简称"七人普")的数据,截至2020年11
月,G区常住人口较"六人普"增长63.07%,年平均增长率为
5.01%,增长率排全市第一。① 2008年,为了响应上级政府"政社
分离"的要求,G区开始推行一站式工作制,将下沉到街道、面向社
区的事务性工作从居委会分离,集中到社区工作站统一办理,社区
工作站的辐射范围为4—6个社区。

(一)"压力—情境"下的基层服从

2011年年初,时任中共中央总书记的胡锦涛同志对S市所在
省提出了"六个注重"的明确要求,包括"注重加强社会建设和社会
管理",省政府据此制定了"八项工程",其中的一项为社会治理创
新工程。

为此,省委组织部和省民政厅联合举办了社会管理专题会议
和研修班,基于省内N市J区的示范经验提出"一委一居一站一
办"模式,即党委、居委会、社区服务站、综合治理办公室的统一架
构,将其列入"八项工程"在全省范围内推行。其中的"一站"指的

---

① 数据来源于S市G区经济发展委员会(统计局)发布的《S市G区第七次全国
人口普查公报》。

是社区管理服务站。①

1. "一站一居"政策压力的"双保险"

这一阶段,"一站一居"政策通过政治任务化构建政治势能,同时,通过指标化的全过程监督,确保了政策的纵向压力传导效果,使得上级政府能够以其预期速度向下推进政策,基层政府在执行中的弹性空间被指标压缩,议价能力也在政治化带来的横向竞争中被削弱。

"一站一居"政策的政治任务化。最直观的表现在于,该模式被纳入"八项工程"后突破了普通事务性行政任务,进入核心任务范畴,被列入省政府54项重点工作中进行定期通报,在此后两年更被列入年度十大重点工作。其次,体现在省委、省政府主要部门和领导的关注上,该政策在2011年年初的省委十一届十次全会中正式提出,省委书记在省党代会、省长在省政府全体会议上多次强调全面推行。省委、省政府在《关于加强新形势下城乡社区建设的意见》等政策文件中进一步明确任务内容,并在后期将工作站建设纳入该省《新型城镇化与城乡发展一体化规划(2014—2020年)》当中。

"一站一居"政策全过程的指标化。首先,政策设计阶段就确立了每300户选配1名社区工作者、加大社区工作站建设的明确数字指标。其次,政策覆盖范围和时间节点十分清晰,要求2015年之前要达到覆盖率90%甚至全覆盖。再次,政策考核控制权上收并进行全程量化审核和进度通报。根据省政府工作报告,2011年半年和第三季度的城乡社区推广率分别为25%、15%和35%、20%,并据此将次年目标设定为80%和50%,2013年实现全覆盖。最后,在政策配套上出台全省社区建设考评标准,将此项进行专项赋分并纳入一票否决的范围,以保证基层对政策执行的积极配合。

---

① 后于2015年S市统一规范名称为"工作站",因此,全文统称工作站避免混淆。

由此,该政策实现了政治任务化以及"硬指标"的双保险。尽管责任部门划归到省民政厅,但它实际上是由省委和省政府主推的社会治理创新工程的典范,因此具有极大的政治势能。同时,贯彻政策链条的指标化,使得政策目标、执行乃至政策考核都清晰可量化,大大减少了下级政府变通的自由裁量空间。

2. 政策设计与社会情境间的不适配

"一站一居"政策确保了执行压力的纵向传导,却带来了基层治理层面政策设计与社会情境间的不适配。这种不适配来自政策设计原型与 G 区社会发展间的差异。该政策脱胎于 J 省 N 市 J 区,该区的人口老龄化问题突出,人口构成复杂,区内人群收入分配、教育水平与社区差异化较大,造成基层公共服务需求数量大、性质不一且集中度分散,下沉至基层的"一站一居"服务机制与 J 区基层治理的需求相适配。

与政策原型截然不同的是,G 区是改革开放后新成立的高规格新区,经济增长与社会发展的速度极快,2023 年地区生产总值达 3 686 亿元,形成了信息技术、高端制造为主导,发展四大新兴产业和服务业的"2 + 4 + 1"产业布局,呈现出人口年轻化、高学历、高收入的特征,基本养老保险、基本医疗保险、失业保险覆盖率达到 100%。① 同时,G 区在规划之初便确立了市内全域一体化策略,因此,社区分布和资源配置相对统一且集中度高。这使得 G 区的公共服务需求重质大于重量,居民自主性强,相较于下沉式服务而言更注重服务对接需求的精准性和服务效率。此前,G 区以综合服务中心为主,社区工作站为辅的"一站多居"模式运行良好,服务供给与民众需求大致适配。推行"一委一居一站一办"模式不仅需要大量人力、财力以及配套设施的重新调配,更在一定程度上

---

① 地区生产总值、产业布局以及基本养老保险、基本医疗保险、失业保险覆盖率等数据来源于 G 区政府网站公布的 G 区概况介绍。

出现资源下沉后的公共服务"供应过剩"。

3. 纵向压力与横向竞争下的策略性服从

政治任务化与指标化带来的纵向压力传导直接压缩了基层政府在执行中的弹性空间,并在行政层级传导中不断加码。在接收到省政府的政策信号后,S市将该政策列为城乡社区服务体系建设以及民政事业发展"十二五"规划的主要任务,并作为"城乡社区服务"考核指标之一,先后以"政社互动""依法行政"工作要点通知的形式多次下达文件。G区社会事业局某工作人员表示:"这个站位提得很高,省里面统一部署,定的目标是2015年之前要实现全覆盖……目标定出来是要有提前量的,我们最后是按照标准提前了快两年达到全覆盖,倒排回来,可以看出我们推行的决心有多大。"①

现代治理是一种"通过比较的治理"②,其中,基层政府面临着在同一政策中的横向竞争,构成了执行压力的另一来源。该政策在全省范围内推行,也意味着同级政府进入同一政策场域通过指标和进度审核相互竞争。比如,同级Z市(代管县级市)2012年就将达标率99%列入重点工作中,相较于全省标准提前三年,这也作为选报材料之一助推Z市获评J省首批现代民政示范市。横向竞争构成了基层政府推进政策执行的压力,G区社会事业局某工作人员表示:"指标摆在那里,要当示范,要评创新实验区,都得满足硬性条件,走在前面的区(县)才能被看到,指标一摆,市里核算排序,大家的排序就清清楚楚。"③

政治任务化、指标化的纵向压力以及同级竞争的横向压力,使得基层政府在政策执行与匹配社会情境之间,遵从前者并表现出策略性服从。G区先后将该政策纳入区内"十二五"规划、依法行

---

① 对G区社会事业局某工作人员的访谈,编码20190514SPJ。
② 张乾友:《分类与比较:对人的治理的两种方式》,《行政论坛》2024年第2期。
③ 对G区社会事业局某工作人员的访谈,编码20190514SPJ。

政工作要点、争先创优实施方案以及"政社互动"工作实施意见当中,并对任务进行分解细化,将责任部门确定为区社会事业局和各街道、社工委,按照政策要求调整工作站。全区工作站的数量在2014年后上升为75个,2015年后达到82个。

这一阶段,"压力—情境"间的张力明显。在纵向推进与横向竞争的双重合力下,基层政府无论是变通、规避还是自主解读的余地都被缩小。政策压力成为主导,地方和基层政府在高压力、强指标面前,放弃了此前运转良好的"工作站+一站式综合服务中心"的基础,转而表现出对政策要求的策略性服从,以避免与上级的直接冲突和在同级竞争中的落后。在这一过程中,基层政府更多地扮演了适应者和执行者的角色,来自上级政府的政策压力主导了整个政策链条。

(二)"情境—联结"下的政策调试

在政策落地后,政策设计与在地情境间的不适配并没有消解反而不断累积,从而构成了基层治理情境中的政策调试基础。

1. 情境不适配的来源与积累

情境不适配首先来自政策设计与社会需求间的错位。从居民人口特征来看,第七次全国人口普查的数据显示,截至2020年11月,G区15—59岁的人口的占比为71.38%,每10万人中拥有本科学历的有37 722人[①],2023年,G区的人均可支配收入达92 593.3元[②],均位于全省前列。人口年轻化、高学历、高收入的特征,使得居民更注重公共服务供给的精准性和综合性,而非密集度。从政策效果来看,G区一贯实行"市内体域一体化"战略,"一居一站"的调整对原有规划形成一定的冲击。同时,由于G区经

---

① 数据来源于S市G区经济发展委员会(统计局)发布的《S市G区第七次全国人口普查公报》。

② 数据来源于S市政府2024年2月发布的《S市G区公布2023年经济数据》。

济发达,密集设立工作站会对居民区原有资源造成挤占,这带来了基层政府执行不便和辖区居民不满的双重问题。在对 G 区居民调研时,X 街道 T 社区某居民表示:"我不在意社区天天上门送点这个,问点那个,要办什么事,我一脚油门就去综合中心了。"①S 街道的中高档小区还曾因工作站位置和日常宣传而产生不满,某居民表示:"它放在小区,就要占位子的,那地方本来可以和会所一样开放给业主用的……小区容积率低是来做绿化和景观的,不是来贴海报的,何况现在网上都有信息。"②

情境不适配的积累还来自政策持续运转后的"供应过剩"和资源占用。由于居民人口特征和基本医疗保险的全覆盖,使得居民对社区服务的需求并不密集。对 G 区 2019 年的调研结果显示,82个工作站的人均日办理量不足一件。社会事业局的工作人员总结道:"这边居委会忙得不得了,工作站的人又走不开,占了 400 多个人,还得轮班,又不能干网格,又不能走访,又不能帮居委会。"③

政策落地后,政策与情境间的不适配随着"供应过剩"和成本固化的问题而不断积累。公共服务供给密度远超居民的需求,工作站的建设、运营成本过高,还难以机动地支援其他部门,同时,相关考核随着政策周期的更替开始逐渐放松,两者共同构成了基层政府渐进调试的动机。

2. 政策更替中的渐进调试

基层政府的渐进调试本质上是基于治理情境的适应性再生产,政策与情境不适配的积累构成了调试基础,政策周期更替则提供了调试窗口,使得基层政府避免了对原政策的直接对抗,而是利用政策间更替,基于认知和需求不断形成新的政策联结,由政策联结推动调试纳入新政策中而实现改变,即以新的政策执行调试旧

---

① 对 G 区社区居民的访谈,编码 20231120YC。
② 对 G 区社区居民的访谈,编码 20231122LY。
③ 对 G 区社会事业局工作人员的访谈,编码 20190514SPJ。

的政策执行。

2016 年,为响应中共中央和省政府提出的"互联网＋"行动,S市推进"互联网＋政务"服务,成为 G 区调整工作站的契机。G 区线上建设"一口受理"的智慧社区服务平台,线下将工作站作为"一门受理"的载体,对试点工作站的人员配置和服务标准进行调整。G 区的三个街道在特定工作站进行"全科社工"试点,由此前按照条线专配人员调整为不分条线统一受理,服务范围变为周边 4—5个社区,由此节约人员配置,同时提升受理效率。G 区出现试点内"一站多居"和试点外"一站一居"并存的现象——通过智慧社区和"全科社工"试点,基层政府在事实上调整了部分工作站的功能定位,由"一居一站"变更为"一站多居"。

这一阶段,基层政府与上级职能部门联结为共同政策主体,作为试点责任部门的区社会事业局需要探索线下载体,而负责落地的街道需要缩减工作站过剩的资源配置,两者的需求重合提供了政策联结的基础。试点街道副主任 L 表示:"相比于之前,5 个社区要建 5 个工作站,每个工作站内又按条线不同需要安排不同的社工,大概需要社区工作人员 25 至 30 人,'全科社工'上岗后,起码节约了十几个社区工作人员。"①通过试点将"一站一居"调整为辐射更广、配置精简的"一站多居"模式,不仅降低了职能部门与街道间协作的复杂程度,也能减轻基层财政负担。

此外,基层政府通过将试点上升为市级规范认可,实现了进一步的渐进调试。G 区通过将"一站多居"纳入智慧社区政策试点,从事实层面的部分调整,到将其推广为示范模板,再到上升为市级层面的正式规范,实现了基层调试的向外拓展和向上认可。街道与职能部门借由试点完成了"一站多居"的可行性试验,形成政策联结作为整体向上争取支持。一期试点完成后,G 区模式获得了

---

① G 区 J 街道试点情况的报道资料,编号 20170517LLJ。

S市民政局的支持,与之适配的"全科社工"模式被列入S市民政建设十大成果之一。

在实践层面,基层政府将智慧社区与"一站多居"进行政策捆绑,前者的推广成功也为后者争取了执行空间。G区智慧社区入选国家六部委联合试点,同时作为"放管服"改革试点的范例获得省委、省政府的肯定。在智慧社区项目基本建成后,G区政府也借由新的政策机遇将试点实践上升为正式规范。2018年5月,中央下发《关于加强和完善城乡社区治理的意见》,S市政府在制定相关行动计划时,参考民政条线的示范成果,将"一站多居"模式正式纳入规范性文件,取消此前考核中"一委一居一站一办"覆盖与否的一票否决标准,提出因地制宜、探索建立包括"一站多居"在内的不同模式。由此,"一站多居"实现了正式政策产出,由试点实践上升为规范文件。

3. 基层执行中的政策联结

在借由政策周期更替实现调试的过程中,政府部门基于需求形成了政策调试联结,而当调试获得规范认可进入执行推广后,基层治理中的不同政策主体(包括街道、职能部门、区政府),根据执行的阶段性需求,不断构建边界灵活的政策网络。

在执行推广阶段,街道成为推进政策的主要执行者,负责前期摸排、方案设计以及试点推广等内容,各街道开展了专项联合调研,调研侧重点主要包括效益核算以及风险评估。效益核算构成了街道最为直接和强烈的改革动机,J街道负责人对调研结果表示:"我们也怕取消了会有不满……但还是一定要分,为什么,效率太低,我们调研(工作站)人均日办理量就一点几件,人员占用量非常大,效率又非常低。"①在风险评估方面,街道根据当地居民情况进行摸排,形成系统性的风险评估报告,认为政策风险属于可控范

① 对J街道负责人的访谈,编码20240325JJH。

围。"我们周边当时属于动迁人口,也怕会有舆情,因为动迁的特点就是会有很大集群效应,但是这件事上不一样,这些(社区服务)都是分散的,那动迁人群就不会在一个时间点上产生共同诉求,就不会集中爆发(舆情)。"①各个街道的联合调研使它们形成了一致认知,共同向上推进政策进度。

在这一阶段,政策联结还依托于政策周期更替来创造调试契机。各街道利用新的政策窗口来推进执行。2019 年,为了响应中共中央、省委、市委"不忘初心、牢记使命"主题教育的号召,G 区组织开展了专题学习,试点街道借此提交联合调研报告,将"一站多居"加入专题学习范围,最终形成包括区委领导、区委组织部、财政局、国资办、社会事业局和街道的专题调研组,通过此后召开的多次专题调研会加快形成落地方案。2019 年 9 月,G 区正式实行全区范围"一站多居"的推广,于次年完成改造,将 82 个工作站撤并为 20 个,站点总量缩减 69%,配置人员缩减 38% 以上。

在这一阶段,社会情境成为调试的主要动力,基层治理中的各级主体围绕"一站多居"组成政策联结,街道在成本压力下与区级职能部门达成默契,通过试点效益来争取市级认可,在执行阶段则与各类职能部门组成专项调研组以加快政策进度。在这一过程中,基层政府扮演了政策调整的主导者角色,在不同政策的流变中实现了对以往政策内容的间接调整,从试点到市级经验再到规范文件确认,最终反哺基层治理情境中对以往政策的统一调整。

(三)"联结—压力"下的向上回应

"一站多居"模式下的工作站不再分散于居民区内,实现了与党群服务中心以及民众联络所的场地集约,这使得工作站在空间属性和人员配置上成为具有灵活边界的载体,目标群体能够根据

① 对 J 街道负责人的访谈,编码 20240325JJH。

任务需求通过工作站来达成不同程度的联结,通过集群效益放大政策执行的成果,以此回应新的政策压力,即将以往政策调试成果作为新的政策执行基础。

1. 政策捆绑下的资源整合

2020年1月,J省开展旨在推进乡镇街道整合审批服务执法力量的"三整合"改革,S市选定了G区W街道在内的三个地区进行试点。"三整合"改革涉及基层审批、服务、执法等多方面内容,相较于"一委一居一站一办"是否满足硬指标的"判断题",它更接近"命题作文",下级政府拥有更大的执行自主性,因此,G区将党建组织、行政管理、基层服务的融合作为切口,选定"一站多居"模式工作站作为载体,借助"一站多居"模式建立的数字平台、'全科社工'和空间集约的工作基础来推进"三整合"。

试点街道选择将工作站作为载体,是为了整合与其捆绑的智慧社区平台和"全科社工"资源。线上,W街道将街道层级101个、社区层级79个服务事项上线智慧社区信息平台,试点运行"一网通办2.0";线下,W街道依托工作站中的'全科社工',实现了54个公共服务事项的"一证办结",从而建立了线下受理需求、线上平台流转派发,职能部门处理的整体机制,实现了工作站、信息平台、职能部门围绕公共服务事项的政策联结,将包括工作站在内的各部门资源整合进统一机制当中。

通过将"一站多居"的相关资源整合进新的政策当中,G区政府以更小的成本实现了更快的执行进度和效益提升,W街道成为全省首个通过建设质量技术验收并获优秀等次的街道,并成为全国首个"县域基层治理司法指数"的实践样本,被S市市委选为示范点接待中组部、中央编办和省市调研20余次。

此后,G区借由"三整合"改革进一步促进"一站多居"推广,结合"三整合"要求出台工作站标准化建设规范,确立了财政、人员配置的统一标准,2020年8月,G区内所有工作站设施设备以及'全科社工'配备到位,开展全区"一站多居"模式的标准化建设,G 区各街道也在 2020 年年末和次年顺利通过 S 市市委和市"三整合"考评组的一期以及复审评估。

2. 工作站与党建的深度绑定

党建引领是打通基层政策执行的"强劲抓手"。① 在试点阶段,基层街道利用工作站与党群服务中心在空间上的集约性,挖掘工作站、党建联盟以及网格融合的可行性。W 街道在试点中按照"便民服务中心—社区工作站—党群专员"的架构进行调整,街道内的 7 个工作站被整合进社区党建共同体资源库中,建立"点单派单"服务模式以及社区"接诉即办"居民诉求机制,工作站在事实上承担了党群服务中心的管理任务,同时开展网格员采集、代办、代缴等服务,依托于工作站建立网格节点,从而形成党建网络、网格体系和工作站的融合。

这一模式借由试点示范在政策中后期成为全区工作站标准化建设内容,从而使工作站转变为线上与职能部门形成信息联结、线下与党建网络和网格体系形成实体联结的综合服务架构。工作站在空间上与党群服务中心集约并由前者负责实际运维,"三整合"改革强调"一核多元"的原则,"一核"即坚持党建统筹改革为核心,因此,各街道依托于工作站开发党建联盟以回应政策要求。例如,J 街道开发了"J 楫先锋"党建品牌,利用数字平台,将工作站的"小""散"空间整合进资源网络上线共享,党建联盟中的各主体能够自主登录数字平台预约闲散空间加以使用。Y 街道开发"人才党建"书记项目,推动工作站流动服务与辖区企业内党建站点的结合。X 街道探索"党建＋服务"模式,由工作站和党员社工一同开展周边社区的绿色代办通道。通过党建工作,工作站和其他党建

---

① 徐国冲、苏雅朋:《党建引领如何助力基层政策执行? ——基于"模糊-冲突"模型的案例分析》,载唐亚林、陈水生主编:《城市更新与空间治理》[《复旦城市治理评论》(第 11 辑)],复旦大学出版社 2023 年版,第 171—200 页。

单位在实际上形成了政策联结,同时,工作站的空间属性使其能够以实体形式直观地展现政策效益,从而在运行中不断积累和强化政策联结。J街道负责人在一次接待上级部门检查、与接待的工作站站长沟通时强调:"(接待时)不要强调湖东、湖西两个地区,要强调党支部,强调纵向网络支持,要讲我们的机制,讲纵横结合,我们有458家共建单位,要把这个优势放大。"①

3. 工作站与国有企业的平台建设

除了与党建工作的深度绑定外,工作站与辖区内邻里中心在空间上的集成,为其与国企主体形成政策联结提供了平台依托。

缩并后超过一半的工作站选址在G区邻里中心的民众联络所内,邻里中心是G区的引进项目,由辖区内的国有企业开发运营,其中的民众联络所实现了工作站、日照中心、青年之家、民众俱乐部等多载体的服务空间集约。

工作站向民众联络所集中后,通过将基层服务站点与邻里中心相结合,地方政府能够将负责运营的国企整合进政策网络当中,同时,借助邻里中心的实体更好地展示政策效益。例如,W街道在接待市级政府编办开展"三整合"改革调研时,将邻里中心内的工作站作为示范点,并要求运营邻里中心的国企董事代表参与接待,该董事表示:"我们这边人流吞吐量这么大,每年效益这么好,都是实打实的……所以有检查接待街道最喜欢叫我们来,我们来,也是给街道领导的心理按按摩、疏疏压。"②

在这一阶段,基层治理内部围绕"一站多居"形成了边界灵活的政策联结以回应压力。面对"三整合"改革压力,基层政府将已与数字平台和"全科社工"形成捆绑的工作站作为载体,以提升执行进度和效果,在全省内首先通过评估检验,借此争取全区的标准化建设。

---

① J街道负责人与社区工作站站长的会议记录,编码20240314ZJX。
② 对L国企董事的访谈,编码20231114JY。

调整后的工作站成为线上线下相结合的综合服务架构,并与其他功能平台实现集约,这一特性使得基层政府在后续工作中,将工作站在性质上与党建工作相结合,在空间上与邻里中心相结合,形成更为广泛的政策联结,调动一切可用的资源来放大政策效益,从而回应上级政府"三整合"改革和推进党建的压力。不同阶段中,政策主体展现了从服从到调试再到回应的发展过程,从而构成了执行韧性的弹性空间(图 2)。

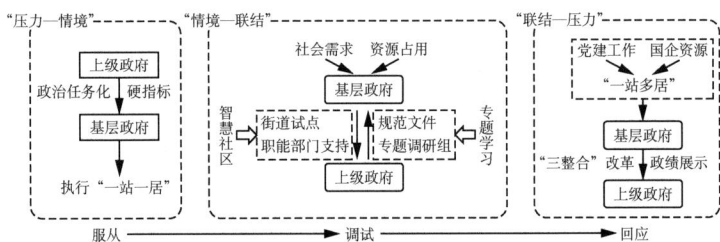

图 2　执行韧性的学理分析

四、基层治理执行韧性的演变机理

政策在向下派发过程中常常呈现出多样化的执行态势,这种差异性提示我们必须正视制度性因素下政策压力与政策执行间的非线性关系,特别是对基层治理这一基础又重要的治理单元来说,基层治理中的各主体在不同的张力关系中协调平衡,除了服从或反抗,有着更为丰富和动态的弹性空间。对政策自主性空间的单方面收紧,即便能在即时结果上规避变通执行,但如果存在与社会情境间的不适配,基层仍然会通过政策周期更替来实现执行上的调试。

(一)执行韧性的作用空间:政策场域的连续性过程

从执行韧性的作用空间上来看,主要源于三个维度。首先,执行韧性的作用空间来源于政策压力传导,它集中表现为纵向层面的上级政府的目标约束以及横向层面的同级政府竞争。基层政府面临的是一个综合性的政绩考核体系,因此,政策是否进入中心范畴、考核指标的"软硬"程度,会直接影响特定政策在基层治理中的层级共识和执行态度。当政策被列为重点工作时,上级政府的关注会促使下级也将原本边缘的任务进行优先排序,同时,政策考核在时间节点和结果量化上的"硬指标",进一步缩小了变通空间。纵向压力传导还会形成横向竞争压力,当政策实现政治任务化后,同级政府会进入同一政策场域内竞争,基层政府会在横向压力下不断加码,以满足指标而非政策适应性为首要目标。相较而言,当政策目标表现为"命题作文"时,基层政府对政策的解读和执行有更大的弹性空间,从而确保了基层政府基于社会情境进行适应性再生产的可能性。

其次,执行韧性的作用空间来自基层治理中基于社会情境的主动调试。基层执行中的弹性空间并不总是表现为对政策的即时反抗,而是基于政策周期更替中的渐进调试。政策目标在执行过程中必然需要根据具体情境来进行适应性再生产,政策设计与执行间的差异从根本上赋予了执行主体的自由裁量权,这构成了基层政府的调试基础。

调试行为与政策周期呈现出契合性。政策初期,基层政府在强执行压力下呈现出策略性服从,随着落地执行,政策与社会情境的不适配不断积累,在案例中直接表现为服务目标群体的不满以及成本收益计算的不理想,社会情境产生的需求积累构成了基层政府由服从转向调试的合法性基础。同时,政策周期更替为调试提供窗口。一方面,随着此前政策考核的结束,上级政府的压力会有所松动;另一方面,通过将调试行为打包进新的政策执行中,基层政府能够在事实层面上对既有政策产出进行调整,并将其与新政策捆绑,借由新政策的成功向外推广和向上争取认可。在政策捆绑以外,新政策本身的性质也会给予基层政府调试空间,相较于"硬指标","命题作文"的新政策提供了更大的自主执行性。基层政府契合于政策周期从服从转向打包、捆绑和整合,调试过程呈现为渐进式完成的拼图。

最后,执行韧性通过围绕不同目标形成的政策联结而产生作用。政策主体出于自身需求、基于阶段性目标而形成政策联结,呈现出不同程度的调试演变,最后作为整体向上争取利益。在前期调试阶段,基层执行者与不同层级的职能部门之间形成默契,通过试点以较小的成本探索调试的可行性道路,实现基层缩减成本以及区级职能部门推行智慧社区的目标。在达成"一站多居"的调试结果后,政策主体组成了基层治理单元中新的、稳定的政策联结,结合工作站此前的基础,围绕党建工作进行线上线下的整合,同时,利用空间集约性将运维邻里中心的国企资源整合进工作站网络中。这些围绕新目标形成的政策联结,调动联结中的广泛资源来放大集成效益,最大限度地向上输出政绩,回应相关政策压力,同时争取未来更大的自主性空间。

这三种作用空间在政策周期中呈现为一种连续性过程。政策压力传导构成了基层执行韧性的"变压器",基层政府在面对不同政策任务时会根据政策性质"相机而动"。强压力、强指标的政策在向下传导的过程中会层层加码并通过同级竞争进一步放大对基层政府的约束力,使其表现出压力下的策略性服从,"命题作文"式政策则具有更大的执行自主性,基层政府因此能够更为主动地在政策间实现整合、利用和调整。基层治理中的主动调试构成了执行韧性的"节拍器",随着政策设计、传达、执行、考核,呈现出不断循环的周期更替,基层政府在不同政策阶段呈现出在服从和调试间不断往复的策略性选择,利用新的政策执行调整旧的政策结果,实现渐进式调试。政策联结构成了执行韧性的"蓄水池",基层治理主体在循环往复的政策周期中,基于自身需求不断生成边界灵活的政策联结,依托于联结网络将分散的资源进行整合并放大政策集成效益,从而作为一个整体向上输出影响力,进一步引导政策走向。

(二)执行韧性的作用机制:后置性与积累性的相互适配

执行韧性之所以在案例中呈现为一种连续性过程,是因为其建立在政策周期所代表的时间维度上(图3)。在执行韧性的治理路径中,时间维度构成了最为重要的作用机制,并表现为以下两个方面。

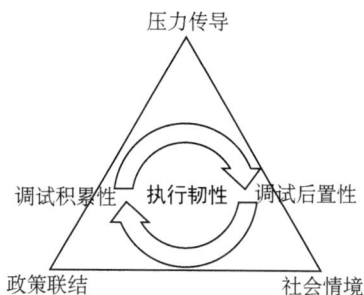

图3 基层治理中执行韧性的演变机理

其一,基层治理中执行韧性的后置性。执行韧性对于基层政策理解的一个更新在于脱离孤立的单一政策,而将政策流变视为更加完整的政策周期更替,因此,在政策执行初期,基层治理主体的"服从"并不代表调试行为的终结,相反,这一视角使得基层治理主体后置性的调试行为成为可能。

政策指标的"软硬"变化和基层政府解读政策的自主空间,都伴随不同的政策更迭而改变,基层治理主体并非总是处于单一的高压或自主的执行空间中,而是在多任务情境下面临着不同的政策流变所带来的执行压力的弹性波动。基层政府能够利用这种弹性波动,作为规避纵向风险和恢复自主性的重要机制。在当下行政体制控制权不断上移,同时基层治理情境愈发复杂化的矛盾面前,后置性的调试策略成为一种现实选择,当基层政府意识到可以随着任务环境的变化而进行周期性调试时,这种偶发政策差异带来的自主性,就会常态化为基层治理中的固有机制,基层政府从而形成了新的策略选择:不在"硬指标"的压力下直接反抗或规避变通,而是将调试行为渐进地包裹于新的政策周期中,通过政策捆绑与整合,在新政策中实现对旧政策的调试。同时,调试的后置性使其区别于传统上的组织惰性或执行反扑,通过打包进新政策而达成事实调整的同时,调试必须经过实践检验才能进一步上升为规范层面的认可。

其二,基层治理中执行韧性的积累性。从执行韧性作用机制的发轫来看,调试动力来源于政策与社会情境间的不适配,这种不适配随着政策周期发展呈现出积累性,从而促使基层治理主体利用政策的周期性波动而作出调试。正是这种积累性的存在,支撑着基层治理主体将后置性调试从一种偶发行为发展成常态化的策略选择。基层治理情境和社会需求构成了检验政策执行的重要标准,偏离于治理情境的政策设计会在执行中积累不适配,最终触发基层治理主体的渐进调试行为。

从执行韧性作用机制的载体来看,作为调试支撑的政策联结同样随着政策周期更替而调整、积累和发展。政策是否与社会情境相匹配,需要在执行过程中通过各方主体回应而获得检验和反馈,基层政府对政策进行适应性再生产,也需要基于实践进行可行性探索,在这一过程中,围绕着政策任务不断生成政策联结,并且随着任务更替而更新政策联结网络,基层治理主体在其中对话、合作,调整原有执行中与治理情境不相符合的部分,保留与新政策相契合的资源,作为执行基础将过往政策整合进新的政策周期当中,实现一种螺旋式上升的政策积累。同时,这种联结不仅推动了政策调试,其本身作为载体也呈现出稳定性和显化,随着政策更替而不断更新的联结网络,会在共同行动中逐渐结成更加深刻的利益同盟,作为共同体推动政策朝着最有利于各方共同需求的方向渐进调试,在结构上形成更为广泛的资源整合载体,以回应未来不断波动的政策压力,通过联结间的资源集成和扩大效应,为以后新的调试奠定积累性基础。

五、结论与讨论

基层治理作为政策落地的终端,在执行过程中的重要性不言而喻。以往研究更多地从纵向压力、横向竞争、动员联结等层面对政策执行中基层主体的不同态势进行解析,本研究试图构建执行韧性的概念,将时间这一关键维度纳入政策场域中,提供一个审视基层治理中执行力演变的动态机制,它在以下三个方面有利于政策执行理论的拓展。

第一,执行韧性突破了对单一静态视角的讨论,不再局限于从单一政策所具有的政策环境、纵横博弈出发,将这些静止的前置性因素容纳到一个更为广泛的政策演变周期中,从跨政策的长期视角去分析结构性因素、能动性以及时间周期间的交互作用对政策执行的复杂影响。

第二,执行韧性为政策执行中基层治理主体的自主性提供了新的解释。不同于以往锦标赛模式下的地方基于经济发展建立的自主性,也不同于基层自由裁量权的定义,执行韧性将散漫的、偶发的调试行为,结构化为基层政府有意识地固定且形成机制的策略选择空间,基层在意识到政策周期更替能够不断地为自身提供调试时机后,就会将这种偶发现象发展为一种策略选择。

第三,执行韧性为基层治理中的灵活执行提供了可行性路径。

政策周期的更迭,为基层实现政策适应性再生产提供了一条后置性路径:在硬指标的压力下忠实执行,再借由"命题作文"的弹性空间对以往执行结果进行渐进式调整。通过将调试行为打包进新的政策执行中,基层政府一方面实现了对以往政策的调整,另一方面也借由此前的基础,以更小的成本和更快的速度回应上级政府的压力。

总的来说,执行韧性机制的构建,不仅为政策执行提供了一个更为动态的视角,更反映了政府治理中的"渐进"与"适变"的治理特性。从单一因素和绝对视角出发的执行理论,必然会随着治理复杂性、多变性的熵增而暴露其局限。基层政府作为执行者所存在的自主性空间,其根本价值是为了实现政策与社会情境的弥合,它并不是随机的,而是保证运转过程中政策适应性再生产和执行弹性的有机空间。

同时,本研究也存在一些局限:研究选取的案例在政策类型和适用情境上都存在一定特殊性,公共政策随着类型、部门的变化可能出现较大的差异性,在机制的外延适用性上仍然有待检验;研究是对单一案例的历时性跟踪,因此,其所形成的观察与总结规律如何展开大样本的数据检验,仍然有待思考和实践。

[本文系国家社会科学基金重点项目"国家治理中的非预期结果及其应对研究"(项目编号:23AZZ013)、国家社会科学基金重大项目"大数据驱动的城乡社区服务体系精准化构建研究"(项目编号:20&ZD154)的阶段性研究成果]

商品房社区治理型业委会的生成过程与运作机理

——基于武汉市 L 商品房社区的调查

张紧跟* 张 旋**

[内容摘要] 业主委员会是商品房社区实现有效治理的内生主体,但在实践层面并非所有业主委员会都能够促进和改善商品房社区治理。在"嵌入性—公共性"的分析框架中,只有具备强嵌入性和强公共性进而表征出强治理能力及治理意愿的治理型业主委员会才能推进社区有效治理。从武汉市 L 商品房社区的治理实践来看,治理型业主委员会在融入社区治理体系的过程中能够链接整合治理资源,在包容性社区环境中扎根社区,以高质量的治理能力完成信任支持机制构建,在带动居民参与社区事务中培育社区公共性,通过正向积极和秩序化的公共行动提升社区治理绩效。因此,治理型业主委员会是实现商品房社区简约治理的重要实践形式,既确保了国家介入对社区自治组织的纠偏,也激活了业主委员会的自主治理动力,有助于达成活力与秩序动态平衡的商品房社区治理目标,由此可以成为理解"中国基层之治"的一个视角。

[关键词] 社区治理;治理型业主委员会;嵌入性;公共性

---

* 张紧跟,中山大学中国公共管理研究中心、政治与公共事务管理学院、广州新华学院公共治理学院教授、博士生导师。

** 张旋,中山大学政治与公共事务管理学院博士研究生。

一、问题的提出与文献综述

（一）问题的提出

作为国家治理的基石和社会治理的重要阵地，社区治理是实现国家治理体系和治理能力现代化的重要基础和"天然试验场"。不同于城市化进程中行政力量自上而下驱动形成的"过渡型社区"①以及作为单位制遗存的老旧小区，商品房社区是一个围绕城市住房产权为核心形成的权力关系与利益关系交织的场域②，市场力量进入以及业主自治组织的兴起，将以社区居民委员会（以下简称居委会）为单中心的社区治理秩序推向多元分散型治理格局。业主委员会（以下简称业委会）作为基于产权形成的代表全体业主对社区物业管理工作实施监督、对社区事务实施自治管理的"新型社区居民自治组织"③，在维护业主权益、促进社区公共事务治理方面的影响力不断增强。④ 业委会一度被研究者寄予厚望，认为其作为业主参与社区治理的制度化平台以及联系居委会、物业公司与业主群体的重要载体，能够通过维护业主权益、规范业主利益表达、激活社区自治，促进社区公共事务协同共治。然而，在实际运作过程中，许多商品房社区业委会面临组织、制度、结构与身份

① 叶娟丽、周泽龙：《过渡型社区治理转型中的行政扶持及其限度——基于成都市 L 街道的调查》，《华中科技大学学报》（社会科学版）2023 年第 5 期。

② 钱志远：《受困的业主自治和失控的市场扩张——由一个"职业物闹"事件引发的探讨》，《社会发展研究》2022 年第 1 期。

③ 夏建中：《北京城市新型社区自治组织研究——简析北京 CY 园业主委员会》，《北京社会科学》2003 年第 2 期。

④ 张振、杨建科、张记国：《业主委员会培育与社区多中心治理模式建构》，《中州学刊》2015 年第 9 期。

四大困境①,要么难以成立②,要么偏离治理初衷发生异化,甚至沦为破坏社区秩序的斗争型组织。③ 因此,如何破解业委会的发展难题成为研究者关注的重点问题。

(二)文献综述

对于促进业委会社区有效治理的研究,学界主要提出了"制度建设论""政党统合论"两种纾困之策。"制度建设论"主张通过制度支持化解业委会成立与运作的困境。针对业委会成立的困境,研究者指出要强化基层政府在人力、物力等方面的综合性资源支持,强化立法机关的规则支持④,对组建业委会流程进行全面细致地规范。针对业委会运作的困境,研究者主张在已有业主大会和业委会组织的基础上,增设业主监事会以构建三元制衡治理架构⑤、完善履职评价机制以健全业委会治理结构。⑥ "政党统合论"主张基层党组织充分运用自身政治资源与组织优势引领业委会发展。⑦ 例如,张振主张推动"红色业委会"建设,通过制度设计、考核评价、理念塑造等方式将业委会纳入政党主导的体制框架中⑧;

---

① 陈鹏:《城市社区业委会治理困境及对策研究》,《山西师大学报》(社会科学版)2023 年第 2 期。

② Cai Yongshun and Sheng Zhiming, "Homeowners' Activism in Beijing: Leaders with Mixed Motivations", *The China Quarterly*, 2013, 215, pp.513-532.

③ 陈鹏:《国家—市场—社会三维视野下的业委会研究——以 B 市商品房社区为例》,《公共管理学报》2013 年第 3 期。

④ 胡仕林:《社会支持理论视角下业主委员会"成立难"及其化解》,《云南大学学报》(社会科学版)2023 年第 5 期。

⑤ 连重阳:《论业主组织治理结构的完善》,《新疆大学学报》(哲学社会科学版)2022 年第 3 期。

⑥ 陈鹏:《城市社区业委会治理困境及对策研究》,《山西师大学报》(社会科学版)2023 年第 2 期。

⑦ 陈文:《政党嵌入与体制吸纳——执政党引领群众自治的双向路径》,《深圳大学学报》(人文社会科学版)2011 年第 4 期。

⑧ 张振:《合法性建构:党建引领城市社区业主组织发展的策略机制——以全国城市基层"红色业委会"党建创新为例》,《内蒙古社会科学》2021 年第 2 期。

王印红等人认为应该推行党组织和治理单元下沉,成立业主党支部委员会引领社区建设。[1] 最终,通过政党整合推进对业主居民的组织化动员,实现党建引领社区治理。[2]

总体而言,"制度建设论"与"政党统合论"认为商品房社区中的业委会发展与治理面临诸多困境,都主张通过全面深化社区治理改革从深层次来破解业委会的运作困境,将业委会打造成为更积极有效的治理主体。毋庸置疑,"制度建设论"意识到业委会"成立难、换届难、履职难"是因为业委会的组建与运行缺乏行之有效的基本制度保障,但如果无视那些已经在诸多商品房社区中发挥有效治理效能的业委会,相应的应然性制度设计就会缺乏经验材料的有效支撑而更多地停留于应然层面。不仅如此,"制度建设论"大多立足于宏观维度,对于在实践中制度建设与业委会有效治理的具体耦合之道这一社区治理的微观基础缺乏应有的关注。"政党统合论"虽然意识到基层党建是影响商品房社区业委会治理效能的关键变量,并对党建引领业委会建设这一新时代基层治理创新的基本趋势进行了深入探讨,但既有研究主要聚焦于党建嵌入社区策略以及"红色业委会"的塑造,对业委会在党建引领下如何有效地运作缺乏应有的关注。显然,如何使业委会这一内生主体在商品房社区治理中有效运作,依然是一个需要深入研究的重大课题。

基于此,本文在借鉴嵌入性理论和公共性理论的基础上,尝试构建"嵌入性—公共性"二维分析框架,在现有研究的基础上探究业委会在商品房社区有效运作的行动逻辑与生成机理。在案例选择方面,与既有研究多聚焦因业主维权生成的维权型业委会

① 王印红、朱玉洁:《基层社会治理创新:从社区"原两委"到小区"新两委"》,《经济社会体制比较》2022年第2期。
② 潘泽泉、辛星:《政党整合社会:党建引领基层社区治理的中国实践》,《中南大学学报》(社会科学版)2021年第2期。

不同,本文关注的是为提升社区治理效能、由街道办事处和社区居委会引导成立而后实现有效运作的治理型业委会。在武汉市L社区,治理型业委会组建后协调多方关系维护社区公共利益,持续发挥自主治理功能,并且第一届业委会的主要成员在2022年换届选举中成功地获得连任,因而该案例具有一定的特殊性和典型性。在案例研究过程中,一手资料主要来自研究者从2019年至今对武汉市L社区成立业委会全过程的参与式观察并对业委会成立后的运作进行持续跟踪,在此过程中对社区居委会干部、业委会成员以及业主开展了多次访谈,二手资料来自武汉市有关物业管理的相关政策性文件和管理制度规范、相关媒体报道、学术研究文献等。

二、嵌入性—公共性:业委会有效运作的分析框架

如何发挥业委会在商品房社区治理中的积极效能,需要在理论层面厘清业委会在商品房社区治理体系中的位置。"嵌入性—公共性"视角有助于从功能层面明晰业委会的社区治理特质及治理绩效,业委会类型化是业委会治理效能发挥的基础。在社区治理共同体构建中,业委会的治理意愿和治理能力影响着社区善治治理格局的塑造和社区公共空间生产的秩序优化,这意味着具备"强嵌入性—强公共性"特质进而展现出强治理能力及治理意愿的治理型业委会才能够推动商品房社区的有效治理。

(一)社区治理场域的嵌入性—公共性

作为不同利益得以调和进而使多元主体得以采取联合行动的持续协调过程,社区治理实践蕴含着多元主体之间共同建立治理

秩序以及基于追求公共利益而形塑公共性的过程。① 党的十八大以来,城乡社区着力构建以党政力量为统领、以社区自治力量为关键、以服务居民为导向的社区治理共同体,旨在实现多元主体之间的协商合作,以共建共治共享不断提升社区治理的效能。业委会作为商品房社区重要的内生治理主体已不仅仅是单一自治角色,更具备了塑造公共空间的意涵,成为党政力量与社区居民、个人利益与公共利益交互对接的场域,其治理意愿和治理能力影响着社区善治治理格局的塑造和社区公共空间生产的秩序优化。因此,如何使业委会有效地运作,应该围绕治理秩序生成与公共性生产来展开分析。基于这两个维度,作为商品房社区治理中内生行动者的业委会需要完成嵌入性与公共性的双重建构。

嵌入性这个概念最早由卡尔·波兰尼(Karl Polanyi)在分析经济活动和社会关系时提出。他认为经济是嵌入政治、宗教和社会关系中的,采用自发调节的市场将导致脱嵌。② 其后,格兰诺维特(Mark Granovetter)发现社会行动、经济行动与结果同时受到行动者和他人的关系以及这些关系的整体结构影响,并提出结构嵌入与关系嵌入的双重分析维度。③ 嵌入理论力图解释行动者的真实行动状况:行动者既不是外在于社会环境像原子个人似地进行决策和行动,也不是固执地坚守其已有的社会规则与信条,而是嵌入具体的、当下的社会关系体系中并作出符合自己主观目的的行动选择。对于业委会而言,尽管自主性是考察其组织行动能力的根本来源,但是从参与过程来看,业委会的有效运作还受到嵌入性因素的影响。正如埃文斯(Peter Evans)在分析国家能力的制度性基

① 俞可平:《治理与善治》,社会科学文献出版社 2000 年版,第 4 页。
② [英]卡尔·波兰尼:《大转型:我们时代的政治与经济起源》,冯钢、刘阳译,浙江人民出版社 2007 年版,第 15 页。
③ [美]马克·格兰诺维特:《社会与经济:信任、权力与制度》,罗家德、王水雄译,中信出版集团 2019 年版,第 34 页。

础时所指出的,国家目标的长远发展需要透过各种政策网络嵌入社会,实现与社会的紧密合作,在这个过程中国家自主性非但没有消失,反而因为嵌入获得真正的自主性。① 在商品房社区场域中,业委会只有在与其他社区治理主体形成相互促进的行动合力时才能实现社区治理能力的提升与有效。换言之,业委会要实现有效地运作就必须嵌入社区多元治理主体的行动逻辑,形塑协同共治的善治格局。

基于上述分析,业委会的嵌入性主要表现在以下两个方面。一方面是政治结构嵌入,即业委会与基层党政组织的关系、基层党政组织对业委会的态度以及业委会成员是否与基层党政组织关联密切。政治结构嵌入使基层党政组织能够通过组织赋能和关系统合对业委会发展提供良好的制度环境和资源支持②,也可以确保其始终在有序治理的轨道上运作。另一方面是社会关系嵌入,主要体现为在社区场域内与物业公司和业主群体的经常性协商互动,有效地联结多方主体,撬动社区治理资源。业委会的关系嵌入性越强,其参与社区治理获得业主的理解和支持就越多,业委会功能的缺失③会使业委会产生信任危机,进而走向业委会异化及在社区治理中的脱嵌。

尽管嵌入性是考察业委会在商品房社区实现有效运作的基础视角,但业委会的有效运作必须回归社区公共性。公共性指涉个体从私有空间走向公共空间,在公共协商中达成共识,构筑公共价

---

① Peter Evan, "The Embedded Autonomy: State and Industrial Transformation", Princeton: Princeton University Press, 1995, pp.227-235.

② 刘湖北、叶明婕:《从行政控制到嵌合共治:社区物业融入基层治理的转换逻辑与实现机制》,载唐亚林、陈水生主编:《大都市圈治理:战略协同与共荣发展》[《复旦城市治理评论》(第 10 辑)],复旦大学出版社 2023 年版,第 215—241 页。

③ 陈锋、李明令:《组织异化:对业委会偏离社区治理的一个解读》,《西南大学学报》(社会科学版)2023 年第 1 期。

值的过程。① 基于公共性强调与共同体相关联的性质，业委会的公共性是指业委会在商品房社区场域中通过公共交往和公共生活以塑造公共空间的角色与功能发挥。业委会以社区业主公共利益作为组织化动力，其作用在于建立一个公共空间，强化业主基于合约基础建立的信任、监督和自我控制关系②，激发物业服务企业的准公共属性，共同创造社区的公共价值。③ 业委会的公共性功能发挥对于社区公共性的培育起着关键作用。

基于此，业委会的公共性主要体现在公共服务提供、公共利益表达和公共理性培育三个方面。业委会公共性所体现的三个维度既是治理过程和手段，也是商品房社区有效治理的目标。在商品房社区内召开业主大会选举产生的业委会构建出其形式上的公共性，在后续运作中业委会通过组织化将分散的业主个人诉求集中起来并纳入社区公共治理议程，引导居民强化对社区公共利益和公共事务的关注并理性参与公共事务治理。在此基础上，业委会基于互信互惠来调和多元主体之间的张力与冲突，加强居民之间以及居民与物业公司之间的沟通，增强居民的社区认同和公共意识，形成共建共治共享的生动局面。④ 业委会的社区治理效能有助于为业委会在夯实内部合法性（业主认同）的基础上不断地增强其外部合法性（街居组织认同）；而内部和外部双重合法性的获取，不断地强化业委会提升表达公共利益、提供公共服务和培育公共理性的意愿和动力，确保业委会自我激励的稳定性，进而实现公共

① 李友梅、肖瑛、黄晓春：《当代中国社会建设的公共性困境及其超越》，《中国社会科学》2012年第4期。

② 张静：《培育城市公共空间的社会基础——以一起上海社区纠纷案为例》，《上海政法学院学报》2006年第2期。

③ 卢文刚、谭喆：《党建引领基层社区治理创新实践研究——以广东省"红色物业"为例》，《中国行政管理》2024年第4期。

④ 吴佳忆、刘欣：《基层党建、住房产权与都市居民的社区治理参与——基于上海社区调查的分析》，载唐亚林、陈水生主编：《城市更新与空间治理》[《复旦城市治理评论》（第11辑）]，复旦大学出版社2023年版，第228—257页。

性的持续生产,业委会有效运作的能力也能够得以持续地发挥出来。

综上分析,业委会嵌入性越强,激活社区治理的能力越强;公共性越强,则治理意愿越强;治理能力越强,治理意愿越强,则主体治理的有效性越强,因而更容易产生高质量的社区治理绩效,反之亦然。

(二)商品房社区业委会的功能分类

基于上述分析可以认为,将"嵌入性—公共性"作为讨论商品房社区实践中业委会的治理功能发挥具有逻辑合理性。嵌入性维度影响着业委会在社区治理中的协作性,公共性维度影响着业委会在社区治理中的公益性,二者交互作用,偏重任一维度都存在不可避免的片面性。业委会在嵌入性与公共性之间的结构性均衡决定了业委会的治理特质及治理绩效。需要指出的是,业委会作为社区治理的重要主体,在实践过程中可能也会发生功能异化,体现为组织能动性和公共精神的双重不足。基于"嵌入性—公共性"的二维分析框架,结合实践中的业委会运作成效,从实际功能发挥层面可以将业委会具体归纳为四种类型(图1)。

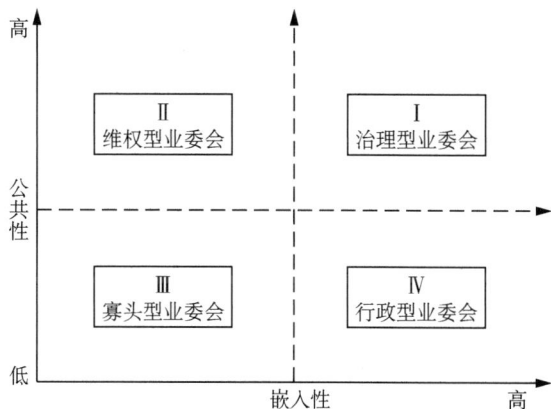

图1 业委会的"嵌入性—公共性"影响功能分类

第一种类型(象限Ⅰ)是治理型业委会。这类业委会因应社区治理需求而培育,以解决社区治理问题、提升社区治理成效为组建出发点,获得党和政府的制度资源支持和身份认可,并提供有效指导和监督,进而使业委会融入社区治理体系之中。既能够搭建多方有序参与的协商平台,对社区公共事务提供建设性改善方案;又因其成员自身的业主身份与社区情感连带,具有公共责任感和自主治理意愿,深度扎根社区公共生活,具有强嵌入性和强公共性。

第二种类型(象限Ⅱ)是维权型业委会。这类业委会始于业主对私有产权的关注而开展的自发性集体行动,在社区治理中双重展演了集体维权和诉讼维权的抗争方式,因其对抗性强导致难以有效地融入社区治理体系[①],具有强公共性和弱嵌入性。这类业委会影响到社区的正常秩序,因此可能受到基层政府与开发商和物业公司的钳制,组织功能难以正常实现。

第三种类型(象限Ⅲ)是寡头型业委会。这类业委会是在维权型业委会的基础上进一步异化发展的结果,消弭了业委会作为公共性组织的公益性。[②] 在实际运作中或是行动精英内部产生分歧演变为准派系斗争,或是忽视普通业主知情权与参与权导致决策独断,把组织当作谋利工具,其弱嵌入性和弱公共性对社区治理秩序具有破坏性。

第四种类型(象限Ⅳ)是行政型业委会。为克服维权型业委会乃至寡头型业委会的治理隐患,地方政府有意识地将业委会纳入其行政管理框架之下,实现业主自治"体制化"[③],组织渗透与程序

---

① Benjamin L Read, "Inadvertent Political Reform via Private Associations: Assessing Homeowners' Groups in New Neighborhoods", in Elizabeth J. Perry and Merle Goldman, eds., *Grassroots Political Reform in Contemporary China*, London: Harvard University Press, 2007, 149-173.

② 陈锋、李明令:《组织异化:对业委会偏离社区治理的一个解读》,《西南大学学报》(社会科学版)2023年第1期。

③ 盛智明:《制度如何传递?——以A市业主自治的"体制化"现象为例》,《社会学研究》2019年第6期。

渗透的刚性致使其单向度嵌入性强,但业委会悬浮化则使其难以在社区治理场域获得合情行动空间。

（三）治理型业委会:激活商品房社区有效治理的内生主体

从"嵌入性—公共性"分析框架下看四种不同功能发挥的业委会,其中,具备"强嵌入性—强公共性"的治理型业委会对于实现社区有效治理具有关键性优势,是实践层面基于治理主体有效维度下业委会参与社区治理的最优模式,构成商品房社区治理体系的重要主体和自主治理的中坚力量。在初始创建阶段,治理型业委会的生成源自党和政府对社区治理效能的关注,使业委会能够在政府的指导和支持下成长发展,具备较高的结构嵌入性,不仅不会与街居组织形成对抗关系,而且能够借道权威资源夯实主体地位,有利于治理效能的充分释放。在常规治理阶段,治理型业委会嵌入社区公共生活,以维护社区公共利益为己任,既可以有效地分担居委会的治理压力,又能够成为业主有序参与社区治理的制度化平台,基于情感导向尊重业主利益和需求,进而获得基层政府和业主群体的信任与支持。治理型业委会扮演着积极的业主、积极的议事者、积极的决策执行人员以及规则维护者和主持者等多重角色[①],强化链接效应与情感纽带,确保了社区治理的延续性、稳定性和可预期。故而,治理型业委会的"强嵌入性—强公共性"特质展现出强治理能力及意愿,因其具备了合法性、能动性和情感性要素,能够作为重要的行动主体嵌入社区治理结构之中,推动商品房社区的有效治理。

---

① 王德福:《业主自治中积极分子的激励困境及其超越》,《暨南学报》(哲学社会科学版)2021年第7期。

三、L 社区治理型业委会的生成过程与运作实践

L 社区位于武汉市 A 区,建成于 2016 年,总建筑面积为 51 756 平方米,楼栋总数为 4 栋,共计房屋 519 户,居民人数 2 000 余人,其中,以"70 后"和"80 后"业主为主,房屋售价约为 2 万元/平方米(武汉市 2016 年度商品房均价约为 9 000 元/平方米),物业费为每月 3 元/平方米,是一个典型的新建中高档型商品房社区。为维护业主的合法权益、改善物业服务质量,消解社区内部的潜在矛盾冲突,L 社区业委会组建工作被提上议事日程。

(一)治理型业委会的生成过程

1. 下沉任务

面对业委会普遍存在成立换届难、乱作为或者不作为等问题,武汉市政府将街道办事处、居委会对业委会组建履职管理不到位纳入"十大突出问题"整改,并将"推动业委会组建和管理工作"作为政府的年度中心任务。市委组织部、市民政局、市房管局作为承诺单位,相继起草了《业主大会和业主委员会指导规则》《业主大会议事规则》《业主委员会运行管理指导意见》等规范性文件,为全市推进业委会组建工作奠定了制度基础。在政策推行过程中,武汉市各区政府是责任主体,由组织、民政、房管三个职能部门负责指导和监督。街道办事处和居委会遵循属地管理的原则,其中,街道党工委书记为第一责任人。由于 L 社区建成于 2016 年,按照法律规定,新建商品房社区需满两年方可成立业主委员会。因此,2019 年年初街道办事处委派居委会开展筹备成立 L 社区业委会的工作。同年 3 月,由社区居委会牵头正式组建了包括街道办事处、开发商、物业公司、居民代表等人员的业主大会筹备组,筹备组

由街道办事处副主任任组长,社区党支部书记任副组长,由社区党委和筹备组推动开展业委会委员选举工作。紧接着,筹备组召开了成立业委会的讨论会,讨论了业委会委员选举要求、业主大会流程、推进方案等问题,理顺了L社区业委会成立的实施步骤。

2. 把关人员选择

为确保社区自治的可控,在业委会筹备组中居民代表人员的选择上,街道办事处和居委会挑选了社区党员业主以及参与积极性较强的业主代表作为筹备组成员。在业委会候选人名单确定中,规定候选人中党员的比例不低于 60%。在 L 社区,居委会考虑到在新建商品房社区中,物业公司与业主接触较为频繁,对候选人的个人信息掌握更加全面深入,因而业委会候选人多由物业公司动员并举荐。在此基础上,街道办事处行使人选审查与建议权,从党员数量、年龄、文化水平、社区常住情况、社会资源以及时间充裕程度等多维度对候选人进行严格把关,重点挖掘有党员身份的模范带头人、具有较强的领导力并关心社区发展的热心居民。因此,业委会候选人选不仅要乐于和擅长处理社区公共事务,而且需要得到基层政府的信任,以此获得体制力量支持并积极回应社区居民的诉求。

3. 掌控选举流程

在街道办事处和居委会的推动下,筹备组拟定了《L 社区业主大会议事规则》《L 社区业主委员会工作规则》等基础性自治文件。与此同时,街居组织全程介入业委会的组建程序,在其中发挥了很强的主导性作用。在正式召开业主大会前,筹备组发布了《关于首次召开业主大会会议的公告》,对即将召开的业主大会进行了详细部署和安排。在投票选举阶段,根据规定业委会的成立需要全体业主积极参与投票。L 社区业委会的成立采用差额选举的办法,即在 6 位业主委员会候选人中选出票数靠前的 5 名成员。为保证投票参与度,业主大会筹备组成员需要上门确认业主身份并动员业主投票。这一投票工作由社区居委会招募志愿者进行,志愿者只与居委会工作人员进行对接,尽可能地做到与街居组织的意愿保持一致。2019 年 10 月,L 社区召开首次业主大会,投票选出了 5 名业委会委员组成业委会执行机构,并表决通过了《L 社区业主委员会工作规则》等基础性自治文件。之后,业委会筹备组发布《关于业主大会依法设立的公告》,明确宣告 L 社区业主委员会依法成立。至此,L 社区在街居组织的引领下正式成立了业主委员会。

(二)治理型业委会促进社区治理的运作实践

1. 链接权威资源,化解业主与物业公司的矛盾纠纷

随着商品房社区进入常规运作阶段,业主与物业公司的矛盾冲突时有发生。L 社区刚成立时的物业费为每月 3 元/平方米,达到了武汉市物业收费的最高水平。2019 年,《武汉市物业服务收费管理实施细则》规定,中心城区住宅物业费的最高收费基准价为每月 3.2 元/平方米,最高可上浮 20%。在利益最大化的驱动下,物业公司有强烈的意愿上调物业费,这激起业主们的普遍不满,甚至有业主提出要解聘物业公司。这时,业委会主动站出来开展业主调研,通过入户走访、发放调查问卷等形式,广泛征求业主对物业费变更的意见(同意上调、维持不变、降低费用),结果表明,多数业主倾向于维持原有物业费不变或降低费用。

接着,业委会向街道办事处和居委会反映这一问题并求援。街道办事处和居委会十分重视,出面联系房管局,召集社区业主代表召开联席会议,与物业公司展开多次协商谈判,一方面要求物业公司拿出详细的物业涨价方案,另一方面极力维护居民利益。在房管局、居委会和业委会的联合施压下,物业公司最终妥协,愿意维持原有的物业费用。针对倾向降低费用的部分业主,由业委会和业主进行情感性沟通,做好安抚工作,讲明若执意降低费用,可

能导致物业公司退出,引发社区物业服务缺位,影响业主正常的生活秩序。最终,业主与物业公司的对立情绪有所消解,就物业费用维持原样达成合意。可见,业委会积极争取政府的权威支持,尽可能地在物业公司与居民需求中找到契合点,寻求双向满意,有效地缓和了社区内的利益冲突。

2. 维护公共利益,建立业委会与物业公司的互惠关系

《民法典》规定,业主享有建筑物及其附属设施的收益分配权。最初,L社区外围商铺的公共停车场由物业公司进行管理,物业公司对停车费用定价较低,扣除成本后的收益十分微薄。业委会组建以后,秉持公共利益最大化的原则,试图将社区公共区域停车场收回交由业主自营,物业公司采取不提交收据等手段试图阻止。为此,业委会联合居委会与物业公司开展了多轮谈判,要求物业公司公开停车场等公共区域的收支情况,重新厘清停车场维护成本与可得收益。最终与物业公司达成协议,社区公共区域停车场仍由物业公司经营管理,采用包干制,物业公司每年向业委会支付16万元的收益,业委会行使监督物业公司的职责。业委会将这一收益以春节福利的形式发放给全体业主,获得了广泛认可和支持,被业主们称为"A区响当当的貔貅账户"。①

在调研中,业委会成员强调,之所以将停车场打包给物业公司经营,一方面是因为若业主自营需要进行日常停车系统维护,而在年轻业主占大多数的L社区,业主精力不足以完全投入公共事务管理;另一方面也是为了避免物业公司退出,激励物业公司更好地提供服务。业委会副主任表示:"抛开之前(物业费上涨)的不愉快,物业公司的服务还是很好的,社区门禁管理非常严格,公共区域的卫生消毒清洁也十分到位,绝大多数业主还是很认可物业公

---

① 对L社区居民的访谈,2023年12月16日,20231217CL。

司服务的,让利一部分给物业公司,也是对物业公司的一个激励。"①由此,业委会与物业公司通过磋商让利构建了稳定的互惠共赢关系,双方放下戒备和情绪,形成合力,协同生产社区服务。通过业主线下评价,并结合街道办事处、居委会、业委会和房管局的评价意见,L 社区物业公司在 2021 年 A 区第二季度社区物业服务质量考评中为全区第四名,在 2022 年全市社区物业服务质量考评中获得全区第五名。

3. 补位社区主体,助力居委会优化公共服务供给

在城市社区,行政事务日渐增多与正式治理资源匮乏之间的张力,导致居委会服务居民、回应居民诉求的能力弱化,治理型业委会则能够积极配合居委会工作,有效地分担社区治理压力。在新冠肺炎疫情暴发期间,武汉市所有社区实行封控管理,在"严防严控"的同时保障居民日常生活秩序成为社区面临的难点问题。L 社区居委会收到大量的外界捐助物资,但受限于人力资源紧缺不能及时地将物资送达居民家中。业委会在此期间发挥了重要协助作用,积极调动社区内的党员积极分子成立志愿者队伍,每天为居民配送物资,提供日常服务。业委会副主任告诉笔者:"我们业委会主任在公安系统工作,手上有车队资源,可以负责物资运输,运输到社区还需要配送,居委会缺人手,我们就组织党员群众和物业人员组成志愿者队伍一起给居民送物资。"②业委会与居委会加强配合,不仅保障了居民日常生活秩序,而且实现了社区"无疫情",被评为疫情防控期间服务"群众满意社区"。

L 社区业委会在街道办事处和居委会的支持下成长发育起来,又反过来发挥了补位作用,减轻居委会的工作压力,构建良好协作关系,共同致力于社区公共服务优化。诸种细微关切提升着

---

① 对 L 社区业委会副主任的访谈,2021 年 11 月 9 日,20211109CLQ。
② 同上。

业主的社区认同感,居委会、业委会在业主心中树立了做实事、负责任的形象。"我是第一批入住的,业委会是实实在在为业主谋了一些福利,我们有什么问题和需求在业主群里讲,业委会和物业都是很及时地去解决的,哪怕是在晚上,对于商品房来讲,方圆几公里比较的话,我们社区肯定是没话说的。"①"我们在其他社区也有房子,居住下来还是这里好,居委会、业委会和物业三家蛮协调的,能够感受到真心在为居民服务,其他社区真的很难做到这一点。我女儿告诉我说哪里的房子都可以卖,唯独这里的房子不能卖,是要一直住下去的。"②

4.搭建参与平台,增进社区融合

商品房社区中如何推动社区居民协商共治、培育社区公共意识,是社区治理效能提升的关键。L社区党组织积极牵头举办各类活动,增进居民间的日常互动,例如,开展法制宣传、便民义诊等公益活动,举办"浓情元宵庆团圆"等特色文化主题活动。业委会积极协助,通过价值宣传塑造涵养社区精神空间,在培养社区认同感的同时也提升了社会资本存量和公共意识。针对L社区的公共事务,业委会及时做到财务公开、信息公开,并积极搭建线上线下平台与业主沟通协商,让业主直观感受到自身行动与社区美好生活之间的关联,激发参与社区治理的活力与热情。业委会副主任表示:"针对社区内的公共事务,我们会挨家挨户地进行业主调研,也会在业主微信群里公布让大家共同讨论,最后形成问题的解决办法,对业主居民的一些疑问或质疑,我们也会积极回应。"③更重要的是,业委会成员也能够切实体会到自身行动对社区发展的重要价值,进一步激励他们增强服务社区的公益性和主动性。"后续还有很多问题需要解决,比如顶楼天台晾晒问题和社区外围商铺产生

---

① 对L社区居民的访谈,2023年12月16日,20231216CM。
② 对L社区居民的访谈,2023年12月16日,20231216HJ。
③ 对L社区业委会副主任的访谈,2021年11月9日,20211109CLQ。

的油烟问题,业主有问题找到我们,我们就要解决好这个问题。"①概言之,在强嵌入性与强公共性的支撑下,L 社区治理型业委会呈现出一种面向治理绩效的正向的、积极性治理特质,极大地提升了社区治理效能。

四、商品房社区治理型业委会有效运作的实现机理

基于"嵌入性—公共性"二维分析框架,L 社区治理型业委会之所以能在商品房社区治理场域下发挥积极治理功能,既取决于适宜的制度环境,也受到场域内治理主体关系及自身因素的影响。具体而言,统合牵引机制、信任支持机制与联结带动机制的有效发挥,使治理型业委会依凭强治理能力及意愿成长为融入社区治理体系并助推社区治理有效的中坚力量。

(一)统合牵引机制引领治理型业委会融入社区治理体系

"加强社区党组织、社区居民委员会对业主委员会和物业服务企业的指导和监督"②,成为新时代完善商品房社区治理的政策指南。面临复杂的社区治理情境,业委会初期无力依靠自身力量发挥治理功能,也难以在关系网络中找到恰当的治理位置。在社区自治力量薄弱阶段,以党政力量引领业委会融入社区治理格局非常关键。③ 通

---

① 对 L 社区业委会主任的访谈,2021 年 11 月 9 日,20211109GZH。
② 新华社:《中共中央 国务院关于加强和完善城乡社区治理的意见》(2017 年 6 月 12 日),新华网,http://www.xinhuanet.com/politics/2017-06/12/c_1121130511.htm,最后浏览日期:2024 年 11 月 13 日。
③ 李梦琰:《党建引领超大城市基层社区治理的模式、功能与路径研究》,载唐亚林、陈水生主编:《未来城市与数智治理》[《复旦城市治理评论》(第 12 辑)],复旦大学出版社 2024 年版,第 256—292 页。

过发挥党和政府的政治和制度资源优势,强化统筹协调,实现对业委会组织能力的有效增权,这种赋能而非包办的治理路径为业委会有序参与社区治理创造了良好条件。

第一,基层党组织引领。武汉市委组织部提出推动党员业主下沉社区参与支持业委会工作。通过发挥社区党组织的权威优势与组织动员优势,能够为治理型业委会提供制度支持和资源保障,拓展治理型业委会参与社区治理的制度化平台,也能够形成治理合力,进而遏制业委会潜在的违规行为。第二,制度设计与合法身份赋予。武汉市将业委会培育上升到党委和政府的重点工作,聘请第三方孵化帮辅机构开展业委会成员培训工作,为业委会参与社区治理提供指导。政府对加强业委会的指导监督作出明确规定的过程,也是业委会获得合法身份的过程,推动业委会行动更为规范化、可预期,也为业委会稳定地获取体制内资源奠定基础。第三,统合牵引下协同治理格局形成。基层党组织引领与制度空间的拓展,引导治理型业委会以正式身份实质性地嵌入社区治理体系,以一种开放式的资源支持策略[1]推进业委会能力建设,满足了治理型业委会的发展目标。经由结构性嵌入的业委会能够链接整合治理资源,实现社区服务优化,成长为社区治理的重要主体。

(二)信任支持机制撬动治理型业委会的自主治理效能

通过统合方式重新制造出体制与社会之间的联结,从社会一端看,社区社会组织与国家关系紧密并不意味着其自主性丧失,在某些情况下反而可以借助国家力量实现自身目标。[2] 然而,如果

① 陈义平、王杰:《政党建设社会:新时代推进社区自组织建设的有效路径——基于皖中 J 社区的案例分析》,《求实》2022 年第 5 期。

② Chen Xi and Ping Xu, "From Resistance to Advocacy: Political Representation for Disabled People in China", *The China Quarterly*, 2011, 207, pp.649-667.

依附式合作关系过强,也会抑制社区社会组织的自主性,社区社会组织虽可能生成却难以长久发展。因此,在扶持培育治理型业委会的前提下,基层党政力量适时让渡出自主治理空间,接纳和支持治理型业委会的社区行动。这使基层党政组织处于相对超脱的地位,在解决社区难题和提供服务时能够更好地发挥作用。① A 区政府牵头搭建业委会的交流平台,助推业委会自治能力建设。与此同时,作为社区治理创新政策最终执行方的居委会并未囿于自身权威地位选择性地赋予业委会发展空间,而是不断优化治理权能边界,真正做到在社区自治力量壮大后减少干预。② 业委会与居委会的职能边界较为清晰,业委会并非居委会的附属物,二者呈现自主性合作状态。居委会主任表示:"居民的事情还是尽可能地推动居民来解决,业委会作为基层治理的重要载体,通过自主自理、居民自治,能够大大地提高居民的归属感。"③业委会副主任也认为:"我们有一位成员负责和居委会对接,尽力补充一点力量,但主要还是取决于自身的精力,我们首要关注的还是社区内部的事情,为业主营造一个比较舒适的环境。"④

　　治理型业委会具备了较强的自主性与合作能力,在社区治理场域中能够有效地协调多元治理主体间的利益关系,解决公共治理问题,并通过沟通协作产出高效率的集体行动,在此基础上多元主体间的融洽关系则进一步为治理型业委会的行动提供了良好的环境基础。因此,治理型业委会在社区治理中的可视化成效赢得了基层政府和社区居民的认同与支持,通过完成治理体系中的信任建构,获取了自主性空间,组织能力和关系协调性得到提升,形

　　① 王德福:《组织催化合作:业主自治的实现路径》,《江汉论坛》2024 年第 2 期。
　　② 陈水生、叶小梦:《调适性治理:治理重心下移背景下城市街区关系的重塑与优化》,《中国行政管理》2021 年第 11 期。
　　③ 对 L 社区居委会主任的访谈,2023 年 1 月 20 日,20230120LQL。
　　④ 对 L 社区业委会副主任的访谈,2021 年 11 月 9 日,20211109CLQ。

塑出业委会的有效治理秩序。可见,国家权力对业委会的充分接纳和精准帮扶,塑造内外有利环境对自治组织自主性的积极拓展,达成了通过输入有效自治所需要素以激活驱动自治生长的目标[①],推动业委会的角色复归,有利于治理型业委会社区治理效能的充分释放。

(三)联结带动机制凝聚治理型业委会的社区治理共识

只有社区场域内部居民之间形成紧密的联结关系和相互信任,激发居民参与社区治理的主体意识,实现共建共治,治理型业委会培育的效果才可能真正体现。正如奥斯特罗姆(Vincent A. Ostrom)所言:"所有的制度都是基于共同理解的,个体组成的社群如果不抱有某些共同的信仰、规范和概念,则是无法自主治理的。"[②]从增进商品房社区治理绩效的角度看,任何一种具体的社区治理行动都涉及全体业主的公共利益,因而只有社区业主居民的整体性参与才会更可能增进公共利益的实现。尽管商品房社区居民的职业各异、生活节奏不同,却有着对于居住品质的共同追求,仍然存在增进彼此交往的可能性,这关键在于需要社区积极力量的率先投入和示范引导。治理型业委会成员是具有较强公益精神和参与能力的社区居民,他们以增进社区公共利益为目标的积极性参与能够鼓舞和带动其他居民参与治理,降低了社区共治的实现成本。与此同时,商品房社区相对规模较小且具有封闭性,业委会成员与业主群体间更易产生身份认同与情感共鸣,以更快速和更亲民的方式回应居民诉求,达成业委会与社区居民间的良性

---

① 李华胤:《行政助推自治:单元下沉改革中的政府介入与自治生长——基于河镇石寨村的调查与分析》,《南京农业大学学报》(社会科学版)2022年第1期。

② [美]迈克尔·麦金尼斯:《多中心治道与发展》,毛寿龙译,上海三联书店2000年版,第29页。

互动关系,既激活了社区社会资本,也增强了居民的满意度。

通过设置社区公共性议题,治理型业委会引导业主基于共同意愿的协商讨论来制定共识性治理规则,形成黏连社区多元主体共同参与社区治理的凝聚机制。通力协作治理社区公共事务的过程进一步助力业主培养理性协商能力,使得社区生活既能符合业主预期,又和整个社区治理秩序并行不悖。这既可以消解业委会的精英俘获倾向,也确保了业委会治理行动的持久性和制度化,实现以业委会的公共性助推社区公共性的持续生产,进而实现社区治理的良性循环。因此,治理型业委会可以视作商品房社区治理有效的长效动力源,通过高质量的社区公共事务治理能力以及合理透明沟通程序的构建,夯实了社区有效治理的基础,促进社区治理共同体的形成。

五、结论与讨论

本文试图跳出既有业委会研究的主流维权抗争图式,围绕业委会在商品房社区治理中的有效运作,建构了一个"嵌入性—公共性"与社区治理的关联分析框架。其中,只有在社区治理场域中具有强嵌入性和强公共性,因而表征出强治理能力及治理意愿的治理型业委会才能推进商品房社区的有效治理。从武汉市 L 社区的治理实践来看,治理型业委会在融入社区治理体系过程中能够链接整合治理资源,在包容性社区环境中扎根社区,实现以高质量的治理能力完成信任机制构建,从而聚合主体间关系网络,在带动居民参与社区事务中凝聚社区公共性,进而使治理型业委会依凭强治理能力及意愿成长为助推社区治理有效的中坚力量。

因此,培育治理型业委会应该成为实现商品房社区有效治理的内生机制。虽然作为业主维权常规制度设置的维权型业委会曾经被学术界寄予厚望,但因其在实践中形成对社区既有治理体系的破坏而难以助推社区的有效治理。与此同时,行政型业委会因其高结构嵌入性在社区治理中过度依赖体制力量,不符合共建共治共享的治理理念和社区精细化治理要求。L社区培育治理型业委会的实践,实现了业委会参与社区治理的有序和活力,为当前商品房社区走出体制化和碎片化治理困境提供了可能的思路。进一步而言,健全治理型业委会的运行机制是实现商品房社区有效治理的关键。推动治理型业委会规范化成长需要做到激励与规制机制并举。首先,街居组织应当规范对业委会履职的监督机制,厘清权责边界,进一步夯实社区有效治理的体系支撑。其次,可基于业委会的公共性对运作有效的业委会授予荣誉称号与现金奖励,避免业委会成员因激励缺失而退出。最后,通过强调党建元素的标识性感召激发业委会党员发挥先锋模范作用,确保业委会实际运作中的政治方向正确性和价值取向的服务性,扎根社区,实现社区高质量治理。

那么,上述发现的意义何在?

治理型业委会有效运作的研究一方面突破了既有商品房社区治理研究中建构秩序与自发秩序的失衡困境,基于中国本土治理情境回应了国家如何介入社区治理议题;另一方面补充了当前城市社区简约治理有效运作的实现机制。在党政力量发挥统筹功能进行秩序引导的前提下,治理型业委会积极识别和有效利用党政资源和空间,聚合起简约治理的多元力量,最终形成商品房社区多元主体协同共治的有效局面。由此,研究业委会何以能有效运作成为理解"中国基层之治"的一个新视角。

一方面,国家介入社区治理何以有效?基层治理本质上是指国家政权力量和社会力量之间以特定的方式管理和调动资源,并形成基层治理秩序的过程。① 作为国家治理的基层逻辑②,社区治理需要国家在场已成为学界的基本共识。在此基础上,既有研究将国家介入社区治理出现的行政负担加重、治理效率低下等内卷化困境,笼统地归结为权威科层体制的扩张惯性,因而在社区治理共同体理念的指导下,进一步主张构建合作机制、推动政社互动③,但并未厘清社区治理过程中国家权力与自治力量的共存关系。

相比之下,L社区治理实践展示了国家积极培育创制社区自治力量、以自身制度和资源优势支持业委会成长为商品房社区重要治理主体的生动实践。因此,本研究在党政主导社区治理以及党建引领社区治理的主流研究中,为国家介入社区治理补充了社区结构和嵌入边界的过程性解释,也为反思国家介入商品房社区治理的限度和条件提供了典型案例。对于商品房社区而言,国家介入社区治理的前提是社区自治缺失或不足,但国家并非社区治理行动的替代者,而是在推动社区自治组织建设过程中使社区社会力量与国家介入形成耦合,构建社区治理共同体。

另一方面,城市社区的简约治理如何实现? 国家治理能力现代化的过程,既是国家基础能力不断提升的过程,也是国家不断塑造社会的过程。④ 按照迈克尔·曼(Michael Mann)的理论,这种国家基础能力即国家在事实上全面渗透市民社会,在其领土范围内能够有效地贯彻其政治决策的能力。⑤ 国家对城市社区的渗透

① 杨弘:《新时代推进中国基层治理现代化的着力点》,《光明日报》2018 年 2 月 8 日,第 15 版。
② 宋道雷:《国家治理的基层逻辑:社区治理的理论、阶段与模式》,《行政论坛》2017 年第 5 期。
③ 章文光、李心影、杨谨颐:《城市社区治理的逻辑演变:行政化、去行政化到共同体》,《北京行政学院学报》2023 年第 5 期。
④ 雷望红:《行政嵌套自治与现代简约治理》,《华南农业大学学报》(社会科学版)2023 年第 3 期。
⑤ [英]迈克尔·曼:《社会权力的来源》(第二卷·上),陈海宏译,上海人民出版社2015 年版,第 68—69 页。

力是国家能力的重要组成部分,体现了国家基础权力。既有的城市社区治理研究注意到国家借由居委会这一代理人进行渗透并不断强化社区行政化的事实。① 在此背景下,基层治理资源的短缺倒逼居委会将多元主体整合到社区治理体系之中,以此来增强社区解决问题的能力。② 史云贵等基于"完全正式治理不可能定律"③将国家正式权力对基层进行主动、直接、实质性介入视为简约治理生存空间的生成过程。但是,在当前社区治理精细化、规范化的总体要求下,依赖传统社会文化网络的基层简约治理模式已难以有效运转,治理型业委会生成与运作实践则可以视作城市社区行政化趋势下简约治理新形式的实践探索,呈现出既区别于传统基层治理的简约化又区别于当下基层治理的行政化的差异化面向。相比于传统简约治理的"无为而治",治理型业委会有效运作的社区治理模式编织了国家权力与自治力量同频共振的互动网络。社会力量的进场依赖基层党政力量的许可,基层党政力量在对关键环节进行引导与监督的前提下,重视社区自治力量的建设与完善。正是秉持着简约治理的理念,治理型业委会才能够聚合起简约治理的多元力量,促进社区公共问题的解决和社区治理目标的实现。在此过程中,既确保了国家权力对社区秩序的控制纠偏,又激活了社区自治力量实现合作共治,在加强国家整合能力的同时构建紧密的国家社会关系,符合社区治理现代化的要求,能够有效地提升社区治理效能。

[本文系 2023 年度国家社会科学基金一般项目"社会组织党建全覆盖后的引领机制优化研究"(项目编号:23BZZ068)的阶段性成果]

---

① 孙柏瑛:《城市社区居委会"去行政化"何以可能?》,《南京社会科学》2016 年第 7 期。

② 张庆贺:《"行政激活治理":社区行政化的新阐释》,《求索》2021 年第 5 期。

③ 史云贵、薛喆:《简约治理:概念内涵、生成逻辑与影响因素》,《中国人民大学学报》2022 年第 1 期。

模糊-冲突视域下基层政府适应性执行策略研究

——以长沙市J街道"格子房整治"为例

刘　茜* 　方　杰** 　肖建华***

[内容摘要] 　本文以模糊-冲突模型和复杂性理论为基础,构建了基层政府适应性执行的分析框架,对长沙市J街道"格子房整治"行动展开案例研究。研究发现,早期的"格子房整治"工作主要面临内外交汇的压力困境、指示不明的模糊困境、利益博弈的冲突困境。为突破困境,J街道先后采取信息互通明晰政策、知识互融营造共识、宣传动员凝聚合力以及因户施策疏导利益等适应性执行策略,以降低政策模糊性、化解政策冲突性,最终实现治理有效。本研究拓展了传统政策执行研究的视角,有助于更好地理解在复杂的动态环境中政策如何有效落地,也为"高模糊-高冲突"基层治理难题的解决提供了最佳实践案例和创新性的中国基层政策执行策略。

[关键词] 　适应性执行;格子房整治;模糊-冲突模型

* 　刘茜,湖南师范大学公共管理学院副教授、硕士研究生导师。
** 　方杰,湖南师范大学公共管理学院硕士研究生。
*** 　肖建华,湖南师范大学公共管理学院教授、硕士研究生导师。

一、问题的提出

"高模糊-高冲突"政策何以有效地执行是长期困扰基层治理实践的堵点问题,也是当前学术研究关注的热点议题。由于我国地域广阔且各地情境复杂多样,上级政府颁布的政策通常以宏观性、原则性的方式进行表述,政策内容高度抽象,政策呈现出高模糊性;又因政策受众的利益诉求多元且难以协调,致使政策呈现高冲突性。基层政府则常常在"高模糊-高冲突"交织的复杂情境中开展政策执行。执行过程的艰巨性与复杂性,极易导致基层组织的执行逻辑与治理逻辑发生异化[①],不仅消解着政策设计的理想愿景,还会因政策执行偏差而引发负面效应。故基层政府如何有效地执行"高模糊-高冲突"政策是当前实务界和理论界必须回应的治理命题。

"格子房"是当前中国城市化进程中的"顽疾",是指通过改变房屋结构和平面布局,把房间分割改建成若干小间分别按间出租或按床位出租的房屋。[②] 随着城市房价的攀升、房租价格居高不下,因廉价房租而备受低收入群体、弱势群体青睐的"格子房"一时间成了城市居住环境中一道独特的"风景"。在全国各地"屡见不鲜""屡禁不止",为社会治安、消防安全、卫生防疫及公共安全带来严重隐患[③],不仅困扰着城市的住房和治安管理部门,也严重威胁着当地居民的正常生活。

---

① 李卓、郭占锋、郑永君:《政策更迭与策略应对:基层政府"反复整改"的逻辑及其治理——以 A 镇精准扶贫政策执行为例》,《中国行政管理》2022 年第 3 期。

② 顾书桂:《城市住房群租的政治经济学分析》,《云南社会科学》2012 年第 5 期。

③ 叶敏、姚梦肖:《大都市郊区的非正规住房形态与空间治理逻辑——基于沪郊经验的思考》,《甘肃行政学院学报》2020 年第 5 期。

尽管全国各地纷纷出台相关管理条例,部分地方政府试图运用或"堵"或"疏"的方法治理"格子房",但始终难抑"群租经济再抬头"。① 究其原因在于,"格子房"整治不是简单的住房安全管理,而是一项涉及方方面面的系统工程。既牵涉科层内部住建、公安、消防、市监等不同部门之间的协同,还需妥善处理房屋产权人(房东)、转租人(二房东甚至三房东)、"群租客"的利益诉求。面对这一棘手难题,上级政府常通过宏观性与方向性的话语下达整改要求,基层政府则往往本着"不出事逻辑"②,采取象征性执行或变通式执行。③ 这种"形式上遵从而实质上偏离"的悖向性执行逻辑,极易导致政策执行陷入"贯彻危机"④,致使"格屋顽疾"始终难以为治。

2022 年,震惊全国的长沙"4·29 事件"让住房安全问题重新得到中央、省、市政府的高度重视。同年 5 月 28 日,为贯彻落实上级要求,长沙市政府出台《长沙市自建房安全整治"格子房"专项行动实施方案》。作为长沙市"格子房"问题最为突出的地方之一,J街道临危受命,被要求限期内打造出全国"格子房"整治示范点,但对于如何整治上级政府却无明晰章程。与以往治理实践不同,本次 J 街道在"格子房"整治上并未陷入象征性执行、变通式执行的窠臼,而是通过"一户一策、因境制宜"的适应性执行方式,成功推进了"格子房"整治工作的顺利落实。J 街道的"格子房"整治行动为什么能够成功? 其背后蕴含的执行逻辑是什么呢?

为了探寻上述问题的答案,本文结合马特兰德(Matland)模糊-冲突模型和复杂性理论,构建适应性执行的动态分析框架,剖

---

① 王淑荣:《出租房屋"群租"现象治理的思考》,《中国人民公安大学学报》(社会科学版)2013 年第 6 期。
② 贺雪峰、刘岳:《基层治理中的"不出事逻辑"》,《学术研究》2010 年第 6 期。
③ 张翔:《压力与容纳:基层政策变通的制度韧性与机制演化——以 A 市食品安全"全覆盖监管"政策的执行情况为例》,《中国行政管理》2021 年第 6 期。
④ 孙发锋:《象征性政策执行:表现、根源及治理策略》,《中州学刊》2020 年第 12 期。

析 J 街道"格子房"整治行动中不同阶段各主体行为策略的形成机理,并检视政策的模糊、冲突属性"双降"背后的执行策略,以期进一步发掘中国本土特色的治理经验,提炼出基层政府面对复杂情境下"高模糊-高冲突"政策的执行策略。

二、文献回顾、分析框架与研究方法

(一) 文献回顾

"高模糊-高冲突"政策执行一直是政策研究高度关注的问题,也是公共政策领域长期存在的经典议题。学界目前围绕这一主题展开研究,为观察基层政府政策执行实践提供了富有启发性的解读。

在基层治理过程中,为什么"高模糊-高冲突"政策普遍存在?政策能否有效地执行取决于政策目标、执行方式、资源配备的精确性,但模糊性作为不可忽略的变量[①]始终影响着政策执行过程。在中国,由于地域情境迥异,要求政策制定必须采取宏观性、指导性的表述。[②] 这在赋予基层政府政策执行更多灵活性的同时,也为政策冲突埋下了隐患。一方面,模糊的政策意味着政策执行过程中政策要求与行政归责模糊。[③] 模棱两可的政策要求无法充分对话当今基层治理的复杂情境,由此产生的政策执行"缝隙",易导致执行偏差[④];含混不清的行政归责,则会加剧不同执行部门之间

① 韩志明:《政策过程的模糊性及其策略模式——理解国家治理的复杂性》,《学海》2017 年第 6 期。

② 贺东航、孔繁斌:《公共政策执行的中国经验》,《中国社会科学》2011 年 5 期。

③ 李利文:《模糊性公共行政责任的清晰化运作——基于河长制、湖长制、街长制和院长制的分析》,《华中科技大学学报》(社会科学版)2019 年第 1 期。

④ 李棉管:《技术难题、政治过程与文化结果——"瞄准偏差"的三种研究视角及其对中国"精准扶贫"的启示》,《社会学研究》2017 年第 1 期。

的利益博弈,使得政策执行陷入跨部门协同困境①,甚至引发政策失败。② 另一方面,随着经济体制转轨、社会结构转型,国家权力下沉必然遭遇渐趋失序的基层社会生活。③ 无限的公民利益诉求与有限的政府执行能力之间不断产生摩擦和冲突,一旦政策执行目标与民众意愿相悖,基层政府就必须承担民众"抵抗"行为可能带来的治理风险。④

面对"高模糊-高冲突"或类似的复杂政策情境,处于政策执行"末梢"的基层政府又是如何作为的呢? 现有研究认为主要存在两种行为模式。一种是象征性执行。由于政策的高模糊性使得具体执行策略与目标之间缺乏明晰的逻辑关联,也无法从监督考核上施以约束。为了回避执行过程中不同"联盟"之间的利益冲突,达成"各方满意"的效果,基层政府往往利用"口号大于行动"的形式化、仪式化方式掩盖矛盾⑤,使得政策执行出现"真空"。⑥ 象征性执行虽然在一定程度上能够弥合政策语焉不详与执行具体环境之间的张力,但这种形式化的执行策略容易导致社会矛盾积压。⑦另一种是变通式执行。执行主体、环境、内容、对象的纷繁复杂⑧,

---

① 胡金东、焦刚:《政策执行跨部门协同困境及其破解策略》,《领导科学》2021 年第 18 期。

② Cohen A., Timmons J. C., Fesko S. L., "The Workforce Investment Act How Policy Conflict and Policy Ambiguity Affect Implementation", *Journal of Disability Policy Studies*, 2016, 15(4), pp. 221-230.

③ 杜鹏:《生活治理:农民日常生活视域下的乡村治理逻辑》,《学习与实践》2021 年第 5 期。

④ 朱云品:《民众意愿何以影响政策执行? ——以"禁补令"政策在湖县地区的执行失效为例》,《中国研究》2022 年第 1 期。

⑤ 杨宏山:《政策执行的路径—激励分析框架:以住房保障政策为例》,《政治学研究》2014 年第 1 期。

⑥ 李瑞昌:《中国公共政策实施中的"政策空传"现象研究》,《公共行政评论》2012 年第 3 期。

⑦ 田先红、罗兴佐:《官僚组织间关系与政策的象征性执行——以重大决策社会稳定风险评估制度为讨论中心》,《江苏行政学院学报》2016 年第 5 期。

⑧ 李慧龙、尉馨元:《政策势差:基层政策执行难的一个分析视角——基于 A 区学位分配争议的考察》,《东北大学学报》(社会科学版)2022 年第 4 期。

加之"政治势能"下的高行政考核压力,使得基层政府的政策执行呈现出跨部门共谋、策略性变通与责任转移的特征①,甚至出现波动性执行②、选择性执行③、替代式执行④以及自我保护⑤等相机应付性策略。适当的变通虽能够消解一统体制下的结构冲突,激活基层治理的灵活性⑥,但也会导致政策执行偏离目标,引发基层治理秩序紊乱。这一路径承认了执行冲突和政策模糊性的客观存在,却忽视了作为"代理人"的基层政府具有的独立策略反应⑦和适应性判断⑧能力。事实上,政策执行组织能够以"变"的思维、"通"的思路实质性执行上级政策⑨,这一研究理路与本文议题十分接近,但对于政策落实中政民分歧何以消解却没有进一步讨论,及对基层政府如何主动调适应对复杂政策执行过程中的各种挑战,最终适应性地落实"高模糊-高冲突"政策缺乏解释。

是故,"高模糊-高冲突"政策执行研究尚存在一定的知识增长空间,亟待建构一个动态视角下的整合性分析框架,并基于中国经验材料进行验证,为理解政策执行过程及其复杂性提供新的视角、

① 张国磊、张新文:《行政考核、任务压力与农村基层治理减负——基于"压力-回应"的分析视角》,《华中农业大学学报》(社会科学版)2020 年第 2 期。

② 王惠娜、马晓鹏:《政府注意力分配与政策执行波动——B 制革区企业整合重组政策的案例分析》,《公共管理与政策评论》2022 年第 3 期。

③ O'Brien K. J., Li L., "Selective Policy Implementation in Rural China", *Comparative Politics*, 1999(20), pp. 167-186.

④ 刘博逸:《行政决策执行过程中的偏差分析》,《地方政府管理》2000 年第 4 期。

⑤ 李棉管:《自保式低保执行——精准扶贫背景下石村的低保实践》,《社会学研究》2019 年第 6 期。

⑥ 张翔、ZHAO Wenyao G.:《地方政府创新何以持续:基于"政绩安全区"的组织学解释——对一个县级市"智慧市"项目过程的案例观察》,《公共管理学报》2020 年第 4 期。

⑦ 艾云:《上下级政府间"考核检查"与"应对"过程的组织学分析 以 A 县"计划生育"年终考核为例》,《社会》2011 年第 3 期。

⑧ 王惠娜、马晓鹏:《政府注意力分配与政策执行波动——B 制革区企业整合重组政策的案例分析》,《公共管理与政策评论》2022 年第 3 期。

⑨ 王丛虎、侯宝柱、祁凡骅:《"高模糊-高冲突"政策实质性执行:一个创新性的中国方案——以重庆市公共资源交易服务组织"事转企"改革为例》,《公共管理学报》2023 年第 1 期。

知识和洞见。

(二) 分析框架

现有"格子房"整治研究大多基于经验感知,认为有效的整治需要体认"格子房"难题的复杂性和系统性。[①] 这既是理论上的共识,也是实践中的现实。在具体实践中,"格子房"整治呈现出典型的"高模糊-高冲突"特征。面对上级高度抽象的政策指示,政府相关部门不得不在政民分歧、民众冲突的复杂政策情境下"摸索前进",以期逐步实现模糊、冲突的降维,实现政策"在地化"。基于此,本文选取了马特兰德的模糊-冲突模型和复杂性理论作为理论基础,为后文案例分析提供指引。

1. 模糊-冲突模型

马特兰德(Matland)的模糊-冲突模型是政策执行研究领域中解释"高模糊-高冲突"政策执行模式的经典理论。其根据政策模糊-冲突的程度,提出了四类政策执行模式,以期解释政策执行在实践中呈现出的不同样态(图1)。[②] 具体而言,当冲突性和模糊性都较低时,对应行政性执行,即只要资源充足,政策就能成功变现;当政策模糊性较低、冲突性较高时,对应政治性执行,即执行者在落实过程中因利益不兼容而产生冲突,通过强制性的权力即可确保政策执行的效果;当政策冲突性较低、模糊性较高时,对应试验性执行,即在具体情境之下,探索政策执行的变现途径;当政策模糊性和冲突性双高时,对应象征性执行,即政策的高度模糊无法回应多元主体之间的利益互斥,联盟力量成为政策走向的决定性因素。

---

① 蒋林秀、李泉:《基于机器学习的群租房精准治理研究》,《公共管理与政策评论》2019 年第 2 期。

② Matland R. E, "Synthesizing the Implementation Literature: The Ambiguity-Conflict Model of Policy Implementation", *Journal of Public Administration and Research*, 1995, 5(2), pp. 145-174.

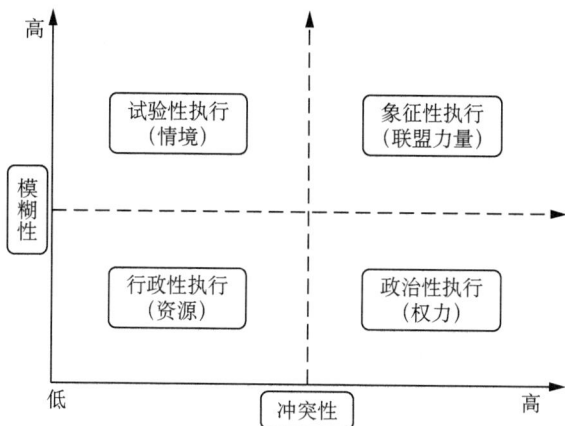

图 1 查理德·马特兰德的"模糊-冲突"分析框架

2. 复杂性理论

当前,在我国基层治理领域,参与治理的主体不仅呈几何式增长,而且各主体之间的异化程度越来越高。一致性的顶层设计与情境性的地方转译之间矛盾愈发突出,目标综合、技术复杂、对环境差异敏感的复杂政策在治理过程中扮演着日益重要的角色。[①]复杂性理论也随着实践发展而逐步走进学术界的视野,成为公共管理领域中新兴的研究范式。[②]

复杂性理论的分析要素主要包括(图 2):一是复杂系统思维。在当下的治理实践中,不仅治理主体是一个囊括组织和个人的复杂社会系统,治理所嵌入的环境对象也是复杂系统。这要求治理须采取一种适应性的策略,即主体在系统的反馈下,调整其模式、规则,如此不断试探与适应外来刺激,最终达成治理有效。[③] 二是

---

① 吕方、梅琳:《"复杂政策"与国家治理——基于国家连片开发扶贫项目的讨论》,《社会学研究》2017 年第 3 期。

② 张贤明、张力伟:《复杂性:大变局时代的公共行政研究范式》,《学海》2022 年第 2 期。

③ 唐恢一:《系统学:社会系统科学发展基础理论》,上海交通大学出版社 2013 年版,第 25 页。

棘手问题及其解决。区别于工业社会早期稳定、机械的行政生态，当下的公共事务愈发体现出不确定性、复杂性、模糊性，诱发以知识复合性为表征的棘手问题。① 为此，应建立治理过程中的知识协同体系，使得不同领域的知识主体在反思政策流程问题的同时协同更新知识，从而适应性地回应治理中产生的新问题。三是行动者集群与自组织涌现。现代治理中的多元行动者构成了一个集群，在面对复杂的治理情境和治理问题时，行动者集群往往无法在既定的方案下行动，而是在外部系统的非线性动力学中以自组织的方式展开行动，赋予治理以韧性。

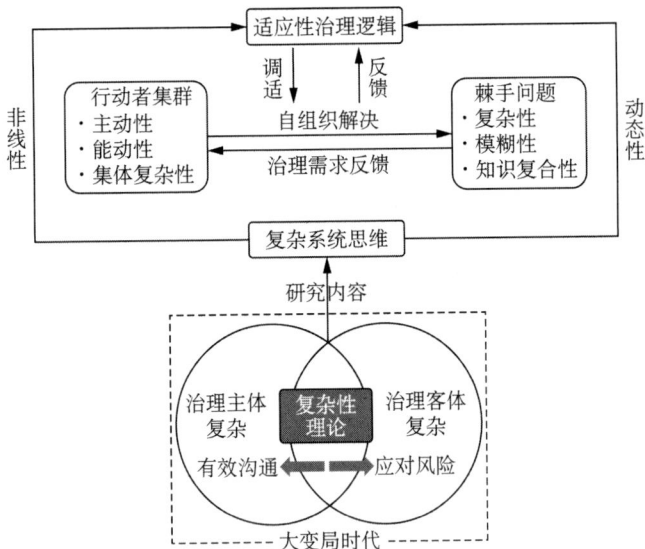

图 2　复杂性理论的分析框架

3. 分析框架

模糊-冲突模型突破了以往自上而下或自下而上政策执行的

---

① 郭佳良：《公共行政中的"烫手山芋"——基于"棘手问题"缘起、内涵与应对策略的研究述评》，《公共行政评论》2020 年第 4 期。

单一路径①,其统合性研究的视角为本案例提供了基础解释框架。但在中国情境下,马特兰德所认为的"高模糊-高冲突"下的象征性执行模式,是无法充分对话我国压力型体制规约下仍治理有效之命题的,并且该模型没有将历时性因素与政策属性变化纳入考虑范围,当政策属性与执行模式随时间推移而发生变化时,该模型就会失去大部分解释力。② 然而,复杂性理论中内蕴的复杂系统思维、适应性治理逻辑、非线性动态性等分析要素无疑是对上述理论缺憾的有益补充。因为面对"高模糊-高冲突"的治理情境,基层政策执行者通常无法预设完备方案,更多的是在环境系统的动态变化中,以自组织的方式调适行动目标和内容,清晰识别多元化诉求,以期降低模糊性、化解冲突性,最终让政策执行具有契合于复杂情境的适应性。据此,本文将两大理论相结合,并纳入案例中政策执行的具体要素,构建了一个更具解释力的本土化分析框架(图3)。

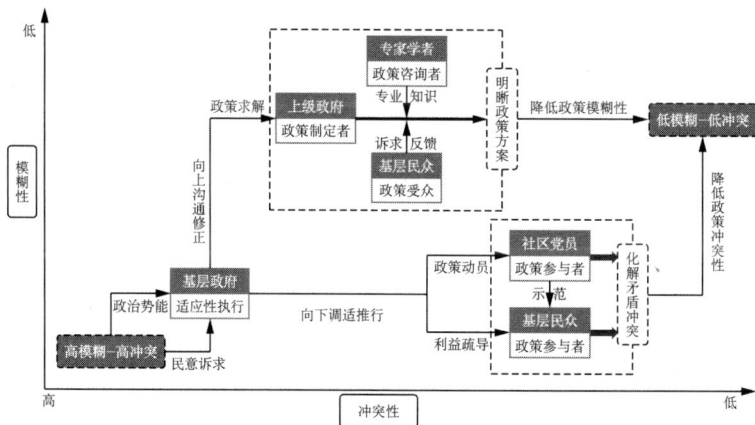

图3 基层政府政策适应性执行的分析框架

---

① 胡业飞、崔杨杨:《模糊政策的政策执行研究——以中国社会化养老政策为例》,《公共管理学报》2015年第2期。

② 王法硕、王如一:《中国地方政府如何执行模糊性政策?——基于A市"厕所革命"政策执行过程的个案研究》,《公共管理学报》2021年第4期。

首先,适应性执行的转变。与传统"高模糊-高冲突"样态下的象征性执行模式不同。在中国场域中,基层政府往往会遭遇强大的政治势能和民意诉求,这会迫使它们采取因地制宜、因境适变的适应性执行策略。适应性执行即基层政府为达成某种政策目标,在适应组织任务情境的基础上,不断调整政策执行手段的一系列政策执行行为之统称。

其次,"非线性动力学"的嵌入。当前,历时性因素与政策属性变化已构成了基层政策执行实践的基本约束,使得政策执行往往呈现出"一个连续且有波折的过程"。① 易言之,在复杂的治理情境中,基层政府的回应并不是机械的和线性的,而是基于适应性逻辑,向上沟通修正政策来降低模糊性、向下调适推行政策以化解冲突性,在因应适变中逐步落实政策。

最后,多元主体的补位。既有研究基于模糊-冲突模型构建的政策执行框架,大多局限于政府组织内部分析②,忽略了政策执行客体及外部系统的影响。从本质上来说,实际政策执行在执行场域中容纳着不同的行动主体,如居民的态度和行为、专家的知识与技术都对政策执行产生着至关重要的影响。因此,解读中国案例时,需要纳入政党、政府、专家、民众等多主体来进行考量。

(三) 研究方法

案例研究被认为是解释中国之制与中国之治的最佳方法之一③,也是当前实证研究中的主流方法之一。单案例研究有助于揭示异质化社会要素之间的关系与机制,推动个案向时空关系的

---

① 袁方成、范静惠:《政策执行模式的转换及其逻辑——一个拓展的"模糊-冲突"框架》,《中国行政管理》2022 年第 3 期。
② 张贵群、张旭:《乡村人才振兴政策执行因何遇阻? ——基于修正后的模糊-冲突模型解释》,《重庆理工大学学报》(社会科学)2022 年第 12 期。
③ 侯志阳、张翔:《作为方法的"中国":构建中国情境的公共管理案例研究》,《公共管理学报》2021 年第 4 期。

纵深拓展。① 故分析处于独特情境且随着时间变化而变化的纵向案例时,大多会选择单案例研究。② 长沙市 J 街道在"格子房"整治工作推进的不同阶段,无论是科层内部的沟通方式还是基层政府的行动策略,均发生了相应变化,与单案例研究的适用范围较为一致。因此,本文运用单案例研究法对长沙市 J 街道"格子房"整治政策实施过程进行追踪,探究这一"高模糊-高冲突"政策执行背后的策略安排与治理举措。

三、长沙市 J 街道"格子房"整治中的困境

自 2022 年 5 月 28 日 J 街道 H 村被确立为长沙市"格子房"整治示范点以来,J 街道的整治工作在相当长的一段时间内面临诸多挑战,进展缓慢。

(一)内外交汇形塑"压力困境":任务传导与诉求压力

"格子房"整治行动实质上是在一个任务压力不断增强和民众诉求日益高涨的双重压力格局中艰难推进的过程。

任务压力传递的最直接表现形式就是科层制会议。会议进程是各级政府将抽象目标逐渐具象化、把责任压力逐步传导给基层干部的过程。2022 年"4·29"事件发生后,习近平总书记立即作出重要指示,要对全国自建房安全开展专项整治;湖南省委常委会随即召开扩大会议,研究部署善后处置、专项整治等工作;接着,长

---

① 渠敬东:《迈向社会全体的个案研究》,《社会》2019 年第 1 期。
② 参见[美]罗伯特·K.殷:《案例研究:设计与方法》,周海涛、史少杰译,重庆大学出版社 2017 年版。

沙市委办公厅、市政府办公厅召开专题工作会议,要求坚决守住安全底线,依法依规、有力有序开展"格子房"安全整治专项行动,并把"校区、景区、园区、社区无缝对接融合"的 J 街道 H 社区,选为"格子房"安全整治的先行示范点。纵观这一政策传导过程可以发现,会议通过高位推动、制造声势与传达思路多方位倒逼基层干部,营造情景压力、形成强大的政治势能,在基层干部内心植入无条件地遵从接受、自觉执行的心理基础,使得 J 街道必须顺势而为开展工作。不仅如此,基层部门还要回应处理好领导不定期调研考察时作出的指示性任务。自启动阶段以来,市、区二级政府就持续开展"明访+暗访"的不定期或定期监督考察,以督促基层干部将"格子房"整治工作落到实处。"省长、市长、区长以及住建委领导都来整改现场调研考察过,为了落实好领导们的指示,我们在工作上必须拿出成绩。"①考核与督查进一步强化了"格子房"整治工作中的地方责任共同体,将工作提升至"政治任务"的高度。

同时,H 社区"格子房"本身存在的各种安全问题也让民众苦不堪言,整改的呼声愈发强烈。一是生活环境问题。由于"群租客"高密度的生活方式,乱扔垃圾、破坏公物以及噪音扰民等情况时有发生。"'格子房'外的墙壁上永远是数不尽的小广告,小区的路边经常堆放着数不清的垃圾袋,投诉举报电话每天都打。"②二是消防安全问题。由于房东以及租户均疏于对"格子房"居住环境和房间内的用电、用气设施进行维护和管理,导致"格子房"普遍存在电线超负荷、电器过早老化、分割材料易燃等情况,存在巨大的消防隐患。"光一层楼就装了7、8个电表,还有不计其数的排插和充电线,一旦短路或者操作不当产生火星,后果不堪设想!"③三是治安管理问题。由于房东、经营户对"格子房"缺乏必要的管理,导

---

① 访谈编号:20220928ZJ01。
② 访谈编号:20221121JZ01。
③ 访谈编号:20221119JS02。

致租客信息得不到及时更新,使其成为犯罪人员潜藏和治安案件高发的场所。种种隐患、问题叠加,严重地干扰周边居民的正常生活,使得社区的人居环境质量直线下降。广大社区居民纷纷向 J 街道喊话:"'格子房'再不整治,日后必出'大乱子'!"①

由此可见,在"格子房"整治工作推进的场域中,J 街道不仅需要面对上级的目标任务压力、督查考核压力,还要回应民众的诉求性压力,内外交汇形成整治伊始的"压力困境"。

(二)指示不明陷入"模糊困境":束手无策与资源稀缺

随着上级政策要求的部署,H 社区"格子房"整治工作进入宣传排查与入户拆除阶段,而这一阶段的任务呈现出典型的高模糊性特征。首先,从政策目标来看,长沙市政府颁布的《长沙市自建房安全整治"格子房"专项行动实施方案》要求,"全面整治成套房屋改造成'格子房'对外出租问题",但这一指向性、未被量化的"高指标"却缺乏与之对应的可操作化、可评估的执行指标;其次,从政策工具来看,该方案要求按照规定时限"无条件"地整改到位,但并未给出明确的执行措施;最后,从政策资源来看,"格子房"整治是一项系统工程,入户鉴定、整改方案、房屋拆除、垃圾清运等都需要大量的资金,然而,该方案对于资金筹措却提及甚少,只是规定"强制拆除所产生的费用由房屋产权人承担",自行整改及督促整改的改造费用及补助标准却全然未提,J 街道不得不面临"谋生式"的行政困境②,将大量的时间和精力用在"找钱"上。"没有专项财政划拨,违规'格子房'信息收集、组织拆除、保障安置、协调纠纷、事中

事后监管,这哪一项不得出大钱?"①最后,针对"房东-经营户-租户"复杂的利益关系,该方案中也没有提供详细、具体的指导意见,且国内现有的群租房整治案例中也没有可借鉴的经验。

既无明晰的政策指导,也无先前成功的治理经验可供借鉴,J街道的"格子房"整治工作陷入资源禀赋与整改思路双重匮乏的"模糊困境"。

(三)利益博弈引致"冲突困境":政民分歧与民众纠纷

在高强度的政策压力下,为了尽快推动整改工作,J街道选择组建执法专班强势破局,试图以政治性执行的方式打开整治局面,对拒不配合者采取行政强制措施,遭到了当地房东、经营户及租户的多方抵制,使执行陷入尖锐的政民矛盾之中。

首先,"格子房"本质上带有"私人属性",具有很强的生活面向、群众面向。这就要求整治工作在知识体系上须符合"内生性、灵活性、多元性"的民间知识传统②,否则,无法有效地弥合科层体制"无条件整改"的命令与民众生活"有条件整改"的需求之间的张力,导致科层治理知识与民间生活知识的错配。

其次,存在着多元主体之间的利益博弈。一是民众之间:房东靠租赁合同收取稳定的租金,面对整治基本上抱着"多一事不如少一事"的消极态度;经营户在转租房屋之时,前期已经在转让费、房租以及装修费上投入大量资金,对整治始终保持着抗拒态度;租户作为承租人也不想因为整治而另寻房源。理性选择逻辑会使各方热衷向他人进行成本转嫁以规避风险,引发民众内部关系的紧张。

---

① 访谈编号:20221025WC01。
② 韩玉祥:《乡村振兴战略下农村基层治理新困境及其突围——以农村人居环境整治为例》,《云南民族大学学报》(哲学社会科学版)2021年第2期。

二是政民之间:在政府主导的政策下,民众倾向于福利刚性逻辑,会出现"等靠要"行为,在没有了解和遵从私人意愿的情况下,公权力对私人空间的单向介入,难以保证治理有效。①

在整治初期,几乎所有的房东、经营户与租户都对政府不满,认为试点选择理应征询各方意见并保障到位。为此,50 余名经营户、房东联名致信长沙市信访办、住建委,希望通过制度化抗议的方式让"强拆"问题得到关注,并成立"维权委员会",否认街道工作人员的行政执法资格,集体抗议拒绝入户排查。在后续的拆除过程中,更是以群体性抗争的方式抵制执法专班,引发政民关系恶化。"在整治 YY 旅馆时,政府和经营户纠集了几十个人,推搡之间,老板娘把想要强拆的工作人员给咬了一口,双方僵持不下。"②

由此可见,早期 J 街道寄希望于行政强制打开整治局面,选择了政治性执行,但单向度的科层政策执行逻辑容易忽视日常生活逻辑下整治对象所具备的认知能力和行为能力,没有从实际出发回应群众日常生活的需求,最终导致双方爆发群体性冲突事件,政策执行深陷"冲突困境"。

四、长沙市 J 街道"格子房"整治的适应性执行策略

面对三大困境交织的复杂政策执行情境,J 街道并没有采取传统的象征性执行或变通式执行方式掩盖矛盾,而是创新性地运用适应性执行,来降低政策模糊性、化解政策冲突性,从而达成任务目标。

---

① 田祚雄、徐文娜:《社区治理主体间的利益博弈与困境破解——以商品房住宅小区 M 花园为例》,载唐亚林、陈水生主编:《社区营造与社区治理创新》[《复旦城市治理评论》(第 4 辑)],复旦大学出版社 2019 年版,第 164—186 页。
② 访谈编号:20221121JM03。

（一）降低模糊性的内部沟通策略：信息互通明晰政策

在体制性压力的高指标与诉求性压力的多向压力驱使下[①]，J街道不得不抛弃传统科层体制的"傲慢"，尝试通过向上级政府沟通以实现政策求解，探求可行的政策执行方案。

鉴于科层制组织具有目标具体化与结构正式化的特征[②]，政府在制定政策时需要明确具体的任务、具体的执行人员及具体的资源配置，才能保证科层组织在明确的规则和程序下高效运转。因此，面对模糊性高的政策，科层制底端的基层政府会倾向于对政策进行"求解"，尽可能地明晰政策内容。在本案例中，J街道面对政策的模糊性表述，首先，通过召开工作会议的方式对政策内容进行解读、细化。接着，收集各方民众的意见诉求，向上沟通，将真实的社情民意反馈给上级政府，引起领导的关切与重视，为后续行动开展争取强有力的政治资源支持和权威资源。随后，结合民众诉求和上级政府的要求，J街道制定了《"格子房"整治资金补贴方案》，以激发房东、经营户及租户的内生性改造动机。最后，根据政策方案进行人员部署，成立思想工作、专家技术、业态整治、法治保障等六大工作组，使得改造任务有了专项领导和组织，将政策实施纳入科层轨道。

通过组织内部的信息互通，实现政策逐步明晰，使得上级政策文件模糊的部分在J街道的执行过程中逐渐得到了清晰化，使其具有可操作性，在一定程度上减少了执行阻力。

---

① 李玮：《外源压力、内生动力与基层政府政策执行行为选择——基于A市生态环境治理的案例比较分析》，《公共管理学报》2023年第3期。
② ［美］斯科特、戴维斯：《组织理论：理性、自然与开放系统的视角》，高俊山译，中国人民大学出版社2011年版，第33页。

（二）降低模糊性的外部协调策略：知识互融营造共识

"格子房"整治属于生活治理的内容,强调共识基础上的"知识治理"。民众知识体系与国家治理体系迥异,前者具有内生性、灵活性、多元性的特点,表现为每个人的住房偏好常基于生产生活习惯、对住房环境的要求等因素而存在显著差异;后者具有外生性、固定性、统一性的特点①,表现为"限期无条件整改到位"的同质化供给。

为了有效调解二者之间的矛盾并达成共识,更为了消除房屋安全隐患,J街道秉持"因户制宜、分户推进"的原则,坚持问计于专家、问计于群众,多次召开专家论证会议、居民协商会议研究讨论。通过吸纳诉求消解民众对政策的抵触,让房东与经营户参与制定"格子房"整治方案的具体标准,以此重建群众与政府之间的信任。最终,在征询专家学者建议的基础上,J街道给出了7种"两室一厅"改为两套、三套的设计方案,供房东、经营户自行选择。同年8月9日通过了市专家评审会议,在严格验收把关的基础上,提供多种装修风格,实现国家知识规则向因地制宜具体标准的操作化转变,国家统一性与地方特殊性得以有效衔接。

在这一阶段,J街道转变思路,由原先的单向行政命令转向多元组织协调,在内外协调沟通中把政策议题理念具体化为政民之间的政策方案共识,极大地提高了民众集体的接受度。

（三）化解冲突性的示范引领策略：宣传动员凝聚合力

当冲突的来源不是政府内部,而是政民之间的相互对立时,传

---

① 韩玉祥:《乡村振兴战略下农村基层治理新困境及其突围——以农村人居环境整治为例》,《云南民族大学学报》(哲学社会科学版)2021年第2期。

统的模糊-冲突模型就缺乏解释力。① 面对烦琐和复杂的社会问题时,基层官员无法通过行政权力强制实现政治分配,以往的政治性执行缺乏化解冲突性的能力,要想政策执行手段契合治理实际,就需要对民众生活实施差别化、精细化的适应性治理方式。为此,J街道通过宣传示范,以积极的思想动员改变群众集体的住房安全认知。

在宣传策略上,J街道一改往日简单粗暴的"动起来、清起来、拆起来"口号倡议,而是转变思路,挨家挨户上门进行耐心细致的政策讲解,将"格子房""私自隔墙"等安全问题定义为违法装修行为,易危害集体利益,从法理上削弱房东和经营户"隔得越多、赚得越多"僵化思维的合法性。此外,与现代城市社会基于知识的时势权力不同,乡土社会是经验性的,个体遵循时间演进之下的优胜生活方案。② 抽象的整改目标、整治愿景往往难以激发政策受众的参与意愿,成功的"典型"则具有较强的触动性和感染性,其可观、可闻、可效仿的示范效应,更能激发民众的追随热情。在整治工作推进中,J街道高度重视典型示范的引领,即让党员干部带头整治,打通基层政策执行的"最后一公里"。③ 一位社区工作人员提道:"刚开始为了打开整治的'缺口',党员的牺牲是最大的,就我个人而言,与经营户续签了10年的合同,只有通过自我牺牲的方式,经营户才愿意搞下去。"④

社区干部、党员等具有公共性身份的群体本就高度嵌入民众之中。通过其身份引领与社会示范,把住房安全理念和行为融入

---

① 王春城、苏菲:《基层形式主义困局何以发生与矫治?——基于"模糊-冲突"政策执行模型的解析》,《中共天津市委党校学报》2024年第3期。

② 费孝通:《乡土中国·生育制度·乡土重建》,商务印书馆2015年版,第84页。

③ 徐国冲、苏雅朋:《党建引领如何助力基层政策执行?——基于"模糊-冲突"模型的案例分析》,载唐亚林、陈水生主编:《城市更新与空间治理》[《复旦城市治理评论》(第11辑)],复旦大学出版社2023年版,第171—200页。

④ 访谈编号:20221018TC02。

群众生活场域,能有效地强化民众的政策认同感和遵从度。

(四) 化解冲突性的矛盾调适策略:因户施策利益疏导

"格子房"整治顺利推进的关键就在于如何平衡好房东、经营户、租户三者之间的利益冲突。房东是本社区居民,配合度相对较高;经营户大多为外来群体,加之前期投入成本较高,对整改最为抗拒;租户大多为艺术园就业人员与周边高校学生,如果不能妥善安置其住房需求,易引发民生问题。在福利刚性的逻辑下,三者都不具备内生性的改造意识。

针对复杂的利益纠葛,J 街道主要通过分组包户的形式,按照人际关系、居住相近的社会性原则,建立分组包户制度,要求每位党员干部对接联系 14 户房东及经营户,以柔性引导的方式开展民主协商,在协商中协调各利益主体的诉求,一一满足、逐个击破。首先,通过"愿景描述"的方式做通房东的思想工作,开展深度谈话,以精准的市场分析唤醒改造的内生动机。"改造之前,隔了 5 间,月租收入大概在 4 000 元;改造之后,隔了 2—3 间,收入依然能够保持在 3 000—3 500 元,但是房屋的品质、品相及安全系数却大大提升。"[1]用短期利益折损换长效利益稳增的愿景描述,往往成为说服不服从者或不合作者的有效手段。[2] 其次,上门入户做通租客的思想工作,动员其尽快搬离风险点房屋,并联系区住保中心,及时为其提供廉租房、保租房的租赁信息,并提供搬家、拆除电器等暖心服务,化解矛盾。最后,做通房东和租客的工作后,J 街道工作人员再上门与经营户协商,本着"因户制宜"的原则,最大限度地满足其利益诉求。对合同未到期不愿再承租的经营户,由房东

---

① 访谈编号:20220928ZJ01。
② 李棉管、覃玉可:《"做工作":基层挤压型情境下的社会情理治理——D 镇的案例研究》,《公共行政评论》2022 年第 3 期。

负责进行清退补偿;对愿意继续承租的经营户,则需要按照整改方案对原有房屋进行拆除、改装与加固,期间房东免除房租;对有个别困难无力承担加固费用者,街道第一时间联系银行,为其提供低息贷款。此外,对个别极其顽固的"钉子户",街道依法进行强制约谈,并函告自来水、电力部门及燃气公司进行停水、停电、停气,形成整治威慑。

刚柔并济的利益疏导,使社区公共治理事务转化为民众内部事务,最终 56 户违规"格子房"隔断墙被成功拆除。这不仅消除了安全隐患,更引导了民众生活方式和住房观念的转型。

五、结论与讨论

"高模糊-高冲突"政策执行,是困扰当前基层政策执行者的一大难题。本文基于"模糊-冲突"模型和复杂性理论,尝试建构解释中国基层政府"高模糊-高冲突"政策执行过程的动态适应性执行的分析框架。论文通过深入细致的实证调查和个案分析,详细刻画 J 街道"格子房"整治政策的执行过程,用以验证本文的分析框架,凝练出中国基层政府在复杂情境下政策执行的若干策略。主要结论如下。

第一,在压力困境下,基层政府会采取实质性行动以实现治理有效。中国基层政府在"高模糊-高冲突"政策的执行过程中,不仅需要面对上级传导的目标任务压力、督查考核压力,还要承受民众多元化、碎片化的诉求压力,内外部压力的汇合迫使其必须采取实质性行动,以有效回应上级关切、民众意愿,而非采取象征性执行,进而掩盖矛盾。

第二,面对复杂治理情境,基层政府采取政治性执行易使政策执行陷入冲突困境。面对自上而下的政策传导,基层政府为了快速完成考核任务,会采取政治性执行的方式推进上级政策、打开整改局面,但单向度的强权推动难以形成共识,最终导致政策执行阻滞。

第三,适应性执行策略能降低政策的模糊、冲突属性,从而实现"格子房"的有效整治。当政策处于高模糊状态时,基层政府不仅会通过政策求解的方式达成内部共识统一,还会注重吸纳多元主体的意见,在知识融合的基础上推动政策走向清晰化。当政策处于高冲突状态时,基层政府首先会通过宣传动员、党员示范来打开整改局面,并通过精准利益疏导巧妙化解政民分歧。在因应适变的执行策略调适中,实现政策的"在地化"。

本文从理论的统合性视角出发,诠释了中国视阈下基层政府执行"高模糊-高冲突"政策的策略。与既有研究相比,其更贴合中国压力型体制规约下基层治理何以有效的实践命题,具有一定的理论价值与现实关怀。

其一,构建了适合中国社会情境下政策适应性执行分析框架。框架修正主要体现在以下三个方面。首先,本框架并不局限于科层组织内部执行过程的讨论,而是将分析重点转向一个更具系统性的多元主体互动层面,强调政策对象及外部系统对政策执行的影响。其次,适应性执行的分析框架将研究焦点从过去聚焦政策执行模式的静态分类,拓展到不同执行策略间动态转换的层面,弥补了既有模型动态视角的缺憾。最后,适应性执行表征了基层政府在应对压力过程中的自主性与能动性,为研究者提供了另一种透视基层政策执行的研究路径。

其二,发现了基层政府破解"高模糊-高冲突"的政策适应性执行策略。这一策略主要蕴含国家性与社会性双重面向。国家性侧重政府内部上下互动的协同性与自我调适,背后蕴含着科层政策执行逻辑;社会性侧重政民之间内外交互的协商性与灵活性,背后蕴含的则是民众生活治理逻辑。科层与生活的双向耦合,不仅能有效纾解科层体系中传导的压力,还能充分调动民众的内生积极性,进而调节决策一致性与需求在地性之间的结构性矛盾。这一研究发现凸显了中国治理制度的灵活性和韧性,对于我国诸多基层治理场景都具有较好的解释力。

"格子房"难题本质上是中国城市化进程中基层政府面临的一个典型的"高模糊-高冲突"的治理难题,不应简单采用"堵"或"疏"的治理模式予以取缔,而应树立系统的治理观念,以适应性执行的方式对其进行有效整治。不仅要充分发挥基层政府的行政管理职能,还要充分吸纳民意、汇集民智,在内外部沟通协调中降低政策的模糊性、淡化政策的冲突性,逐步构建"格子房"整治新格局,最终实现社会公共服务需求与维护社会和谐稳定的统一。

[本文系湖南省社会科学基金一般项目(项目编号:21YBA036);国家社会科学基金重大项目(项目编号:21&ZD125)的阶段性研究成果]

资源聚合型社区治理的运行机制与优化路径研究

——基于 J 市社区的整合案例分析

靳永翥[*]　　刘志涛[**]

[内容摘要]　城市社区发挥政党嵌入优势开展治理活动,有利于集中有限资源,平衡多部门任务,提升基层治理能力。然而,基层仍存在难以承接上级各部门与日俱增的下派任务、回应居民多样化差异性需求和协调复杂利益矛盾的问题,甚至还会造成社区事务繁复化与服务项目"内卷化"竞争困境。有鉴于此,本文提出资源聚合型社区治理的新概念并建立分析框架,通过对 J 市三个典型社区进行整合案例研究,深描并揭示党建嵌入社区治理场域及其资源整合实践逻辑,清晰呈现资源聚合型社区治理的现实镜像。研究发现,资源聚合型社区治理受组织结构、任务承接场景、服务供给对象和数据技术驱动四要素的影响,并由此进行运行机制建构。基于实地考察,资源聚合型社区治理的运行机制也存在主体原子化、资源集聚范围过窄等问题,其优化路径主要包括推动社区内强政治势能—强动员激励势能双管齐下、保证各治理主体的"全程在场"、形成良好的治理生态循环。

[关键词]　资源聚合型社区治理;党建嵌入;运行机制;优化路径

---

* 靳永翥,西安建筑科技大学公共管理学院教授、博士生导师。
** 刘志涛,西安建筑科技大学公共管理学院硕士研究生。

一、问题的提出

近年来,伴随国家治理重心的下沉,上级政府将众多行政任务与责任打包下沉至基层,其结果往往是作为最小治理单元的社区形成"一根针承受千条线"式被动应付格局。从基本职能视之,社区治理涉及的范围极广,涵盖医疗卫生、社会保障、公共安全等诸多方面。从治理情境视之,现今社区迁入人口猛增,社会矛盾治理复杂程度与居民多样化需求回应的难度均有所提升。两者叠加,共同造就了社区治理事务繁复化的必然结果。自党的十七大以来,中国共产党明确提出健全"党委领导、政府负责、社会协同、公众参与"的社会治理格局,体现了社区治理中的党建嵌入性;同时,基层政府依托党"集中力量办大事"的制度优势,汇集社区现有资源发起统合治理,实现了繁复社区事务的整合。

随着党建逐步深度嵌入基层社会,社区形成"党政合一"的体制性架构,具体表现为社区党支部书记兼任居委会主任,两大组织成员交叉任职,党组织全面对接下沉至社区的诸多事务。党建引领是构建基层治理体系的内在核心①,基层社区背靠党组织体系,汇集社区现有力量,形成网络化治理体系,进而实现了繁复社区事务治理中的资源整合,却难免出现社区服务项目"内卷式"竞争的治理罅漏。

社区服务项目"内卷式"竞争主要体现于基层行政组织治理项目建构及施行过程。

由于社区的资源存量少、渠道单一,再加上现今陌生人社会背

---

① 李梦琰:《党建引领超大城市基层社区治理的模式、功能与路径研究》,载唐亚林、陈水生主编:《未来城市与数智治理》[《复旦城市治理评论》(第12辑)],复旦大学出版社2024年版,第256—292页。

景下居民、驻区组织等主体参与社区公共事务的积极性较低,外部资源汇聚能力尚弱,导致基层资源捉襟见肘。为满足居民不断增长的治理需求与上级各项事务下沉承接任务,各个社区纷纷开始利用项目制这一治理手段,力图通过各类项目筹划,集聚相关资源以解决问题。各类服务项目的筹划本可提高社区已有资源的利用率,但却凸显出竞相模仿、照搬照抄一类现象,大量同质化服务项目纷纷涌现。尤其是过量的服务项目落地于具体社区治理实践,却难有足量的治理资源注入,也缺乏对具体治理情境的现实考量。各类项目陆续成立,相互竞争索要各类资源,愈发加剧社区内的资源危机,最终导致社区工作陷入改而不变、忙而无用等社区治理内卷化危机。①

为了破解当前社区治理事务繁复化和项目"内卷化"的困境,首要之务在于对现行的社区治理模式进行清晰界定与深入理解。本文基于学界已有文献,提出资源聚合型社区治理概念,并构建分析框架。基于此,研究通过 J 市三个典型社区的整合案例呈现,揭示资源聚合型社区治理的实践逻辑,探究其运行机制建构,并基于机制阻隔提出优化路径,以此为提升新时代社区治理的绩效提供决策参考。

二、文献综述与分析框架

作为社区决策与执行阶段的必要因素,社区诸项事务处理与治理资源、基层党建密切相关。基于社区现存的治理困境,本文首先将从基层治理资源、党建嵌入两大进路入手进行文献回顾,并依此对资源聚合型社区治理进行理论框架建构,揭示其整体逻辑。

---

① 纪志耿:《社区治理"内卷化"的特征及突破》,《人民论坛》2021 年第 12 期。

（一）文献综述

聚合原指化学领域中的一种化合作用，指的是小分子通过共价键相互连接，形成链状或其他复杂结构的大分子化合物的过程。借用此概念，聚合型治理在公共治理中指党建引领下对于多部门、多领域差异化力量的整合与治理效能输出过程。① 资源聚合型社区治理是在此定义基础上的内涵丰富与研究深化。资源聚合型社区治理的治理理念融合参与式治理的内涵②，倡导多元主体共同参与治理实践。治理手段类似于项目制治理③，以社区服务项目为基点，通过内外部资源的动员整合，对各项基层事务予以解决。资源聚合型社区治理指向的是压力型体制之下社区跨部门、跨领域资源聚合，进而统筹全局的现实与趋势。

1997 年，荣敬本等将压力型体制定义为各级政府为了实现经济赶超，在规定的时间内完成上级下达的各项指标而采取的数量化任务分解的管理方式和物质化的科层评价与奖惩体系。④ 受压力型体制的影响，社区作为国家治理体系的最小单元，承担了各级政府层层摊派责任，最终形成"上面千条线，下面一根针"的治理格局。⑤ 面对动态变化的压力情境，基层组织会主动地通过条块协同来克服条块分割弊端。出于对组织自身和基层干部自我后续发展的考虑，基层组织往往会汇集社区内的有限资源，以观望为先，

① 王海涛：《党建引领：聚合型治理的结构塑造及其运作——基于江西省新余市 Y 区的调研》，《地方治理研究》2024 年第 3 期。

② 马磊、刘芳：《参与式治理：乡村社会冲突的解决策略》，《领导科学》2021 年第 12 期。

③ 吴青熹：《项目制治理：公众动员与社区治理的模式创新》，《江苏社会科学》2024 年第 3 期。

④ 荣敬本、高新军、何增科等：《县乡两级的政治体制改革：如何建立民主的合作新体制》，《经济社会体制比较》1997 年第 4 期。

⑤ 许珂、张芳文：《力微任重：目标责任考核下的基层官员避责行为研究》，《公共管理评论》2024 年第 2 期。

待压力呈现出难以应对的态势时才采取非常规手段或运动战方式"一次性"解决。① 然而,基层组织间的条块协同与非常规跨部门行动尚缺一个强有力的领导核心。基层党组织作为基层治理的领导组织,具有绝对的权威地位。党建嵌入下社区聚合各类资源进行治理运动,不啻为关键策略。

理论层面的"嵌入"(Embeddedness)一词最早由匈牙利政治经济学家卡尔·波兰尼(Karl Polanyi)于1944年提出,用来分析新经济社会领域中经济行为与非经济的社会网络和结构之间的互动关系。② 1985年,马克·格兰诺维特(Mark Granovetter)详尽地阐述了结构性嵌入与关系性嵌入的本质差异,揭示了社会网络中不同层次的嵌入机制及其对社会经济行为的影响路径。③ 近年来,国内很多学者也将其应用于党建领域,描绘中国语境下政党引领的典型特征。

在实践层面,党建嵌入公共组织、统筹全局的传统也由来已久。在新民主主义革命时期,领导人通过党组织联合工青妇等群团组织建立统一战线,使中国社会迅速全面集中起来。④ 在改革开放时期,党建深入各类组织尤其是新建立的经济组织与社会组织,形成符合改革开放需要的稳定的社会组织化网络。⑤ 在国家治理现代化战略推进期,党建的广度与深度进一步强化,触角延伸至社区场域,推动社区形成以社区党委为核心、居民群体及各组织

① 杨海龙、马畅:《压力型体制下基层组织的动态承压过程及其心理分析》,《社会科学家》2023年第6期。

② [英]卡尔·波兰尼:《大转型:我们时代的政治与经济起源》,冯钢、刘阳译,浙江人民出版社2007年版,第50页。

③ Mark Granovetter, "Economic Action and Social Structure: The Problem of Embeddedness", *American Journal of Sociology*, 1985, 91(3), pp. 481–510.

④ 褚松燕:《从组织社会到建设社会:党领导社会建设百年实践的底层逻辑》,《政治学研究》2023年第2期。

⑤ 李明伟、索殿杰:《党建引领"两新"组织参与北京社会治理:功能与路径》,《新视野》2022年第1期。

单位共同参与的区域化治理格局。社会建设目标随时代发展不断更迭,而党建动员整合优势历久弥新,尤其是当前基层治理热度递增,党建作用愈发突出。

厚植于经典理论与丰富的实践案例,基层党建嵌入研究逐渐成为学界的研究热点。基层社会是不同主体交互杂居的场域,各个主体具有不同的利益属性,形成错综复杂的关系。① 关于党建嵌入基层治理的现有研究,大致可归纳为党建对基层治理结构优化与党建对基层治理资源扩增两大研究主题。

一是党建对基层治理结构优化的分析。该类研究强调基层党组织如何对各社会主体进行政治、文化嵌入,为后续党建嵌入下社区聚合内外资源作出重要铺排。除对原有科层组织的直接领导外,根据其他各社会主体的不同属性,基层党组织采取差异化嵌入方式对社区各类项目进行决策、资源整合与组织实施。对于组织性弱、异质性强的居民群体,基层党组织运用建立党支部与党员渗透两种途径对居民群体进行再组织化,培育居民的参与意识,重塑社区公共精神。② 对于人员流动性强、组织结构松散的社会组织,基层党组织则以纵向科层关联与横向资源补益进行价值引领与选择约束。③ 通过对基层各治理主体的全方面嵌入,基层党组织能够在承接上级各项治理任务时,集中资源并迅速形成一个有领导的整体性行动网络,解决任务落地问题。④

二是党建对基层治理资源扩增的研究。该类研究强调党建嵌入在基层治理资源方面的吸纳整合。改革开放促进了城市社区治

① 韩志明:《面向治理碎片化的再组织化——基层党建引领的治理优势及其效能》,《治理现代化研究》2021年第5期。
② 陈柏峰、石建:《党建引领嵌入社区治理的机制研究——以豫东B街道"红色物业"为例》,《江苏大学学报》(社会科学版)2022年第5期。
③ 马超峰、薛美琴:《组织资源禀赋与社会组织党建嵌入类型——基于南京市社会组织的案例分析》,《学习与实践》2020年第6期。
④ 张振洋、王哲:《有领导的合作治理:中国特色的社区合作治理及其转型——以上海市G社区环境综合整治工作为例》,《社会主义研究》2016年第1期。

理共同体的形成,其背后的政治逻辑是全能型国家管制区域的收缩与市场化以及居民自治的引入。① 虽然国家已将部分事务交予社区自治协商处理,但是作为国家行政管理与公共服务末梢的社区涉及住建、消防等繁多事务,依然需要社区全权负责。因此,党建嵌入的作用极为关键。党建嵌入下社区能够在超负荷治理压力下实现多部门的行动协调与跨部门资源的集聚重组。从组织层面,党建嵌入可以消解社区组织碎片化、封闭化壁垒②,促进各部门间的资源流动;同时,通过建构党建共同体,社区行政组织与社会力量达成合作治理,拓宽外部资源的来源渠道。③ 从行动层面,党建发挥动员机制,动员各治理主体参与基层治理,重建个体与国家之间的社会联结,增加社区内部的资源存量。④ 从事务层面,基层党组织聚焦于基层治理的急难险重问题,将所汇集的各项资源优先分配至重点问题解决场域,充分发挥基层战斗的堡垒作用。⑤

现有研究主要聚焦于党建对基层治理结构的优化和治理资源增强的相关研究,实现了一定的理论创新,但较少从社区资源整合视角出发,对党建嵌入中的社区治理创新活动展开理论研究。因此,对资源聚合型社区治理展开深度研究具有学术和应用的双重价值。综合已有文献,本研究将资源聚合型社区治理定义为:党建嵌入下的社区运用政党吸纳优势,集聚社区内外部资源,统筹对接,完成上级各部门划包任务,并通过社区的各种实践创新活动,

---

① 李传兵、喻琳:《嵌入性赋能:党建引领社区治理的逻辑、机制与路径》,《中州学刊》2024 年第 2 期。

② 张振洋:《破解科层制困境:党建引领城市基层社会治理研究——以上海市城市基层党建实践为例》,《内蒙古社会科学》2020 年第 3 期。

③ 谢金辉:《党建引领社区治理研究综述》,《中共福建省委党校(福建行政学院)学报》2021 年第 5 期。

④ 毛一敬:《党建引领、社区动员与治理有效——基于重庆老旧社区治理实践的考察》,《社会主义研究》2021 年第 4 期。

⑤ 耿显榜:《在深化创先争优活动中加强党的先进性建设》,《中州学刊》2011 年第 4 期。

为社区居民提供服务。在此基础上，本研究建立资源聚合型社区治理的分析框架，并借助典型案例回应理论，探析其具体运行机制。

（二）资源聚合型社区治理的分析框架

资源聚合型社区治理建构于极具中国特色的"党政同构"体制之下，越到基层，"党政同构"的趋势越发明显。[①] 因此，党政体制诉诸社区场域表现为基层党委嵌入，形成社区治理共同体，并对社区施行整体性治理。资源聚合型社区治理强调多元主体参与。因此，党建嵌入社区治理共同体通过社区建构、服务项目实施，旨在汇集民意、精准对接社区真实需求。

受党政体制的影响，资源聚合型社区治理的使命契合于解决当今国内社会主要矛盾，即满足人民日益增长的多样化美好需求。对上，社区集聚资源承接上级政府部门的政策并将文本转化为居民可感知成果；对下，社区践行"以人民为中心"的发展思想，汇集多方资源，履行社区日常行政管理与居民需求满足的职责。

资源聚合型社区治理还衍生出灵活性与政治性两大基本特征。灵活性体现在组织结构上。社区能够针对某项事务迅速建立项目组，并在基层党组织的授意下迅速划配重组各项所需的资源，较传统科层治理"按部就班"更为灵活。政治性则贯穿于治理始终。社区受基层党组织全权领导，资源调配按党组织意志进行，治理行为受党组织监督，产出治理绩效面向党组织考核，治理全程均处于基层党组织的领导下，保证资源利用的高效与治理行为的合理。

为进一步对资源聚合型社区治理进行运行机制建构，对其构建分析框架不可或缺。资源聚合型社区治理的分析框架整体表现

---

① 熊万胜、方垚：《体系化：当代乡村治理的新方向》，《浙江社会科学》2019 年第 11 期。

为党建嵌入下社区通过资源聚合形式,规划服务项目,履行科层组织职责、保障社区的日常运行、满足居民的关键需求,快速产出治理效能,最终达成善治目标。资源聚合型社区治理的分析框架如图 1 所示。

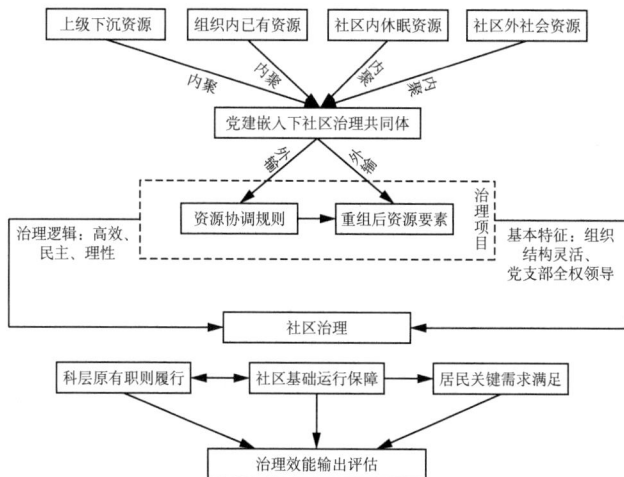

图 1　资源聚合型社区治理的分析框架

1. 基层治理场域内外治理资源的整合

在基层常规的治理结构中,社区现有治理资源由于受部门专业壁垒阻隔而流动缓慢,社区内外隐藏的治理资源也鲜有开发。在资源聚合型社区治理下,基层党组织统筹全局,发挥政党整合吸纳优势,持续性地发掘社区内外治理资源,扩充社区治理资源的基数。基层党组织对基层治理场域内外治理资源聚集整合主要分为三大途径。

一是上级下沉资源与组织内现存资源的统筹整合。上级资源的下沉往往附带有专项治理责任及考核指标下压。资源聚合型社区治理下,社区将上级下派的所有专项事务纳入整体治理过程;同时,以政党权威全面统合诸类下沉资源,统一调配。对于组织内现存的治理资源,社区则将其从职能部门"释放"出来,由基层党组织统一管理,各部门治理行动也由单部门行动转为党组织领导下的合作治理。

二是社区内"休眠资源"的发掘利用。社区治理的实质是管理与自治的复合。① 过去的基层治理资源吸纳范围通常只局限于组织内部,却忽视了对社区场域内其他治理主体内"休眠资源"的发掘。资源聚合型社区治理下,基层党组织发挥政党优势,对其他治理主体展开动员,使其集聚于基层党组织的周围,分担社区治理压力;同时,资源发掘过程中对于其他治理主体积极性的调动,也促进了社区一核多元治理格局的构成。

三是社区外治理资源的引入调配。现代化社区治理场域内,居民及其他主体需求呈现异质化、专业性的特征,仅凭社区内的常规资源尚无法完全应对居民的多样化服务需求。为弥补社区内资源种类单一的缺陷,社区积极引入社区外的治理资源。然而,所有外来资源并非都能进入社区。社区通过对引入资源展开识别、筛选和对接等工作,确保引入资源的适配性与精确性。

总体而言,社区对于内外资源的集聚重组以社区内治理资源的发掘整合为主,辅之以多类外部资源补益,消解了原有科层组织结构的僵化性。党组织对于社区各项资源集中统筹,增强了治理资源的流动性,保证了任务执行的高效。

2. 社区党建引领下的社区服务项目生成

社区服务项目是社区发展的重要组成部分,服务项目生成关系到各类流动资源能否迅速到达任务场景。社区服务项目生成主要分为资源协调规则制定与汇集资源重组两部分。首先是资源协调规则的统一制定。资源协调规则由基层党组织领导,各治理主体协商制定,旨在规范服务项目下资源的重组调配行为。资源协

---

① 何方:《复合型社会主体的实践基础和路径展望——基于对杭州新型社会主体参与治理的分析》,《中共浙江省委党校学报》2014 年第 6 期。

调规则的制定是为保证各资源在项目内流动组合的秩序性与高效性。在社区服务项目生成中,运用资源协调规则有利于监控项目中异常的资源调配情况并迅速作出理性回应。

其次是对汇集资源的重组。治理资源作为社区服务项目运行的关键元素,其合理配比对治理结果的输出具有重要影响。过量的资源注入不仅会导致部分资源"闲置",降低资源的使用效率,还会引发其他服务项目资源分配不均的现象,导致社区内部发展失衡,加剧社会矛盾。过少的资源注入则极大可能会使项目进展受阻,甚至导致服务项目的失败。尤其是一些民生型项目,因过少资源注入带来服务质量下降,将会降低居民等其他治理主体参与项目的积极性,进而导致社区资源集聚势能减弱,恶性循环。

3. 社区各项需求满足下的治理效能输出评估

城市基层社区治理与民众接触最为直接。① 治理过程中社区场域内呈现需求差异化、治理多样化等特征。社区场域下的基层服务项目涉及文化、环境、生活等诸多方面。然而,"万变不离其宗",诸项服务项目背后的社区各项需求满足可大致归纳为三大类:一是科层原有职责的履行,包括组织对于上级非常规政策任务与常规专业化治理任务的承接;二是社区基础运行的保障,主要是对社区内部日常治安、环境等方面的维护;三是居民关键需求的满足,旨在提升居民幸福感的基础上,动员居民等其他治理主体积极参与治理事务,增益社区治理的资源池。

基于此,对于不同类型服务项目施行后的效能输出,其考核指标也略有差异。对于旨在承接上级行政任务的项目,主要考察其行政任务的完成情况及对社区治理的增益程度。对于社区日常维稳项目,主要核定其对于社区环境质量的提升量度。而民生型项

---

① 单菲菲、高敏娟:《价值共创视角下城市基层公共服务合作生产逻辑——基于两个街道的双案例分析》,《甘肃行政学院学报》2021年第4期。

目的考核主要依据居民服务满意度的主观测评,辅之以服务项目的专业化检验。

总之,社区项目的效能评价关乎社区行政成本、服务质量与居民需求满足。除此之外,项目能否在社区持续运行也成为项目绩效评估的另一个重要指标。

本研究为资源聚合型社区治理构建分析框架,将资源聚合型社区治理分为内外资源的聚集整合、治理项目的生成运作与治理效能评价三个环节,它们相互贯通,逻辑缜密,超越了对基层治理行为既有研究中单一维度的视角缺陷,但毕竟理论想象与现实情境总存在较大差异。因此,下文将通过整合案例呈现,深度探析资源聚合型社区治理落地于社区场域的实践逻辑。

三、J市资源聚合型社区治理实践的整合案例呈现

BM 社区、TSX 社区和 TPQ 社区均隶属于 X 省 J 市管辖。J市作为全国 4 线城市,位于 X 省中南部,全市版图面积为 2 万平方千米,总人口为 400 万。从 2021 年始,J 市开始频繁召开全市文明城市创建相关会议,要求在全国文明城市年度测评中持续地争先进位。随后,J 市各社区开展了相应的管理和服务创新实践。案例所选的三个社区类型分别为老年型社区、青年型社区与中年型社区,三个社区均被地方媒体大篇幅报道,具有丰富的资料支撑。除此之外,三个案例在不同层次上表现出资源聚合型社区治理的相关特征,既有利于完整地呈现中国城市社区的治理样态,又能对前述资源聚合型社区治理的分析框架进行验证,为进一步研究打实基础。

具体而言,从年龄层面看,三个社区覆盖老、中、青三类人群,呈现出不同年龄段群体面对创建文明城市同一政策大背景下的价

值偏好与行为差异。从资源层面看,相较于其他两个样本,作为全市重点示范社区,BM社区在创文明城市的过程中受到上级政府的重视,更具有资源优势。基于治理行为与治理情境两大维度,对三个社区进行分析比较,不仅能够清晰地呈现不同年龄段居民群体对社区诸项治理活动的反馈,还为拥有不同资源存量的社区治理及具体动员行为提供参考。由此,三个社区成为本文的研究对象,具体情况如表1所示。

表1　田野调查情况汇总

社区名称	基本情况	社区类型	社区特点	中心任务	相关资料来源
BM社区	辖17个居民小组,常住居民近两万人	老年型社区	社区内的居民群体老年人占比较大,青年人口较少	老旧小区改造	社区访谈;公众号;报纸
TSX社区	现有住户5 564户,常住人口1.5万余人	青年型社区	社区靠近商业区,居民群体以20—35岁的青年为主	社区治安排班及创建文明城市宣传	社区访谈;公众号
TPQ社区	现有住户2 552户,常住人口6 274人	中年型社区	社区居民大部分以35—55岁的人口为主	社区违章拆除	媒体报道;公众号

(一)中心任务识别基础上的全面资源集聚

2021年8月,J市政府召开第七届全国文明城市推进会,会议指出,社区普遍存在前期创建工作不足的问题,并提出将通过暗访形式进行实地测评,增强各部门的工作紧迫性。随后,当地街道要求下属社区分别成立社区创文明城市工作小组并确定各成员的职责。2023年11月,J市政府再次召开创建文明城市全市动员大会,动员全市上下全面进入临检状态,全力以赴冲刺攻坚。同年,三个社区所属的街道办号召社区采取"党员亮身份"形式,鼓励社区内党员报到,并以社区党支部书记为首,组织起来投入社区工作。

随着 J 市创文明城市步伐的加快,市政府多次召开会议布置各部门工作,压力型体制的运作逻辑使得社区行政组织不堪重负。与此同时,由于社区内资源本就较为缺乏,即使像 BM 社区作为全市示范社区,受到市里财政、技术的倾斜,所拥有的资源在创文明城市阶段尚且捉襟见肘,部门间的资源阻隔更是使社区行动步履维艰。确定中心任务,集中所有资源,成为三个社区所有社区工作者的共同呼声。

虽然三个社区皆处于 J 市创建文明城市的背景之下,但由于各个社区情况各异,社区侧重点也各有不同。因此,各个社区分别召开社区联席会议,召集居民及组织代表讨论社区改进的痛点,确定中心任务。BM 社区由于地处老城区,辖下多为 20 世纪 80 年代所建的老旧小区,大部分基础设施损坏。因此,BM 社区确立了老旧小区改造的中心任务。TSX 社区与 TPQ 社区属于近几年的新建社区,卫生相对较好,因此,其工作小组根据社区特点分别制定了社区治安排班及宣传与社区违章拆除的工作重点任务。最终,三个社区工作小组分别确定了本社区创文明城市时期的中心工作,明晰了社区全面资源的整合流向。

(二)行政高压运转下的内部资源发掘

社区日常行政具有管理覆盖面广、事务繁杂的特点。而维护社会稳定成为社区行政的首要目标。BM 社区、TSX 社区、TPQ 社区的党群工作站日常行政事务涵盖综治信访、流动人口管理等诸多方面。近年来,随着党建引领下的网格化管理在 J 市全面施行,基层事权进一步下放。具体而言,在党组织的领导下,社区网格员被下放至所属片区包干负责,实时掌握社区居民的动态行为,及时排查隐患。尤其是在创建文明城市期间,三个社区的网格员在接到上级任务的同时,迅速下沉至网格,不仅要承接原有的行政任务,甚至还需将居民参与度不高的部分自治事务一并处理。

为了缓解创文明城市期间社区行政超负荷运行的状态,三大社区党支部书记主要通过两大路径发掘社区的内部资源:一是培养社区内的志愿组织,激活关键群体;二是通过市场购买,引入相应的资源。

社区普遍通过动员关键群体(如党员群体、社区积极分子等)加入治理队伍,扩充社区资源的基数。原 BM 社区包括网格员队伍只有 20 人,在创建文明城市期间,社区党支部书记通过已建立的线上综治平台呼吁党员报到并鼓励居民共同参与社区治理行动。三天之内,党员报到 180 人次,社区居民报到 30 人次。新加入的治理力量大多分配至原有网格员的职位,原有网格员升任为网格长,进一步将社区工作细化承包。TSX 社区与 TPQ 社区工作人员较少,全职人员仅有 10 余人,且社区内党员较少,居民的参与积极性也不佳。两社区党组织只好抽调部分维稳资金临时聘用社区内人员加入治理;同时,两大社区党支部还动员辖区内的物业人员加入治理队伍,分担部分治安、矛盾化解的职责。

(三)多样化服务需求下的外部资源引入

社区服务供给随人民日益增长的美好生活需要与日俱增。落实于基层的具体实践,新时代社区治理之下,无论是服务供给广度还是深度,均存在显著扩张。服务供给精细化所需要的是基层大量资源的投入与基层党组织更为权威化的把控。显然,仅依赖于社区内部资源无法满足庞大的社区服务需求,外部社会资源引入成为必要之策。社区主要引入外部社会组织及单位对社区场域开展无偿或有偿的专业化服务,例如,BM 社区在创建文明城市期间,联系市里某医院心理科在社区内提供医疗资源,开展免费心理咨询服务。BM 社区还在其专业化人员的帮扶下建立了社区心理咨询室;TSX 社区则联系了某公立学校,通过学校提供的教师资源,建立了社区托管班,免费托管课后无人照看的儿童。

在有偿服务方面,BM 社区居民因以老年人为主,行动大多不便,社区党支部书记牵头引入专业化团队开办社区食堂,60 岁以上的老人一个月只需要花几百元便可以在社区食堂就餐。

根本而言,无论是有偿服务还是无偿服务,外部社会资源的引入丰富了原有社区服务的种类,弥补了原有社区服务体制的欠缺。与此同时,社区所引入的社会组织基本上为专业化服务团队,提高了服务供给质量,为原有社区服务的供给体系注入新的活力。

四、J市社区资源聚合型社区治理的运行机制

资源聚合型社区治理是国内独特政治生态环境与国家治理重心下沉交互影响下的产物。若将党建嵌入社区视为在基层治理体系变革中的重要组织链接活动,则其夯实了国家治理重心向基层下沉的政治基础,形塑了资源聚合型社区治理新模式。由此,资源聚合型社区治理的理论内涵不仅表现为社区内各种资源的聚集整合与基层党组织的权威推动,而且随着国家治理重心的下移,社区借助党建优势与对内外部资源的调配,形成不同情境中的治理工具创新组合。只有基于全局发展的动态视角,对资源聚合型社区治理进行运行机制建构,才能洞悉其真实的治理属性和创新发展价值。

基于资源聚合型社区治理的分析框架与案例演绎发现,社区资源聚合的成效受社区组织结构、任务承接场景、服务供给对象和数据技术驱动四方面影响,对其分别进行运行机制建构能进一步对资源聚合型社区治理展开理论探析。

（一）党建嵌入科层与嵌入社会的深度嵌入机制

嵌入式党建作为一种党建创新机制,通过将党组织建设过程、制度规则和目标嵌入整体社会结构和社会行动中,使党组织和党建目标主动回应社会结构性变化。[1] 回溯三个社区治理实践的典型案例不难发现,党建通过嵌入科层与嵌入社会两种形式盘活社区资源,靶向情境问题,进而起到"管大局"的功效。

一方面,党建嵌入科层组织,消解过度行政化问题。[2] 基层过度行政化问题体现为科层部门的封闭性与资源的碎片化。基层党建通过嵌入形式将科层各部门进行整合,打破社区内的资源流动壁垒,搭建部门合作平台,回应社区多方任务诉求。原部门资源于党建之下集聚,并以项目制、工作专班等形式进行重组,用以消除组织刚性与公共事务复杂化间的张力;同时,基层党组织发挥政治引领作用,保证各部门资源重组过程中的秩序性。三个社区在面对上级下沉创建文明城市中心任务时,均在社区党支部书记的带领下,联合各部门骨干成员迅速组成工作小组应对。在任务实施过程中,各部门的资源也由基层党组织集中把控并依任务性质进行分配。

> 我们一接到创建文明城市的通知,社区党支部书记就把我们汇集到一起开会并迅速成立工作小组。在任务实施过程中,每一项任务都得经过工作小组讨论后才下派,各部门人员也不会固守原有岗位,而是听从随时

---

[1] 彭勃、杜力:《"超行政治理":党建引领的基层治理逻辑与工作路径》,《理论与改革》2022年第1期。
[2] 许爱梅、崇维祥:《结构性嵌入:党建引领社会治理的实现机制》,《党政研究》2019年第4期。

调配。①

　　我们在创建文明城市任务的行动过程中,经常与各部门人员进行合作行动,各部门人员都能够发挥自身优势为任务完成贡献力量;同时,在共同行动中,我们还熟络了大家的关系,以后开展合作更为便捷。②

　　另一方面,党建嵌入社会,引入社会资源补益基层治理。受制于基层治理主体权能和资源有限的双重约束,基层治理实践存在治理"内卷"的困境,导致基层治理超负荷运转。因此,发挥党建优势,引入社会资源开展协同治理有其合理性与必要性。社会资源的注入不仅充盈了基层社区的资源池,还使党建嵌入下的社区组织更加"有为"。

　　总体而言,党建嵌入机制对社区原有科层结构进行优化并引入社会资源注入社区的过程,既彰显了基层党组织的权威地位,又体现了政党吸纳优势,基层资源基数得以补充。

(二)繁复责任下沉与社区理性应对各种迎检的博弈机制

　　基层治理绩效的卓越表现,不仅为社区营造了良好的生活环境,还能在上级督查中收获肯定性评价。创建文明城市以来,上级政府部门向基层社会强力输送国家资源;同时,也通过行政发包体制将各项责任下沉至街道。③ 但是,由于街道无暇承接过多的行政事务,各部门继续进行责任分解,将各种责任下沉至社区场域,由此形成"上面千把锤,下面一根钉"的治理格局。为进一步压实责任,上级政府又通过层层考核对社区创文明城市的成果进行量

① 访谈资料 BM-20230708-FZR。
② 访谈资料 TPQ-20230730-WGY。
③ 王清、刘海超:《中心工作下沉:基层治理结构的重组及后果》,《理论与改革》2023 年第 5 期。

化评估。面对上级政府考核,社区的首要考虑并非如何在限定时间解决社区所有问题,而是在最短时间产出最大绩效,以较优状态迎接创文明城市检查工作。社区重点问题或任务的集中解决,会带来治理绩效的显著提升,这也是社区为何频频借助党建动员优势,以优势资源解决中心任务的原因之一。三大社区在接到创建文明城市任务时,均迅速地对自身社区的现存问题进行整体评估,并围绕重点问题进行资源聚合。

> 社区里所存在的大大小小问题有很多且在社区日常运行中还在不断出现新问题。我们肯定是先把大问题解决了,再对小问题逐个击破。①

除精确识别重点问题外,社区还以上级发放的创文明城市文件中的量化考核指标为标靶,进行资源倾斜以获取高分。基层社区一旦领取下沉指标性任务,该任务的回应程度不仅会被看作社区阶段性业绩,还会与其他社区展开"锦标赛"。因此,在创文明城市的过程中,为了在同类社区中脱颖而出,社区会集聚现有可支配资源,猛攻主要考核指标,力图以低成本、高效率获得竞争优势,最终获得上级更多的资源倾斜。例如,三大社区均被纳入全市创建文明城市考核体系,由市检查组予以考察评分,最终只有 BM 社区获得 A+评分,在全市居于前列。为奖励 BM 社区的突出成绩,区财政奖励社区 1 万元并再次授予示范社区称号。

(三)顺应新时代改革要求与社区全方位服务属性满足的调和机制

推动国家治理体系和治理能力现代化是将新时代改革开放推

---

① 访谈资料 BM-20230720-SJ。

向前进的根本要求。社区作为国家治理体系的最小治理单元,其治理结构的优化适配,对整体国家治理现代化具有重要影响。当下新时代基层改革更趋向于整体性、协同性发展,尤其是"以人民为中心"的治理理念贯穿于基层治理的始终。然而,由于城市基层社区服务直面群众,居民需求呈现异质化特征。而组织内各类资源本就有限,还需分散应对条块任务下沉与行政管理,几无余力再对接居民的全方位需求。

为调和全方位服务属性与社区有限资源间的张力,社区与社会合作引入外部资源成为必要之策。其主要分为社区与市场组织合作、社区与志愿组织合作两大路径。

一方面是社区与市场组织的合作,又称服务供给市场化。该服务供给路径采取服务外包、民营化等形式对服务板块进行包揽,尤其是社区专业化服务交由市场组织运行能够提高服务效率与服务质量,分担基层政府的服务压力。由于 BM 社区属于老旧小区,老年人较多,对于医疗健康服务的需求较大。因此,在创文明城市期间,BM 社区时常与医院合作,为社区老年人提供便捷的医疗服务。

自从有了社区的医疗服务站,我们老年人不需要跑到 1 公里外的医院去排队就诊。医生在固定时间段进社区送诊,下楼即可享受服务。①

另一方面是社区与志愿组织的合作。社区与志愿组织在服务供给板块的合作生产,不仅拓宽了社区资源的来源渠道,一些专业化的志愿组织甚至还能够丰富社区服务的种类,满足社区居民的多样化需求。例如,在创文明城市期间,TSX 社区联合公立学校为社区适龄儿童开设免费课后托管班;BM 社区联合医院开展免费心理

---

① 访谈资料 BM-20230801-JM。

辅导、筹建社区心理咨询室等。诸如此类,在不消耗社区资金成本的情况下,志愿组织的引入确实不失为缓解社区资源不足的上策。

(四) 数据网络运用与社区资源集聚能力强化的联动机制

伴随智能化社会治理实践探索的迅速发展,物联网向基层不断延伸。作为国家与社会治理"最后一公里"的社区治理,正经历着数据网络技术驱动的智能化转型。[①] 在此阶段,数据网络渗透社区治理的诸多方面[②],在降低各项治理成本的同时,又使社区的资源集聚能力得到强化。

一方面是社区管理层面资源集聚能力的强化。借助于数据网络技术,社区管理区域得到深度扩展,整个社区治理呈现整体化趋势。社区通过搭建数字综治平台对辖区内的各服务项目进行统合治理,精准快速地对资源,进行聚合调配;同时,社区工作人员能够通过综治平台及时监控到社区隐患,并依靠大数据推荐适合的解决方案,提高了所集聚社区资源的利用率。

与此同时,受数据网络影响,基层政府结构渐趋扁平化。传统的基层行政组织体系由专业部门垂直业务指导和行政区划属地管理两部分组成,两者交织形成的条块分割构成基层行政碎片化格局,使社区深陷基层资源流动不畅、部门协同不顺之困。数据网络注入恰好充当中介作用,为横纵体系各方搭建沟通平台,实现了各类资源的云端整合。通过数据网络平台,基层一线组织成员将由于部门资源限制无法解决、涉及的交叉部门协作问题上传平台,由

---

① 王法硕:《智能化社区治理:分析框架与多案例比较》,《中国行政管理》2020 年第 12 期。

② 滕明兰、庞娟:《数智驱动城市社区空间精细化治理的变革逻辑与实现机制》,载唐亚林、陈水生主编:《未来城市与数智治理》[《复旦城市治理评论》(第 12 辑)],复旦大学出版社 2024 年版,第 93—124 页。

社区党支部组织各部门进行线上磋商。BM 社区在创建文明城市阶段,依靠社区网络平台反馈问题清单,调配重组先期汇集的社区已有资源,保证了问题在短期内解决。

另一方面是社区公共服务层面资源集聚能力的扩增。数据网络的广泛运用为社区带来公共服务的智能化供给,包括资源集中整合型、智能家居超市型等模式。① 对比传统的服务供给模式,新型服务供给模式在资源集聚、整合层面具有显著提升。过去费时费力的人工调查、线下会议协商和固化资源配置,逐步被数据驱动下的居民需求上传、线上平台讨论和依任务性质灵活变动的资源汇集调配所取代。除此之外,数据网络技术运用提高了社区内资源的流转速度,节省了因各类资源任务性整合流动所造成的时间、人力成本(图 2)。

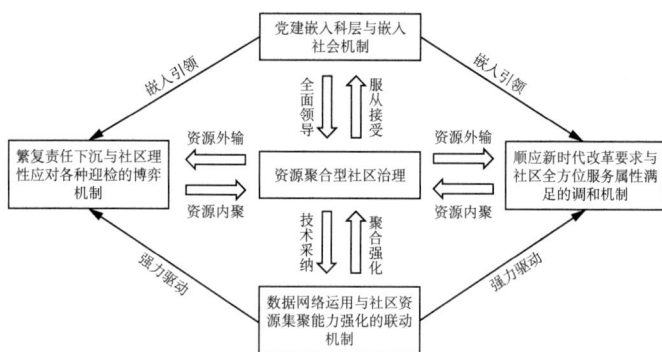

图 2　资源聚合型社区治理的运行机制建构

五、资源聚合型社区治理的阻隔原因分析

资源聚合型社区治理凭借党建吸纳整合优势,扩充基层治理

① 何继新、李露露:《城市社区公共服务智慧化供给功能价值意蕴与建设模式设计》,《海南大学学报》(人文社会科学版)2019 年第 4 期。

力量,保证社区各项事务高效执行。然而,该治理模式在运行过程中仍有诸类阻隔产生。基于前述资源聚合型社区治理的分析框架与运行机制建构,本文对其阻隔原因进行归纳并提出相关优化路径,并以此为新时代社区治理绩效提升提供决策参考。

(一)资源聚合型社区治理的阻隔原因

资源聚合型社区治理在运行过程中产生诸类阻隔,究其根源,与基层治理环境、属性张力、资源集聚范围难脱干系。

第一是社区治理主体的原子化。伴随城市开放程度的不断提升,原有熟人社区消解并逐步被陌生人社区取代。在陌生人社区,每个人作为独立的个体享受高度自由的同时,却也陷入一种人际疏离状态。① 由于各治理主体间彼此并无血缘、业缘等直接联系,导致其参与基层事务的积极性欠佳。各主体对参与治理事务的冷淡,使得社区资源聚合势能必然减弱,各治理主体间的资源流动速率放缓。

第二是法律上自治属性与实践中行政属性间的张力。法律上规定社区治理应以居民自治为主,基层行政组织起协助、引导作用。然而,现实中的基层科层组织常以"政府代理人"的身份主导一系列社区治理事务走向,在服务项目的生成中也不例外。一些社区甚至出现行政性服务项目多于民生型项目的状况,各服务项目配比失衡,亟待社区内部优化调整。

第三是现有社区资源集聚范围过小。资源聚合型社区治理的社区资源集聚范围包含上级下沉资源的统管、社区内资源发掘整合,社区外社会资源的引入。然而,其资源集聚范围通常是围绕单个社区为中心并逐步向外拓展,缺乏横向上各社区间的资源流动,

---

① 王德福:《群众的时代:社会转型期的城市基层治理》,东方出版社 2024 年版,第 190—194 页。

难以快速扩增社区资源的边际流量。

（二）资源聚合型社区治理的优化路径

迈向新时代的社区善治需要对机制阻隔进行及时消解。机制阻隔的消解不仅有利于根除社区的治理隐患，还能够强化现有社区治理资源的集聚能力，增益该社区模式的社会影响力。

首先，推动社区内强政治势能—强动员激励势能双管齐下。原子化社会之下，若要使社区各治理主体彼此熟络，积极参与社区公共事务，切入口便在于党建引领。基层党组织应充分利用已有资源，如党员群体、社区积极分子等，将其分散嵌入社区治理结构，带动其他治理群体加入治理活动，营造社区共治氛围。另外，社区应为各治理主体提供充分的物质与精神双重激励，增强各治理主体间的利益联结。在物质层面，社区应设计并实施科学合理的激励机制。社区通过提供必要的财政补贴、项目资助等措施，确保各治理主体在参与治理的过程中，能够获得充分的物质资源支持，增强其参与治理活动的积极性。在精神层面，社区需注重激发各参与治理主体的内在动力，通过表彰先进、树立典型、提供职业发展机会等形式，赋予其荣誉感和归属感，增强其他治理主体参与治理的责任感和使命感。

其次，保证各治理主体在社区治理中的"全程在场"。社区积极构建多元化的服务项目，旨在应对各类社区事务及治理问题。因此，社区服务项目应受到其他治理主体的全程监督，以保证服务项目的透明度与公正性。毕竟，不同治理主体的资源供给共同形成了对基层治理实践的支撑。① 进一步而言，确保项目产出符合预期目标的关键在于能否构建一个高效且包容的治理主体对话协

---

① 周振超、郭炜萍：《双重聚合：基层治理多元主体协同的实现路径——基于50个基层治理创新案例的文本分析》，《贵州省党校学报》2024年第1期。

商机制。通过建立对话协商机制,服务项目的具体运作不仅能够遵循科学的管理流程,还可以充分发挥相关治理主体的自主性。通过该途径,社区可以更有效地消解社区隐藏性矛盾与利益冲突,促进治理主体间的相互理解与支持。

最后,拓宽社区资源集聚的横向广度。资源聚合型社区治理往往偏向于以单个社区为中心,逐步向外拓展资源吸纳与聚合的范围,这一过程不仅进展缓慢,而且伴随着较高的时间与人力成本。鉴于此,现代化社区治理亟须探索新的横向协同策略。社区应将资源聚合视野从内部资源发掘、外部资源引入延伸至和其他社区构建横向联结与合作关系上。具体而言,该优化路径强调通过构建跨社区的协作网络,实现资源的共享与互补。此过程不仅要求社区具备前瞻性的规划能力,还需具备高效沟通与协调的技能。此外,强化跨地域的沟通合作成为不可或缺的一环。跨地域的沟通要求社区突破地理界限,积极寻求与周边乃至更远地区的社区的合作伙伴关系,共同探索资源优化配置与高效利用的新模式。通过这一举措,社区不仅能够实现资源的迅速集聚,还能在更为广阔的地理与社会空间内促进治理创新与实践经验的交流,为构建更加和谐和可持续发展的社区环境提供有力支撑。

六、结论与讨论

在基层治理场域的任务承接、社区管理和服务供给"三座大山"压力包围下,基层政府如何借助党建优势,将社区资源集中整合并作出理性回应,是一个值得深思的问题。以党建嵌入为理论视角,首次界定资源聚合型社区治理概念,基于创文明城市典型案例呈现,分别梳理其在资源聚合、服务项目生成、治理效能评估三个阶段的组织行为逻辑并进行案例分析。研究发现:党建嵌入科层与嵌入社会机制作为社区治理创新的核心枢纽,全面负责社区内外资源吸纳、整合及重组;繁复责任下沉与社区理性应对各种迎检的博弈机制与顺应新时代改革要求与社区全方位服务属性满足的调和机制展示了社区依据不同任务性质进行资源调配的行为逻辑;数据网络运用与社区资源集聚能力强化的联动机制则充当强化社区资源聚合能力的推进剂。四大机制共同作用,支撑资源聚合型社区治理的平稳运行。最后,基于运行机制阻隔探讨,提出针对性的优化路径,以对提升资源聚合型社区的治理绩效提供决策支持。

综上所述,本文的理论贡献如下:第一,本研究基于党建嵌入理论阐明了资源聚合型社区治理的分析框架并对其进行了运行机制建构。基层党组织在资源聚合过程中的优势表现为:一方面,站在社区治理权威地位统筹全局;另一方面,发挥政党优势,持续性吸纳社区内外的资源,以维持社区治理行为输出,深化党建嵌入功能的多重理解和研究面向。第二,本研究从社区治理的资源聚集整合、服务项目的生成、治理效能的评估三个阶段对社区治理行为逻辑进行分析发现,社区遵从资源内聚统筹逻辑,基于上级任务分派,展开一系列社区治理活动,拓展了资源聚合型社区治理的内涵价值。

诚然,作为整合案例研究,本研究虽对党建嵌入下资源聚合型社区治理进行了创设性理论想象和运行机制建构,乃至提出优化路径,但基于典型案例的理论探索可能仍存在不足,例如,全国各地基层社区党建嵌入模式、社区资源禀赋、居民群体参与基层事务积极性等存在差异,使得各个社区在面对基层事务时的资源整合策略不尽相同。后续研究可进一步考察不同城市党建背景下基层社区资源聚合的逻辑及其运行机制,为丰富中国特色治理话语作出贡献。

城市垃圾分类多元治理模式比较研究

——基于三元分析框架的多案例考察

孙小逸*

[内容摘要] 本文旨在提出一个理解城市垃圾分类多元治理模式的分析框架。现有研究聚焦政府、市场、社会主体在垃圾分类治理中的角色与作用,通过对主体间关系的分析归纳城市垃圾分类治理模式。这种研究路径尚未充分揭示治理实践中的复杂性与差异性。本文采用动态、系统的研究视角,从治理网络形态、动员方式、现实基础三个维度建构分析框架,并通过对广州市、横州市、上海市三个典型案例的比较分析,深入阐释这一分析框架的运作逻辑。本文揭示了治理网络形态与动员方式之间相互影响的关系,并通过将现实基础纳入分析框架,建立了垃圾分类治理与城市整体治理情境之间的联系,丰富与拓展了对多元主体参与的城市治理模式的理解。

[关键词] 城市垃圾分类;多元治理模式;三元分析框架;比较研究

---

* 孙小逸,复旦大学国际关系与公共事务学院副教授。

一、问题的提出

随着工业化和城市化的推进与居民消费模式的转变,城市生活垃圾的产生量呈快速增长的趋势。据统计,我国城市生活垃圾清运量从 1979 年的 2 508 万吨上升至 2022 年的 24 445 万吨①,并将以每年 8%—10%的速度持续增长。② 我国城市现有的垃圾处理能力普遍滞后。全国一度有 2/3 的城市处于垃圾包围之中,其中,有 1/4 的城市已无合适场所堆放垃圾,城市垃圾堆存累计侵占土地超过 5 亿平方米,每年的经济损失高达 300 亿元。③ 与此同时,垃圾处理问题容易引发环境冲突。围绕垃圾焚烧厂选址而产生的邻避冲突在北京、广州、杭州、武汉等各大城市轮番上演,导致垃圾处理设施建设变得愈加困难。在此情境下,从源头对生活垃圾进行减量和分类治理,被认为是解决我国"垃圾围城"的关键所在。

我国从 2000 年开始推动垃圾分类试点工作,但彼时很多城市尚不具备垃圾分类的硬件设施和条件,而且公众的环境保护意识不足,政府的推动力度也不大,垃圾分类的效果不尽如人意。2017年,国务院办公厅转发国家发展和改革委员会、住房和城乡建设部(以下简称住建部)的《生活垃圾分类制度实施方案》,选取 46 个重点城市先行实施生活垃圾强制分类,目标是形成一批可复制、可推广的生活垃圾分类模式。在此背景下,各城市结合自身实际积极

---

① 《2015 年城市建设统计年鉴》(2016 年 12 月 23 日)、《2022 年城市建设统计年鉴》(2023 年 10 月 13 日),中华人民共和国住房和城乡建设部官网,https://www.mohurd. gov. cn/gongkai/fdzdgknr/sjfb/tjxx/jstjnj/index. html,最后浏览日期:2024 年 10 月 20 日。

② 《中国城市垃圾堆存累计侵占土地超过 5 亿平方米》(2014 年 12 月 16 日),环球网,https://china. huanqiu. com/article/9CaKrnJG08G,最后浏览日期:2024 年 10 月 20 日。

③ 同上。

探索,形成了各具特色的垃圾分类治理模式。

现有研究对垃圾分类治理模式的考察主要围绕政府、市场、社会主体的角色、作用及其相互间关系展开。然而,这种研究路径不足以揭示治理实践中的复杂性与差异性,也阻碍了我们对城市垃圾分类治理模式更为全面、深入的理解。从动态、系统的视角出发,本文认为除了多元主体及其相互间关系之外,还应当充分考虑治理过程中的动员方式以及治理模式运行所依赖的现实基础。治理网络形态与动员方式之间存在相互影响的关系,且两者又嵌入治理情境之中,受城市治理条件和现实基础的制约。基于此,本文从治理网络形态、动员方式、现实基础三个维度出发,建构了理解城市垃圾分类治理模式的综合性分析框架。本文还将通过对广州市、横州市、上海市三个典型案例的比较分析,深入阐释这一分析框架的运作逻辑。

二、文献综述与分析框架

(一)文献综述

随着公共管理事务的日趋复杂,仅靠单一主体已不足以应对,多元主体参与变得至关重要。在共同理念和目标的牵引下,拥有不同资源的主体参与治理过程,通过互动与合作推动任务的达成。[1] 治理有助于发挥政府管制、市场调控、社会参与机制的优势,为解决公共管理难题提供可供选择的行动方案。[2] 生活垃圾

---

[1]　Stoker G., "Urban Political Science and the Challenge of Urban Governance", in Pierre, J., ed., *Debating Governance*, Oxford: Oxford University Press, 2000, pp. 99-109.
[2]　詹国彬、陈健鹏:《走向环境治理的多元共治模式:现实挑战与路径选择》,《政治学研究》2020年第2期。

分类是需要多元主体合作的典型治理难题,学界对其应当采用何种治理模式展开了丰富的讨论。部分学者认为,应当采用政府主导模式。垃圾分类具有很强的正外部效应,有助于增进全社会的福祉,但在投入方面容易引发"搭便车"行为。因此,垃圾分类行为难以自然产生,需要外力的介入。目前,居民的垃圾分类意识尚未形成,市场与社会主体的运作也仍处于萌芽阶段,政府主导模式有助于建立规则体系,克服自发状态中混乱、无序的局面①,通过外部约束强化居民参与行为②,从而推动政策的有效实施。③

也有部分学者认为,作为一个公共管理问题,生活垃圾分类应当采用多元协同模式,充分发挥市场、社会与公众的能动性。④ 在现实中,政府兼管理者、监督者、执行者三重身份于一身,制约了其他行动者对生活垃圾分类事务的参与。部分城市虽然进行了环卫服务市场化改革,但改制后的国有企业仍受环卫部门直接或间接的领导和管理,并没有充分参与市场竞争。⑤ 政企不分的管理体制难以形成有效的竞争和监督机制,制约了垃圾处理行业的发展。⑥ 此外,自上而下的政策推行方式使垃圾分类缺乏足够的社会支持,居民参与的积极性不高,导致生活垃圾分类出现"政府热、

① 吴晓林、邓聪慧:《城市垃圾分类何以成功? ——来自台北市的案例研究》,《中国地质大学学报》(社会科学版)2017 年第 6 期。

② 叶林、杜联繁、郭怡武:《城市居民生活垃圾分类政策何以从引导转向强制? ——基于政策工具的视角》,《天津行政学院学报》2021 年第 1 期;钱坤:《从激励性到强制性:城市社区垃圾分类的实践模式、逻辑转换与实现路径》,《华东理工大学学报》(社会科学版)2019 年第 5 期。

③ 张劲松:《城市生活垃圾实施强制分类研究》,《理论探索》2017 年第 4 期。

④ 王诗宗、徐畅:《社会机制在城市社区垃圾分类政策执行中的作用研究》,《中国行政管理》2020 年第 5 期。

⑤ 徐丹:《公共行政改革与"垃圾围城"之困——刍议北京市城市生活垃圾管理体制》,《学术论坛》2014 年第 11 期。

⑥ 张英民、尚晓博、李开明等:《城市生活垃圾处理技术现状与管理对策》,《生态环境学报》2011 年第 2 期。

居民冷"的局面。①

后续的研究者试图融合以上两种观点,提出一主多元模式更适用于中国情境下的城市垃圾分类治理。② 考虑到主体拥有的权威和资源优势,政府应当是推进生活垃圾分类最主要的责任主体③,负责管理规则的制定,承担重要的协调功能,发挥掌舵者和监管者的作用。在政府协调的前提下,引入市场竞争机制,鼓励企业参与竞争,推动垃圾分类的市场化运作与相关产业链的建立与完善。④ 鼓励社会组织参与垃圾分类,发挥社会组织在资源回收、社区培育和成本节约等方面的作用。⑤ 同时,居民作为生活垃圾的生产者,理应承担垃圾分类治理的责任。居民履行责任的方式包括缴纳垃圾费、按要求对垃圾进行分类等。

从以上讨论可以看到,现有研究主要围绕多元治理主体及其相互间的关系展开,倾向于将城市垃圾分类治理归纳为单一的、同质化的治理模式。然而,在治理实践中,不同城市采用的垃圾分类治理模式存在显著的差异。比如,杜春林、黄涛珍对全国 46 个垃圾分类重点城市的研究发现,各地在推进生活垃圾分类中形成了引导型、强制型、自发型、混合型等不同类型的治理模式。⑥ 李婷婷、常健对 T 市生态城生活垃圾分类回收项目的考察则生动地呈

---

① 叶岚、陈奇星:《城市生活垃圾处理的政策分析与路径选择——以上海实践为例》,《上海行政学院学报》2017 年第 2 期。

② 薛立强、范文宇:《城市生活垃圾管理中的公共管理问题:国内研究述评及展望》,《公共行政评论》2017 年第 1 期;杜春林、黄涛珍:《从政府主导到多元共治:城市生活垃圾分类的治理困境与创新路径》,《行政论坛》2019 年第 4 期。

③ 娄成武:《我国城市生活垃圾回收网络的重构——基于中国、德国、巴西模式的比较研究》,《社会科学家》2016 年第 7 期。

④ 谭灵芝、鲁明中、陈殿源:《我国生活垃圾处置市场的环境经济政策选择》,《中国人口·资源与环境》2008 年第 2 期。

⑤ 谭爽:《城市生活垃圾分类政社合作的影响因素与多元路径——基于模糊集定性比较分析》,《中国地质大学学报》(社会科学版)2019 年第 2 期。

⑥ 杜春林、黄涛珍:《从政府主导到多元共治:城市生活垃圾分类的治理困境与创新路径》,《行政论坛》2019 年第 4 期。

现了一主多元模式在治理过程中走向政府、市场、社会三重机制复合失灵的局面。① 因此，需要进一步分析不同城市在实施垃圾分类过程中形成了哪些类型的治理模式，以及这些治理模式何以能够良好运行。

（二）分析框架

治理理论打破了原本国家与社会之间的界限，认为政府并不是唯一的治理主体，市场和社会主体也可以参与治理过程。各主体在互动过程中形成以共同价值或目标为牵引、相互融合的治理网络，是治理过程实施的重要基础。② 治理网络理论融合了政治学、组织研究、行政学等学科的理论洞见，为我们理解多元主体参与的治理模式提供了有益的启示。该理论指出，理解治理网络的关键要素包括行动者及其相互依赖关系、多元行动者之间的复杂互动、行动者之间互动关系的形成与强化，以及网络管理与协调机制等。③ 从治理网络理论出发，本文拟从治理网络形态、动员方式、现实基础三个维度建构理解城市垃圾分类治理模式的三元分析框架。这个分析框架有助于突破现有研究以主体间关系为主的研究路径，使我们对多元主体参与的治理模式有更为全面、系统的理解。

具体而言，考察城市垃圾分类治理模式应综合考虑三个基本要素：由治理主体及其相互间的关系构成的治理网络、将治理主体吸纳进治理网络的动员方式或过程，以及治理过程得以运行的现

---

① 李婷婷、常健：《"一主多元"协作模式的复合失灵、演变逻辑及其破解路径——基于 T 市城市生活垃圾分类回收处理项目的考察》，《理论探索》2020 年第 3 期。

② Klijn, E. H., & J. F. M. Koppenjan, "Public Management and Policy Networks: Foundations of a Network Approach to Governance", *Public Management: An International Journal of Research and Theory*, 2000, 2(2), pp. 135-158.

③ Klijn, E. H. & J. F. M. Koppenjan, "Governance Network Theory: Past, Present and Future", *Policy and Politics*, 2012, 40(4), pp. 187-206.

实基础。这三个基本要素之间存在紧密的逻辑联系。首先,治理网络形态既不是给定的,也不是一成不变的,而是在动员和互动过程中逐步形成与不断发展的。其次,治理网络的已有形态会影响动员方式的选择,而治理过程中所使用的动员方式又会反过来强化或改变原有的治理网络。最后,治理网络形态及其形成过程嵌入治理情境当中,受城市治理条件与现实基础的制约,对治理模式的系统分析需要同时剖析治理形态本身以及治理形态运行的现实基础。

治理网络形态的差异主要体现在构成治理网络节点的行动者类型、治理网络的开放度、治理网络的层级度这三个方面。网络节点是指参与治理网络中的各个主体,包括政府、企业、社会组织、公众等。参与主体的数量和多样性对治理网络形态具有显著影响。网络开放度是指治理网络在成员吸纳上是否具有广泛的包容性、新成员是否比较容易参与治理过程当中。网络层级度是指治理网络中各主体间的权力关系,这种关系反映了不同主体对治理过程产生实质影响的程度。

正如上文所指出的那样,治理网络形态是在动员和互动过程中逐步形成和动态发展的,因此,动员方式是理解城市垃圾分类治理模式分化的重要分析维度。治理网络的节点既可能是被动员起来的、也可能是主动地参与治理过程,其动力既可能源于观念、也可能源于利益。相应地,治理的动员过程会呈现出多元化方式。比如,通过增进不同行动者对垃圾分类议题的了解与认同,有助于促使各行动者形成共同的治理目标。多样化的动员方式能够通过不同的机制调动不同行动者参与垃圾分类事务的主动性和积极性,可供采用的动员方式则包括宣传教育、经济激励、法律强制等。

在垃圾分类实施的过程中,究竟哪些行动者会被动员起来参与治理过程取决于所嵌入的治理情境。具体而言,城市的现实条件既决定了有哪些潜在的参与主体,也影响了在治理中占据主导地位的行动者倾向于通过何种方式动员和吸纳潜在的参与者,还在很大程度上影响了动员和治理的有效性。在这个意义上说,城市本身具有的治理条件构成垃圾分类治理模式的现实基础。比如,田华文的研究显示,生活垃圾强制分类的行政成本高且容易遭到抵制,因而,地方政府的能力是政策推行的先决条件。① 陈晓运、张婷婷的研究发现,公众的议程设置能力相对占优、得到社会广泛支持是促使地方政府开放治理网络、接纳公众意见并采用政策营销手段推进垃圾分类的主要原因。② 总之,考察垃圾分类治理模式还需要充分考虑其运行所依赖的现实基础。

三、城市垃圾分类治理的三种典型模式

本文将通过案例比较研究对上述城市垃圾分类治理模式的分析框架进行深入阐释。对典型案例的选择主要是出于三方面的考量。首先,案例中的垃圾分类治理模式具有鲜明的特征,不同的案例代表了不同的治理模式。广州模式的特征体现为政府与社会力量都比较强大,且两者在治理过程中相互补充、互为增进。横州模式的主要特征是政府自身能力较弱,但善于与社会行动者展开合作、能充分调动社会行动者的能动性。上海模式的特征体现为政府具有较为充裕的资源和能力,在治理过程中发挥主导性作用。其次,案例城市较早开始推行垃圾分类,其垃圾分类工作的开展不仅是为了完成上级任务,更是解决垃圾处理问题的地方性治理实践。最后,案例中的垃圾分类治理模式成效良好,具有一定的推广

---

① 田华文:《生活垃圾强制分类是否可行? ——基于政策工具视角的案例研究》,《甘肃行政学院学报》2020 年第 1 期。

② 陈晓运、张婷婷:《地方政府的政策营销——以广州市垃圾分类为例》,《公共行政评论》2015 年第 6 期。

性,可供其他城市学习与借鉴。根据这三项标准,笔者选择广州市、横州市和上海市作为研究案例。本节将对案例概况进行简要介绍,下一节将结合论文分析框架对案例进行系统的比较分析。

(一)广州模式

随着经济社会的发展和消费模式的转变,广州市的生活垃圾产生量快速增长。据统计,广州市的生活垃圾清运量从 1990 年的 105 万吨/年增至 2010 年的 356.62 万吨/年,20 年间增长了 240%。[①] 一开始,广州市政府计划通过大力兴建末端处理设施应对"垃圾围城"的困境。然而,垃圾处理设施项目由于邻避效应遭遇居民的抵制,番禺垃圾焚烧厂建设更是引发上千市民聚集市政府门口抗议,导致项目建设被迫搁置。在此情形下,广州市政府启动了社会大讨论,与公众共商广州市垃圾处理之道。公众提议在焚烧之余,应从源头出发对生活垃圾进行分类和减量。政府公开采纳了这一提议并于 2010 年开始启动垃圾分类工作。广州市垃圾分类可以分为试点阶段和强制推行阶段。[②]

在试点阶段,政府对垃圾分类工作高度重视并采取了一系列措施,具体包括:颁布国内首部城市生活垃圾分类管理方面的政府规章;成立市环保工作领导小组,下设固体废弃物处置专项办公室;向各区、县级市和市直单位代表下达《固体废弃物处理工作目标责任书》;连续召开全市垃圾分类处理部署动员大会;成立城市废弃物处理公众咨询监督委员会(以下简称"公咨委")[③],等等。

---

① 陈晓运、张婷婷:《地方政府的政策营销——以广州市垃圾分类为例》,《公共行政评论》2015 年第 6 期。

② 叶林、罗丽叶、邓利芳:《组织、议题与资源动员:"公咨委"公众参与模式对公共政策的影响分析》,《甘肃行政学院学报》2016 年第 5 期。

③ "公咨委"由 30 名委员组成,其中,19 名为社会公众代表,11 名为技术专家代表。19 名社会公众代表从社会征集报名的市民中优选产生,分布各个行业,包括网友代表、教师代表、律师代表、企业代表、社会组织代表等。11 名技术专家代表从省内固体废弃物处理领域的专家中优选产生,兼顾理论水平与实践经验。

同时,为了推动市民参与垃圾分类,政府开展了大规模的宣传教育活动。时任市长陈建华不仅频繁地公开为垃圾分类站台,还动员本地媒体、"公咨委"、社会组织等通过多样化渠道向公众宣传垃圾分类政策与知识。

自2017年住建部正式提出生活垃圾强制分类之后,广州市垃圾分类开始由引导转向强制推行阶段,具体举措包括:加快推进生活垃圾分类的立法工作,逐步形成"1+3+12"的垃圾分类管理制度体系①;建立市、区、街道、社区四级生活垃圾分类管理联席会议制度,加强对垃圾分类工作的统筹和协调;将垃圾分类纳入基层党建清单和在职党员到社区开展服务的内容,通过党建引领、党员带头,推动垃圾分类工作实施;广泛吸引各类社会资本参与垃圾分类、收集、运输业务,等等。广州市垃圾分类治理的效果良好,不仅各项指标均达到全国先进水平,还显著提升了公众对垃圾分类的支持率和满意度。②

(二)横州模式

横州市是广西壮族自治区的一个小县城③,经济发展水平并不高,却是广受媒体赞誉的城市垃圾分类"样本"。④ 横州市的垃圾分类始于20世纪90年代末期。在那之前,横州市的垃圾成分比较简单,少有塑料包装之类,可以直接送去农田和果园堆肥。随

---

① "1+3+12"垃圾分类管理制度体系是指《广州市生活垃圾分类管理条例》1项地方性法规,《广州市生活垃圾终端处理设施地区域生态补偿办法》《广州市生活垃圾处理阶梯式分类计费管理办法》《广州市购买低值可回收物回收处理服务管理办法》3项经济激励配套政策,以及针对集团单位、学校、酒店、宾馆、农村等领域的12项工作指引。
② 郭庆文:《全面破解"垃圾围城"——广州推动垃圾分类工作上新台阶》,《中国信息报》2024年7月3日。
③ 横州市原名横县,于2021年撤县设市,由广西壮族自治区直辖,南宁市代管。
④ 《广西横县推广垃圾分类 成各大城市"先知"样本》(2010年5月27日),中国新闻网,http://www.chinanews.com.cn/gn/news/2010/05-27/2307725.shtml,最后浏览日期:2024年10月20日。

着小县城经济有了起色,不仅生活垃圾的产生量大幅增加,成分也更为复杂,不适合再用于堆肥。环卫站只能找偏远的空地对垃圾进行简单填埋。即使如此,空地也变得越来越不好找。周边村民担心垃圾污染的危害性,不愿向政府出让土地作为垃圾填埋场。在此情形下,生活垃圾往往要在县城垃圾中转站停留很长一段时间,直至找到垃圾填埋场时再转运。转运过程臭气熏天,让人难以忍受。垃圾问题成为县城的隐患。① 当时,恰逢菲律宾国际乡村改造学院(The Interrational Institute of Rural Reconstruction, IIRR)在当地开展一项公益性教育合作项目。在得知横州市面临垃圾处理的窘境后,IIRR 项目负责人向横州市领导介绍了国际上盛行的垃圾分类实践,并组织政府考察团去菲律宾参观学习。考察回来后,政府与 IIRR 合作成立项目团队,于 2000 年正式启动垃圾分类工作。横州市垃圾分类包括试点探索和示范推广两个阶段。

在试点探索阶段,项目团队先对当地垃圾分类的现状开展了为期 3 个多月的调查,以此为基础选择适合横州市的垃圾分类方式。接下来对实施垃圾分类的骨干力量开展培训,再由他们回去将培训内容进行传达。试点从垃圾污染问题最严重的西街和马鞍街入手。"两街"共有 236 户居民被纳入首批试点名单。经过三个月的努力,"两街"居民的垃圾分类正确率达 95% 以上,试点大获成功。之后,IIRR 还向政府引荐了美国洛克菲勒兄弟基金会、香港浸会大会、广西大学农学院等合作伙伴,后者为垃圾分类工作提供资金和技术支持。从这个时候开始,横州市正式成立垃圾分类领导小组,由主管环保的副县长亲自挂帅。下设实施领导小组,建设局、农业局、教育局、环卫处等部门领导均名列其中,各自有明确的职责分工。在各方的共同努力下,横州市城区的垃圾分类工作

---

① 谢少葵:《解读"横县模式"解决生活垃圾污染问题》,《大众科技》2004 年第 5 期。

逐步向全市铺开。

自 2010 年起,横州市的垃圾分类工作开始受到媒体的关注。媒体将其作为垃圾分类的示范样本进行广泛报道,全国各地观摩团纷纷前来参观学习。外部动力促使横州市的垃圾分类开始从试点探索转向示范推广阶段。2014 年,横州市被评为广西壮族自治区第一个垃圾分类试点县,开始得到市里和区里的资金与政策支持。政府将财政资金用于末端处理设施的建设与环卫设备的购置,有力地推动了横州市垃圾分类处理体系的建立与完善。截至 2020 年,横州市垃圾分类的覆盖面超过 70%,分类正确率达 90% 以上,垃圾减量率为 30% 左右,其中,可堆肥垃圾减量 15%,可回收垃圾减量 15%。[①]

(三) 上海模式

上海作为国内经济最发达的城市之一,其垃圾产生量也非常高。据统计,上海市每人每天产生垃圾 1.2 千克,城市日产垃圾达 2 万多吨,每 16 天产生的垃圾量就可以堆出一幢 88 层高的金茂大厦。[②] 面对垃圾处理的压力,上海市自 20 世纪 90 年代中期就开始探索垃圾分类工作。2010 年,世博会为上海市开展垃圾分类提供了契机。在世博会期间,时任上海市市长韩正专门参观了台北馆,后来还带队去台北市实地考察垃圾分类工作。考察回来后,正式决定将垃圾分类列为城市管理的一项重点工作。与广州市类似,上海市的垃圾分类大致包括试点和强制推行两个阶段。

在试点阶段,政府采取了一系列举措推进生活垃圾分类,具体包括:颁布《关于进一步加强本市生活垃圾管理的若干意见》《关于推进生活垃圾分类促进源头减量的实施意见》《上海市促进生活垃

---

① 《横县城区开展生活垃圾分类工作情况》,政府内部工作报告。
② 《上海遇垃圾围城 16 天的垃圾可堆成"金贸大厦"》(2012 年 8 月 3 日),中国新闻网,https://www.chinanews.com/ny/2012/08-03/4081315.shtml,最后浏览日期:2024 年 10 月 20 日。

圾分类减量办法》等一系列政策文件;市妇联、市绿化市容局联合申报"百万家庭低碳行、垃圾分类要先行"市政府实事项目,在全市1 000个居住小区开展垃圾分类试点工作;确立生活垃圾减量推进工作联席会议制度、分类投放管理责任人制度等多项管理制度;出台一系列财政补贴与激励措施,等等。

自2017年被住建部列为先行实施生活垃圾强制分类的重点城市之后,上海市的垃圾分类开始从试点阶段进入强制推行阶段。在中央的推动下,上海市着手构建生活垃圾分类投放、分类收集、分类运输、分类处理的全程分类体系,主要举措包括:出台"史上最严"的《上海市生活垃圾管理条例》;采用党政齐抓共管的方式,由各级党委副书记和政府分管领导"双牵头",通过市、区、街镇、村居四级系统统筹推进;把垃圾分类纳入市委市政府的重点工作和地区领导班子考核体系,落实属地责任;开展生活垃圾分类示范街镇创建活动,充分调动街镇的积极性[1];聘请第三方机构对全市垃圾分类情况开展实效考核并进行排名,排名结果每半年通过主要媒体向全社会公布,并报送市委市政府主要领导,等等。上海市的垃圾分类成效显著,截至2024年,全市居住小区分类达标率已达95%[2],在全国46个垃圾分类重点城市的排名中一直名列前茅。

四、城市垃圾分类多元治理模式的典型特征及其比较

从上述三个案例中可以看到,在中国的情境下,城市垃圾分类

---

① 垃圾分类专项补贴标准为:街镇户数小于2万户,补贴160万元;街镇户数大于等于2万户小于4万户,补贴320万元;街镇户数大于等于4万户,补贴500万元。市生活垃圾分类减量推进工作联席会议办公室在第三年对获得补贴的示范街镇开展复评,复评通过的,还能获得30%的复评奖励。

② 《从15%到95%,上海用了五年》(2024年7月1日),百度,https://baijiahao. baidu.com/s? id = 1803373667153929655&wfr = spider&for = pc,最后浏览日期:2024年12月20日。

治理模式呈现多元化的特征,不仅行动者数量、构成及其相互间的关系各不相同,对不同行动者的动员方式也存在显著差异。这两者又在很大程度上受到城市治理条件的制约。基于此,本节将从治理网络形态、动员方式、现实基础维度对案例进行比较分析。三种垃圾分类治理模式的主要特征见表1。

表1 城市垃圾分类治理模式的主要特征

		广州模式	横州模式	上海模式
治理网络形态	网络节点	政府、专家、媒体、社会组织、"公咨委"、企业、居民	政府、IIRR、美国洛克菲勒兄弟基金会、香港浸会大会、广西大学农学院、居民	政府、居民、社会组织、企业
	网络开放度	从封闭到开放	开放	封闭
	网络层级度	从层级到扁平	扁平	层级
	动员方式	以宣传教育为主,以经济激励、法律强制为辅	宣传教育	以经济激励为主,以法律强制、宣传教育为辅
现实基础	地方政府能力	强	弱	强
	政社互动传统	强	强	弱

(一)治理网络形态

治理网络形态可以从行动者类型、进入治理网络的难易程度以及相互间的权力关系的角度进行考察。在广州市和横州市的案例中,参与垃圾分类的行动者不仅数量众多,类型多样,且与政府之间形成双向、平等的合作关系。这表明两地垃圾分类治理网络呈现开放状态,政府欢迎多元行动者的进入。而在上海市的案例中,政府在治理网络中占据明显的主导地位,其他行动者的数量和类型都较为有限,且其作用的发挥也主要体现在垃圾分类治理的末端环节。

进一步分析发现,广州市与横州市的治理网络形态存在明显的差异。在广州市的案例中,政府态度经历了从封闭到开放的转变,与其他行动者的关系也从支配与被支配变为双向沟通与合作。从其发展历程可知,这种变化是政府在社会舆论的压力下主动调适的结果。广州市垃圾分类治理网络的开放化与扁平化体现在以下四个方面:第一,面对公众对垃圾焚烧厂建设的质疑,政府并没有选择一意孤行,而是在全市范围内启动公众建议征询活动,通过传统媒体、新媒体等多种渠道广泛听取市民意见;第二,召开生活垃圾处理专家咨询会,邀请全国 32 名专家与会,形成由所有专家签字认可的咨询意见书;第三,在收集公众与专家意见的基础上,政府不仅调整了垃圾焚烧厂的建设方案,还决定全面开启生活垃圾分类工作;第四,成立"公咨委"来保障公众对垃圾分类处理的参与权和监督权。

在横州市的案例中,政府由于能力不足而不得不被动地开放治理网络。面对棘手的垃圾问题,政府缺乏充足的知识、技术和资源独立解决,亟须借助外部力量。这就为 IIRR 等行动者进入治理网络提供了重要的契机。横州市垃圾分类治理网络的开放化与扁平化体现在以下三个方面:第一,采纳 IIRR 项目负责人的提议,决定采用源头分类的方式应对垃圾处理难题;第二,与 IIRR 成立垃圾分类试点项目团队,以平等、合作的方式共同推进垃圾分类工作;第三,在 IIRR 的引荐下,与美国洛克菲勒兄弟基金会、香港浸会大会、广西大学农学院等建立合作关系,以获取开展垃圾分类所需的资金和技术支持。

与前两个案例相比,上海市的垃圾分类治理网络则呈现相对封闭的状态。这主要是因为政府具有较强的自主学习能力,在面对"垃圾围城"困境时能通过主动学习的方式寻求解决之道。上海市的垃圾分类主要借鉴了台北市的经验。时任上海市市长韩正不仅专程参观世博会台北馆,还带队去台北市实地学习考察,并在此基础上制定了上海市垃圾分类的实施方案。政府在政策制定、执行与监督过程中都发挥主导性作用。市场与社会行动者作用的发挥主要集中于垃圾分类治理的末端环节,包括通过政府购买服务的方式让社会组织参与社区垃圾分类的教育和引导工作,邀请连锁超市、银行等共同推行"绿色账户"活动等。

(二)动员方式

动员方式与治理网络形态之间存在相互影响的关系。治理网络形态会形塑动员方式的选择,而动员方式反过来又会强化或改变原有的治理网络形态。在广州市和横州市的案例中,两地治理网络都具有开放化、扁平化的特征,多元行动者之间有双向、频繁的沟通,并在沟通中形成了推行垃圾分类的共识。在这种情况下,宣传教育是一种理想的动员方式。同时,由于宣传教育和理念培育有赖于社会力量广泛、持久的参与,动员过程又进一步巩固和强化了社会力量在治理网络中的地位。

然而,由于两个城市在规模和体量上的差异,动员方式的具体运用仍然存在一些区别。在广州市的案例中,政府主要通过政策营销争取公众接纳和支持垃圾分类政策。[1] 具体举措包括:第一,政府官员率先垂范为垃圾分类造势;第二,通过传统媒体、新媒体等多种途径加大垃圾分类的传播力度;第三,举办针对不同社会群体的大型活动,推动垃圾分类理念深入人心。宣传教育之外,政府还综合采用经济激励、法律强制等动员方式。比如,为了解决再生

---

[1] 陈晓运、张婷婷:《地方政府的政策营销——以广州市垃圾分类为例》,《公共行政评论》2015年第6期。

资源回收市场失灵的问题①,政府首创性地采用政府补贴的方式扶持低值可回收市场。自住建部发文要求包括广州在内的 46 个重点城市加快推进生活垃圾强制分类之后,政府逐渐加大了强制性工具的使用力度,强化对居民垃圾分类行为的规制。②

在横州市的案例中,对垃圾分类的宣传教育主要是通过培训来实现的。当时,垃圾分类的倡导者 IIRR 是一个从事公民教育的公益组织,其核心理念是以人为中心,通过人的能力建设实现可持续发展。这种理念也被贯彻到了垃圾分类的治理过程中。IIRR 始终以可持续发展为目标,认为垃圾分类是一个长期的过程,不是走过场,也不搞短期行为。③ 在与政府的合作项目中,IIRR 负责人员培训工作,先对乡镇分管领导、街道社区负责人、环卫工人、个体户等关键人员开展培训,再由他们回去将培训内容向更广泛的群体扩散。可持续发展的理念支撑着横州市垃圾分类在各方面条件并不充裕的情况下一直坚持下来。考虑到横州市的财政收入并不充裕,且垃圾分类的开展主要以政府内部工作文件为依据④,因而,经济激励、法律强制等动员方式在横州模式中并不显著。

与前两个案例不同,上海市政府主要采用经济激励方式推行垃圾分类。激励对象包括区(县)、街镇、市民等不同群体。针对各区(县),设立分类补贴、减量奖励两笔资金。分类补贴包括添置小区分类垃圾桶、配置分类收运车辆、保洁员、志愿者的工作补贴等。同时,若各区(县)垃圾处理减少的量大于计划量,还会获得相应的

---

① 在我国,再生资源回收主要采用市场化机制,由拾荒者和废品回收者对废旧物资进行回收,再出售给废品回收站。市场的逐利性意味着回收过程必然是选择性的,售价高的废旧物资更受欢迎,而售价低的则倾向于被忽视甚至随意丢弃,由此导致市场失灵。

② 叶林、罗丽叶、邓利芳:《组织、议题与资源动员:"公咨委"公众参与模式对公共政策的影响分析》,《甘肃行政学院学报》2016 年第 5 期。

③ 《小县城大治理,广西横县生活垃圾分类实践》(2019 年 10 月 30 日),搜狐,https://www.sohu.com/a/350471036_663098,最后浏览日期:2024 年 10 月 20 日。

④ 访谈资料 HZ20210203。

减量奖励资金。针对各街镇,以示范创建活动为主要抓手,成功创建并通过复核的示范街镇能获得市级财政奖励资金。针对市民,大力推广"绿色账户"活动。市民只要将干、湿垃圾正确分类,就能获得相应的绿色账户积分。累积的积分可以用来兑换日用品、超市抵用券等奖励。此外,法律强制也是政府采用的一项动员手段。上海市不仅出台"史上最严"的《上海市生活垃圾管理条例》,还充分运用数字技术对垃圾分类进行全程监管。总体而言,经济激励和法律强制手段主要依靠政府推行,对社会力量参与的要求相对不高,由此进一步强化了政府在治理网络中的主导作用。

(三)现实基础

生活垃圾分类是一项系统性社会工程,既需要人力物力的大量投入,又需要社会公众的支持与配合。在此情形下,影响垃圾分类政策实施的现实基础可以从地方政府能力和政社互动传统两个方面进行考察。

在广州市的案例中,政府与社会行动者各自具有鲜明的资源优势。首先,地方政府能力体现为通过制定规则发挥引领性作用。比如,面临垃圾处理问题引发的邻避效应,政府出台了《广州市生活垃圾终端处理设施区域生态补偿暂行办法》,明确规定由生活垃圾输出区向生活垃圾接收区支付生态补偿费。该办法出台之后,每年有超过 2 亿元的生态补偿费被拨付到生活垃圾接收区政府,直接用于项目周边环境的整治改善、市政配套设施的改造升级、集体经济的扶持发展、居民体检和生活补助等。① 这项举措有效化解了邻避效应,推动了广州市生活垃圾处理设施的建设进程。其次,地方政府能力还体现为营造有利的治理环境与条件。比如,在

---

① 《2 000 户居民摇号乔迁新居,广州这一项目破解垃圾处理"邻避效应"》(2023 年 5 月 8 日),南方 + , https://static.nfapp.southcn.com/content/202305/08/c7657574.html, 最后浏览日期:2024 年 11 月 15 日。

政策执行早期阶段,由于人力成本上涨、利润稀薄等,很多参与垃圾分类的企业都面临亏损。于是,部分企业向政府建言,对企业进行适当扶持。广州市政府欣然采纳了这一建议,对低值可回收物以每吨 90 元的价格进行财政补贴。企业在政府的扶持下渡过难关,市场机制的作用逐步得到发挥。

考虑到历史文化传统的原因,广州市的媒体、专家、公共知识分子等都很活跃,对公共议题比较关注,且相互之间有较高水平的互动。在面对垃圾处理议题时,这些社会力量很容易联合起来,形成萨巴蒂尔(Sabatier)和魏勃(Weible)所说的倡议联盟①,从而影响社会舆论。在一开始政府计划对生活垃圾一烧了之的时候,部分专家、媒体、公共知识分子和居民对这一做法存疑,自发形成"反烧派"阵营,引发了较大的社会舆论,阻挠了垃圾焚烧厂建设项目的推进。后来,政府公开接纳了公众建议,承认垃圾分类是一种更加环保、可持续的垃圾处理方式,并开始大力推行垃圾分类。在此情形下,原本持"反烧派"立场的社会力量一跃成为垃圾分类的积极推广者,主动参与各项垃圾分类宣传教育活动,利用自身专业知识和影响力助力提升市民的垃圾分类意识,取得显著的社会反响。

横州市作为广西壮族自治区的一个小县城,地方政府能力较为短缺,不具备独自推行垃圾分类所需的知识、技术和资金。然而,横州市与社会力量有着长期合作的传统。在推行垃圾分类之前,政府已经与 IIRR 合作开展了多年的农村综合教育项目,不仅建立了政府与公益组织间的互信,还显著提高了当地居民的环境意识水平与环境保护意愿。这些合作经历为政府和公益组织在垃圾分类领域的深度合作提供了坚实的基础。

作为公益组织的 IIRR 则拥有较为丰富的资源。嵌入国际公

① Sabatier, P., & Weible, C., "The Advocacy Coalition Framework: Innovation and Clarifications", in Sabatier, P. & Weible, C., eds., *Theories of the Policy Process*, 2nd ed., Boulder, CO: Westview Press, 2007, p. 301.

益组织的治理网络中,IIRR 不仅熟知国际上较为先进的垃圾分类方面的知识和经验,具有环境保护教育与培训方面的专长,还能通过国际非政府组织网络与其他公益组织或科研机构建立联系。在合作项目到期之际,IIRR 与横州市政府共同召开了一个对当地而言规模庞大的国际研讨会。通过 IIRR 的关系网络,来自不同国家的专家、公益组织、学术机构等踊跃参会。在会上,横州市垃圾分类的成功试点成为最大亮点,获得了参与者的广泛关注,也为横州市持续推进垃圾分类工作带来了更多的外部支持。美国洛克菲勒兄弟基金会给横州市垃圾分类工作提供了资金上的支持。香港浸会大会、广西大学农学院等科研机构也参与进来,为堆肥厂的设计与建设提供技术支持。从这个意义上说,横州市能成为广受赞誉的城市垃圾分类"样本"离不开政府与 IIRR 之间的紧密合作。

上海市政府的能力较强,拥有完善的基层组织网络和充裕的和财政资源,能够自主推行垃圾分类政策。首先,基层组织网络是政策实施的重要基础。街道、居委会在引导居民参与垃圾分类方面发挥关键性作用。上海市从 20 世纪 90 年代就开始构建"两级政府,三级管理,四级网络"的城市管理体系,加强基层社会管理和公共服务供给。"1+6"文件的出台进一步健全了市—区—街道—居民区的"四级联动"体系,强化了城市基层建设与社会治理能力。组织完善、配置合理、运行高效的基层组织网络是上海市垃圾分类政策实施的重要保障。

其次,上海市政府的财政资源充沛,能够为垃圾分类政策实施提供相应的支持。在决定启动垃圾分类时,上海市政府就制定了配套的财政支持方案。2011 年的市级补贴经费超过 6 500 万元,2012 年约为 7 600 万元。[①] 若各区(县)能超额完成垃圾减量目

---

① 《上海垃圾分类补贴费去向成谜? 垃圾分类补贴 账本明明白白》(2013 年 8 月 8 日),共产党员网,https://news.12371.cn/2013/08/08/ARTI1375908018823771.shtml,最后浏览日期:2023 年 11 月 15 日。

标,还会获得相应的奖励资金。2011 年,上海市有 7 个区(县)拿到了垃圾分类减量奖励资金,其中,徐汇区拿到的奖励数额最高,为 157 万元。① 在被住建部选为生活垃圾强制分类重点城市之后,政府进一步加大了资源投入的力度,2018—2020 年在垃圾分类上的投资就高达 200 亿元。② 政府在垃圾投放点改造、分类收运工具配套、市民入户宣传和志愿者服务补贴上的投入平均每户高达 500 元。③ 强政府能力使上海市政府能够承担推行垃圾分类所需的行政成本,降低政策执行的阻力,从而推动政策的有效实施。

五、结论与讨论

现有研究倾向于从治理主体及其相互间关系的角度对多元主体参与的治理模式进行归纳。④ 然而,本文认为,对城市垃圾分类治理模式的考察仅关注主体间的关系是不够的,还需要充分考虑治理过程中的动员方式以及治理模式运行所倚赖的现实基础。基于此,本文从治理网络形态、动员方式、现实基础三个维度出发,建构了一个理解多元化的城市垃圾分类治理模式的综合性分析框

① 《上海垃圾分类补贴超 2.5 亿元 市区垃圾处理成本居高难下》(2013 年 8 月 1 日),新浪,https://news.sina.com.cn/c/p/2013-08-01/163627835735.shtml,最后浏览日期:2023 年 11 月 15 日。

② 《上海:垃圾处理投资将达 200 亿,力争 2019 年全面建成生活垃圾分类体系》(2018 年 12 月 17 日),搜狐,https://www.sohu.com/a/282561693_745358,最后浏览日期:2023 年 11 月 15 日。

③ 《上海垃圾分类一周年:全民运动、巨额投入,其他城市难"抄作业"》(2020 年 8 月 26 日),百度,https://baijiahao.baidu.com/s?id=1676054740243756654&wfr=spider&for=pc,最后浏览日期:2024 年 11 月 15 日。

④ 詹国彬、陈健鹏:《走向环境治理的多元共治模式:现实挑战与路径选择》,《政治学研究》2020 年第 2 期;王名、蔡志鸿、王春婷:《社会共治:多元主体共同治理的实践探索与制度创新》,《中国行政管理》2014 年第 12 期。

架。为了深入阐释这个分析框架,本文选取广州市、横州市、上海市的三个典型案例进行比较分析,从不同的维度揭示了这三种模式的主要特征及相互间的差异。

本文引入了动员方式这一分析维度,阐释了动员方式与治理网络形态之间相互影响的关系,有助于我们对垃圾分类治理模式进行更为全面的考察。一方面,治理网络形态会形塑动员方式的选择;另一方面,选择特定的动员方式又会反过来强化或改变原有的治理网络形态。在广州市和横州市的案例中,两地治理网络都处于开放化、扁平化的状态,多元行动者之间通过双向沟通形成了对推行垃圾分类的共识。在这种治理网络形态下,宣传教育是一种理想的动员方式。由于宣传教育和理念培育需要社会力量广泛、持久地参与,这种动员方式的选择进一步凸显了社会主体在治理网络中的重要性。在上海市的案例中,垃圾分类治理网络本身处于相对封闭的状态,行动者之间对垃圾分类政策的共识尚未形成,因此,政府主要采用经济激励和法律强制的方式。这两种方式以政府推行为主,对社会力量参与的要求相对不高,由此进一步强化了政府在治理网络中的主导地位。

本文将垃圾分类治理模式得以运行的现实基础纳入分析框架,建立了垃圾分类治理与城市整体治理情境之间的联系,增进了我们对多元主体参与的治理模式的理解。对案例的深入考察可以看到,无论在哪一种模式中,治理网络的形成与动员方式的选择都不是任意或随机的,而是在多重城市治理条件制约下的理性选择。在政府和社会力量双强的情况下,政府最主要的任务在于引导与凝聚各方共识,构建一个促进协商与合作的治理网络,以及为多元行动者能动性的发挥提供有利的环境与条件。在政府能力偏弱、社会力量较强的情况下,政府可以通过赋权等方式调动社会主体的积极性,借助社会力量实现治理目标。在政府能力较强、社会发育偏弱的情况下,政府主导作用的发挥是达成有效治理的必要条件。

　　本文的研究发现不仅适用于垃圾分类领域，对其他较为复杂的、需要多元主体参与的治理领域都具有一定的借鉴意义，如基层治理、社区更新等。三元分析框架的引入，意味着我们需要采用动态的、系统的视角对治理模式进行考察。事实上，可能并不存在某种单一或最优的治理模式。充分考虑地方的实际情况、因地制宜地选择治理模式是取得良好治理成效的关键所在。

　　［本文系国家社会科学基金项目"社区更新对超大城市社区治理的重塑作用与可持续影响研究"（项目编号：24CZZ050）、教育部人文社会科学基金项目"基于三重治理逻辑的城市垃圾分类治理模式的生成机制、成效评估及推广路径研究"（项目编号：20YJC810011）的阶段性成果］

政务数据共享何以有效?

——基于"价值—制度—技术"框架的案例阐释

丁依霞*　董幼鸿**

[内容摘要]　尽管跨部门数据共享已成为共识,但现实中"信息孤岛""数据壁垒"等现象持续存在,越来越成为制约数字政府建设的梗节难题。本文借鉴整体性治理理论提出政务数据共享的"价值—制度—技术"框架,并对 S 市 A 区"一件事"改革进行案例分析。研究认为,地方政府数据共享活动呈现出从平台式共享到模块式共享再到增值式共享的发展进路,是一个从单点突破到全局发力的演进过程。政务数据有效共享的关键在于实现价值引领、制度形塑、技术赋能的有机协调:价值层面遵循"基于需求的整体主义"共享思路,实现数据为民;制度层面理顺"领导—协调—执行"体系,推动数据和业务融合;技术层面围绕技术应用标准化、技术方案场景化、技术平台基础化加强数据赋能。研究从"价值—制度—技术"三位一体的视角审视了政务数据共享的实践路径,能够为实现数据驱动的数字政府建设提供参考。

[关键词]　政务数据;数据共享;整体性治理;价值—制度—技术;数字政府

---

*　丁依霞,中共上海市委党校(上海行政学院)公共管理教研部讲师。
**　董幼鸿,中共上海市委党校(上海行政学院)公共管理教研部主任、教授。

一、研究背景与问题的提出

政务数据具有权威性、公共性、专业性等特点,不仅是建设数字政府的生产要素,也是支撑国家治理体系和治理能力现代化的治理资源。党和国家高度重视政务数据共享,《政务信息资源共享管理暂行办法》明确"以共享为原则、不共享为例外"的原则;《国务院关于加强数字政府建设的指导意见》要求发挥政务数据共享协调机制的作用,提升数据共享统筹协调力度和服务管理水平;《关于深化智慧城市发展　推进城市全域数字化转型的指导意见》提出关联贯通政务数据资源,推进城市重点场景业务数据"按需共享、应享尽享"。在顶层设计推动下,政务数据治理体系不断完善,国家及地方均已设立数据主管部门,一体化数据共享交换平台基本建成,数据开发利用取得积极成效。

但与此同时,政务数据"有量无质""能上不能下""数据和业务两张皮""安全保障压力大"等挑战持续存在,各类"孤岛""壁垒"难以消除。具体表现为:各部门沉淀了大量数据,但高质量数据集占比低,数据价值有待激活;一体化共享平台基本建成,但数据向上汇集多,向基层"回流"少;成立了数据部门,但其与业务部门的融合度有待提高;数据安全保障能力有所提升,但安全标准、技术标准、审核标准等还需细化。多重困境导致政务数据出现"应共享而未共享"问题,政务数据共享难成为制约政府数字化转型的褃节难题。

既有研究从体制、管理、法律、心理、技术、过程等维度对政务数据共享困境进行了溯因分析。其解决之道则集中在"技术赋能论"和"制度变革论"两个视角,前者强调技术的助推、赋能、赋权等作用,后者强调制度的规范、指导、形塑等作用。总体而言,这些解题研究更多聚焦在特定技术或制度创新的单点突破层面,缺乏综合视角的案例分析。在数字政府建设中加强政务数据共享需超越微观层面的技术赋能和中观层面的制度变革,以更加宏观的整体性视角思考科层运行逻辑和数据共享逻辑之间的矛盾如何调和问题。为此,本文借鉴整体性治理理论构建政务数据共享的"价值—制度—技术"框架,以S市A区"一件事"改革为例进行实证分析,刻画出政务数据共享的有效路径,以期为实现数据驱动的数字政府提供启示。

二、文献回顾与分析框架

政务数据共享是指党政机关依据法律法规,通过技术手段将信息或数据从一个部门传递到另一个政府部门,从而打破数据壁垒、发挥数据价值的过程。[①] 在数字化转型深入发展和数据要素重要性凸显的当下,提升政务数据共享效能以更好发挥数据驱动作用,成为加强数字政府建设的重要关切。现有文献围绕政务数据共享的内容、环节、作用、制约因素、破解路径等进行了研究。

(一)政务数据共享何以成为棘节难题?

作为"下水道"工程,政务数据共享对数字政府建设的各个环节都至关重要。但现实中,政务数据共享难不仅是信息化建设持续面临的历史问题,也是政府数字化转型过程中不断出现的新问题。导致这一问题的成因非常复杂,涉及以下多个方面。一是体

---

① Chunhui Piao, Yurong Hao, Jiaqi Yan, et al. "Privacy Protection in Government Data Sharing: An Improved LDP‐Based Approach", *Service Oriented Computing and Applications*, 2021, pp.1-14.

制障碍。在传统科层结构下，"条"管结构不利于数据横向流动①，而致力于推动数据流动的协调部门往往权力有限。② 二是管理障碍。信息化建设初期缺乏统一规划，多考虑业务和数据的上下联通，忽视跨部门流动，造成各类"孤岛"。③ 在日常管理中，数据多被视为部门资产、资源甚至权力，出现"领地标记行为"④"数据资产的防御性保护"⑤等现象，加剧数据割裂状态。三是法律障碍。数据归属、采集、使用、交易等权责尚未有充分的法理依据。⑥ 数据来源方、管理方及使用方的主体权责需进一步明确。⑦ 配套法律法规，如政务数据公开与保密、电子签名与电子认证、网络互通与局部隔离等，还存在模糊地带。⑧ 四是心理障碍。有的部门因担心数据泄露而持怀疑态度，或害怕权力旁落而影响部门利益⑨，以及对数据可用性缺乏信心等。⑩ 五是技术障碍。表现为两个方面：一方面是技术标准问题，数据编目、归类、采集、汇集等环节的

---

① 张翔：《"复式转型"：地方政府大数据治理改革的逻辑分析》，《中国行政管理》2018 年第 12 期。

② 王芳、储君、张琪敏等：《跨部门政府数据共享：问题、原因与对策》，《图书与情报》2017 年第 5 期。

③ 李重照、黄璜：《中国地方政府数据共享的影响因素研究》，《中国行政管理》2019 年第 8 期。

④ 权谦、胡江枫、周力虹等：《领地行为：跨组织数据共享障碍》，《图书馆论坛》2022 年第 4 期。

⑤ Mcguirk, Pauline M., P. M. O'Neill, and K. J. Mee, "Effective Practices for Interagency Data Sharing: Insights from Collaborative Research in a Regional Intervention", *Australian Journal of Public Administration*, 2015, 74(2), pp. 199-211.

⑥ 翟云：《我国电子政务发展面临问题及其症结分析——以 2014 年电子政务省部调研数据为例》，《中国行政管理》2015 年第 8 期。

⑦ 袁刚、温圣军、赵晶晶等：《政务数据资源整合共享：需求、困境与关键进路》，《电子政务》2020 年第 10 期。

⑧ 邓念国：《体制障碍抑或激励缺失：公共服务大数据共享的阻滞因素及其消解》，《理论与改革》2017 年第 4 期。

⑨ 黄辉：《电子政务信息资源共享的制约因素及其推进策略研究——以 X 市为例》，《现代情报》2014 年第 8 期。

⑩ 崔宏轶、冼骏：《政务数据管理中的"数据可用性"——痛点及其消解》，《中国行政管理》2019 年第 8 期。

口径和标准不一致,使得数据有效整合难①;另一方面是软硬件兼容问题,一些部门拥有先进硬件,却沿袭落后的软件与应用,导致数据处理功能单一与过时。② 六是过程障碍。政务数据兼具"治理要素"和"生产要素"二重性③,数据共享不仅是组织协作行为,也是交易行为,可能存在资产专用性问题。④ 在数据要素资产化运营的趋势下,政务数据共享过程变得更加复杂。

(二) 破解政务数据共享困境的两种视角

针对政务数据共享难的问题,学者们尝试从创新技术应用、搭建系统与平台、完善顶层设计、推进组织体系改革、设定标准与规则、鼓励地方试点等方面寻求破解路径,归纳起来可以分为"技术赋能论"和"制度变革论"两种视角。

"技术赋能论"强调技术作为效率工具的作用,通过技术形成新的方法、路径或可能性,进而激发或强化行动主体自身的能力来实现特定目标。⑤ 大数据、云计算、物联网、区块链、人工智能等新技术的发展给政务数据共享带来新机遇。例如,区块链作为一种分布式账本技术,具有去中心化、多方参与、共同维护等特点⑥,在

① 陈大乾、任广伟:《对社区电子政务网络安全和数据共享问题的思考》,《计算机工程与科学》2014 年第 9 期。

② Ramon Gil-Garcia, J., DS Sayogo, "Government Inter-Organizational Information Sharing Initiatives: Understanding the Main Determinants of Success", *Government Information Quarterly*, 2016, 33(3), pp. 572-582.

③ 李刚:《政府数据市场化配置的边界:政府数据的"生产要素"和"治理要素"二重性》,《图书与情报》2020 年第 3 期。

④ 许鹿、黄未:《资产专用性:政府跨部门数据共享困境的形成缘由》,《东岳论丛》2021 年第 8 期。

⑤ 关婷、薛澜、赵静:《技术赋能的治理创新:基于中国环境领域的实践案例》,《中国行政管理》2019 年第 4 期。

⑥ L. Fan, JR Gil-Garcia, Y. Song, F. Cronemberger, X. Hong, "Sharing Big Data Using Blockchain Technologies in Local Governments: Some Technical, Organizational and Policy Considerations", *Information Polity*, 2019, 24(4), pp. 1-17.

实现安全有效的数据流动方面具有优势。① 相关研究以北京市的"目录区块链"②、济南市的"泉城链"③等为案例探讨了区块链技术在促进政府数据开放共享方面的优势。"技术赋能论"看到了技术的助推、赋能、赋权等作用，呈现出"技术应用—数据共享能力提升"的逻辑。

"制度变革论"强调技术应用引发的科层调试以及这种调试对技术的建构，意味着要在政务运行层面形成有利于数据共享的数字协调体系。从顶层设计看，"一体化政务大数据体系""高效办成一件事""全域数字化转型"等创新制度设计有利于促进政务数据的合规高效流通使用。从机构改革看，组建数据局有利于优化数据行政管理机构的职责体系，统筹推进数据资源整合共享和开发利用。④ 从地方探索层看，"接诉即办""一网通办""一网统管""最多跑一次"等都是以"数据跑"代替"人工跑"的典型代表，并呈现出"试验—认可—推广"的扩散路径。⑤ "制度变革论"观察到政务数据共享过程中组织和制度所要作出的调整，包括组织形态、制度结构、政务运行、要素配置等的数字化转型，呈现出"技术与组织互动—制度体系变化—数据共享效能提升"的逻辑。

这些研究尝试在技术赋能和制度变革层面回答"政务数据共享如何实现"。遗憾的是，相关研究主要集中在技术应用或制度微调的单点突破层面，从技术或制度创新的角度提出新方法和新路

---

① 张楠、赵雪娇：《理解基于区块链的政府跨部门数据共享：从协作共识到智能合约》，《中国行政管理》2020 年第 1 期。

② 张翠梅、方宜：《区块链架构下政府数据开放共享治理研究》，《南通大学学报》(社会科学版)2021 年第 6 期。

③ 刘海鸥、周颖玉、张静：《面向政府数据开放共享的双链存储模型与案例应用研究》，《现代情报》2023 年第 6 期。

④ 张克：《从地方数据局到国家数据局：数据行政管理的职能优化与机构重塑》，《电子政务》2023 年第 4 期。

⑤ 邓崧、巴松竹玛、李晓昀：《府际关系视域下我国数字政府建设创新扩散路径——基于"试验—认可—推广"模型的多案例研究》，《电子政务》2021 年第 11 期。

径。在单点业务需求驱动下,部门间虽能针对特定服务事项或应用场景打通数据流通渠道,但对数据共享整体效能的提升有限。从"政府上网"到电子政务到"互联网＋政务"再到数字政府,政府数字化转型逐渐深入,实现了从工具创新到制度改革再到职能转变的拓展跃升。在数字政府建设中加强政务数据共享需要超越微观技术赋能和中观制度变革,以更宏观的整体视角思考科层运行逻辑和数据共享逻辑如何互洽。

(三) 构建政务数据共享的整合性框架

着眼于政务数据共享的现实困境,本文借鉴整体性治理理论提出关于政务数据共享的分析框架。首先,整体性治理着眼于政府机构的整体性运作,主张管理从分散走向集中,从部分走向整体,从破碎走向整合①,这与数字政府要求的"整体智治"不谋而合,即通过数字技术应用推动治理主体间的有效协调,实现精准高效的公共治理。② 基于这一思想,提高政务数据共享整体效能,不仅要实现技术赋能、制度变革的单点突破,还要立足全局统筹推进,以整体性思路缝合共享过程的碎片化。其次,整体性治理中的协调、整合、规范③能够提供方法论指导。推进政务数据共享不仅要协调使用各类技术工具,通过组织和制度整合形成有利于数据流动的数字协调体系,还要以价值理念规范数据共享行为,确保公共价值实现。

如图 1 所示,在数字政府建设中加强政务数据共享不仅要探

---

① 竺乾威:《从新公共管理到整体性治理》,《中国行政管理》2008 年第 10 期。

② 郁建兴、黄飚:《"整体智治":公共治理创新与信息技术革命互动融合》(2020 年 6 月 12 日),光明网,https://m.gmw.cn/baijia/2020-06/12/33906051.html,最后浏览日期:2024 年 12 月 10 日。

③ Perri Six, "Joined-Up Government in the Western World in Comparative Perspective: A Preliminary Literature Review and Exploration", *Journal of Public Administration Research and Theory*, 2004, 14(1), pp.103-138.

究技术赋能如何实现,思考制度体系如何调整,还要审视价值理念如何引领。其中,价值是最高范畴和逻辑起点,作为一种稳定持久的思维模式决定政务机构采用什么技术、实施什么制度,即价值作用于技术和制度;技术和制度反作用于价值,技术应用会对数字素养和数字理念产生影响,制度实施过程会对政务改革目标和理念产生影响;技术和制度相互调试,一方面,技术在政务数据共享中的应用过程并非按照纯粹的技术逻辑展开,而是不断被制度形塑,即制度建构了技术应用;另一方面,技术本身具备的特征以及技术水平和能力的高低等也会对制度产生影响。价值、制度、技术三者相互影响,共同作用于政务数据共享过程。

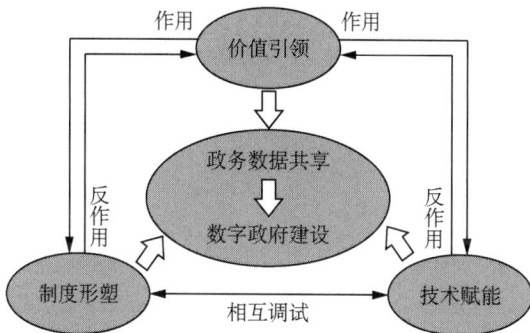

图1　政务数据共享的"价值—制度—技术"框架

表1展示了价值、制度、技术的内涵要义及其对政务数据共享的作用。其中,价值因素是核心和落脚点,关乎数字时代政府治理的思想理念和组织文化转型,包括以公民为中心、政府根本属性的回归、资源整合、部门合作等。推进政务数据共享要以基于需求的整体主义理念重构制度体系、改进政务流程、引导技术应用,凝聚数据为民的共识。制度因素是基础和着力点,关乎技术应用引发的科层体系变革。通过治理体系、规则体系、政策体系的数字化转型,形成有利于数据共享的领导、协调、执行机制,降低制度性交易成本。技术因素是动力和切入点,关乎技术对政府数据共享能力

的赋予与强化。通过恰当运用数字技术,能够在操作层面为数据共享提供技术支持,确保数据汇聚、流通、使用等环节有序推进,提高共享效率。

表1　政务数据共享中的"价值—制度—技术"三要素

维度	价值	制度	技术
定义	一种稳定持久的、理所当然的思维模式、价值准则	人为制定的道德规范、规则秩序、法律规章等	围绕数字技术应用形成的工具、方法、设备等
内容	用于形成政务数据共享的共识、理念、信仰等	用于保障政务数据共享的规范、规章、体系等	用于实现政务数据共享的软硬件设施、工具手段、技术方案等
功能	通过价值引领,凝聚共识,形成认知基础	通过制度形塑,明确行动框架,降低制度性成本	通过技术赋能,确保政务数据共享过程的顺利实施,提高效率

三、研究方法与案例选择

研究政务数据共享这样一个兼具学术性和实践性的议题,需要在理论分析框架的指导下,借助典型案例进行过程性和解释性分析,为回答"政务数据共享何以有效"提供更加符合实际且全面深入的分析。

(一)研究方法

采用单案例研究方法,结合政务数据共享的"价值—制度—技术"框架对特定案例进行过程分析。具体来说,在聚焦数字政府建设的背景下,政务数据共享如何从"一件事"改革的单点突破层面到逐渐形成有利于数据高效流通的数字协调体系,以数据驱动"整体智治"。一方面,地方政府数据共享往往发轫于单点业务需求,即不同部门针对特定的"一件事"进行数据共享,提高事件办理效率。随着政府数字化转型的深入以及"一件事"清单的扩大,越来越多的数据需要被共享。为此,地方政府开始立足全局规划形成有利于数据共享的治理体系,以更彻底的整体转型满足更高的共享要求。通过过程分析,可以识别地方政府不同阶段数据共享的内容及要点,揭示其中的动态特征和演化特征。另一方面,数字政府建设是一个由点及面、由深入浅的过程,也是一个从工具创新到制度改革再到职能转变的过程。在此过程中,为提高政务数据共享效能,需要因时因势地采取有效措施。借助纵向案例研究,能够对这一动态过程进行更加丰富的描述和分析,结合重要节点事件识别价值、制度、技术等要素的作用情况。

(二)案例选择

根据典型性、可行性、便利性的原则,以 S 市 A 区"一件事"改革过程中的政务数据共享实践为例展开案例分析。A 区地处 S 市中心城区的中部,人口密度大,商贸活动频繁,具有高端资源集聚、信息基础领先、应用场景丰富等优势,数字基础设施建设、公共服务数字化水平、城区数字治理能力等处于全市前列。"一件事"改革是该区在推进城区治理数字化转型中实施的重要举措。该举措以"高效办成一件事"与"高效处置一件事"为抓手,加强部门间的数据共享,推动实现政务服务"一网通办"、城市运行"一网统管"。经过多年努力,A 区不仅围绕企业、群众全生命周期推出近 60 项区级"一件事"主题集成服务,即选取办件量大、涉及面广、跨部门的高频事项,通过整合环节、优化流程、精简材料,实现"一件事一次办",还以城市治理问题为导向,开发"高效处置一件事"的应用场景,即借助数据汇集、系统集成、联勤联动、共享开放,将原先孤立的治理系统连接成纵横交错的"一张网",实现对治理事件的高效协同闭环处置。此外,A区还在为企服务、数字孪生城市、最小治理单元、基层治理数字化转型等方面形成区域优势,获"中国杰出智慧城区影响力奖""中国领军智慧城区"等奖项,在全市乃至全国起到示范效应。

(三)资料来源

质性资料来源于访谈资料、汇报资料、政策文本与新闻报道。首先,于2023年6月至2024年3月多次赴A区实地调研,采用半结构化访谈的形式,对A区的区府办、区行政服务中心、区城市运行管理中心、区大数据中心以及辖区内10个街道社区事务受理中心、城市运行中心等的主要领导进行集中座谈和个别深度访谈,积累获得访谈录音逾22个小时。其次,经被访单位同意后获得多份内部汇报材料和政策文本,并进一步通过网络搜集相关新闻报道,形成资料间的三角互证。

四、地方政府数据共享:S市A区"一件事"改革案例呈现

同政府数字化转型一样,政务数据共享同样是一个由浅入深、由点及面的过程,是一个从"连起来"到"用起来"再到"活起来"的递进式发展过程。基于实践观察,本文将A区政务数据共享活动分为以系统建设和渠道整合为基础的平台式共享、以机构改革和场景开发为基础的模块式共享、以业务协同和权责重塑为基础的增值式共享三种模式,三种模式相互关联、相互递进,推动"一件事"改革逐步深入。

（一）平台式共享：系统建设和渠道整合

2018 年，S 市全面开展"一网通办"工作，提出企业、群众办事要逐步做到一网受理、只跑一次、一次办成。作为中心城区的 A 区快速响应，积极对接 S 市"一网通办"总门户，将原先分散的区级政务服务系统归并整合，实现市、区、街道三级联动的网上政务统一入口。除了电脑端，A 区还加强手机移动端的建设运营，做优做强市民云、企业云两个服务渠道。为支撑前台运行，A 区于 2019 年初步建成区级大数据平台，实现区各职能部门之间的数据共享交换。依托平台建设，A 区围绕政务服务事项梳理数据共享清单，并尝试以高频事项为切入口，将原来需要前往两个及以上部门办理的"多件事"打包成企业、群众眼中通俗易懂的"一件事"，推动"一件事一次办"。如此一来，不论是申报材料、办理时限，还是跑动次数，都得到压缩。

在此过程中，A 区主要通过系统建设和渠道整合把与政务服务事项相关的数据汇聚起来，把掌握在不同部门的数据归集到统一平台。这种政务数据共享模式可以归纳为平台式共享，即以"大系统、大平台、大联通"为特色，通过技术平台牵引跨部门系统整合，强化数据归集、治理和应用。从 A 区实践看，平台式共享在简化办事流程、降低办事人员行政负担、提高政府服务效率等方面取得积极成效。但这些成效主要集中在已经梳理好的事项范围，具有"一事一议"的特点。如果相关事项办理流程复杂且涉及非服务职能，就容易碰到"数据壁垒"。

（二）模块式共享：机构改革和场景开发

与 S 市同步，A 区从 2019 年起开展"一网统管"工作，并于2020 年成立实体化的城市运行管理中心（加挂区城市网格化综合管理中心、区大数据中心的牌子），以"三中心模式"赋能"高效处置一件事",围绕城运中心组建、城运大厅建设、传统网格与热线工作升级改造、城运管理标准化建设等提升部门整合度,更好地应对"一件事"所涉及的跨部门任务。据相关区领导介绍,"'高效办成一件事'和'高效处置一件事'是对政务服务和城市运行的浓缩型导向,是数字政府的两个突破口。不论是三级平台、五级应用,还是'一件事'、应用场景,最重要的是通过数据底座把'两张网'连起来。"①为此,A区一方面深化基础数据库共建共用,完善实有人口、法人、地理等公共基础数据库;另一方面,加强政务服务、市场监管、公共安全等重点领域主题数据库建设。在摸清底数基础上以场景建设推动业务、数据、平台、设施"四融合",撬动数据融合与价值释放。

A区城市运行体系改革使其城市治理从多头分段的碎片化逐步转向高效协同的一体化。在此体系中,不同的部门被视为一个整体性模块的组成部分,基于行政职能上的相通性,在业务协同的过程中聚焦特定主题展开数据共享,即模块式共享。A区通过"一网统管"集成业务系统,以接口的方式把不同来源的数据汇聚到政务中台,再通过模块化数据共享实现智能派单和业务流转,推动"一件事"闭环。模块式共享以机构改革为切入点、以应用场景为落脚点,能够有效地弥补平台式共享存在的机械化、单一化等不足。遗憾的是,模块式共享仍难以克服数据和业务"两张皮"的问题。正如调研对象坦言:"不能只是技术部门的数字化,各业务部门的业务流程、思维方式、服务方式也要转过来,不然,'一件事'就走不通。"②

(三)增值式共享:业务协同和权责重塑

2020年,A区成立推进"一网通办""一网统管"工作和政务公

---

① 访谈资料:AQFB12023071001。编码规则为:A区 + 受访单位名称拼音的首字母 + 受访人性别 + 访谈日期 + 当天序号,下同。

② 访谈资料:AQZWFWZX02023101001。

开领导小组,由区委书记、区长任双组长。领导小组分设社会治理、政务服务、城市运行三个工作组,构建"领导小组全面统筹、职能部门共同负责、部门和街道联动配合"的工作机制,形成"高位统筹推进+转型生态保障"的"两网融合"推进模式。对其背后逻辑,相关领导介绍,"我们在实践中越来越发现很多治理问题处置后,还需要后续服务。不论是'高效办成一件事',还是'高效处置一件事',本质上还是'一件事'"。① A区以兼具"两张网"共性的应用场景为突破口,进一步整合行政服务中心和城运中心等机构的职能、打通多源数据,推动"一件事"全流程闭环,例如,在工程建设项目审批领域推进"办管执信"联动。

在"两网融合"中推进"一件事"改革,A区不再拘泥于借助特定平台系统来提高数据共享的效率,也不仅着眼于通过特定体制机制调整来形成有益于数据流动的组织运行体系,而是立足政府本职工作,围绕公共价值实现整体推进"一件事"。这种以需求和问题为导向,将重点放在需求满足和问题解决而不是划清部门分工,并以业务协同和职能整合为基础进行政务数据共享的模式可以称为增值式共享。其中,增值意味着在履行法定职责、提供法定服务的前提下,还能够基于数据驱动提供精准化、个性化的衍生服务,或者解决原先由于职能分置而难以闭环的问题。② 在这种模式下,数据不仅能连起来、用起来,还因为实现了大规模、持续化、自动化的集聚样态而能够活起来,发挥数据要素的乘数效应,实现从"一件事"到"一类事"的创新扩展。例如,A区上线"智能无感服务平台",提供人号合一、无感认证、精准定向推送、服务过程回溯功能,使企业、群众不仅能"高效办成一件事",还可以获得政策推送、交通导航等增值服务。

---

① 访谈资料:AQZF02023102701。
② 翁列恩、唐茜茜、齐胤植:《增值化改革:政务服务提能增效的行动策略》,《中国行政管理》2024年第2期。

五、"价值—制度—技术"的"三位一体":政务数据共享的路径分析

以政务数据共享推动实现数字政府"整体智治",不仅要协调各类技术工具使用,理顺从领导到协调到执行的制度体系,树立数字化转型的价值理念,还要以整体性治理为指引实现价值引领、制度形塑、技术赋能的"三位一体"。A区从平台式到模块式再到增值式政务数据共享的过程中,"一件事"的办成率和处置率不断提升。以A区为样本,可以对政务数据共享的有效路径进行分析。

(一)价值引领:形成基于需求的整体主义思路

从A区"一件事"的改革历程看,平台式共享强调技术对政务数据共享效率的强化,模块式共享侧重技术应用中的科层重构以及这种重构对数据共享的规范和促进,而增值式共享要求以政府职能履行和公共价值实现为导向整体推进"一件事",这就涉及更高的价值层面。不论是跨部门数据协同难,还是数据和业务"两张皮",很大原因是没有在理念上达成一致。亟须以基于需求的整体主义为导向,发挥价值引领作用。

1. 以整体导向粘合共享过程的碎片化

不论是"高效办成一件事",还是"高效处置一件事",都不能只是就事论事,而是要立足全局、整体谋划。从A区的做法来看,一是立足城区数字化转型全局推进数据共享,即不再将"一件事"改革和数据共享表述为经济转型或社会治理中散落的一部分,也不单纯将数字化作为工具辅助某个目标实现,而是全面部署、系统推进。区决策部门提到,"区委全会报告有个很大的改变,原来是捏起来的思路,每个板块先写好,再写一块数字化。现在是根据业务

来,每个板块都有相应的数字化内容,也就是根据我们城区发展的目标、任务、方向,不同程度地用好数字化"。① 二是提升系统和平台建设的整体性。A区要求统筹技术支撑和系统开发,以一个数据底座支撑"大系统、大平台、大联通"。通过强化数据归集、治理、开放和应用,推动"一件事"相关数据的融通。其《公共数据管理办法》规定:"职能部门应当定期清理与实际业务流程脱节、功能可被替代的信息系统,以及使用范围小、频度低的信息系统。涉及公共数据管理的信息系统,如无法实现与大数据平台互联互通、信息共享、业务协同的,原则上不再批准建设"。

2. 以需求和问题导向提高"一件事"的效能

政府的使命是为公众服务②,"一件事"改革同样如此,归根到底是为了满足人民日益增长的美好生活需要。因此,要坚持需求和问题导向,以"高效办成一件事"满足企业、群众的需求,以"高效处置一件事"回应城市治理问题。

在"高效办成一件事"方面,坚持数据"取之于民、用之于民"。自2018年推进"一网通办"以来,A区推动"以部门为中心"的管理模式向"以用户为中心"的服务模式转变,从办事的角度出发提供主题式、向导式服务。"高效办成一件事"不仅要通过数据汇聚推动事项上网,还要通过数据流通提高网上办理的效率。为此,A区主动查找制约"一件事"全程网上办理的堵点难点,例如,针对房屋性质多样、授权转租、内部分割等原因造成的企业登记场地材料"准备难"问题,探索打通场地数字资源,创新推出企业登记住所数字化系统"企易注"及相关便利化举措。

在"高效处置一件事"方面,围绕特定事件归集多源数据,通过

---

① 访谈资料:AQFB12023071001。
② 竺乾威:《公共管理模式的变迁轨迹与共存逻辑:基于目标与手段的分析》,载唐亚林、陈水生主编:《城市更新与空间治理》[《复旦城市治理评论》(第11辑)],复旦大学出版社2023年版,第3—20页。

接入绿化市容、规划资源、房管、市场监管、建管委等部门的数据建立起"发现问题—分配问题—处理问题"的闭环处置流程。例如，在防汛防台"一件事"中，A 区依托"一网统管"平台实现 3 万多路视频、实时气候数据和传感器数据的汇聚。在统一数据和算力支撑下，消防部门能精准地掌握易积水点和高空坠物警情；水务部门能及时发布相应的工地撤离信息；绿化与市容部门可以通过树干断层扫描将树的安全系数进行分级，加固树木排除隐患。

3. 以目标导向确保数字政府价值回归

不论是政务服务"一网通办"，还是城市运行"一网统管"，都是为了更好地履行政府职能，实现公共价值。"一件事"改革的背后是数字时代的政府职能转型，政务数据共享本质上是为了服务于法治政府、廉洁政府、服务型政府的目标实现。

政务数据共享作为基础性工程，既耗人、耗财、耗时，又见效慢，不少部门存在不会治理、不愿治理、不想治理的心态。对此，A 区在"一件事"改革中，以政府职能转变为目标导向，以党建引领贯穿数据共享的各个环节。在推动跨部门、跨层级数据归集中，党建引领成为其突破协同困境、确保目标价值实现的重要法宝。区领导这样表示："'一件事'的高效运行对数据共享提出很高的要求。我们理解部门不愿分享，一方面他们觉得这是本部门的东西，另一方面害怕分享后出现风险。但归根到底，大家对政府转型、对为人民服务是有共识的。我们会要求党员干部跨前一步，不要总看着自己的一亩三分地，要从大局的角度去做这项新工作"。①

（二）制度形塑：理顺"领导—协调—执行"体系

政务数据共享是牵一发而动全身的系统工程，需要采取一系列制度安排推动技术部门和业务部门的融合，破除条块分割造成

---

① 访谈资料：AQFB12023071001。

的数据共享碎片化,实现"两条腿走路"。从 A 区的探索来看,以高位推动形成科层内的压力传导、以组织融合促进跨部门协调、以业务整合重构数据职责,是其逐步理顺数据共享"领导—协调—执行"体系的主要做法。

1. 高位推动形成压力传导

一般来说,拥有高层领导注意力的机构在跨部门协调中能拥有更多的话语权,更能推动各项工作取得实质性进展。[①] 不论是"一件事"改革,还是政务数据共享,都需要借助领导的注意力来增强政治势能,应对协同难题。在传统的科层体系中建立一把手负责的领导小组或工作专班就是常见的做法。这些机构往往以其"精巧的治理结构设计""高效的资源整合能力"和"广泛的共识决策框架",能够灵活机动地消解日常治理结构的负荷和治理能力的匮乏[②],实现科层借势。A 区在推进政务服务"一网通办"、城市运行"一网统管"的过程中,因时因势地成立相应的领导小组,并由一把手担任组长。此外,在领导小组的基础上,分设社会治理、政务服务、城市运行等专项工作组,由区领导担任组长,形成有力协调。其余职能部门作为执行层成员,通过领导小组工作组例会协调解决政务数据共享的堵点难点问题。由此形成"领导小组全面统筹、职能部门共同负责"的工作机制,以高位推动形成科层内的压力传导。

2. 组织融合促进跨部门协同

如果说成立领导小组是一种自上而下的高位推动,成立专门的协调部门就是一种横向协同,旨在通过平等主体间的决策协商、业务合作、共识凝聚等推动跨部门协同。2020 年,A 区就根据区委、区政府对"一件事"改革的工作要求推进机构整合,形成了城运

① Jay Barney, Mike Wright, David J. Ketchen Jr., "The Resource-Based View of the Firm: Ten Years after 1991", *Journal of Management*, 2001, 27(6), pp.625-641.

② 参见原超:《地方治理中的"小组机制"研究》,中央编译出版社 2017 年版。

中心、大数据中心、政务服务中心"三中心合一"的组织架构,构建起跨层级、跨部门、跨领域的综合管理体系,形成政务数据流动的闭环工作链路。与此同时,为了更好地发挥三个中心作为牵头部门的横向协调作用,三个中心均隶属于区政府办公室,并由区政府办公室副主任兼任主任,与其他部门建立起准支配的关系。行政实权部门担任一把手和事业单位作为具体执行相结合的配置,使A区在数据共享方面的组织机制兼具权威性和灵活性。2024年,A区在此基础上进行新一轮机构改革并成立区数据局,由区政府办公室副主任担任局长,将原先分散在三个中心的数据权责进一步归口至数据局。不论是行政机构的成立,还是权责结构的调整,都旨在进一步统筹包括政务数据共享、公共数据开发、公共数据授权运营在内的公共数据资源开发利用,夯实数据底座,为"两网融合"以及从"一件事"到"一类事"的增值化改革提供组织保障。

3. 业务整合重构数据职责

政务数据共享离不开条块协同,但现实中很多业务部门把政务数据共享看作技术部门的事,认为业务部门只需要提出需求。为此,A区逐渐形成"部门 + 数据职责"的业务模式,即围绕数据共享的不同环节确定各部门的职责,提高业务部门的责任意识和参与意识。如表2所示,区政府办公室作为主管部门,负责统筹规划、协调推进、指导监督;数据局、大数据中心等技术部门具体承担区数据归集、整合、共享、开放、应用管理工作;其他业务部门在各自的职责范围内做好数据的梳理、更新等工作;所有部门对数据流动各环节的安全负责。以业务整合重构数据职责后,权责不明变为权责明晰,碎片化治理变为条抓块统,上下"多条线"整合到条块结合"一张网"。通过数据职责重塑,有利于盘活和贯通分散在不同部门的"沉睡数据",为实现政务数据增值提供可能。

表2　围绕数据共享的部门职责划分

职责	部门	内容
统筹决策	区政府办公室	统筹规划、协调推进、指导监督,确定共享范围、权限等
采集上报	街道等基层部门	依法依规采集数据
归集整合	公安、民政等业务部门	在职责范围内做好数据汇集、处理、存储、维护、更新、销毁等工作,保证数据的质量
按需使用	公安、民政等业务部门	根据业务需要,遵守共享协议,依规使用数据
平台服务	数据局、科委等技术部门	负责平台建设、管理、运营、维护
管理监督	数据局、大数据中心等技术部门	确保数据的合法性、有效性、权威性,监督数据共享的全过程
安全防护	所有政府部门	兜住数据共享各环节的安全底线

资料来源:作者根据访谈资料整理。

（三）技术赋能:以业务逻辑建构技术逻辑

技术主要解决政务数据共享的效率问题。技术具有社会建构性[1],即其在应用过程中会被组织和制度所建构。为避免"为了数字化而数字化",A区强调以业务逻辑主导"一件事"改革中的系统建设和技术应用,围绕政务服务标准化、城市运行场景化、基础性数据底座建设等推进政务数据共享,以我为主地使用技术。

1. 技术应用标准化

政务服务数据共享不仅能促进政务服务业务重组和流程再造,实现"高效办成一件事",还能撬动其他领域的数据流通,助力实现整体数字化转型。A区在推动政务服务"一网通办"、克服多部门数

---

[1]　Orlikowski, J. Wanda, "The Duality of Technology: Rethinking the Concept of Technology in Organizations", *Organization Ence*, 1992, 3(3), pp.398-427.

据协同难题中,以标准化为切入点,逐步应用并完善数据共享交换平台,分阶段、有重点地推进数据共享。图 2 展示了 A 区政务服务的标准化建设过程。在原先模式下,业务部门处于分割状态,业务专网、政务外网与互联网之间互不连通,企业、群众办事需要面对不同的业务部门。标准化建设后,通过数据共享交换平台实现了业务链、前后台服务链的畅通。企业、群众在政务服务平台提交办事需求后,办事人员对治理好的数据进行调取。如此一来,不仅在优化服务方面起到"简除烦苛"的作用,减少企业、群众的办事负担,还以"数据跑"代替"部门跑",以线上平台流转代替线下部门交换,提高行政效率。

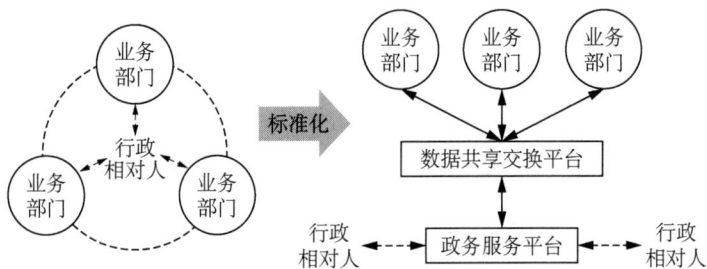

图 2 政务服务标准化的过程

资料来源:作者根据访谈资料整理。

2. 技术方案场景化

当前,数字政府建设的重点正从建系统转向谋场景,从技术驱动转向场景牵引,从重视建设规模转向注重场景效果。[1] 扩展技术治理与数字政府的应用场景成为数字政府建设的首要关切。[2]

---

[1] 中国信息通信研究院:《数字政府蓝皮报告——业务场景视图与先锋实践》(2023 年 7 月),http://www.caict.ac.cn/kxyj/qwfb/ztbg/202307/t20230719_457577.htm,最后浏览日期:2024 年 12 月 10 日。

[2] 王小芳:《智慧治理:当代中国政府治理范式创新的理论建构与实践路径》,载唐亚林、陈水生主编:《未来城市与数智治理》[《复旦城市治理评论》(第 12 辑)],复旦大学出版社 2024 年版,第 125—151 页。

在推动技术方案落地的过程中,A 区探索围绕"一件事"推出场景式数据,即通过对市大数据中心和上级业务部门打包下来的数据,以及街道采集数据库的治理,形成相应的主题库。例如,针对基层治理中的"表哥""表姐"难题,推出智能报表"一件事"。据项目负责人介绍,"场景要小而美,系统不需要复杂,管用就行。比如居委要报 80 岁以上老人,就可以把标签勾上,自动生成报表并传输给上级部门。背后是我们打通了数据,做好了数据维护工作,不像以前还要上门排摸"。[①] 此外,A 区技术方案的场景化落地中还非常注重部门协同。比如,在装修垃圾治理"一件事"中,通过联动部门间的数据共享实现"管办联动"。据业务部门介绍,"原来是派人员上门收费,现在只要把资料输入系统,城运中心收到后就可以做后续建管,把收费和建管联动起来。我们还会在大数据平台调用信用数据,推行承诺制,把事前、事中、事后连起来"。[②]

3. 技术平台基础化

针对数据标准化、规范化程度不高,以及数据真实性、准确性、完整性、时效性、关联性不强等问题,A 区围绕基础性平台建设夯实数据底座,构建起"跨时空的全域全局数据共享"。[③] 首先,建成四大平台业务流程,包括全区一体化协同工作平台、全区联动应急指挥平台、城市体征平台和经济动态数据平台。其次,打造区级大数据平台,在全面梳理并编制党政机关公共数据清单和目录的基础上,建成区级统一大数据平台,为数据的完整归集和按需共享奠定基础。再次,建立健全"一数一源、共享校核、及时更新、权威发布"的数据质量管理机制和数据纠错循环体系。最后,探索"数据

① 访谈资料:AQZF02023090901。

② 访谈资料:AQLRJ12023082701。

③ 莫丰玮:《城市治理数字化转型的内在逻辑与实现机制——以上海市 A 街道"全岗通"数字政务转型为例》,载唐亚林、陈水生主编:《市域社会治理现代化与智慧治理》[《复旦城市治理评论》(第 8 辑)],复旦大学出版社 2022 年版,第 276—299 页。

上链",在持续开发数据产品的同时夯实底座能力。技术部门负责人表示:"我们在数据基础性治理方面做了很多工作,但数据不全、质量不高等问题依旧存在。现在按市里要求推'数据上链',第一步就是摸清家底,把区和街道的数据目录确认好,做好数据比对。目前归集了40多个部门、30多亿条的数据,其中,有10多亿条数据通过动态接口实现共享"。①

六、结论与讨论

面向数字政府建设的新形势和新要求,破解政务数据的"应共享而未共享"难题需要从全局出发,形成关于数据流动的整体性方案。本文借鉴整体性治理理论构建了政务数据共享的"价值—制度—技术"框架,指出政务数据有效共享的关键在于实现价值引领、制度形塑、技术赋能"三位一体"的有机协同。通过对S市A区"一件事"改革的实地观察和深度访谈,揭示了地方政府推进政务数据共享的整体路径(图3)。A区的案例表明,其政务数据共享活动分为以系统建设和渠道整合为基础的平台式共享、以机构改革和场景开发为基础的模块式共享、以业务协同和权责重塑为基础的增值式共享三种主要模式,实现了数据从"连起来"到"用起来"再到"活起来"的递进式发展。在此过程中,技术赋能是动力和切入点,深受业务逻辑的影响,要围绕技术应用标准化、技术方案场景化、技术平台基础化等实现数据赋能。制度形塑是基础和着力点,要通过条块关系重塑形成有利于数据共享的"领导—协调—执行"体系,高位推动、组织融合、业务整合是A区推动数据和业务"两条腿走路"的经验做法。价值引领是核心和落脚点,要以基于

① 访谈资料:AQDSJZX02023082706。

需求的整体主义思路缝合数据共享过程的碎片化,确保数字政府的整体推进和目标实现。

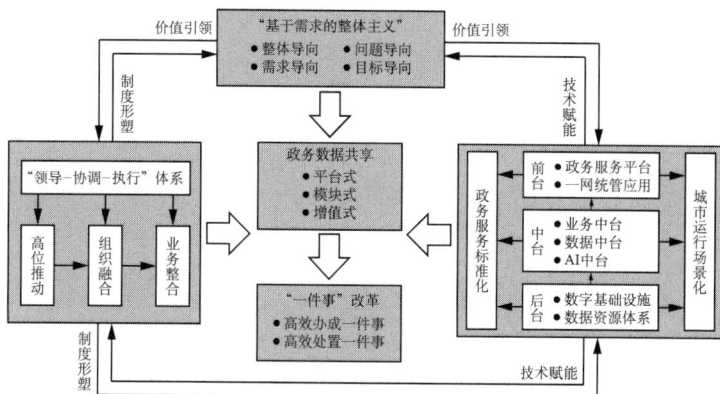

图3 A区"一件事"改革中的政务数据共享路径

"技术赋能论"和"制度变革论"是当前试图破解政务数据共享困境的两个主要视角,前者强调技术作为效率工具对提高数据共享效率的赋能,后者关注科层体系调试及其对数据共享的形塑。两个视角都有其自身的合理性和现实需求的推动因素,但在回答"政务数据共享何以有效"这一问题时都无法给出完整的解释。考虑到政务数据共享作为关乎数字政府全局的基础性工程,不仅需要技术和制度创新的单点突破,还要有整体性治理的思路和框架,综合技术、制度、价值等多重因素,形成关于政务数据共享的完整性解释框架。鉴于此,本研究的贡献有二:一是从价值、制度、技术三个维度出发构建政务数据共享的整体性分析框架,为政务数据"整体智治"提供理念创新、制度创新、技术创新相融合的理论视角;二是结合典型案例对理论框架进行扩展分析,发掘数字政府建设中政务数据共享的有效路径,为实现数据驱动的数字政府提供实证参考。

S市A区"一件事"改革体现了超大城市中心城区推进政府数

字化转型的生动实践,能够为其他地区提供有益的启示。首先,提高政务数据共享效能不仅要发挥价值引领、制度形塑、技术赋能的各自作用,还要促进三者的良性互动,以数据赋能的全面性驱动"一件事"的高效协同。其次,政务数据共享之所以成为"老大难"问题,一个重要原因是没有在理念层面达成一致,对是否共享、共享内容、共享范围、共享权限等存在模糊性。A区基于需求的整体主义治理思路能为推动政务数据共享"跨前一步"提供理念支撑,启示各地强化责任意识,更好地回应城市问题和群众需求。再次,理顺政务数据共享的"领导—协调—执行"体系,推动数据和业务双向赋能,通过系统性体制机制创新和化解系统间、平台间、部门间的"数据壁垒"。例如,通过机构改革更好地发挥数据局等协调部门的主观能动性,以共同制定政策、举办推进会、开展集中培训、应急任务协同处置等实现"有位、有为、有威"。最后,更好地发挥技术赋能的作用,提高技术部门,特别是数据管理、政务服务、城市运行等部门的数字治理能力和数据利用水平。

[本文系上海市哲学社会科学规划课题"党建引领基层治理数字化转型的路径研究"(项目编号:2023EZZ001)的阶段性研究成果]

物业治理共同体:理论意蕴、实践逻辑与运行机制

——基于 G 市"全域服务治理"的案例研究

袁立超*

[内容摘要] 随着国家治理体系现代化的不断推进,物业公司已经成为城市基层治理中不可或缺的组成部分。如何将庞大的物业管理体量优势转化为优质的社会治理效能,是推进基层治理体系和治理能力现代化的重要议题。本文以"全域服务治理"实践为研究对象,系统探究物业治理共同体的理论意蕴、实践逻辑和运行机制。研究发现,物业治理共同体强调公共服务的效率价值和基层社区的生产价值,使基层治理不再局限于传统意义上的"管"和"服",更强调"兴"和"治",具有丰富的理论意蕴。物业治理共同体以结构再造实现共同体的共建机制、以资源整合实现共同体的共治机制、以规则重构实现共同体的共享机制等目标。随着物业治理共同体理念和实践的逐步深化,未来需要进一步探讨如何化解政府管控与企业独立运营的矛盾、如何协调有限责任市场主体和全能物业的期待差异、如何保持经营风险防范与公众权益保障的平衡等问题。

[关键词] 物业治理共同体;理论意蕴;实践逻辑;运行机制

---

* 袁立超,广东财经大学公共管理学院讲师。

一、问题的提出

党的十九届四中全会提出,"建设人人有责、人人尽责、人人享有的社会治理共同体",城市社区作为国家治理的基本单元,是推动治理共同体建设的最佳场域。如何将多元异质的群体整合成有序的多元治理主体,形成利益共享的共同体,并助推基层治理体系和治理能力现代化建设是值得深入探讨的重要议题。针对这一议题,已有研究大多从两个方面关注社区治理共同体的建设路径。

一类是基于国家行政的视角,强调以科层制的权力运行为行为逻辑,认为合理的行政化是基层治理的组织属性的重要组成部分。① 该视角认为,政府是影响社区发展的最重要因素,尤其是在土地使用和基层管理制度等方面,并且通过干预、释出和旁观调控三种策略和社区产生互动。② 此外,国家拥有干预社区的权威力量和制度通道,能够有意识地将参与机制和自治机制引入社区建设的过程中,通过控制社区治理过程进而提高社区的社会整合效能。

另一类是基于社会自治的视角,强调以志愿式的协作为行为逻辑,持续培养居民的公民意识,激发基层活力。该视角认为,随着社区被赋予更多的自主权和责任,将从根本上改变国家、社会和个人的关系,进而推动基层治理的民主化。③ 特别是以业委会为代表的组织为业主参与社区政治和维护权益提供了平台④,成功

---

① 王德福:《社区行政化与街居治理共同体》,《行政论坛》2019 年第 6 期。

② 黄晓星:《国家基层策略行为与社区过程——基于南苑业主自治的社区故事》,《社会》2013 年第 4 期。

③ James Derleth and Daniel R. Koldyk, "The Shequ Experiment: Grassroots Political Reform in Urban China", *Journal of Contemporary China*, 2004, 13(41), pp. 747-777.

④ 石发勇:《业主委员会、准派系政治与基层治理——以一个上海街区为例》,《社会学研究》2010 年第 3 期。

地塑造了其身份认同、价值观念与行动方向①,扩大了社区自
主权。

这种以"国家—社会"为视角的研究进路一定程度上解释了目
前社区治理共同体建设的内在逻辑,但是随着基层治理日趋精细
化的发展态势,"国家在场"和"社会发展"的思路无法进一步完善
共建共治共享的社会治理格局,亟须从市场的视角出发,剖析其参
与基层治理的机制和效能。特别是在中国社区治理的经验场景
中,以物业公司为代表的市场主体除了从事生产经营活动外,还经
常积极参与提供"准公共产品",介入公共治理,甚至力求主动替政
府分忧。尤其是在 2022 年抗击疫情的过程中,物业公司深入参与
基层的群防群控治理工作,有力地协助了街道和社区工作的开展,
为快速有效地落实疫情防控工作作出了突出贡献。从这个角度来
看,物业公司的行动不仅仅是一个纯粹的市场化行为,更是积极主
动地将自身发展与社区成长、社会命脉、国家建设紧密地联系在一
起,共同构建城市基层治理格局。

尽管多数研究者同意物业公司是改善社区治理绩效的重要力
量,但这种力量很少被单独提炼出来,要么淹没在社区治理"三驾
马车"的体制性背景下,将其视作推动社区联动的脸谱化角色;要
么笼罩在社区空间"维权—抗争"的无休止冲突叙事中,将其视为
社区治理矛盾的根源。上述两种观点都忽视了物业公司参与基层
治理的主动性,阻碍了以物业公司为代表的市场力量与其他主体
建立更加深入链接的步伐。

2021 年,住建部等十部委联合印发了《关于加强和改进住宅
物业管理工作的通知》,提出"提升物业管理服务水平",推动物业

---

① Benjamin L. Read, "Democratizing the Neighbourhood? New Private Housing
and Home-Owner Self-Organization in Urban China", *The China Journal*, 2003, (49),
pp. 31-59.

管理"融入基层社会治理体系","构建共建共治共享格局"。这些政策的出台,为物业管理指明了发展方向。本文以共同体建构为逻辑主线,在已有学术研究的基础上进一步提出物业治理共同体的概念。首先,找回物业公司的主体性,从发展脉络、价值内涵、典型特征等角度分析物业治理共同体的理论意蕴。其次,在真实情景中观察物业治理共同体的互动模式,探讨物业治理共同体助推基层治理体系和治理能力现代化的运作机制。最后,审视物业治理共同体的治理效能,分析如何规范和引导物业治理共同体的持续发展。本研究的材料来源于 2022 年 7—8 月对 G 市多个街道的实地调研,调研以参与式观察、座谈会、半结构式访谈等方式进行,调研对象包括市区、街道、社区、物业公司、业主等相关人员,试图为推动我国基层治理体系和治理能力现代化提供实践案例和理论参考。

二、物业治理共同体:一个基层治理创新的解释框架

自 1981 年深圳市诞生了第一家物业公司,我国的物业管理行业已经发展了 43 年。在这期间,物业管理公司的资金规模逐渐增多,物业管理从业人员的数量逐渐壮大。据统计,2021 年物业管理企业的营业收入为 11 391.5 亿元,资产总计达 35 934.1 亿元,物业管理从业人员为 725.6 万人。① 物业管理具有扎根基层、贴近业主、覆盖全面、响应迅速等特点,是创新基层治理的重要内容。② 如何将庞大的物业管理体量优势转化为优质的社会治理效能,是推进基层治理体系和治理能力现代化的重要议题。

---

① 统计局:《中国第三产业统计年鉴 2022》,中国统计出版社 2023 年版,第 110 页。
② 邓国胜、程令伟:《物业管理融入城市社区治理的理论逻辑与路径创新》,《城市发展研究》2021 年第 9 期。

本文以物业公司为实施主体，通过联结政府、社会组织、居民等多方主体，围绕不涉及行政管理和行政执法事项的公共事务，共同提高公共服务的效率水平，推动基层社区的生产价值，最终形成一种共建、共治、共享的长效治理格局，称作物业治理共同体。物业治理共同体作为理解基层治理创新的新视角，具有丰富的理论意蕴，下文主要从发展脉络、价值内涵、典型特征进行分析和总结。

（一）物业治理共同体的形成与发展

对物业治理共同体形成与发展的梳理，能为我们提供一个动态的视角，清晰地呈现出物业治理共同体如何从萌芽状态逐渐发展成熟，并适应不断变化的社会环境与治理需求，强化了物业治理共同体理论框架的连贯性与解释力。

1. 物业公司角色定位的转变

随着基层治理体系现代化的不断推进，物业公司在基层治理中的角色被逐渐认知。对这一过程的分析，有助于我们明确物业公司在物业治理共同体中的定位与功能，为其理论框架构建提供丰富的历史支撑。

（1）探索阶段的服务提供者。单位制解体后，我国的城市居住区管理纷纷进入物业管理时代。[1] 在该阶段，物业管理公司以小区范围为管理边界，对房屋及配套的设施设备进行维修、养护、管理[2]，努力弥补国家撤出之后服务无法提供的不足。随着我国社会经济的高速发展，物业公司提供的服务从传统意义上的"物"，逐渐扩展到居家养老、家政服务、电子商务等对"人"的服务，不断地为业主提供高质量的生活环境，满足业主的基本服务需求。

---

[1] 伍延基：《探寻城市住宅小区物业管理之路》，《兰州学刊》2004 年第 3 期。
[2] 张农科：《关于我国物业管理模式的反思与再造》，《城市问题》2012 年第 5 期。

（2）调适阶段的矛盾制造者。伴随着住房市场化改革的深入推进,业主与物业公司之间的紧张关系逐渐成为社区治理的主要矛盾,部分物业纠纷甚至朝向群体性事件演化,社区内部纠纷朝向社区外部溢出。① 尽管该角色并非初衷,但在实际运营社区的过程中,物业公司与业主之间往往因服务质量、费用管理等问题引发冲突。关于物业矛盾产生的根源,学界主要有产权模糊②、法律滞后③、行政干预④、公民意识欠缺⑤等解释,这些观点为解决物业纠纷提供了重要的理论参考。

（3）创新阶段的社区共治者。随着基层治理日趋复杂,越来越多的学者注意到物业公司参与基层治理的契合度,物业公司在社区治理体系中的价值被逐渐发掘。有学者从基层社会治安的角度出发,认为应充分运用物业公司熟悉小区环境、处置及时的天然优势,推动压实其在治安防范、消防管理等方面的法定主体责任。⑥ 还有学者从疫情防控的角度出发,意识到物业公司在物资保障、出入管控、配合隔离等方面承担了不可替代的社会责任,映射出未来社区治理发展的趋势。⑦ 相关角色观点的讨论有效地提升了物业管理效能和物业服务水平,充分实现了社区治理的社会性与公共性的良性互动。

---

① 汪仲启、陈奇星:《我国城市社区自治困境的成因和破解之道:以一个居民小区的物业纠纷演化过程为例》,《上海行政学院学报》2019 年第 2 期。
② 刘圣欢、饶杰:《从物业管理产品属性看物业管理收费难问题》,《经济体制改革》2005 年第 4 期。
③ 文宇:《城市住宅小区物业管理的现状、问题及其解决对策》,《城市问题》2013 年第 9 期。
④ 张磊、刘丽敏:《物业运作:从国家中分离出来的新公共空间——国家权力过度化与社会权利不足之间的张力》,《社会》2005 年第 1 期。
⑤ 朱小利:《城市住宅小区物业管理存在的问题及对策》,《西南大学学报》(社会科学版)2011 年第 1 期。
⑥ 张未东、牟春生、冯勇等:《物业公司参与基层社会治安治理的实践与思考——来自深圳市罗湖区的探索》,《政法学刊》2019 年第 1 期。
⑦ 赵云:《物业服务融入社区治理体系基层公共管理的趋势》,《城市开发》2020 年第 7 期。

2. 物业治理模式类型的演进

治理理念的变迁,带来了物业公司在基层治理中的多元发展。对物业治理模式类型的分析有助于我们把握物业治理共同体在不同社会治理情境下的回应方式,丰富其理论内涵。

(1) 行政指导下的兜底型物业模式。该物业模式一般发生在老旧小区或"村改居"社区,是指政府在市场失灵的小区进行托底,提供最基本的物业保障的类型。老旧小区由于居民的年龄结构普遍偏老,缺乏盈利空间,遵循市场自由交易原则的物业公司往往在这类小区是缺位的,居民只能依靠居委会向政府协调资源进行兜底。[1] 另外,作为我国城镇化过程中一种独特的社区类型,"村转居"社区的物业管理也存在物业费收缴困难的问题,于是,政府协管成为替代商业物业公司的最佳方式。[2] 这类物业管理公司是为了服务特定老旧小区或"村改居"社区而专门成立的,接受政府资助,一般不面向其他市场提供服务。[3]

(2) 市场逻辑下的谋利型物业模式。这一治理模式主要从物业公司逐利性的角度解读社区利益关系、权力冲突和治理格局的深刻变化。市场逻辑下的物业公司在社区治理中具有逐利性,其利益最大化的追求必然带来对业主利益的侵害。[4] 特别是业主与物业公司之间缺乏对对方进行治理的有效手段,合同的约束力呈现出软化现象,合同面临失效的危险。[5] 此外,相对于市场化运行

---

① 刘成良:《城市社区物业管理类型与基层治理困境——基于社区类型分化的视角》,《云南行政学院学报》2017 年第 2 期。

② 吴莹:《"村改居"社区物业管理的主要类型与存在问题》,《城市观察》2016 年第 1 期。

③ 叶继红:《农转居社区物业"混改"的适应性治理逻辑——基于苏州工业园区 Y 街道的案例研究》,《内蒙古社会科学》2022 年第 3 期。

④ 毛军权:《业主委员会:社区治理中的制度共识、自治困境与行动策略》,《兰州学刊》2011 年第 5 期。

⑤ 仇叶:《住宅小区物业管理纠纷的根源——基于合同治理结构变形与约束软化视角的解读》,《城市问题》2016 年第 1 期。

程度高的物业公司,业主委员会在组织动力不足和组织成本过高的双重压力下①难以承担"精明的买家"角色,业主只能被动地接受物业公司的"专制"服务,市场良性竞争机制无法正常发挥作用。

(3)党建引领下的综治型物业模式。该模式注意到了基层党建与物业治理的相互形塑机制,强调通过党建引领手段介入市场化的物业治理工作,推动物业公司更好地融入城市基层治理。②首先,在管理方式方面,"红色物业"强调政府兜底与党员动员③,通过组织覆盖或工作覆盖的方式,有效地提升物业公司的治理能力。其次,在运作机制方面,"红色物业"从条件准入、资源下沉、激励与规制三个方面推动物业公司转型,最终实现了在不改变社区"存量"权力关系的基础上实现"增量"的治理效应。④最后,在发展路径方面,"红色物业"以其强大的理念引导力、关系塑造力和平台供给力使物业管理真正融入社区治理⑤,实现一种"嵌入式引领"。

(二)物业治理共同体的价值内涵

物业治理共同体不是"物业治理"和"共同体"两者的简单叠加,而是在"共同体"的基础上,强调物业公司在基层治理中的专业性和主动性,通过融入市场化的思维对社区进行管理和服务,从而形成一种高效协同的社区治理模式。以往的社区治理往往注重秩

① 夏巾帼、郭忠华:《城市商品房小区自治困境的根源——基于小区公共事务性质的分析》,《浙江学刊》2019年第5期。

② 陈琦、秦泽慧、王中岭:《"红色物业"融入社区治理:理论与实践——以百步亭社区为例》,《江汉大学学报》(社会科学版)2018年第1期。

③ 郑扬:《党建引领的物业管理体系:实践、实效与反思》,载唐亚林、陈水生主编:《物业管理与基层治理》[《复旦城市治理评论》(第6辑)],复旦大学出版社2021年版,第82—97页。

④ 吴新叶:《社区中的政党:领导与赋能的基层治理迭代——基于石家庄一个老旧社区"红色物业"的调查》,《同济大学学报》(社会科学版)2022年第3期。

⑤ 张曙光、王晓娜:《党建引领:物业纳入社区治理体系的逻辑和路径——基于北京实践的分析》,《中共福建省委党校(福建行政学院)学报》2022年第2期。

序维护和公共服务,难以兼顾经济效益和可持续发展,物业治理共同体突出了公共服务的效率价值和基层社区的生产价值,使基层治理不再局限于传统意义上的"管"和"服",更强调"兴"和"治",体现了丰富的理论意蕴。

其一,秩序价值。20 世纪 90 年代末,住房商品化的改革使居民与住房的福利关系扩展成基于产权购买与服务的市场契约关系。为了避免出现政府撤出之后的基层秩序失衡,政府在借鉴中国香港地区经验的基础上引入专业化物业管理制度①,承担起维护社区安宁的职责。随着城市化的快速推进,有学者进一步发现物业公司"再造社群"的价值,有效维护了基层社会的关系秩序、治理秩序和生活秩序。② 特别是在农村社区中,物业公司与村庄整体环境紧密相连,成为维系社区关系网络的重要枢纽,实现原有组织体的功能替代、事务分工和服务下沉。③

其二,效率价值。在现行的社区治理框架下,物业公司高效率的运作决定着业主对它的认同,这是维系物业公司和业主之间"黏性"的基础。④ 效率价值的体现不仅仅是提供高效的服务,更重要的是不断地挖掘社区空间内的经济价值,实现物业公司与社区居民的互利共赢。特别是在智慧社区建立的趋势下,物业公司需要搭建专业化平台来优化物业服务,通过提高服务效率获得合理的盈利空间,并"反哺"社区智慧化改造,加强业主用户的便捷体验。⑤

---

① 郭亮:《扶植型秩序:农民集中居住后的社区治理——基于江苏 P 县、浙江 J 县的调研》,《华中科技大学学报》(社会科学版)2019 年第 5 期。

② 侯同佳:《再造社群:"村改居"社区治理共同体的建设路径——以广州市 N 社区为例》,《地方治理研究》2023 年第 2 期。

③ 赵先龙:《物业公司与农村社区秩序的形成——苏南桥村的法律民族志》,《法律和社会科学》2019 年第 2 期。

④ 曹惠民:《社区治理绩效损失:生成机理与矫正策略研究》,《暨南学报》(哲学社会科学版)2021 年第 12 期。

⑤ 毛佩瑾、李春艳:《新时代智慧社区建设:发展脉络、现实困境与优化路径》,《东南学术》2023 年第 3 期。

其三,生产价值。在社会治理情境变化的背景下,物业公司积极主动地将自身发展与国家治理要求有机地结合在一起,通过将自己的市场能力与基层的沉淀优势相结合,打通了国家—市场—社会的资源链条。① 这一方式既拓展了市场渠道,又改善了治理效能,实现社区的良性循环和可持续发展,充分体现了物业公司的生产价值。例如,深圳市某街道将物业公司转型升级为城市服务运营商,通过合同外包、购买服务的形式,引进物业公司辅助政府从事社会管理和公共服务,有效地降低了政府公共服务的成本。② 此外,珠海市的"物业城市"实践将城市公共服务整体外包,对城市空间和资源实现全流程"管理 + 服务 + 运营"。③

(三)物业治理共同体的典型特征

基于对当前社会治理复杂性与需求多元性的深刻思考,物业治理共同体作为一种新兴的治理体系应运而生,具有治理价值多元化、治理资源共享化及治理目标生产化三个典型特征。其中,治理价值多元化强调对多元主体利益诉求的理解,以奠定治理共识的坚实基础;治理资源共享化强调通过市场化机制优化资源配置,以激发治理主体的活力;治理目标生产化则强调经济效益与社会价值的双重实现,以推动治理体系的可持续发展。整体而言,三者相辅相成,形成了一个既注重效率又兼顾公平,既强调资源优化又关注目标达成的治理逻辑体系,为基层治理的实践提供了坚实的理论基础与行动指南。

---

① 吕鹏、刘学:《企业项目制与生产型治理的实践——基于两家企业扶贫案例的调研》,《中国社会科学》2021 年第 10 期。
② 孙雪梅、翟宝辉:《物业企业参与城市社区治理路径初探》,《上海城市管理》2021 年第 4 期。
③ 沈体雁、赵振武、吴晓林等:《物业城市理论与实践:横琴新区城市治理创新模式研究》,社会科学文献出版社 2021 年版,第 117 页。

第一,治理价值多元化。传统的社会治理注重政府主导和居民参与,强调公共服务的均衡性,但往往缺乏专业性的指导,在公共设施管理和公共服务供给方面的效率较低。物业治理共同体强调公共价值与效率价值的统一,鼓励多元主体的共建、共治和共享,特别是注重激发物业公司的责任感和主动性,推动其把有效地生产公共服务当成一种目的,而不是作为获得报酬的一种手段。这一转变不仅提升了社区日常运营的效率,还促进了治理价值的深度整合与升华。

第二,治理资源共享化。多元主体的参与为物业治理共同体注入了更多的资源和活力。相较于其他主体,物业公司因具备一定的市场经验和运营能力,在资源整合方面具有优势。物业治理共同体强调以市场化运营推动城市基层闲置公共资源的合理利用,实现资源的共享与优化,这一举措增强了社会治理的实效,也促进了社区居民的参与度和满意度,为构建和谐社会奠定了坚实的基础。

第三,治理目标生产化。物业治理共同体将治理目标从单一的秩序维护拓展到多元的可持续发展。物业公司通过提供优质的物业服务、增值服务以及运营服务,有效地提高治理效率。同时,生产价值的引入强调了物业治理的经济效益和社会价值,通过合理的盈利空间增加治理资源的投入和质量的提升,为社区治理带来可持续的发展动力,进而推动整个社会治理体系的优化。

物业治理共同体的发展脉络、价值内涵及其典型特征之间存在紧密的内在联系,它们共同构成了物业治理共同体的理论体系,为理解基层治理创新提供了新的分析视角。其理论意蕴如图1所示。

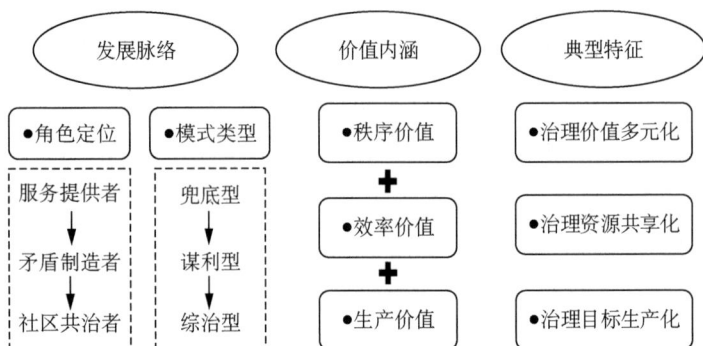

图 1　物业治理共同体的理论意蕴

三、"全域服务治理":物业治理共同体的实践逻辑分析

　　物业治理共同体理论意蕴的探讨为我们提供了一种理解和分析基层治理创新的视角。近年来,G市作为中国经济社会发展的前沿阵地,积极推动社会治理创新,探索出一条以物业公司为重要载体,整合政府、社会组织和居民等多方力量,共同参与基层治理的创新路径——"全域服务治理"。G市"全域服务治理"实践经过一段时间的运行,在构建共建共治共享的社会治理格局方面取得了显著成效,这为物业公司参与基层治理提供了可借鉴的经验。下文将以G市"全域服务治理"实践为研究对象,探讨物业公司如何与政府、社会组织和居民进行互动,旨在搭建起从理论分析到实践探索的桥梁,为物业治理共同体的深入研究提供实证支持。

(一)"全域服务治理":物业公司参与基层治理的实践样态

　　2021年11月,G市印发《关于开展镇街全域服务治理试点工作方案》,标志着"全域服务治理"在 G 市的实践探索正式拉开序幕。"全域服务治理"是全区域、全周期、全要素的服务治理,也是国家治理体系和治理能力现代化在城市基层的再表达。首先,全区域指工作区域全覆盖,优先考虑城中村、老旧小区和城乡结合部等无物业社区,按照市场化原则、规范化程序积极导入优质的物业公司,为群众提供生活便利。其次,全周期是指将城市作为有机生命体,使物业服务治理贯穿居民衣食住行和安居乐业的全过程,最终实现公共服务体系流程的有效改进。最后,全要素是指服务范围除了保洁、安全、绿化、秩序等公共服务项目,还包含公共资源开发利用等各类运营项目,实现融合发展创收,最终反哺城市公共空间建设。

根据该工作方案要求,G 市选择 18 个镇街作为第一批试点单位开展全域服务治理。试点政府根据实际情况将部分行政管理和行政执法以外的服务性、事务性工作委托给第三方服务企业实施,让物业公司承担城市管理"大管家"的角色,通过盘活闲置公共资源和导入产业等方式,在政府不增加财政负担的前提下,让企业自我"造血"提高营收,向居民提供高质量公共服务的同时也为基层政府减负,实现降本增效的目的。经过两年多的实践和探索,G 市全域服务治理试点工作取得阶段性成果,形成了以物业公司为实施主体,政府、社区、居民互利共赢的长效治理格局。

(二)物业治理共同体的实践逻辑分析

在 G 市"全域服务治理"取得一定成果的基础上,深入剖析物业治理共同体的实践逻辑显得尤为重要。这一逻辑的分析不仅能展示协同合作的复杂性,还能揭示各主体在实践中的行为动机与互动关系。

1. 需求对接与考核监督:物业公司和政府部门的实践逻辑

"全域服务治理"强调在不增加现有政府财政负担的前提下,

合理运营城市公共资源,推动公共服务高质量发展。一方面,物业管理公司积极发挥自身高效率、低成本的优势,逐步补齐城市管理的"短板",为民众提供优质高效的公共服务;另一方面,物业公司推进城市空间集约化管理和服务模式转型,将分散的资源进行有效的整合,实现市场效能向治理效能的转变。例如,Y街道的老旧小区偏多,一直存在公共服务不均等、基础设施差距大等问题。该街道引入的愿景和家物业公司针对老旧小区公共空间稀少、停车位不足等问题,积极与区域内的两所中学进行沟通协调,实现错峰停车,资源共享,有效地改善了出行交通体验。

政府作为引导物业公司有效参与城市基层治理的促进者,主要发挥的是监管和考核的角色,积极化解市场失灵的风险。例如,G市组建市、区、镇(街)三级全域服务治理试点工作领导小组,同步建立各级联络机制和信息报送机制,强化层级联动和监管。此外,随着阶段性试点工作的完成,G市城管局将工作重心转移至对全域服务治理工作事项的考核问责方面。2022年12月,G市城管局引入第三方的日常监督评估机制,进一步加强问责监督,最终确保各项职责的落实。

2. 提供服务与参与治理:物业公司和民众的实践逻辑

"全域服务治理"的出发点是为居民提供全方位、高质量的公共服务,特别是在智慧社区的建设背景下,引入的物业公司充分运用数字资源和专业优势,全面提升基层治理的智慧化水平。例如,S街道携手万科物业积极推进"智慧物管",将物业公司规范化的管理能力与城中村居民对治安的诉求充分结合,建立常态化的巡查防控机制,实现出租屋的安全管理。S街道还改变过去依靠纸质登记表进行"洗楼"的方式,在智慧大物管平台上融入综治、房管、安全检查多方面要求,开发城中村栋长与租户的"母码 + 子码"出租屋的管理方式,夯实社会治安的基础。

"全域服务治理"尊重居民在城市建设中的主体地位,真正践行城市管理以人民为中心的理念。一是调动居民的主动性,积极参与服务优化。例如,S 街道联合保利物业共同开发居民共治的数字化平台"云报事",鼓励居民随手拍、随时传、随时查、随时评,从而搭建了一条街道、物业公司和居民良性互动的桥梁,激发服务主体的责任感。二是鼓励居民献策建言,提高服务品质。在实施"全域服务治理"的过程中,社区居民通过问卷调查、座谈研讨等多种形式表达自身的需求,确保物业公司提供的服务内容契合居民意愿。例如,Y 街道引入的愿景和家物业公司通过与居民反复论证和规划,努力打造普惠性与个性化深度结合的服务方案,避免相关服务的缺失或重复供给,实现了居民体验的提升。

3. 竞合共生与指导规范:物业公司和社会组织的实践逻辑

为进一步推动全域服务治理,探索企业可持续发展的城市服务运营模式,2022 年 6 月,G 市城市服务运营协会正式成立。G 市城市服务运营协会是由相关单位自愿组成的联合性的非营利性社会组织,并依法在社会组织管理部门注册登记。该协会会长和副会长均由物业行业相关负责人担任,旨在引导协会各成员单位主动承担社会责任,在公共服务、智慧化建设和资源整合盘活上下功夫。物业公司通过城市运营服务协会这一平等交流的平台,定期进行全域服务治理项目运营的经验分享,探讨如何有效地挖掘区域的运营资源,如何稳定持续地"造血"等,不断完善城市服务运营产业链,为城市发展培育增长点、注入新动力。

城市服务运营协会的成立,也吸引了更多的社会资本参与城市基层服务供给。一方面,城市运营服务协会成为全域服务治理试点街镇与意向物业公司之间的桥梁,通过客观公平的评估,为相关镇街与物业公司的合作牵线搭桥,充当"红娘"的角色;另一方面,城市运营服务协会围绕城市服务运营有关的基础管理法规、规章草案进行调研论证,做好标准制定、政策宣贯、公益服务等工作,不断规范物业管理公司承接公共服务、参与基层治理、落实产业赋能的行为。

4. 执法兜底与民意反馈：政府和民众的实践逻辑

"全域服务治理"充分肯定物业公司践行社会责任的自觉性，但也坚持政府对行政事务的统筹协调和执法事项的兜底。政府将行政管理和行政执法以外的服务性、事务性工作委托给第三方物业公司实施，保证了执法人员集中力量专注于少量疑难案件的处理。在这种模式下，政府提高了执法效能，严厉打击了违法行为，并建立了有效的监督和问责机制，确保了公共服务的公正性，有效地维护了社会秩序。

社会民众不仅是"全域服务治理"的直接受益对象，同时也是开展相关工作的重要一环。民众的积极参与、理性反馈以及公共精神的发挥，不仅确保了公共资源得到合理分配和有效利用，还增强了政府工作的透明度和公信力。例如，X街道在老旧小区花园的改造中，居民、居委会、物业公司就花园的选址和设计多次深入交流，最后形成的建设方案既尊重了居民的生活习惯，又扩展了居民的活动空间，实现了社区治理效率与居民体验的双重提升。

如上所述，G市围绕物业治理的秩序建构形成了复杂化的空间复合体，物业治理共同体的实践模式如图2所示。

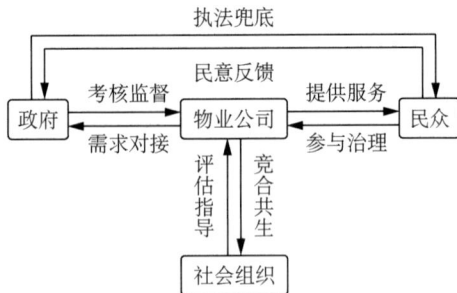

图2 物业治理共同体的实践模式

四、结构、资源和规则:物业治理共同体的运作机制分析

当前,围绕物业治理的相关问题日益呈现出关联性强、跨界性多、复杂性高等特征,表明传统的物业治理关系正在逐步从"法理—谋略型"走向"互补—协作型"①,这意味着在物业治理这个场域内,政府、市场、社会、居民等主体围绕着共同体意愿,不断形成紧密联结、相互依存、共同行动的有机整体。本文基于 G 市"全域服务治理"的创新探索,依据共建、共治、共享的内在关联,从结构再造、资源整合和规则重构三个层面深入阐释物业治理共同体的运作机制构建过程。

(一)结构再造:物业治理共同体的共建机制

物业治理共同体强调在治理事务责任归属的前提下构建平等合作的协商关系,通过对治理主体结构的再造,凝聚起共同体意愿,不断寻求行动的最大公约数,实现共同体治理效能的最大化。

1. 政府在场与政治牵引

"全域服务治理"实践涉及的不仅仅是"城管线",各级政府内部条块之间持续有效的协同行动也成为常态。在组织架构上,全域服务治理基本上是以专班或者领导小组的形式开展工作,建立了常态性的工作会议和调度机制,持续性地进行经验分享和总结,协调试点工作中存在的问题。在运作方式上,全域服务治理结合新基建、智慧城市建设、老旧小区改造和城市更新等工作,坚持"一

① 陈荣卓、刘亚楠:《社区物业治理共同体的形塑与发展——基于 H 街道社区物业治理的观察》,《社会主义研究》2020 年第 6 期。

盘棋"推进,有效地降低了政府购买服务的成本。总之,政府通过发挥政治牵引作用,推动治理事务责任落实,把政府的组织优势和制度优势转化为城市服务治理的效能。

2. 市场主导与功能补位

在"全域服务治理"实践中,物业公司充分发挥专业优势,盘活闲置公共资源,实现公共服务的降本增效,促进城市高质量发展。一是实现社区公共服务提质增效。Y街道充分运用万科物业在人居环境改善等方面的专业化优势,对过去粗放的保洁管理模式进行革新,依托智慧化城市管理平台对环卫工人实施统一编码,合理规划和设计每位环卫工人的工作任务,并实行工牌制度,有效地提升了环卫作业的质量和效率。二是实现自我"造血",降低购买成本。除了盘活闲置公共资源外,物业公司还尝试在试点区域内扩展业务领域,探索具有市场前景和竞争力的新业务。例如,S街道有50多种国家级文物,有"露天建筑博物馆"的美誉,引入的保利物业围绕该街道的文化资源,打造传统文化和现代文化交融发展的新文化地标,有效地提升了该街道的旅游资源。

3. 社会融入与协作共生

物业治理共同体治理效能的提升离不开社会主体的支持。在G市全域服务治理实践中,G市城市服务运营协会以社会团体的形式参与城市基层治理,协调各方主体寻求共同行动的最大公约数。一是协助政府制定物业行业发展政策。作为政府与企业之间的桥梁,城市服务运营协会不断提高行业协会的会员覆盖率和成员代表性,围绕城市服务运营主题制定有关产业发展规划、管理法规和规章草案,切实推进政府职能转变,减轻政府负担。二是规范物业行业经营和发展行为。城市服务运营协会不断强化协调作用与智力支持,携手其他主体共同规范物业公司参与城市基层治理的行为。例如,支持物业企业定期进行项目运营的经验分享,推进物业企业成员之间的常态化联系,实现行业会员在权益上的互依性和公平性。

4. 居民参与和服务驱动

在物业治理共同体中,居民是治理过程中不可或缺的主体,其参与程度直接关系着社区服务治理水平和服务质量。居民通过居委会、业主大会等平台积极表达对物业治理的意见和建议,推动物业服务的计划与执行符合居民利益。例如,N 街道外籍人口较多,在建设国际化社区的过程中,物业公司积极倾听外籍居民的需求,制作了相关涉外办事流程的手册,解答外籍居民多样化、个性化的实际问题。此外,居民作为监督主体,通过透明的信息公开、公正的决策流程和有效的投诉渠道,不断地规范物业公司的管理行为,共同维护社区公共利益。

(二)资源整合:物业治理共同体的共治机制

物业治理共同体推动城市基层治理的有效性,不仅仅在于多元主体的共建机制,更重要的是使各类资源得到集中汇聚和统一调配,从而在物业治理共同体结构内产生资源集聚效应与资源联动效应,进一步提高治理资源的增值和治理效益的叠加。

1. 集聚效应促进资源的增值

物业治理共同体通过建构资源整合体系,让各类资源得以深度整合与高效利用,进而产生显著的集聚效应,推动资源价值的最大化。

一是资源整合,提高资源的优化配置。"全域服务治理"鼓励各个主体结合自身的资源优势和能力优势,实现公共资源价值最大化开发,尤其是在产业规划与建设方面,通过政策优待等方式吸引市场和社会主体,由此实现资源的整合。例如,Z 街道通过和华润集团合作,深挖试点区域的各类资源和发展潜力,积极布局市场化的资源运营方式,开展如充电桩、洗车场、奶站等经营性设施的建设,培养居民消费者的付费习惯,支持企业通过"自我造血"的方式获得长效收益,最终反哺城市治理,从而优化公共服务的供给水平。

二是互助互补,促进资源的增值效益。面对城市基层闲置公共资源的运营,基层政府难以承担财政压力和人力负担,"全域服务治理"支持企业发挥市场化优势,激活闲置资源,实现资源的增值效益。例如,X街道为解决老旧小区停车问题,通过对公共区域的摸排调查、实地考察和调研论证,制定立体停车场特许经营的改造方式,并引入物业公司投资建设及运营。目前,引入的愿景物业公司已投入1 000万元进行改造,立体停车场的建成将有效地拓展居民的公共空间,极大地方便小区居民的日常出行。

三是创新引领,保障资源的持续增值。在资源集聚的基础上,物业治理共同体强调通过融合新技术、新业态、新模式,不断提升资源的附加值和竞争力,构建起资源增值的长效机制。例如,针对城中村管理难点与瓶颈,S街道率先将物业公司的系统性思维和流程管理能力融入街道治理服务体系中,依托万物云城在国内30多个城市推行"物业城市"的丰富经验,与之共建综合性城市智慧运营服务平台,实现人防与技防相结合的街道社区一体化服务治理,向外界树立了智慧治理与城市资源增值的新典范。

2. 联动效应实现效益的叠加

在物业治理共同体的框架下,各主体间的资源形成一个相互关联、相互影响的整体,这种联动效应增强了基层治理的韧性和可持续性。

一是协同发展,深化资源的综合效益。物业治理共同体推动各主体形成紧密的合作关系,通过协同发展与资源联动,提高治理的整体效能。例如,S街道专门在政务服务中心为引入的保利物业设立一个办事窗口,这不仅为物业公司提供了便捷的办事条件,还有助于居民需求的精准回应，同时也为街道和物业公司提供了持续协商的机会，从而有效地提升了社区综合治理的效能，增强了基层治理的活力。

二是信息共享，提高资源的利用效率。信息共享是联动效应发挥的关键环节，通过信息的流通和整合，可以大幅度减少资源的重复配置，提高资源的利用效率。在开展"全域服务治理"的过程中，特别强调常态化信息共享平台的建立，不仅成立了各级联络机制和信息报送机制，强化层级联动，还经常组织召开各区成员单位工作协调会，听取试点意向和工作建议，打破行政信息壁垒，让各类信息在物业治理共同体内得到充分释放。这种高效的信息流通机制，提高了基层治理和服务工作的精细化水平，使得资源的分配和利用更加科学、合理。

三是增强信任，促进治理效应的叠加。在物业治理共同体的运作中，信任与合作发挥着重要作用，促进治理工作的顺畅和高效。例如，为了进一步增强居民对物业公司参与基层治理的信任感，G市管理综合执法局积极召开社会专场宣讲会，向广大居民和相关组织深入阐释"全域服务治理"的核心价值与理念，还充分利用各类政商关系管道，广泛传播这一创新治理模式的重要性和优越性。这些努力不仅引导物业公司和社会组织积极参与试点工作，还激发了居民对基层治理的热情。随着信任的逐步建立和合作的不断深化，各类治理资源在物业治理共同体内实现了更加紧密的联动效应，实现了治理效应的深度融合与叠加。

（三）规则重构：物业治理共同体的共享机制

物业治理共同体作为一种新兴的治理模式，以其促进各主体间共同遵守责任、共享治理成果的特点日益受到重视。这意味着在提升物业治理实践效能的过程中，多方主体基于共同价值规范的认可和互惠,推动自身走出个人局限空间,进而达成基于公共利益分享的共同体思维和行动。

1. 契约精神的遵守

契约精神是市场经济发展的社会基础。以物业治理能力为基础的物业治理共同体强调依靠法律保障的合同,在具体实践中主要从两个方面实现对契约规则的遵守。一方面,政府和物业公司从公共服务购买的角度出发,基于双向自愿、协商选择的方式达成合作。这种对合同的认同和规则的遵守是保障双方主体权益的基础,通过具体条款的安排将违规惩罚与合作收益紧密联结,既能满足不增加现有政府财政负担下公共服务精细化的治理需求,又能保障物业公司稳定的经济预期。另一方面,物业公司和业主围绕小区公共设施的服务签订物业管理合同,即物业运用自身在环卫保洁、绿化养护、安全防范、设施维护等领域的技术优势,提高居民的幸福感和安全感。这种法律上的所有权界定了业主与物业公司之间相对明确的权利义务关系。简而言之,契约精神建立了清晰、可执行的双向关系,有助于建立起稳固的治理关系,推动共同体成员更加自觉地遵守治理规则。

2. 社会责任的履行

物业公司作为推进城市基层治理现代化的重要维度,其参与价值不能仅仅着眼于利用物业服务的专业性提供基层公共服务,而应将其放置在优化基层治理的整体逻辑链条中。"全域服务治理"实践要求企业承担城市管理"大管家"的角色,这意味着企业应具有一种超越商业利益的社会责任感。在这个过程中,物业公司主动承担社会治理责任,通过价值共创促进治理主体之间形成集体意识,增加社会凝聚力和稳定性。例如,在疫情防控中,物业公司充分展现了担当精神,超越了物业合同的服务范畴,积极协助政府与街道进行社区治理与疫情管控工作,为社区的稳定运行提供了重要支持,凸显其在城市基层治理现代化中具备的重要战略价值。此外,在"全域服务治理"实践中,街道以物业公司为纽带,带动和启发更多的社工机构、教育医疗专业团队等社会组织参与基层公共服务,提高基层结构的韧性,从而推动建成"社会充满活力又和谐有序"的现代社会治理格局。

3. 志愿参与的认同

志愿参与不仅仅是一种简单的行为,更是一种参与主体对治理目标、价值和过程的认同和投入。目前,社会上关于物业公司的纠纷日益增多,这从另一个角度反映了业主维权意识的增强。物业治理共同体形成的关键,就取决于居民在参与社区公共事务治理时能否形成共识进而对治理活动的高度认同。对此,物业治理共同体在实际运作中注重居民的参与意愿和认同感,强调物业公司以服务换取认同,通过精益求精的态度减少居民在物业管理认识上的偏差,从而更理性、更客观、更积极地参与社区治理工作,实现物业治理共同体的良性循环。同时,物业治理共同体还强调建立相关激励机制,认为其是促进志愿参与的关键。例如,L街道某社区联合物业公司,通过积分兑换小礼品等具体方式,充分调动居民参与城中村环境卫生管理的积极性,实现环境治理效率与居民体验的双重提升。

如上所述,在物业治理共同体运作机制的分析中,结构再造、资源整合和规则重构三者之间形成了相互促进、相互依存的紧密关系。其中,结构再造是物业治理共同体有效运行的重要前提,资源整合是物业治理共同体高效运行的核心所在,规则重构是物业治理共同体持续运行的基础保障,它们共同推动着城市基层治理体系向更加高效、民主、优质的方向发展。物业治理共同体的运作机制如图3所示。

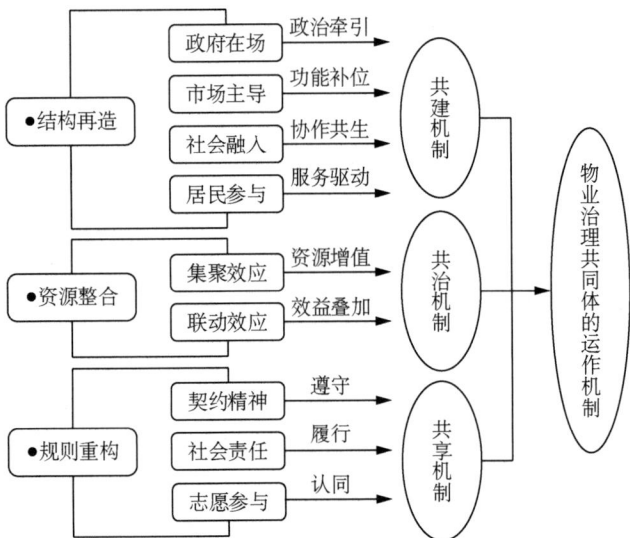

图 3　物业治理共同体的运作机制图

五、物业治理共同体治理效能的审视与反思

如前所述,G市"全域服务治理"试点为城市社区的高效治理和可持续发展提供了有益的探索。珠海、深圳、无锡等地也在积极开展"以整座城市为管理单元的系统性物业管理创新活动"[①],这一趋势反映了物业公司参与城市基层治理的实践尝试正逐步深化。未来,关于物业治理共同体的治理效能及相关议题值得进一步分析讨论。

(一)如何化解政府管控与企业独立运营的矛盾

物业治理共同体重塑了政企关系,在公共服务供给从单中心

---

① 唐亚林:《城市社区物业管理的现状、问题与对策》,载唐亚林、陈水生主编:《物业管理与基层治理》[《复旦城市治理评论》(第6辑)],复旦大学出版社2021年版,第239—254页。

走向多中心的过程中,政府的引导和监管起着至关重要的作用。同时,物业公司作为一个相对独立的市场主体,在其经营活动中需要一定程度的自主权和灵活性。然而,在"全域服务治理"实践中,有些基层政府部门思想僵化,将试点工作仅仅理解为上级相关部门强制摊派的任务,不重视监管工作,让物业公司自行开展活动,更谈不上政府与物业公司共同挖掘区域内的"造血"资源。有些物业公司要么"等、靠、要"的心态明显,使物业公司的市场运营机制遭到扭曲;要么认为在试点区域难以找到现成资源,容易造成账务困境,对运营项目"挑肥拣瘦"。这些都反映了部分物业公司在运营项目面前仅仅估算眼前的利益得失,难以从更长的发展周期视角看待物业治理共同体的价值。未来,应进一步明确政府和物业公司的职责和权力范围,建立定期的信息交流和协调机制,化解政府管控和企业独立运营的矛盾。

(二)如何协调有限责任的市场主体和全能物业的期待差异

物业治理共同体要求物业公司承担城市管理"大管家"的角色,这意味着物业公司需要具有一种超越商业利益的社会责任感,积极履行社会责任。但是企业不应也不能整体性地代行治理之责,居民也要树立责任意识,共同参与城市社区的治理,否则,容易引发物业治理共同体内有限责任的市场主体和全能物业的期待之间的矛盾。在这一问题背后,涉及市场规范与社会文化之间的交织,是法律约定和社会认知之间的差异造成的。一方面,根据专业性物业管理法律知识,在业主与物业公司签订的物业服务合同中,对于责任边界和服务范围有明确表述,物业公司承担的是有限责任;另一方面,在长期的集体文化和认知塑造下,"我交了钱你就要负责"的惯性思想在有些居民群众中仍然根深蒂固,认为物业公司是全能的,要负责区域内的所有问题。例如,在一些老旧小区就发生物业公司上门修电器收费引发业主不满的误会。为了有效地化解这一矛盾,政府应在规范物业服务合同、培养公众法律意识、加强居民教育等方面发挥关键作用,为物业公司和业主之间的合理期待建立均衡的治理框架,促进物业治理共同体的健康发展。

(三)如何保持经营风险防范与公众权益保障的平衡

降本增效是"全域服务治理"实践的核心要义,即要求在不增加政府财政预算投入的情况下实现治理与服务事项的高质量供给。这就意味着在构建物业治理共同体的过程中,需要充分运用试点区域的闲置公共资源进行创收,通过运营城市公共资源、参与有偿服务、导入产业融合发展等实现"自我造血",从而降低政府购买服务的成本,提升工作效能。实际上,部分试点区域对于资源的运用并不理想,市场化经营的风险较大。首先,一些试点区域的基础建设较为薄弱,条件差、管养难,根据现有的支持程度及资源整合水平,无论是在起步阶段还是在后续运营阶段,均难以打消企业对试点工作效益的忧虑,经营风险较大。其次,一些权属复杂的公共资源还没有得到充分的激活和利用,如央产、军产、直管公房、企事业单位或历史遗留产权物业等,这些资源的协调推进速度较慢,导致试点工作不能达到社会效益和经济效益的双赢。最后,环卫队伍变革容易引发维稳问题。"全域服务治理"实践在一些地区涉及环卫队伍的变革,即从原来与街道的合同关系转变为由物业公司接管。管理主体的变更使环卫工人担心在变革后失去原有的权益和待遇,这种不确定性可能加剧该群体的不满情绪,容易增加社会不稳定因素。因此,在建设物业治理共同体的过程中,平衡经营风险防范与公众权益保障是一个既具挑战性又至关重要的任务,需要通过制定合理的运营机制、加强风险预案、增强信息透明、完善社会监督等措施,促进各方的合作与协调,为城市基层治理的现代化提供有力支持。

六、结语

本文从个案的角度探讨了物业公司参与基层治理的理论意蕴、实践逻辑和运行机制,类似"全域服务治理"的创新形式也在各地基层治理中被尝试。物业治理共同体概念的提出为我们提供了一个全新的视角,使我们能够更好地理解城市基层治理发展过程中带来的新机遇。它既萌生于居民对公共服务精细化、均等化的内在需求,又需借助行政资源的支持和制度的供给,还需要社会组织的积极配合与参与,最终落实到物业公司的治理能力上。物业治理共同体使基层治理不再局限于传统意义上的"管"和"服",更强调"兴"和"治",实现了治理价值更高层次的优化和拓展。

简而言之,物业治理共同体通过优化治理架构、促进资源高效配置以及重塑治理规则体系,逐步构建出一个共建、共治、共享的城市治理新生态。由于笔者的理论水平与研究能力有限,本文仍存有一定的研究局限性。一方面,物业治理共同体并非只有文中提出的单一样态,城市基层治理的复杂性必然带来物业公司参与基层治理的不同类型,需要结合不同地方的经验总结物业治理共同体的特征,进而提出一个类型学的解释框架。另一方面,物业治理共同体的特质还需作进一步研究,特别是对于物业治理"准公共产品"属性和物业公司服务边界等问题,学界仍未形成清晰、统一的认识,不利于基层治理的可持续发展。期待学者在未来的研究中进一步探索以上问题,为基层治理体系的现代化建设添砖加瓦。

[本文系国家社会科学基金青年项目"社会治理重心下移背景下农村环境治理机制创新研究"(项目编号:20CZZ019)的阶段性研究成果]

社区生活圈建设水平对社会信任及居民生活幸福感的影响

——以中部六省为例

周　冲[*]

[内容摘要]　社区生活圈是居民生活的主要场所,也是推进基本公共服务均等化的基本单元。本文采用 2021 年中国综合社会调查(CGSS)的数据,运用熵值法对中部六省社区生活圈建设水平进行测度,实证分析社区生活圈建设水平对社会信任及居民生活幸福感的影响状况及其互动机理。研究发现:第一,中部六省社区生活圈建设水平的得分在中等偏上,社区生活圈软件建设水平高于社区生活圈硬件建设水平;第二,社区生活圈建设水平、社区生活圈硬件建设水平、社区生活圈软件建设水平对社会信任均有显著正向影响;第三,社区生活圈建设水平、社会信任对居民的生活幸福感有着显著促进作用。社区生活圈建设水平既能直接提升居民的生活幸福感,也能通过提升社会信任水平提高居民的生活幸福感。要提升社区居民的社会信任水平及其生活幸福感程度,应通过促进社区生活圈硬件建设与软件建设协同发展、培育社区居民共同价值认同、提升社区共建共享共治水平来实现。

[关键词]　社区生活圈建设水平;社会信任;生活幸福感;影响;中部六省

---

　　* 周冲,宿州学院管理学院副教授、宿州学院中部地区中等规模城市群治理与城乡一体化发展研究院研究员。

一、问题的提出

社区生活圈作为地理环境与居民生产生活场所的综合体,是居民日常生活的主要区域空间,在保障民生福祉、提升居民归属感、推进社区善治和实现基本公共服务均等化方面发挥着重要作用。有学者将社区生活圈视为实现公共服务可达、可得和促进公共服务设施合理配置的着力点,将其看作实现治理重心下移、治理资源下沉和治理权力下放的重要手段。[1]

2016年2月,《中共中央国务院关于进一步加强城市规划建设管理工作的若干意见》提出了"打造方便快捷生活圈"的要求。自此,社区生活圈建设在全国各地持续展开。为了引导社区生活圈规范建设和提升社区生活圈建设质量,2021年,自然资源部发布的《社区生活圈规划技术指南》将社区生活圈的服务功能划分为社区服务、就业引导、住房改善、日常出行、生态休闲、公共安全六个方面。其中,社区服务涵盖了健康管理、为老服务、终身教育、文化活动、体育健身、商业服务、行政管理和其他八个类别。由此可见,社区生活圈建设已远不止于满足居民衣食住行等基本需求,其最终目标在于满足居民的物质、文化、精神、社会交往等多元化需求。2023年7月,商务部等13个部门联合印发的《全面推进城市一刻钟便民生活圈建设三年行动计划(2023—2025)》提出"推动多类型一刻钟便民生活圈建设",并提出了"共享共治、商居和谐"等具体目标要求,为社区生活圈建设提供了更为明晰的努力方向。由此,社区生活圈建设迈入了硬件设施建设和文明素养环境提升

---

[1] 李锦峰:《公共服务供给空间布局的基层创变——以上海浦东新区"家门口"服务体系为例》,《理论与改革》2022年第2期。

兼顾的新发展阶段,社区生活圈建设也逐渐被赋予了更多的基层治理功能。尤其是在乡村地区,社区生活圈在健康防护、服务管控方面发挥着重要作用,需要重点提升乡村社区生活圈的人居环境改善作用,激发乡村社区的治理活力。① 社区生活圈的建设也为乡村就地城镇化提供了现实可能性,不仅提升了居民便利获取公共服务的机会,也为新型城镇化发展提供了可行之路,同时提升了基层治理的现代化水平。②

近年来,社区生活圈建设由城市开始延伸到乡村,很多地方出台了乡村社区生活圈建设规划,包括提出"1小时便民生活圈""30分钟便民生活圈""15分钟便民生活圈"等建设方案。城市社区生活圈和乡村社区生活圈进入齐头并进发展的新阶段,城乡生活共同体发展格局逐渐形成。以社区生活圈建设提升城乡各项服务便利度,推动高品质生活形成也成为社会发展方向。由此,社区生活圈不仅成为推进城乡基本公共服务均等化的重要载体,更成为贯彻新发展理念和彰显城乡系统治理的重要抓手,在推动共商、共建、共治的社区治理格局形成和共同体意识培育方面寄予了期望。通过社区生活圈建设推动公共服务设施优化配置、促进基层治理水平跃升和社区共同体建设,以持续提升社会信任水平、增强公众凝聚力和满足人民美好生活的需要,便成为当下社会各界广泛关注的重点议题。

二、文献回顾与研究假设

社区生活圈、社会信任和居民生活幸福感作为社会科学领域

---

① 曾鹏、王珊、朱柳慧:《精明收缩导向下的乡村社区生活圈优化路径——以河北省肃宁县为例》,《规划师》2021年第12期。

② 王雪:《基于社区生活圈的乡村公共服务供给水平分析——以山西省3个样本县为例》,《建筑与文化》2023年第7期。

的重要研究课题,学术界对此进行了富有见地的研究。本部分将在对该领域相关文献梳理的基础上,提出本文研究的主要假设。

(一)文献回顾

1. 社区生活圈研究

一是社区生活圈的建设内容与标准研究。作为与居民生活息息相关的社区生活圈,便民商业、交通、教育、医疗卫生服务等公共服务设施是核心建设内容。[1] 社区生活圈的建设标准已从满足居民基本生活需求层次向满足居民全生命周期的工作与生活需求层次转变,在注重硬件设施建设的同时,也越来越重视居民公共安全、个性化体验等软件设施的建设。有的学者提出,养老设施建设应以社区为中心,分布格局要突出安全可达,设施供给需要兼顾人口差异化需求和尺度效应。[2] 为积极应对老龄化问题,满足老年人的养老服务需求,刘奕等提出对社区生活圈的物质环境进行适老化改造,为老年人创建安全舒适的空间环境。[3] 有的学者提出,以便利性作为社区生活圈建设的基本遵循,以多层级生活圈构建方式提升生活圈便利水平。[4] 有的学者提出,社区生活圈规划需要考虑个体行为的时间特征情况,满足不同群体的差异化日常活动时空需求,通过空间营造实现行为特征和物质空间的精准匹配。[5]

---

① 肖凤玲、杜宏茹、张小雷:《"15分钟生活圈"视角下住宅小区与公共服务设施空间配置评价——以乌鲁木齐市为例》,《干旱区地理》2021年第2期。

② 忻静:《面向"15分钟社区生活圈"规划的养老设施建设测度》,《遥感信息》2019年第2期。

③ 刘奕、鹿文雅:《城市更新背景下适老化社区营造的支持体系与路径研究》,载唐亚林、陈水生主编:《城市更新与空间治理》[《复旦城市治理评论》(第11辑)],复旦大学出版社2023年版,第95—120页。

④ 沈育辉、童滋雨:《人本尺度下社区生活圈便利性评估方法研究》,《南方建筑》2022年第7期。

⑤ 塔娜、柴彦威:《理解社区生活时间:基于时空间行为的视角》,《人文地理》2023年第3期。

二是社区生活圈建设水平的评价研究。社区生活圈本质上就是要以人为中心，以提升居民生活品质为追求目标，因此，社区生活圈质量评价体系应以需求导向的原则进行构建。① 对于社区生活圈建设水平的评价，学术界主要是构建评价指标体系进行整体测度评价。马文军以满足社区居民全生命周期工作与生活需要为目标，从生活服务和健康安全两个方面建立社区生活圈体检评估指标体系，生活服务评估包括公平性、可达性和多样性三个方面，健康安全评估包括防灾防疫、健康出行、环境绿色三个方面。② 有学者依据《"十四五"公共服务规划》构建了包括 9 类公共服务的评价指标体系，基于兴趣点（point of interest，POI）数据对社区生活圈中基本公共服务设施的均等化水平进行测度分析。③ 许多学者从社区生活圈内公共服务设施的空间配置、区位选择、供给模式等具体层面进行评价分析。赵彦云等从覆盖率、达标率以及公共服务设施配置与常住人口适应程度方面对社区生活圈进行空间测度。④ 黄伟等引入耦合协调发展指数测度社区公共服务设施配置的"供-需"均衡性水平。其中，供给系统分为空间配置"量"（包括设施数量、设施规模、空间分布三个方面）和空间服务"圈"（包括服务范围、服务效能、服务盲点）两个维度，需求系统为空间需求"度"（包括空间维度匹配和社会维度匹配），以此构建"供-需"均衡性评价体系，测度社区公共服务设施配置水平。⑤

① 李敏稚、怀露：《15 分钟生活圈视角下城市公共绿地服务评价》，《南方建筑》2023 年第 6 期。
② 马文军、李亮、王奕曾等：《面向健康安全高密度城市治理的社区生活圈体检评估》，《同济大学学报》（自然科学版）2022 年第 11 期。
③ 田洁玫：《基于 POI 数据的社区生活圈基本公共服务设施均等化测度分析》，《测绘地理信息》2023 年第 1 期。
④ 赵彦云、张波、周芳：《基于 POI 的北京市"15 分钟社区生活圈"空间测度研究》，《调研世界》2018 年第 5 期。
⑤ 黄伟、黄军林：《基于耦合协调发展理论的社区级公共服务设施"供-需"均衡性评价》，《湖南师范大学自然科学学报》2022 年第 6 期。

三是社区生活圈建设水平提升策略研究。现有研究主要从优化公共服务设施的空间布局、推进供需匹配、强化生活圈内公共服务供给创新、加强数字化技术应用等方面提出政策建议。李萌从开放活力、功能复合、服务精准、步行可达、绿色休闲五个方面提出社区生活圈的构建思路。开放活力主要是指建构人性化的街区和街道;功能复合主要是提供创业创新的就业环境;服务精准是指能够提供覆盖不同群体的服务项目;步行可达是指优化设施空间布局和居民需求的匹配程度,提升目的地的可达性;绿色休闲是指构建人性化、高品质、富有活力的公共空间。① 黄明华等提出要按照普适性、均好性、经济性的原则推进以人为本的社区生活圈建设,空间上体现以人为中心,形状上为开放、共享的菱形,规模上要依据居民行为的时间、空间范围设定,设施布局上要以均质化来实现均等化。② 江曼琦等研判未来社区生活圈将呈现出居民生活需求从温饱转向交往共享和自我提升转化、人口结构老龄化加深和低龄人口增长并存、信息技术引导新生活方式变革等发展特征。因应这种变化,未来应聚焦 5 分钟社区生活圈建设,以此为社区绿色全龄友好发展打下基础;推进交通和养老服务向郊区延展,推动区域一体化发展;加大公共服务供给创新,提升社区服务供给能力;扩大市场配置资源空间,提升社区生活圈功能配置。③ 部分学者从人口结构变化的视角对社区生活圈建设进行了探讨。刘厚莲等认为人口负增长能够缓解人口规模压力,可以促进公共服务的供需平衡。在实践中要积极做好存量资源的规划和转换利用,通过引导小学、初中、高中阶段教育进行一体化办学,将闲置资源用于

---

① 李萌:《基于居民行为需求特征的"15 分钟社区生活圈"规划对策研究》,《城市规划学刊》2017 年第 1 期。

② 黄明华、张谨、易鑫等:《以人为本的社区生活圈模式探析》,《西安建筑科技大学学报》(自然科学版)2022 年第 3 期。

③ 江曼琦、田伟腾:《中国大都市 15 分钟社区生活圈功能配置特征、趋势与发展策略研究——以京津沪为例》,《河北学刊》2022 年第 2 期。

养老、健康领域等方式,建立与人口变动相适应的公共服务设施供给模式。① 为积极应对人口老龄化发展趋势,何静等在结合老年人日常生活领域的基础上,提出了"5 分钟生活圈设施""10 分钟生活圈设施""15 分钟生活圈设施""拓展生活圈设施"的 4 级体系,指出不同层级生活圈服务设施的供给重点,以保证公共服务设施空间布局满足老年人群的养老生活需要。②

2. 社会信任和居民幸福感研究

学术界认为社会信任是居民对社会上陌生人的信任水平③,杜鹏程等的研究显示,社会信任能够显著促进居民消费,推动居民消费结构升级。对社会信任促进居民消费的机制分析显示,社会安全感、社交网络和生活信念是重要的影响途径。④ 个体社会信任和政府社会信任与公共服务满意度存在显著的正相关关系。⑤ 居民的生活幸福感作为居民对生活水平的主观感受,学术界多采用等级量表评价方式进行测度。⑥ 现有研究表明,教育和媒介信息的获取频率对个体幸福感有正向影响,受教育年限和新媒介信息的获取频率对生活幸福感的影响较为稳定,传统媒介信息的获取频率对生活幸福感的影响呈弱化态势。⑦ 学者的研究显示,保障型公共服务和发展型公共服务对居民的生活满意度均具有显著

① 刘厚莲、张刚:《我国人口负增长态势:机遇、挑战与应对》,《行政管理改革》2023 年第 2 期。
② 何静、周典、刘天野等:《老龄化社会西安城市公共服务设施环境质量评价方法研究》,《建筑学报》2022 年第 S2 期。
③ 王伟同、周佳音:《互联网与社会信任:微观证据与影响机制》,《财贸经济》2019 年第 10 期。
④ 杜鹏程、刘艺铭:《社会信任对居民消费的影响及其机制研究》,《经济与管理研究》2023 年第 1 期。
⑤ 保海旭:《信任对公共服务满意度的影响及其区域差异化研究——基于 CGSS2015 年中国 28 个省份的截面数据》,《管理评论》2021 年第 7 期。
⑥ 赵岩:《阶层认知对东北地区居民生活幸福感的影响》,《哈尔滨工业大学学报》(社会科学版)2018 年第 6 期。
⑦ 张伟:《信息存量对个体生活幸福感的影响机制——基于 CGSS 混合截面数据的实证分析》,《哈尔滨工业大学学报》(社会科学版)2019 年第 4 期。

促进作用,公共服务通过增加居民获得感达到提高居民生活满意度的目标。① 中老年人的互联网使用程度、家庭情况和身体状况对生活幸福感均有影响,家庭情况会通过影响互联网使用程度对身体状况产生积极影响,进而提升生活幸福感。②

3. 社区生活圈建设与居民生活幸福感的关系研究

李杨等将社区商业生态配置细分为基础型和品质提升型,认为两种类型的商业生态配置都能提升民生获得感,品质提升型商业生态配置在老年人社区中的影响更为明显。③ 许玉婷等的研究认为,社区居住条件、绿化配置能够显著提升老年居民的幸福感。④ 刘晓菲等对深圳市混合居住区的研究发现,社会环境对主观幸福感有直接影响,人才房住户的主观幸福感受社会环境影响的程度更大。⑤梁土坤的研究发现,社区智慧服务既能够直接提升居民的幸福感,也能通过提升生活便利度间接提升居民的幸福感。⑥

综上,虽然学术界对社区生活圈、社会信任、居民生活幸福感三个领域的研究较为丰富,但未能就社区生活圈建设水平对社会信任和居民生活幸福感的影响进行深入探究。此外,现有对社区生活圈建设水平的研究也多为构建评价指标体系进行整体测度,未能对社区生活圈建设状况进行细化研究。社区生活圈作为民生公共服务供给的重要载体,增进民生福祉、提升居民获得感和满足

① 李莹:《民生公共服务、居民获得感与生活满意度关系研究——基于天津市城乡居民调查数据的分析》,《价格理论与实践》2022 年第 5 期。
② 丁雨桥、温勇:《互联网的使用对中老年人生活幸福感的影响》,《心理学探新》2022 年第 1 期。
③ 李杨、梁宇萱、王勇:《社区商业生态配置对民生获得感和幸福感的双路径作用机制研究》,《管理学报》2022 年第 12 期。
④ 许玉婷、吴文恒、李研等:《西安市企业社区老年居民幸福感的建成环境影响》,《热带地理》2022 年第 12 期。
⑤ 刘晓菲、王振波、宋静等:《住区环境对居民主观幸福感的影响机制研究——以深圳混合居住区为例》,《地理科学进展》2022 年第 11 期。
⑥ 梁土坤:《社区智慧服务对居民幸福感的影响机制——基于"2022 年居民民生保障需求调查"的分析》,《城市问题》2022 年第 10 期。

感是其重要的建设目标。探究社区生活圈建设水平对社会信任和居民生活幸福感的影响状况,对于挖掘社区生活圈的内在价值和推动其良性发展,以及重构社会信任体系、增强公众凝聚力和促进经济社会良性发展具有重要作用。

基于此,本文在前述研究的基础上,以中部六省为研究范围,展示社区生活圈建设的现状,解析社区生活圈建设水平对社会信任和居民生活幸福感的影响特征及其互动机理,为提升社区生活圈建设水平、增进社区生活圈作用认知提供科学参考,为促进社会信任水平提升和增强居民的生活幸福感提供决策依据和政策建议。

(二)研究假设

社区生活圈作为实体性的"圈层",以满足居民全生命周期的生活与工作等各类需求为目标,将教育、文化体育、医疗、养老、商业、交通、社区服务等各类业态设施聚合在一起,为居民文化体育活动、生活购物和互动交流等提供了空间场所,成为提升生活品质、共享美好生活的载体和优化公共资源配置、提升基层治理效能的基本单元。① 为了实现社区生活圈的多元化目标,既要注重文体设施、商业设施、医疗设施、教育设施等硬件设施的建设,以提升居民工作生活的便利性与舒适度,也需要加强软件设施建设,健全治理机制,提升社区生活圈的共建共治共享水平。参照李新娥等构建的"幸福家园"社区评价指标体系②,并借鉴韩振等对人居环境的细分研究论述③,本部分将社区生活圈建设水平细分为社区生活圈硬件建设水平、社区生活圈软件建设水平两个层面,分别表

① 厉奇宇、刘曼、吴一洲:《基于多维评估的社区生活圈功能配置优化路径——以宁波市鄞州区为例》,《规划师》2024 年第 3 期。

② 李新娥、杨积堂:《"幸福家园"社区建设的内涵与评价指标体系研究》,《北京联合大学学报》(人文社会科学版)2019 年第 1 期。

③ 韩振、罗尔呷、刘合光:《农村人居环境质量满意度及其影响因素研究——基于183 村 1 362 份农户调查数据的分析》,《生态经济》2024 年第 3 期。

示硬件设施和软件设施的建设水平。

社区生活圈各类设施的集聚,为居民、政府相关机构、社区组织、企业及各类商业组织的互动搭建了平台,增进了不同主体之间的交往频次,提升了居民生产和生活的便利性,也更便于社区党组织推动多元主体的资源共享和合作共建①,这对于提升社会信任和居民生活幸福感有积极效果。实践中,各地都将社区生活圈视为实现公共资源合理配置和推进社会治理创新的基本单元,将"共建共治共享"作为推进社区生活圈建设的主要目标。通过将社区生活圈建设和党建引领基层治理的有机结合,为社区居民、企业和各类商业组织参与基层治理提供了渠道,数智技术的嵌入也为细分社区不同群体需求和提供个性化服务提供了技术支持②,促进了不同主体间的互动协商水平,提升居民体验水平,为社区优化治理体系、提升服务效能提供了明确方向,有效地推动协同治理格局的形成,增强了社区的凝聚力和向心力,进而提升了居民的社会信任水平和生活幸福感。相对于社区生活圈硬件设施建设为居民提供互动平台不同,软件设施建设直接促成社区居民及其他不同主体间的互动交流与协商共治,因此,社区生活圈软件建设水平对社会信任和居民生活幸福感的促进作用更强。通过以上论述,本文提出以下假设:

H1:社区生活圈建设水平可以显著提升社会信任水平和居民的生活幸福感。

H2:社区生活圈软件建设水平比社区生活圈硬件建设水平对社会信任和居民生活幸福感的提升效果更为明显。

---

① 李梦琰:《党建引领超大城市基层社区治理的模式、功能与路径研究》,载唐亚林、陈水生主编:《未来城市与数智治理》[《复旦城市治理评论》(第12辑)],复旦大学出版社2024年版,第256—292页。

② 滕明兰、庞娟:《数智驱动城市社区空间精细化治理的变革逻辑与实现机制》,载唐亚林、陈水生主编:《未来城市与数智治理》[《复旦城市治理评论》(第12辑)],复旦大学出版社2024年版,第93—124页。

居民的生活幸福感作为一种主观感受,既受个体知识文化水平和健康状况等的影响,也受周围人群的互动关系和自我价值实现程度的影响。社区生活圈为增进社区居民及其他不同主体的共建共治共享提供了便利条件,增进了社区居民间的社会交往、降低了运行成本、促进了居民心理健康和重塑了社会秩序①,直接提升了社会信任水平,并通过社会信任水平提升增强居民的社会价值认同和更高水平的自我价值实现,因而会更进一步地增强居民生活幸福感。通过以上分析,本文提出以下假设:

H3:社区生活圈可以通过提升社会信任水平提高居民的生活幸福感。

三、研究设计

本研究选择中部六省作为研究对象,是因为中部六省同处中国内陆腹地,地理位置相近,经济发展阶段相似,近年来在若干重大战略叠加的覆盖下,中部地区的综合实力、产业层次、基础设施、民生福祉等均呈现积极向好的发展态势,区域协同发展的格局逐渐形成。与此同时,中部六省也面临着经济发展动能不足、区域协调发展不均衡等难题,需要进一步加快新型城镇化发展的进程,提升居民的获得感、幸福感和安全感,增强社会凝聚力,拓展新的经济增长点,实现高质量发展。实践中,中部六省也都将社区生活圈作为重要的载体推动上述发展目标的实现。因此,本研究将研究对象定位于中部六省。本部分内容主要是对数据来源、变量选择和社区生活圈建设水平测算方法进行说明,为实证分析研究提供基础。

---

① 张文宏、于宜民:《社会网络、社会地位、社会信任对居民心理健康的影响》,《福建师范大学学报》(哲学社会科学版)2020 年第 2 期。

(一) 数据来源

本文采用的数据来源于 2021 年中国综合社会调查(Chinese General Social Survey, CGSS)。CGSS 作为全国性、综合性、连续性的社会调查项目,系统、全面地收集了社会、社区、家庭、个人多个层次的数据。根据研究需要,本文选取了中部六省的相关数据。在总计 2 726 个样本数据中,有 913 个样本包含社区生活圈建设状况的数据,有 902 个样本包含社会信任的数据,有 910 个样本包含居民生活幸福感的数据。在实证分析中,因各解释变量的数据并非同时存在,故而数据样本量存在些许不同。

(二) 变量选择

1. 被解释变量

基于前述分析,本研究中的被解释变量包括社会信任和居民生活幸福感两个指标。

对于社会信任的评价数据,采用 CGSS2021 中"总的来说,您同不同意在这个社会上,绝大多数人都是可以信任的?"首先,去掉"不知道"和"拒绝回答"两个选项,该问题还设置了"非常不同意""比较不同意""说不上同意不同意""比较同意""非常同意"五个选项。在本文中将上述选项分别采用"信任水平非常低""信任水平比较低""信任水平一般""信任水平比较高""信任水平非常高"表示,采用 1—5 的整数赋值。该问题的有效样本量为 902 个。

对于居民生活幸福感的评价数据,采用 CGSS2021 中"总的来说,您觉得您的生活是否幸福"的同意程度来测度。首先,去掉"不知道"和"拒绝回答"两个选项,该问题还设置了"非常不幸福""比较不幸福""说不上幸福不幸福""比较幸福""非常幸福"五个选项,分别采用 1—5 的整数赋值。鉴于"非常不幸福""比较不幸福"等级的样本量很少,在实证分析中,对数据等级进行了处理。将"非常不幸福""比较不幸福""说不上幸福不幸福"三个等级归为"居民生活幸福感低"等级,将"比较幸福"等级归为"居民生活幸福感中"等级,将"非常幸福"等级归为"居民生活幸福感高"等级。处理后的等级采用1—3的整数赋值。该问题的有效样本量为910个。

2. 解释变量

在本文分析中,涉及的解释变量包括社区生活圈建设水平、性别、年龄、受教育程度、健康状况、互联网(包括手机上网)使用情况、手机定制消息使用情况、家庭经济状况水平8个解释变量。其中,社区生活圈建设水平的数据是依据相关问题测算而获得,其他解释变量的数据均依据相应的问题直接整理而获得。在社区生活圈建设水平对社会信任的影响分析中,社区生活圈建设水平为核心解释变量;在对居民生活幸福感的影响分析中,社区生活圈建设水平、社会信任为核心解释变量。

关于社区生活圈建设水平的测度对应的问题,是"在您家周围一公里(步行约15分钟)范围内,您在多大程度上同意下面的说法",该问题包括6个子问题,分别是关于"适合进行体育锻炼""有新鲜蔬菜和水果可供选择""公共设施供给(公园、图书馆、社区中心等)""居住环境安全性""邻里之间能够互相关心""个人有需要时邻居提供帮助"的评价信息,对每个子问题的评价从"完全不同意""不同意""既不同意也不反对""同意""完全同意"五个选项中进行选取,分别以1—5的整数进行赋值。

在6个子问题中,对"适合进行体育锻炼""有新鲜蔬菜和水果可供选择""公共设施供给(公园、图书馆、社区中心等)"3个问题的评价,可以看为对"体育锻炼设施供给状况""生活设施供给状况""公共设施供给状况"的看法,在此归结为测度社区生活圈硬件建设水平的评价指标;对"居住环境安全性""邻里之间能够互相关心""个人有需要时邻居提供帮助"3个问题的评价,可以看为对"居住安全""居民关系""邻里互助"的评价,可以归结为从共商、共建、共治层面加强社区治理共同体意识培育的评价,在此归结为测度社区生活圈软件建设水平的评价指标。参考韩增林等[1]和唐钰婷等[2]的研究成果,采用熵值法测算社区生活圈建设水平以及社区生活圈硬件建设水平与社区生活圈软件建设水平。

上述变量的含义、赋值及描述性统计见表1。

表1 变量含义、赋值与描述性统计

变量类别	变量名称	变量赋值及说明	均值	标准差
被解释变量	社会信任水平	非常低 = 1;比较低 = 2;一般 = 3;比较高 = 4;非常高 = 5	3.595	1.009
	居民的生活幸福感	居民的生活幸福感低 = 1;居民的生活幸福感中 = 2;居民的生活幸福感高 = 3	2.024	0.656
解释变量	社区生活圈建设水平	采用熵值法计算得分	0.744	0.121
	性别	男性 = 1;女性 = 0	0.418	0.494
	年龄	受访者年龄(岁)	52.639	18.248
	受教育程度	小学及以下 = 1;初中 = 2;高中、中专与技校 = 3;专科 = 4;本科 = 5;研究生及以上 = 6	2.278	1.303
	健康状况	很不健康 = 1;比较不健康 = 2;一般 = 3;比较健康 = 4;很健康 = 5	3.503	1.101
	互联网使用情况	从不 = 1;很少 = 2;有时 = 3;经常 = 4;非常频繁 = 5	3.271	1.705

---

① 韩增林、李源、刘天宝等:《社区生活圈公共服务设施配置的空间分异分析——以大连市沙河口区为例》,《地理科学进展》2019年第11期。

② 唐钰婷、杜宏茹:《社区生活圈划分及建设水平综合测度方法——以乌鲁木齐市为例》,《干旱区地理》2024年第2期刊。

（续表）

变量类别	变量名称	变量赋值及说明	均值	标准差
解释 变量	手机定制消息使用情况	从不 = 1;很少 = 2;有时 = 3;经常 = 4;非常频繁 = 5	1.76	1.216
	家庭经济状况	远低于平均水平 = 1;低于平均水平 = 2;平均水平 = 3;高于平均水平 = 4;远高于平均水平 = 5	2.619	0.747

（三）计量模型构建与多重共线性检验

1. 计量模型构建

在前述变量选择中已经指出,社会信任水平和居民的生活幸福感分别分为五个等级和三个等级,分别采用 1—5 和 1—3 的整数赋值。作为有序分类变量,本研究采用有序 Logistic 模型分析社会信任和居民的生活幸福感的影响因素。使用多元有序 Logistic 模型需要先通过平行线检验,采用 Stata15.1 的分析结果显示,模型平行线检验的显著性水平大于 0.05,符合有序 Logistic 模型回归分析的要求。

2. 多重共线性检验

为避免各自变量间因存在多重共线性问题影响到分析结果,在实证分析之前首先对各解释变量间的多重共线性进行检验。运用 Stata15.1 分析显示,VIF 值在 1.03—2.32,说明各解释变量之间的共线性程度处于合理范围内,能够满足分析要求。

四、中部六省社区生活圈建设水平测度分析

前文将社区生活圈建设水平细分为社区生活圈硬件建设水平

和社区生活圈软件建设水平,并提出了具体的评价指标和测度方法。本部分依据测度结果,对中部六省社区生活圈建设水平进行分析,并实证分析社区生活圈建设水平对社会信任和居民生活幸福感的影响,回应前文提出的研究假设。

(一)社区生活圈建设总体水平分析

采用熵值法对社区生活圈建设水平以及社区生活圈硬件建设水平、社区生活圈软件建设水平的测度结果显示,中部六省社区生活圈建设水平的得分均值为 0.744,社区生活圈软件建设水平的得分为 0.388,社区生活圈硬件建设水平的得分为 0.356,社区生活圈软件建设水平高于社区生活圈硬件建设水平。

依据样本数据来源区域,此处分别对城市样本和农村样本进行分析,统计结果(表 2)显示,在社区生活圈建设水平、社区生活圈硬件建设水平方面,城市样本的得分均高于农村样本的得分;在社区生活圈软件建设水平方面,城市样本的得分低于农村样本的得分。由此可见,在社区生活圈建设水平和硬件建设水平方面,城市社区均高于农村社区;在社区生活圈软件建设水平方面,农村社区高于城市社区。这也从一定程度上反映了农村相对落后的经济发展水平和熟人社会特性。

表 2　中部六省社区生活圈建设水平分类统计结果

城市样本	得分均值	农村样本	得分均值
社区生活圈建设水平	0.749	社区生活圈建设水平	0.738
社区生活圈硬件建设水平	0.372	社区生活圈硬件建设水平	0.338
社区生活圈软件建设水平	0.377	社区生活圈软件建设水平	0.400

（二）社区生活圈建设水平分省分析

中部六省社区生活圈建设水平的分省统计结果(表3)显示,社区生活圈建设水平的得分最高者为安徽省(得分均值为0.768),社区生活圈建设水平的得分最低者为江西省(得分均值为0.722);社区生活圈硬件建设水平的得分最高者为安徽省(得分均值为0.367),社区生活圈硬件建设水平的得分最低者为湖南省和江西省(得分均值都为0.349);社区生活圈软件建设水平的得分最高者为安徽省和河南省(得分均值都为0.401),社区生活圈软件建设水平的得分最低者为山西省(得分均值为0.365)。由此可见,在中部六省中,安徽省社区生活圈建设水平无论是在整体水平上还是在硬件和软件两个子维度的建设水平上均位居第一,处于引领发展的层次上。从得分差值看,社区生活圈硬件建设水平的最高分与最低分的差值为0.018,社区生活圈软件建设水平的最高分与最低分的差值为0.036。这说明,中部六省社区生活圈建设差距较大的方面在于软件建设,提升软件建设水平是缩小社区生活圈差距的重要发力点。

表3　中部六省社区生活圈建设水平分省统计结果

排序	省份	综合得分	排序	省份	硬件建设水平的得分	排序	省份	软件建设水平的得分
1	安徽省	0.768	1	安徽省	0.367	1	安徽省	0.401
2	河南省	0.758	2	山西省	0.363	1	河南省	0.401
3	湖北省	0.742	3	河南省	0.356	3	湖南省	0.393
3	湖南省	0.742	3	湖北省	0.356	4	湖北省	0.386
5	山西省	0.728	5	江西省	0.349	5	江西省	0.373
6	江西省	0.722	5	湖南省	0.349	6	山西省	0.365

（三）安徽省社区生活圈建设的创新实践分析

由测度结果可知,安徽省社区生活圈建设水平在中部六省位居首位,这与安徽省近年来持续推进基层治理实践创新,勇于探索社区生活圈建设新模式密切相关。总结安徽省社区生活圈建设的经验,可以为实现中部地区其他省份乃至全国社区生活圈建设水平跃升提供很好的借鉴意义。

在 2022 年出台的《安徽省稳外贸稳外资促消费行动方案》中,首次提出了"实施城市一刻钟便民生活圈建设试点三年行动"。在该方案中提出按照"布局合理、业态齐全、功能完善、规范有序、服务优质、商居和谐"的要求开展便民生活圈示范建设试点工作。同年出台的《安徽省推进城市一刻钟便民生活圈建设试点三年行动实施方案》提出,"将便民生活圈打造为服务保障民生、推动便利消费及扩大就业的重要载体"。由此可见,安徽省社区生活圈从建设之初就将就业、养老、教育、文化体育、商业等服务要素融入其中,彰显"惠民生、促消费"的多样化功能。梳理安徽省社区生活圈的创新实践,可将其特征归纳为三个方面,如图 1 所示。

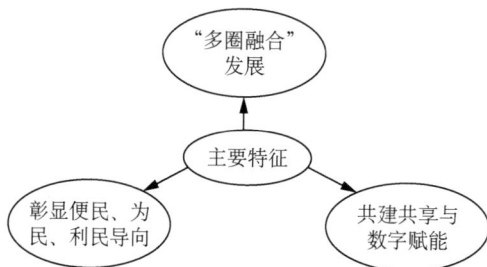

图1　安徽省社区生活圈建设的特征

一是彰显便民、为民、利民导向。安徽省在社区生活圈建设中重视满足居民日常生活基本消费和品质消费的需求。在社区生活圈建设中,合肥市培育了邻几、生鲜传奇等品牌连锁便利店

1 300余家,发展了老乡鸡、卡旺卡等本土知名餐饮连锁企业50余家、连锁门店1 000余家,注重依托社区为不同群体提供个性化的服务,将15分钟的社区生活圈打造成为居民便利消费的新场景。①滁州市来安县在旧城改造项目中,注重挖掘老旧小区周边的存量资源,完善老城区的配套设施,改造和增设公共卫生设施、综合超市、便利店、便民市场、托育点、幼儿园、老年食堂,提升老旧小区居民健康服务、公共休闲服务、出行和停车服务,形成了集医、食、行、文、娱于一体的"5分钟居家服务圈",提升了居民生活的便捷水平。

二是"多圈融合"发展。安徽省萧县新廷社区在生活圈建设中,将解决农村劳动力就业工作纳入社区生活圈建设项目,通过将"三公里"就业圈融入社区生活圈建设,促进了社区居民的就近就业,实现了"就业圈"和"生活圈"的融合。安徽省蒙城县通过实施"5分钟便利店 + 10分钟农贸市场 + 15分钟超市"的"便民生活圈"和"15分钟健身圈""15分钟阅读圈"的"三圈融合建设"。"多圈融合"发展丰富了社区生活圈的服务内容和多元功能,有效地实现了社区生活圈建设的提质增效。

三是共建共享与数字赋能。为优化社区生活圈资源配置和促进不同业态功能的有效发挥,滁州市建立了市、区、街道、社区的四级联动体系,在社区生活圈建设上调动政府、社会组织、居民等不同主体进行共建共享。蚌山区在社区生活圈建设中通过梳理居民需求和社会组织资源"两张清单"促进协同共治落地,满足群众多层次需求。合肥市包河区以"大共治一体化"信息平台为抓手,将云计算、大数据等数字技术与社区治理相结合,推进智慧社区建设。合肥市在推进社区生活圈建设中,建立了"合肥家服""智慧停车""智慧食堂"等多个平台,打通线上线下生活场景,打造居民便利消费新场景。

---

① 李明杰、阮孟玥:《一刻钟"圈"出便捷生活》,《安徽日报》2023年5月5日第9版。

通过对安徽省社区生活圈创新实践的归纳可以看出,安徽省在社区生活圈建设中既重视对现有社区资源的整合,也注重培育新的业态以满足不同社区居民的个性化需求;既重视不同业态的融合发展,也重视数字技术赋能作用的发挥。在社区生活圈建设中走出了一条硬件设施与软件设施建设并重、不同业态布局优化和不同主体功能集成的创新发展之路。这些创新实践为高质量推动安徽省社区生活圈建设提供了坚实支撑,也为其他地区的社区生活圈建设工作提供了很好的参考借鉴。

五、社区生活圈建设水平对社会信任的影响分析

本部分将实证分析社区生活圈建设水平对社会信任的影响,同时也对社区生活圈硬件建设水平和社区生活圈软件建设水平对社会信任的影响进行探究,回应前文提出的研究假设,为通过社区生活圈建设提升社会信任水平提供科学依据。

(一)总体回归分析

采用有序 Logistic 模型的回归分析结果见表4。模型1—模型3是单独分析社区生活圈建设水平、社区生活圈硬件建设水平、社区生活圈软件建设水平对社会信任影响状况的回归结果;模型4—模型6是分别加入其他解释变量分析的回归结果。

由模型1—模型3可得,社区生活圈建设水平、社区生活圈硬件建设水平、社区生活圈软件建设水平均在1%的水平上对社会信任产生正向影响,其中,社区生活圈软件建设水平对社会信任的影响程度远高于社区生活圈硬件建设水平。模型4—模型6的回归分析结果显示,在加入其他解释变量的情况下依然支持上述结论。以上结果证实了本文提出的假设1中的社区生活圈建设水平

表 4 中部六省社区生活圈建设水平对社会信任的影响分析

解释变量	模型 1	模型 2	模型 3	模型 4	模型 5	模型 6
社区生活圈建设水平	3.595*** (0.551)	—	—	3.426*** (0.575)	—	—
社区生活圈硬件建设水平	—	2.834*** (0.762)	—	—	2.551*** (0.794)	—
社区生活圈软件建设水平	—	—	6.930*** (0.982)	—	—	6.747*** (1.019)
性别	—	—	—	0.042 (0.133)	0.022 (0.133)	0.037 (0.133)
年龄	—	—	—	0.015*** (0.005)	0.018*** (0.005)	0.016*** (0.005)
受教育程度	—	—	—	0.081 (0.067)	0.076 (0.067)	0.121* (0.067)
健康状况	—	—	—	0.080 (0.068)	0.107 (0.068)	0.080 (0.069)
互联网使用情况	—	—	—	-0.135** (0.053)	-0.133** (0.053)	-0.132** (0.053)

（续表）

解释变量	模型 1	模型 2	模型 3	模型 4	模型 5	模型 6
手机定制消息使用情况	—	—	—	0.069 (0.057)	0.087 (0.057)	0.083 (0.057)
家庭经济状况	—	—	—	0.168* (0.095)	0.179* (0.095)	0.190** (0.095)
Prob>chi2	0.000	0.000	0.000	0.000	0.000	0.000
Log likelihood	-1 124.810	-1 139.547	-1 121.404	-1 064.571	-1 077.444	-1 060.542
Pseudo R^2	0.019	0.006	0.022	0.037	0.025	0.041
样本量	902	902	902	880	880	880

注：***、**、* 分别表示在 1%、5%、10%的水平上显著；括号内的数值为标准误。

可以显著提升社会信任水平和假设 2 中的社区生活圈软件建设水平比社区生活圈硬件建设水平对社会信任的提升效果更为明显。模型 4—模型 6 的回归结果同时显示,年龄、家庭经济状况对社会信任均有显著促进作用。随着年龄的增长,人们对周围的人或事的评价更加趋于理性,会更为客观地理解人们的不同态度和行为方式,与人交往中也呈现出更多的理解和包容,从而有助于对社会信任水平给出更高的评价。家庭经济状况越好,其家庭成员的社会交往范围一般也更为广泛,与不同人群打交道的机会也会更多,会促使人们能够更好地把握人际交往的尺度,对社会信任的包容程度也更高,从而对社会信任水平给予较高的评价。回归分析结果显示,互联网使用情况对社会信任有显著的抑制效果。可能的原因是随着人们对互联网依赖性的逐渐增强,居民使用互联网进行工作、学习、交往成为常态现象。互联网使用程度越高,人们了解不同群体的生活情境和知晓不同应用场景以及网络不良信息的机会也越多,在增进社会了解的同时也会促使人们产生戒备心理,从而对社会信任产生负面影响。

(二)各子维度的影响分析

前文指出,社区生活圈硬件建设水平从"体育锻炼设施供给状况""生活设施供给状况""公共设施供给状况"3 个子维度进行评价,社区生活圈软件建设水平从"居住安全""居民关系""邻里互助"3 个子维度进行评价。在此,以上述 6 个子维度为核心解释变量分析其对社会信任的影响情况,回归结果见表 5。模型 7—模型 12 分别是以"体育锻炼设施供给状况""生活设施供给状况""公共设施供给状况""居住安全""居民关系""邻里互助"为核心解释变量的回归结果。从表 5 可以看出,"体育锻炼设施供给状况"在 5%水平上对社会信任提升发挥积极作用,"公共设施供给状况"在10%水平上对社会信任提升发挥积极作用,其他 4 个子维度均在

表 5 中部六省社区生活圈具体子项目建设水平对社会信任的影响分析

解释变量	模型 7	模型 8	模型 9	模型 10	模型 11	模型 12
子维度	0.148** (0.067)	0.297*** (0.084)	0.090* (0.054)	0.325*** (0.101)	0.579*** (0.085)	0.520*** (0.090)
性别	0.011 (0.133)	0.009 (0.133)	0.019 (0.133)	−0.006 (0.133)	0.028 (0.134)	0.074 (0.134)
年龄	0.019*** (0.005)	0.019*** (0.005)	0.019*** (0.005)	0.018*** (0.005)	0.016*** (0.005)	0.017*** (0.005)
受教育程度	0.092 (0.067)	0.093 (0.067)	0.083 (0.067)	0.100 (0.067)	0.138** (0.067)	0.105 (0.067)
健康状况	0.108 (0.068)	0.121* (0.068)	0.119* (0.068)	0.114* (0.068)	0.079 (0.069)	0.090 (0.069)
互联网使用情况	−0.134** (0.053)	−0.132** (0.053)	−0.131** (0.053)	−0.133** (0.053)	−0.134** (0.053)	−0.127** (0.053)
手机定制消息使用情况	0.097* (0.057)	0.104* (0.056)	0.097* (0.057)	0.101* (0.057)	0.088 (0.057)	0.085 (0.057)
家庭经济状况	0.195** (0.094)	0.193** (0.094)	0.187** (0.095)	0.190** (0.095)	0.195** (0.095)	0.196** (0.095)

（续表）

解释变量	模型 7	模型 8	模型 9	模型 10	模型 11	模型 12
Prob＞chi2	0.000	0.000	0.000	0.000	0.000	0.000
Log likelihood	−1 080.170 1	−1 076.386 5	−1 081.201 6	−1 077.388 4	−1 059.104 7	−1 065.789 1
Pseudo R²	0.023	0.026	0.022	0.025	0.042	0.036
样本量	880	880	880	880	880	880

注：***、**、* 分别表示在 1%、5%、10% 的水平上显著；括号内的数值为标准误。

1%水平上对社会信任呈现正向促进作用。其中,"居民关系"的促进效果最高,"公共设施供给状况"的促进效果最低。在对社会信任促进效果方面,社区生活圈软件建设水平3个子维度的作用均高于社区生活圈硬件建设水平3个子维度的作用。

(三)分类回归分析

对城市样本和农村样本的分类分析如表6所示。城市样本的回归分析结果显示,社区生活圈建设水平、社区生活圈硬件建设水平、社区生活圈软件建设水平均在1%水平上通过显著性检验,对提升社会信任水平有正向促进作用。农村样本的回归分析结果显示,社区生活圈建设水平、社区生活圈软件建设水平都在1%水平上通过显著性检验,促进社会信任水平提升;社区生活圈硬件建设水平在5%水平上通过显著性检验,对社会信任水平发挥促进作用。分类回归分析结果均显示,社区生活圈软件建设水平相较于社区生活圈硬件建设水平对社会信任的促进作用更大。该研究结果同样支持前述研究假设。由此可以得出,提升社区生活圈软件建设水平对促进社会信任水平跃升发挥着更为重要的作用。

六、社区生活圈建设水平对居民生活幸福感的影响分析

在分析社区生活圈建设水平对居民生活幸福感的影响中,考虑到社会信任对生活幸福感的影响,本部分也将社会信任变量纳入进来。在对社区生活圈建设水平对居民生活幸福感的影响分析的基础上,进一步分析社区生活圈建设水平和社会信任对居民生活幸福感的影响情况。

表6 中部六省社区生活圈建设水平对社会信任影响的分类分析

解释变量	城市样本			农村样本		
	模型 13	模型 14	模型 15	模型 16	模型 17	模型 18
社区生活圈建设水平	3.428*** (0.808)	—	—	3.754*** (0.841)	—	—
社区生活圈硬件建设水平	—	3.327*** (1.207)	—	—	2.455** (1.102)	—
社区生活圈软件建设水平	—	—	5.967*** (1.397)	—	—	8.397*** (1.591)
其他变量	已控制	已控制	已控制	已控制	已控制	已控制
Prob>chi2	0.000	0.004	0.000	0.000	0.000	0.000
Log likelihood	−532.760	−538.051	−532.762	−522.475	−530.193	−518.293
Pseudo R^2	0.030	0.021	0.030	0.049	0.035	0.057
样本量	463	463	463	417	417	417

注：***、**、* 分别表示在 1%、5%、10% 的水平上显著；括号内的数值为标准误。

（一）总体回归分析

以社区生活圈建设水平和社会信任为核心解释变量分析其对居民生活幸福感影响状况的回归估计结果见表7。模型19—模型22分别为以社区生活圈建设水平、社区生活圈硬件建设水平、社区生活圈软件建设水平、社会信任水平为核心解释变量的回归结果；模型23—模型25是分别将社区生活圈建设水平、社区生活圈硬件建设水平、社区生活圈软件建设水平与社会信任水平同时作为核心解释变量的回归分析结果。

由模型19—模型25的回归分析结果可得，无论是单独以社区生活圈建设水平、社区生活圈硬件建设水平、社区生活圈软件建设水平、社会信任水平作为核心解释变量进行回归分析，还是将社区生活圈建设水平、社区生活圈硬件建设水平、社区生活圈软件建设水平分别与社会信任水平并行分析，均显示社区生活圈建设水平、社区生活圈硬件建设水平、社区生活圈软件建设水平、社会信任水平对居民生活幸福感有显著促进作用。以上结果证实了本文提出的假设1中的社区生活圈建设水平可以显著提升居民生活幸福感和假设2中的社区生活圈软件建设水平比社区生活圈硬件建设水平对居民生活幸福感的提升效果更为明显。同时，以上结果也证实了本文提出的假设3成立。

在模型19—模型25中，年龄、健康状况、家庭经济状况水平均在1%的水平上通过显著性检验，对居民生活幸福感有积极作用。随着年龄的增长，人们的社会阅历更为丰富，对物质生活和精神追求的期望更为理性和质朴，更懂得知足常乐，对生活幸福感的评价标准也更为宽容。健康状况直接影响一个人的精力、情绪和行动力，良好的健康状况能够促使人们更为积极主动地进行社会交往，扩大朋友圈的范围，获得更高的情绪价值，从而提升生活幸福感。家庭经济状况越好，会为个体提供更好的物质条件和更广的发展

表 7 中部六省居民生活幸福感影响因素分析

解释变量	模型 19	模型 20	模型 21	模型 22	模型 23	模型 24	模型 25
社区生活圈建设水平	1.997*** (0.569)	—	—	—	1.416** (0.586)	—	—
社区生活圈硬件建设水平	—	2.174*** (0.803)	—	—	—	1.735** (0.821)	—
社区生活圈软件建设水平	—	—	2.981*** (1.028)	—	—	—	1.769* (1.064)
社会信任水平	—	—	—	0.546*** (0.074)	0.517*** (0.075)	0.533*** (0.074)	0.524*** (0.075)
性别	-0.029 (0.137)	-0.036 (0.137)	-0.034 (0.137)	-0.045 (0.139)	-0.033 (0.139)	-0.037 (0.139)	-0.039 (0.139)
年龄	0.026*** (0.006)	0.027*** (0.006)	0.026*** (0.006)	0.025*** (0.006)	0.024*** (0.006)	0.024*** (0.006)	0.024*** (0.006)
受教育程度	0.049 (0.068)	0.044 (0.068)	0.066 (0.068)	0.039 (0.069)	0.032 (0.069)	0.026 (0.069)	0.044 (0.069)
健康状况	0.513*** (0.071)	0.524*** (0.071)	0.518*** (0.071)	0.532*** (0.073)	0.519*** (0.073)	0.526*** (0.073)	0.522*** (0.073)

（续表）

解释变量	模型 19	模型 20	模型 21	模型 22	模型 23	模型 24	模型 25
互联网使用情况	-0.013 (0.054)	-0.013 (0.054)	-0.012 (0.054)	0.023 (0.055)	0.021 (0.055)	0.022 (0.055)	0.021 (0.055)
手机定制消息使用情况	0.019 (0.058)	0.027 (0.058)	0.031 (0.058)	0.032 (0.059)	0.015 (0.059)	0.018 (0.059)	0.025 (0.059)
家庭经济状况水平	0.402*** (0.097)	0.402*** (0.097)	0.414*** (0.097)	0.352*** (0.098)	0.347*** (0.098)	0.344*** (0.098)	0.355*** (0.098)
Prob>chi2	0.000	0.000	0.000	0.000	0.000	0.000	0.000
Log likelihood	-805.041	-807.580	-807.024	-775.370	-772.429	-773.128	-773.982
Pseudo R²	0.074	0.071	0.071	0.099	0.102	0.101	0.100
样本量	888	888	888	879	879	879	879

注：***、**、*分别表示在1%、5%、10%的水平上显著；括号内的数值为标准误。

空间,进而提升个体的生活幸福感水平。该分析结果一方面说明促进居民健康水平提升和实现收入增长对提升幸福感具有重要作用,另一方面也说明年轻人相对于年长者的幸福感更低,应该对年轻人群体的工作生活状态予以关注,并将提升年轻人群体的幸福感作为重要工作来抓。

(二)分类回归分析

城市样本和农村样本居民生活幸福感的分类分析如表8所示。在对城市样本的分析中,分别以社区生活圈建设水平和社会信任水平为核心解释变量的回归结果,二者均对居民生活幸福感有着显著促进作用;同时,在以社区生活圈建设水平和社会信任水平为核心解释变量的分析中,城市样本的回归结果依然支持上述结论。在对农村样本的分析中,社区生活圈建设水平和社会信任水平均对居民生活幸福感有显著促进作用;但同时,在以社区生活圈建设水平和社会信任水平为核心解释变量的分析中,社会信任水平对居民生活幸福感依然有显著促进作用,社区生活圈建设水平则未能通过显著性检验。总括而言,社区生活圈建设水平与信任水平对居民生活幸福感有显著促进效果,社区生活圈能够通过提升社会信任水平提高居民的生活幸福感。

七、结论与建议

(一)结论

本文以2021年CGSS的数据为研究对象,选取评价社会信任、居民生活幸福感和社区生活圈的相关问题,运用熵值法测算中部六省社区生活圈建设水平的得分,并采用有序Logistic模型分析

表 8　中部六省居民生活幸福感影响因素分类分析

解释变量	城市样本				农村样本	
	模型 26	模型 27	模型 28	模型 29	模型 30	模型 31
社区生活圈建设水平	1.914** (0.781)	—	1.426* (0.815)	2.136** (0.848)	—	1.406 (0.865)
社会信任水平	—	0.546*** (0.106)	0.515*** (0.107)	—	0.567*** (0.104)	0.539*** (0.106)
其他变量	已控制	已控制	已控制	已控制	已控制	已控制
Prob>chi2	0.000	0.000	0.000	0.000	0.000	0.000
Log likelihood	−410.491	−396.243	−394.703	−391.527	−374.914	−373.587
Pseudo R^2	0.089	0.114	0.118	0.063	0.091	0.095
样本量	465	462	462	423	417	417

注：***、**、*分别表示在 1%、5%、10%的水平上显著；括号内的数值为标准误。

389

社区生活圈建设水平对社会信任和居民生活幸福感的影响。为深化分析,本研究将社区生活圈建设水平细分为社区生活圈硬件建设水平和社区生活圈软件建设水平两个维度,并分别探讨其对社会信任和居民生活幸福感的影响。主要结论如下。

(1) 中部六省社区生活圈建设水平的得分均值为0.744,社区生活圈软件建设水平和社区生活圈硬件建设水平的得分分别为0.388和0.356。分类分析显示,城市社区生活圈建设水平和社区生活圈硬件建设水平均高于农村;农村社区生活圈软件建设水平高于城市。分省份的统计数据显示,社区生活圈建设水平、社区生活圈硬件建设水平的得分最高者均为安徽省,社区生活圈软件建设水平的得分最高者为安徽省和河南省。总体来看,安徽省社区生活圈建设水平在中部六省中属于领先位置。中部六省社区生活圈建设水平的差距主要在于软件建设方面。由此可见,提升社区生活圈软件设施水平应成为未来一个时期内的重点任务。

(2) 社区生活圈建设水平、社区生活圈硬件建设水平、社区生活圈软件建设水平对社会信任均有显著促进作用,社区生活圈软件建设水平对社会信任的影响程度远大于社区生活圈硬件建设水平。该结论在对城市样本和农村样本的分类回归分析中依然成立。该研究结论显示了社区生活圈建设在提升社会信任水平方面发挥着积极作用,为加强社会信任环境建设提供了努力方向。

(3) 社区生活圈建设水平、社区生活圈硬件建设水平、社区生活圈软件建设水平、社会信任水平对居民生活幸福感均有显著促进效果,对居民生活幸福感的影响程度由高到低依次为社会信任水平、社区生活圈软件建设水平和社区生活圈硬件建设水平。社区生活圈硬件建设水平、社区生活圈软件建设水平既能单独对居民生活幸福感产生促进效果,也能够与社会信任共同对居民的生活幸福感产生积极作用。这说明,加强社区生活圈建设既能直接提升居民的生活幸福感和社会信任水平,也能够通过提升社会信任水平提升居民的生活幸福感。

（二）建议

第一，提升社区生活圈硬件设施建设水平，促进社区生活圈硬件建设与软件建设的同步推进。首先，通过科学的规划引领，提升便民商业、教育、医疗、交通等生活设施的覆盖率和优化各类便民设施的空间布局，促使社区居民能够便捷地到达各类设施和获取相应服务。其次，注重提升社区居民的体验感。在社区公共服务设施的供给数量和空间布局方面，要满足居民的生活需求和符合居民的日常锻炼行为，保障不同年龄阶段、不同身体健康水平和不同文化程度的居民都能够获取满足其自身特征的公共服务设施。

第二，培育社区居民共同价值认同，提升社区共建共享共治水平。首先，通过组织文化活动和引导居民参与社区治理和志愿服务等形式，增进居民间的情感和凝聚力，提升社区自治水平。例如，在传统节日举办庆祝活动，在周末或寒暑假组织亲子活动等，增进邻里间的互动和沟通，培养居民对社区的情感认同和参与治理意愿。其次，实施党建引领社区治理行动，通过宣传和教育，深化居民对社区共建共享共治的认知，引导社区居民自觉践行社会主义核心价值观，提升社区居民的社区文化认同感，自觉践行社区自治公约，凝聚自治合力和价值认同，提升社区居民参与社区生活圈建设的信心和能力。最后，激发社区不同主体共建共享共治水平，通过定期组织社区居民、企业和各类商业组织座谈交流，了解不同主体的发展诉求，为社区生活圈设施建设、服务供给等献计献策，促进协同治理水平持续提升。

第三，注重因地施策和补齐短板。城镇和乡村经济社会发展水平、空间布局特征和环境条件差异决定了城乡社区生活圈建设不能采取一种模式。在社区生活圈建设中，应该综合考量区域发展差异、不同群体需求特征和地方环境条件等因素，制定符合各地实际的社区生活圈建设方案,明确社区生活圈建设的重点,以因地制宜、补齐短板为指导思想推进建设。城镇社区生活圈建设要突出以就业创业环境建设、外来务工群体需求满足为发力点,强化生活圈软件条件建设;乡村则要结合人口结构变化特征,加强对教育、医疗卫生和养老等公共服务设施的建设。

［本文系宿州学院中部地区中等规模城市群治理与城乡一体化发展研究院(项目编号:XM042303)、宿州学院博士科研启动基金项目"安徽省城乡融合与区域协调发展研究"(项目编号:2021BSK026)、宿州学院学术技术带头人后备人选项目(项目编号:2024XJHB03)的阶段性研究成果］

稿　　约

1.《复旦城市治理评论》于 2017 年正式出版,为学术性、思想性和实践性兼具的城市治理研究系列出版物,由复旦大学国际关系与公共事务学院支持,复旦大学国际关系与公共事务学院大都市治理研究中心组稿、编写,每年出版两种。《复旦城市治理评论》坚持学术自由之方针,致力于推动中国城市治理理论与实践的进步,为国内外城市治理学者搭建学术交流平台。欢迎海内外学者惠赐稿件。

2.《复旦城市治理评论》每辑主题由编辑委员会确定,除专题论文外,还设有研究论文、研究述评、案例研究和调查报告等。

3. 论文篇幅一般以 15 000—20 000 字为宜。

4. 凡在《复旦城市治理评论》发表的文字不代表《复旦城市治理评论》的观点,作者文责自负。

5. 凡在《复旦城市治理评论》发表的文字,著作权归复旦大学国际关系与公共事务学院所有。未经书面允许,不得转载。

6.《复旦城市治理评论》编委会有权按稿例修改来稿。如作者不同意修改,请在投稿时注明。

7. 来稿请附作者姓名、所属机构、职称学位、学术简介、通信地址、电话、电子邮箱,以便联络。

8. 投稿打印稿请寄:上海市邯郸路 220 号复旦大学国际关系与公共事务学院《复旦城市治理评论》编辑部,邮编 200433;投稿邮箱:fugr@fudan.edu.cn。

稿　例

一、论文构成要素及标题级别规范

来稿请按题目、作者、内容摘要(中文 200 字左右)、关键词①、简短引言(区别于内容摘要)、正文之次序撰写。节次或内容编号请按一、(一)、1.、(1)……之顺序排列。正文后附作者简介。

二、专有名词、标点符号及数字的规范使用

1. 专有名词的使用规范

首次出现由英文翻译来的专有名词(人名、地名、机构名、学术用语等)需要在中文后加括号备注英文原文,之后可用译名或简称,如罗伯特·登哈特(Robert Denhardt);缩写用法要规范或遵从习惯。

2. 标点符号的使用规范

请严格遵循相关国家标准,参见《标点符号用法》(GB/T 15834—2011)。

3. 数字的使用规范

请严格遵循相关国家标准,参见《出版物上数字用法》(GB/T 15835—2011)。需要说明的是:一般情况下,对于确切数字,请统一使用阿拉伯数字;正文或注释中出现的页码及出版年月日,请以公元纪年并以阿拉伯数字表示;约数统一使用中文数字,极个别地方(为照顾局部前后统一)也可以使用阿拉伯数字。

4. 图表的使用规范

各类表、图的制作要做到清晰(精度达到印刷要求)和准确(数据无误、表的格式无误),具体表格和插图的制作规范请参见《学术出版规范 表格》(CY/T 170—2019)和《学术出版规范 插图》(CY/T 171—2019)。表、图相关数据或资料来源需要标明出处,数据或资料来源的体例要求同正文注释,具体见"五、注释格式附例"。

三、正文中相关格式规范

1. 正文每段段首空两格。独立引文左右各缩进两格,上下各

---

① 关键词的提炼方法请参见《学术出版规范 关键词编写规则》(CY/T 173—2019)。

空一行,不必另加引号。

2. 正文或注释中出现的中、日文书籍、期刊、报纸之名称,请以书名号《》表示;文章篇名请以书名号《》表示。西文著作、期刊、报纸之名称,请以斜体表示;文章篇名请以双引号""表示。古籍书名与篇名连用时,可用中点(·)将书名与篇名分开,如《论语·述而》。

3. 请尽量避免使用特殊字体、编辑方式或个人格式。

四、注释的体例规范

所有引注和说明性内容均须详列来源:本《评论》的正文部分采用"页下脚注"格式,每页序号从①起重新编号,除对专门的概念、原理、事件等加注外,所有注释标号放在标点符号的外面;表和图的数据来源(资料来源)分别在表格下方(如果表有注释的话,请先析出资料来源再析出与表相关的注释说明)和图题下方析出。

【正文注释示例】

[**例一**] 陈瑞莲教授提出了区域公共管理的制度基础和政策框架。① 杨龙提出了区域合作的过程与机制,探讨如何提高区域政策的效果和协调区域关系。② 第二类主要着眼于具体的某个城市群区域发展的现实要求,比如政策协同问题、大气污染防治、公共服务一体化等。

[**例二**] 1989 年,中共中央发表《中共中央关于坚持和完善中国共产党领导的多党合作和政治协商制度的意见》,明确了执政党和参政党各自的地位和性质,明确了多党合作和政治协商制度是中国的基本政治制度,明确了民主党派作为参政党的基本点即"一个参加三个参与"③。

---

① 陈瑞莲:《论区域公共管理的制度创新》,《中山大学学报》2005 年第 5 期。

② 杨龙:《中国区域政策研究的切入点》,《南开学报》(哲学社会科学版)2014 年第 2 期。

③ "一个参加三个参与"指,民主党派参加国家政权,参与国家大政方针的制定,参与国家事务的管理,以及参与国家法律、法规、政策的制定和执行。

【表的注释示例】

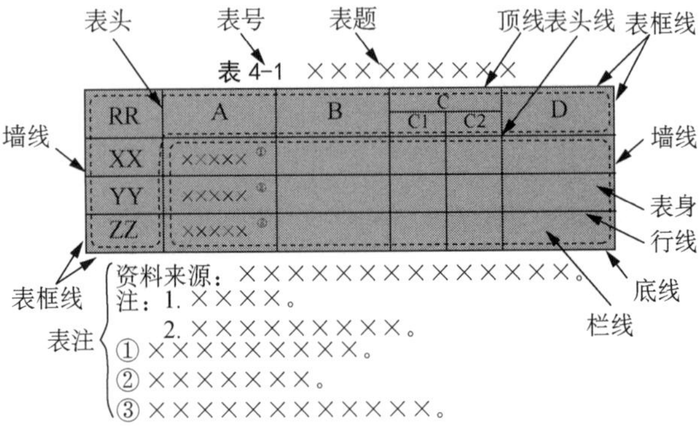
表头
表号
表题
顶线表头线
表框线
表 4-1 ××××××××××
RR
A
B
C
C1
C2
D
XX
YY
ZZ
××××× ①
××××× ②
××××× ③
墙线
墙线
表身
行线
表框线
底线
栏线
表注
资料来源：×××××××××××××××。
注：1. ××××。
2. ××××××××××。
① ××××××××××。
② ××××××××。
③ ×××××××××××××。

【图的注释示例】

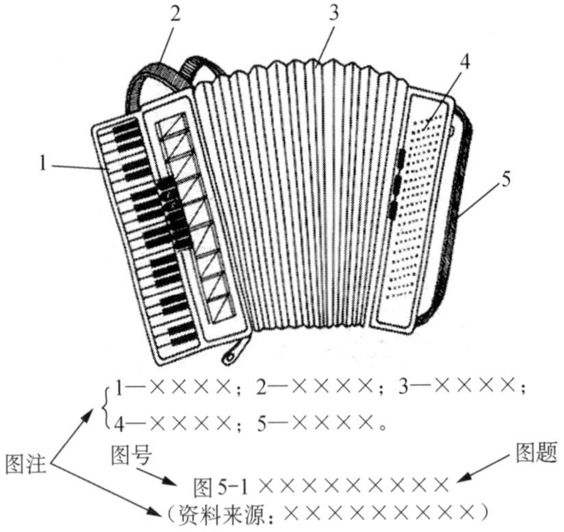
1
2
3
4
5
1—××××；2—××××；3—××××；
4—××××；5—××××。
图注
图号
图题
图 5-1 ××××××××××
（资料来源：××××××××××）

五、注释格式附例

1. 中文著作

（作者名）著（或主编等）：《***》（书名），*** 出版社 **** 年版，第 * 页。

如，陈钰芬、陈劲：《开放式创新：机理与模式》，科学出版社 2008 年版,第 45 页。

2. 中文文章

(作者名):《***》(文章名),《******》(期刊名)
****年第**期,第**页/载***著(或主编等):《******》,***
出版社****年版,第*页①。

期刊中论文如,陈夏生、李朝明:《产业集群企业间知识共享研究》,
《技术经济与管理研究》2009 年第 1 期,第 51—53 页。

著作中文章如,陈映芳:《"违规"的空间》,载陈周旺等主编:《中国政治
科学年度评论:2013～2014》,复旦大学出版社 2016 年版,第 75—98 页。

3. 译著

(作者名或主编等):《***》,***译,***出版社
****年版,第*页。

如,[美]菲利普·科特勒:《营销管理:分析、计划、执行和控制》(第九
版),梅汝和等译,上海人民出版社 1999 年版,第 415—416 页。

4. 中文学位论文

(作者名):《***》(论文标题),****大学****专业
(硕士/博士)学位论文,**年,第*页。

如,张意忠:《论教授治学》,华东师范大学高等教育学专业博士学位
论文,2006 年,第 78 页。

5. 中文网络文章

(作者名、博主名、机构名等著作权所有者名称):《**
*》(文章名、帖名)(****年*月*日)(文章发布日期),***(网站
名),***(网址),最后浏览日期:*年*月*日。

如,王俊秀:《媒体称若今年实施 65 岁退休 需 85 年才能补上养老金

---

① 期刊中论文的页码可有可无,全文统一即可,但是涉及直接引文时,需要析出引
文的具体页码。论文集中文章的页码需要析出。

缺口》(2013 年 9 月 22 日),新浪网,http://finance. sina. com. cn/china/
20130922/082216812930. shtml,最后浏览日期:2016 年 4 月 22 日。

6. 外文著作

******(作者、编者的名 + 姓)①, ed. /eds.②(如果是专著则
不用析出这一编著类型),******(书名,斜体,且除虚词外的每
个单词首字母大写),***(出版地):***(出版社),****(出版
年),p. /pp.③ *(页码).

如,John Brewer and Eckhart Hellmuth, *Rethinking Leviathan: The
18th Century State in Britain and Germany*, Oxford:Oxford University
Press, 1999, pp. 5-6.

7. 外文文章

******(作、编者的名 + 姓),"******"(文章名称,首字母
大写),******(期刊名,斜体且首字母大写),****,(年份)***
(卷号),p. /pp. ***(页码). 或者,如果文章出处为著作,则在文
章名后用:in ******(作、编者的名 + 姓),ed. /eds.,******(书
名,斜体且首字母大写),***(出版地):***(出版社),****(出
版年),p. /pp. *(页码).

期刊中的论文如, Todd Dewett and Gareth Jones, "The Role of
Information Technology in the Organization: A Review, Model, and
Assessment", *Journal of Management*, 2001,27(3),pp. 313-346.

或著作中的文章如,Randall Schweller, "Managing the Rise of Great
Powers: Theory and History", in Alastair Iain Johnston and Robert Ross,
eds., *Engaging China: The Management of an Emerging Power*, London:
Routledge, 1999, pp. 18-22.

---

① 外文著作的作者信息项由"名 + 姓"(first name + family name)构成。以下各
类外文文献作者信息项要求同。
② "ed. "指由一位编者主编,"eds. "指由两位及以上编者主编。
③ "p. "指引用某一页,"pp. "指引用多页。

8. 外文会议论文

＊＊＊＊＊＊(作者名＋姓)，"＊＊＊＊＊＊"(文章名称，首字母大写，文章名要加引号)，paper presented at ＊＊＊＊＊＊(会议名称，首字母大写)，＊＊＊＊＊＊＊＊(会议召开的时间)，＊＊＊(会议召开的地点，具体到城市即可).

如，Stephane Grumbach，"The Stakes of Big Data in the IT Industry: China as the Next Global Challenger?"，paper presented at The 18th International Euro-Asia Research Conference，January 31 and February 1，2013，Venice，Italy①.

以上例子指外文会议论文未出版的情况。会议论文已出版的，请参照外文文章的第二类，相当于著作中的文章。

9. 外文学位论文

＊＊＊＊＊＊(作者名＋姓)，＊＊＊＊＊＊(论文标题，斜体，且除虚词外的每个单词首字母大写)，doctoral dissertation/master's thesis(博士学位论文/硕士学位论文)，＊＊＊＊(大学名称)，＊＊＊＊(论文发表年份)，p./pp. ＊(页码).

如，Nils Gilman，*Mandarins of the Future，Modernization Theory in Cold War America*，doctoral dissertation，John Hopkins University，2007，p.28.

10. 外文网络文章

＊＊＊＊＊＊(作者名、博主名、机构名等著作权所有者名称)，"＊＊＊＊＊＊"(文章名、帖名)(＊＊＊＊＊＊＊＊)(文章发布日期)，＊＊＊(网站名)，＊＊＊(网址)，retrieved ＊＊＊＊＊＊(最后浏览日期)。

如，Adam Segal，"China's National Defense: Intricate and Volatile"(April 1，2011)，Council on Foreign Relations，https://www. cfr. org/blog/chinas-national-defense-intricate-and-volatile，retrieved December 28，2018.

---

① 如果会议名称中含有国家名称，出版地点中可省略国家名称信息。

图书在版编目(CIP)数据

中等规模城市群治理/唐亚林,陈水生主编.
上海:复旦大学出版社,2025.7. -- ISBN 978-7-309
-17916-3

Ⅰ. F299.21
中国国家版本馆 CIP 数据核字第 2025PR7940 号

中等规模城市群治理

唐亚林　陈水生　主编
责任编辑/朱　枫

复旦大学出版社有限公司出版发行
上海市国权路 579 号　邮编:200433
网址:fupnet@ fudanpress.com　http://www.fudanpress.com
门市零售:86-21-65102580　团体订购:86-21-65104505
出版部电话:86-21-65642845
上海四维数字图文有限公司

开本 787 毫米×960 毫米　1/16　印张 25.25　字数 317 千字
2025 年 7 月第 1 版
2025 年 7 月第 1 版第 1 次印刷

ISBN 978-7-309-17916-3/F·3105
定价:85.00 元